C# 프로그래밍 입문

오세만 · 이양선 · 김정숙 · 이창환 · 손윤식 지음

생능출판

저자 소개

오세만

한국과학기술원(KAIST) 전산학과 석/박사
현 동국대학교 컴퓨터공학과 교수

이양선

동국대학교 컴퓨터공학과 석/박사
현 서경대학교 컴퓨터공학과 교수

김정숙

동국대학교 컴퓨터공학과 석/박사
현 삼육대학교 컴퓨터학부 교수

이창환

동국대학교 컴퓨터공학과 석/박사
현 동국대학교 멀티미디어공학과 교수

손윤식

동국대학교 컴퓨터공학과 석/박사
현 동국대학교 컴퓨터공학과 교수

C# 프로그래밍 입문

초판발행 2017년 3월 14일
제1판6쇄 2023년 1월 10일

지은이 오세만, 이양선, 김정숙, 이창환, 손윤식
펴낸이 김승기
펴낸곳 (주)생능출판사 / **주소** 경기도 파주시 광인사길 143
출판사 등록일 2005년 1월 21일 / **신고번호** 제406-2005-000002호
대표전화 (031)955-0761 / **팩스** (031)955-0768
홈페이지 www.booksr.co.kr

책임편집 신성민 / **편집** 이종무, 김민보, 유제훈 / **디자인** 유준범, 표혜린
마케팅 최복락, 김민수, 심수경, 차종필, 백수정, 송성환, 최태웅, 명하나, 김민정
인쇄 · 제본 (주)상지사P&B

ISBN 978-89-7050-901-3 93000
정가 27,000원

- 이 도서의 국립중앙도서관 출판예정도서목록(CIP)은 서지정보유통지원시스템 홈페이지(http://seoji.nl.go.kr)와 국가자료공동목록시스템(http://www.nl.go.kr/kolisnet)에서 이용하실 수 있습니다. (CIP제어번호: 2017002217)

머리말

C#(C sharp)은 마이크로소프트사의 앤더스 헬스버그(Anders Hejlsberg)에 의해 고안된 언어로 단순한 콘솔 응용 프로그램부터 인터넷 및 분산환경 시스템, 모바일 시스템을 위한 응용 프로그램, 게임과 같은 멀티미디어 콘텐츠에 이르기까지 다양한 소프트웨어를 쉽게 제작할 수 있도록 설계된 범용 프로그래밍 언어이다. C#은 .NET 환경에 최적화되어 있으며 컴포넌트 기반의 소프트웨어 개발 패러다임을 지원하는 컴포넌트 지향 프로그래밍 언어이다.

C# 언어는 그 이름이 의미하듯이 C 계열에 속하는 프로그래밍 언어이다. C 언어로부터 연산자와 문장 등 기초적인 프로그래밍 언어의 기능을 상속받았고 C++ 언어로부터는 주로 객체지향 속성을 영향 받았다. 그리고 자바로부터 예외 처리와 스레드 등 고급스런 프로그래밍 언어의 개념을 상속받았다. 특히, C++의 객체지향성과 자바의 분산환경 처리에 적합한 다중성을 지니고 있으며 더욱이 자바 언어의 많은 단점들이 보완한 언어이다.

이 책은 크게 2부분으로 구성되어 있다. 첫 번째 부분은 1장부터 6장까지이며 C# 언어를 프로그래밍 언어론적인 관점에서 체계적으로 요약 정리함으로써 프로그래밍에 대한 기본 개념을 설명하고 있다. 두 번째 부분은 7장부터 12장까지이며 C# 언어를 사용한 객체지향 윈도우즈 프로그래밍 개념을 설명하고 있다.

이 책은 C# 언어를 처음 배우는 사람을 위한 책으로, C# 언어에 대한 체계적인 구성과 이해하기 쉬운 설명 그리고 풍부한 예제를 통해 혼자서 충분히 학습할 수 있도록 설명하였다. 또한 본문에 나오는 풍부한 예제 프로그램은 윈도우 10 운영체제와 비주얼 스튜디오 2015에서 작동을 확인하였고 생능출판사 홈페이지(www.booksr.co.kr)에서 제공함으로써 쉽게 테스트할 수 있는 여건을 만들었다. 예제 프로그램을 진도에 따라 모두 실습해 보기 바란다.

또한 .NET 환경을 만든 마이크로소프트사가 관련 기술을 공개하여 앞으로 C# 언어의 중요성이 더욱 증대되고 있으며 여러분 모두가 이 책을 통하여 훌륭한 C# 프로그래머가 될 수 있기를 바란다. 끝으로 이 책이 나오기까지 많은 도움을 준 동국대학교 컴퓨터공학과 프로그래밍 언어 연구실 구성원과 책을 제작하는 과정에서 적극 협조해 주신 생능출판사 여러분에게 깊은 감사를 드리는 바이다.

2017년 2월

저자 일동

강의 계획안

C# 프로그래밍 언어는 마이크로소프트사에서 개발된 범용 객체지향 언어로 일반적인 윈도우즈 응용프로그램, 웹 기반 서비스 개발에 널리 사용되고 있으며, 최근에는 게임 엔진 Unity, 임베디드 OS 타이젠 환경 등에서 폭 넓게 활용되고 있다.

이 책에서는 C# 언어에 대한 기초적인 지식과 고급 프로그래밍 기법을 고루 다루고 있으며, 윈도우즈 GUI 기반 애플리케이션을 개발하기 위한 다양한 컨트롤, 컴포넌트 등을 소개하고 있다. 또한, 본 교재는 각 장별로 많은 예제 코드를 제공하고 있기 때문에, 이론과 실습 강의를 1:1로 운영하는 것을 추천하며 학생들이 다양한 예제 코드를 직접 실행해보면서 실제 구현 능력을 배양하고 단원 연습문제를 통해 문제를 해결할 수 있도록 강좌 운영을 할 수 있다. 1학기를 16주로 가정하여 다음과 같은 강의 계획표를 제안한다.

주	해당 장	주제	주	해당 장	주제
1	1장	강의 소개 및 C# 개요	9	6장	고급 프로그래밍 기법(2)
2	2장	C#의 언어구조	10	7장	폼
3	3장	C#의 문장	11	8장	컨트롤
4	4장	클래스(1)	12	9장	대화상자
5	4장	클래스(2)	13	10장	고급 폼
6	5장	파생 클래스와 인터페이스	14	11장	고급 컨트롤
7	6장	고급 프로그래밍 기법(1)	15	12장	그래픽
8	중간고사	중간 평가 및 기말프로젝트 제안서 발표	16	기말고사	기말 평가 및 기말프로젝트 결과 발표

* 참고

✓ 컴퓨터공학과 2/3학년 대상

✓ C++/Java에 익숙할 경우 2장, 3장의 내용을 조절하여 빠르게 강의할 수 있음

학습 연계도

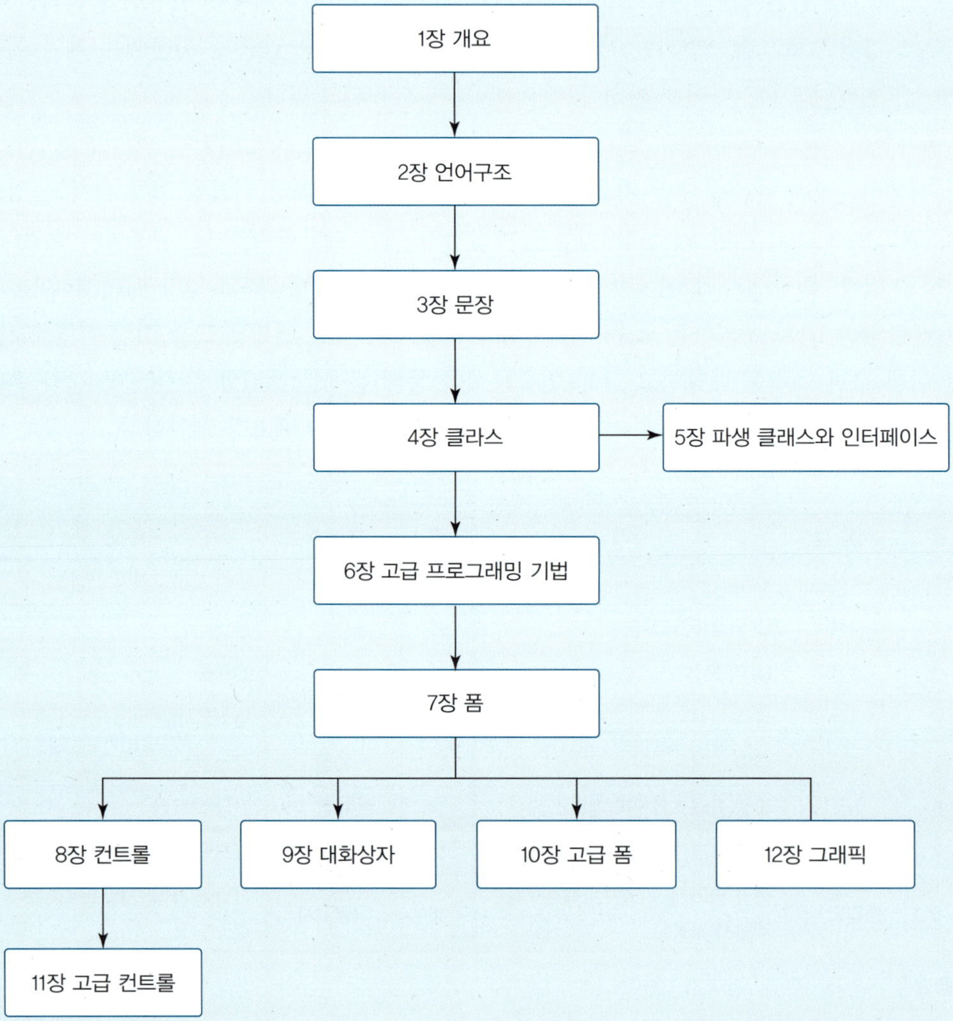
1장 개요
2장 언어구조
3장 문장
4장 클래스
5장 파생 클래스와 인터페이스
6장 고급 프로그래밍 기법
7장 폼
8장 컨트롤
9장 대화상자
10장 고급 폼
12장 그래픽
11장 고급 컨트롤

차례

CHAPTER 01 개요

CHAPTER 02 언어구조

CHAPTER 04 클래스

CHAPTER 05 파생 클래스와 인터페이스

CHAPTER 10 고급 폼

CHAPTER 11 고급 컨트롤

CHAPTER 12 그래픽

부록

CHAPTER 01

개요

C# Programming

contents

01 개요

C# 프로그래밍 언어는 단순한 콘솔 응용 프로그램부터 윈도 응용 프로그램, 웹 및 분산 환경 시스템을 위한 응용 프로그램, 게임에 이르기까지 다양한 응용 프로그램을 쉽게 작성할 수 있도록 설계된 언어로서 객체지향적인 특성을 지원하며 다양한 개발환경을 제공하고 있다. C#은 2000년 6월 마이크로소프트사가 .NET 환경을 위해 제작한 언어로서, C++ 언어에 기반을 두고 비주얼 베이직과 자바 언어의 장점을 갖고 있는 언어이다. 또한, C++의 객체지향성과 자바의 분산 환경 처리에 적합한 다중성을 지니고 있으며 컴포넌트 기반의 소프트웨어 개발 패러다임을 지원하는 컴포넌트 지향 프로그래밍 언어이다.

1.1 소개

C#(C sharp)은 마이크로소프트사의 앤더스 헬스버그(Anders Hejlsberg)에 의해 고안된 언어로서 그 이름이 의미하듯이 C 언어 계열에 속하는 범용 프로그래밍 언어이다. 1998년 12월 "The C# Project"라는 이름으로 시작된 C#은 .NET 환경에서 효과적으로 응용 프로그램을 개발할 수 있도록 설계된 언어이다. 그의 설계 목표는 간단(simple)하며 현대적(modern)이고 객체-지향적(object-oriented)이며 타입-안정적(type-safe)인 것이다. 2000년 6월에 발표된 C# 1.0은 ECMA(European Computer Manufacturers Association)와 ISO/IEC(International Organization for Standardization/The International Electrotechnical Commission)에 의해 표준으로 채택되었으며 C# 6.0 버전까지 발표되었다.

프로그래밍 언어론적인 측면에서, C# 언어는 C 언어와 유사한 간결하고 강력한 문장 구조를 가지고 있으며 C++ 언어와 같이 객체 지향적일 뿐만 아니라 비주얼 베이직과 같이 사용자 인터페이스를 쉽게 만들 수 있는 컴포넌트 기능을 제공하고 있다. 따라서 유사한 프로그래밍 언어를 접해본 프로그래머라면 누구나 쉽게 C# 언어를 이용해 응용 프로그램을 개발할 수 있다는 장점을 갖는다. 또한, C#은 .NET 환경에 최적화 되어 있고 C# 언어를 위한 많은 클래스 라이브러리가 개발됨에 따라 응용 프로그램을 작성하기가 보다 편리해졌다. 더욱이 자바 언어의 많은 단점들이 보완되었고 현재 많은 응용 프로그램 작성에 활용되고 있으며 이에 따라 C#의 중요성은 날로 증대되고 있는 상황이다.

C# 언어의 특징으로는 자료 추상화와 델리게이트와 이벤트, 예외 처리, 멀티스레드 등을 들 수 있다. 자료 추상화란 자료 구조와 더불어 그 자료 구조에서 행할 수 있는 연산을 정의하여 사용자 정의 자료형을 마치 언어 시스템에서 제공한 자료형처럼 사용할 수 있는 기능을 말한다. C# 언어는 클래스를 통하여 자료 추상화를 이룰 수 있다.

메소드를 다른 객체에 전달해야 하는 프로그래밍 기법을 위해 델리게이트(delegate)를 지원하며 이벤트를 형식적으로 정의하고 사용할 수 있는 방법론을 제공한다. 또한, 실행 시간에 일어나는 에러인 예외를 언어 수준에서 체계적으로 다룰 수 있는 방법을 제공해 주고 있으며 동시 처리(concurrent processing)를 위해 멀티스레드(multithread) 기능을 지원하고 있다.

프로그래밍 언어의 역사적인 관점에서, 현대적인 의미를 갖는 범용 프로그래밍 언어의 뿌리는 알골(ALGOL)로 간주할 수 있으며 C 언어 계열과 파스칼 언어 계열로 분파되어 각각

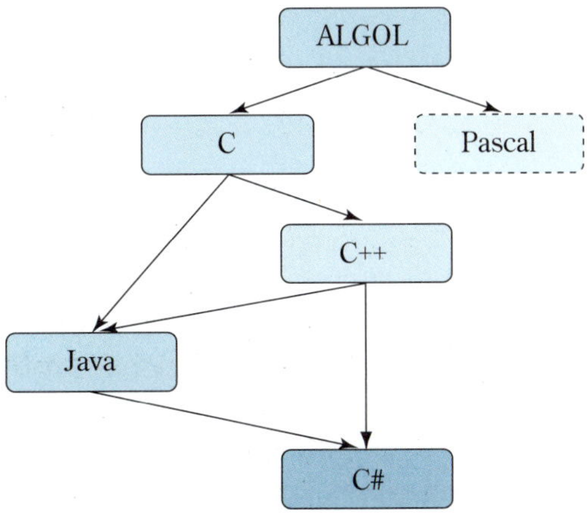

그림 1-1 C# 언어의 계통도

독자적으로 발전하였다. 널리 알려진 파스칼 계열의 언어에는 모듈러-2(Modula II), 에이다(Ada), 칠(CHILL: CCITT HIgh-Level Language) 등이 있으며 C 계열은 [그림 1-1]에서 알 수 있듯이 C++, 자바, C# 등이 속한다.

C#은 C 언어로부터 연산자와 문장 등 기초적인 프로그래밍 언어의 기능을 상속받았으며 C++ 언어로부터는 주로 객체지향 속성을 영향 받았다. 그리고 자바로부터 예외 처리와 스레드 등 고급스런 프로그래밍 언어의 개념을 상속받았다.

1.1.1 개발환경

C# 프로그램을 작성하고 실행하기 위한 개발 환경은 크게 2가지로 나눌 수 있다. 첫 번째는 Visual Studio와 같은 통합 개발 환경(IDE: Integrated Development Environment)을 사용하는 방법이다. Visual Studio는 .NET 언어로 프로그램을 개발할 수 있는 도구이다. 여기에는 소스 프로그램을 편집할 수 있는 편집기와 효과적인 프로그래밍을 도와주는 다양한 기능을 갖는 도구들이 포함되어 있다. 이를 이용하면 프로그램을 편리하게 개발할 수 있다. 참고로, [부록 A]에 Visual Studio의 설치 과정과 사용 방법은 설명되어 있다.

두 번째는 .NET 프레임워크에서 지원하는 소프트웨어 개발 도구(SDK: Software Development Kit)를 직접 이용하는 방법이다. 윈도우에 포함된 .NET 프레임워크에는 SDK를 구성하는 C# 컴파일러와 실행 엔진, 그리고 클래스 라이브러리 등이 포함되어 있다. 따라서 소스 프로그램을 작성하는데 필요한 텍스트 편집기만 있으면 C# 프로그램을 개발할 수 있다.

1.1.2 실행과정

일단 응용 프로그램이 작성되면, 먼저 컴파일을 해야 한다. 컴파일하기 전에 소스 프로그램을 적당한 이름을 가진 파일로 저장해야 한다. 파일 이름은 자바 언어처럼 메인 메소드가 있는 클래스 이름과 같을 필요는 없으나, 동일하게 지정할 경우 클래스를 관리하기가 용이해진다. 즉, 메인 메소드가 있는 클래스 이름과 소스 파일 이름을 동일하게 지정하면 소스 프로그램과 클래스 관리가 한결 수월해진다.

컴파일 과정을 거치면 실행 가능한 파일(*.exe)이 생성되고, 이것은 .NET 프레임워크의 CLR(Common Language Runtime)을 통하여 실행 결과를 얻을 수 있다. [그림 1-2]는 이와 같은 과정을 보여준다.

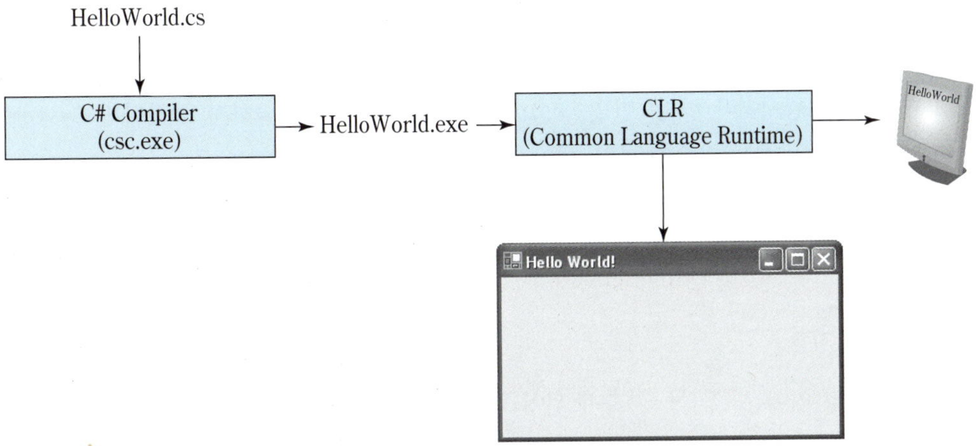

그림 1-2 C# 프로그램 실행과정

대부분 프로그래밍 언어들을 처음 소개할 때, 첫 번째 프로그램 예제로 설명하는 "Hello World!" 라는 메시지를 출력하는 프로그램을 작성해 보자.

예제 1-1 HelloWorld.cs

```
using System;
class HelloWorld {
    public static void Main() {
        Console.WriteLine("Hello World!");
    }
}
```

실행 결과

```
Hello World!
```

C#에서 클래스는 프로그램의 기본 단위이다. 그리고 하나의 응용 프로그램이 되기 위해서는 반드시 Main() 메소드가 존재해야 한다. 응용 프로그램에서 Main()은 실행이 처음 시작되는 부분이다. 그리고 Console.WriteLine()은 화면에 메시지를 출력하는 기능을 하며

"Hello World!"를 프린트한다.

출력 메소드인 Console.WriteLine()는 Console 클래스에 속해 있으며 .NET 프레임워크에서 제공하는 System이라는 네임스페이스에 속해 있다. 따라서 Console.WriteLine() 메소드를 사용하기 위해서는 using이라는 지정어를 사용하여 System 네임스페이스를 소스 코드 내에 포함시켜야 한다. 만일, using System; 문장을 기술하지 않았다면 System.Console.WriteLine()과 같은 형태로 네임스페이스까지 함께 명시해야 한다.

1.2 기본 특징

C# 프로그래밍 언어는 C, C++, 자바 언어를 기본 언어(base language)로 설계하였기 때문에 연산자와 문장의 구조/의미는 모두 표준 C(ANSI C) 언어와 비슷하고 객체지향 특성은 C++나 자바와 유사하다. 이 절에서는 C#의 기본적인 언어 특징만을 설명하고 다음 절에서 C# 언어의 주요 특성을 설명하고자 한다.

1.2.1 자료형

변수나 상수의 자료형(data type)은 변수나 상수가 가질 수 있는 값과 행할 수 있는 연산의 종류를 결정한다. C#의 자료형은 크게 값형(value type)과 참조형(reference type)으로 분류할 수 있다. 값형에는 숫자형, 문자형, 부울형, 열거형, 구조체형이 있으며 참조형에는 클래스형, 인터페이스형, 배열형, 델리게이트형이 있다. 이에 관한 자세한 사항은 2.2절을 참고하기 바란다.

숫자형(numeric type)에는 정수형과 실수형이 있다. 정수형에는 부호있는(signed) 정수형을 지원하는 sbyte(8비트), short(16비트), int(32비트), long(64비트) 형이 있고, 부호없는(unsigned) 정수형을 지원하는 byte(8비트), ushort(16비트), uint(32비트), ulong(64비트) 형이 있다. 실수형에는 float(32비트)와 double(64비트) 형이 있으며, 그리고 10진 연산을 수행하는 decimal(128비트)이라는 십진형(decimal type)이 있다. 문자형은 단일 문자를 저장하기 위하여 char(16비트) 형이 있으며, 유니코드(Unicode)를 사용한다. 부울형은 true와 false 값만을 가지며, 다른 자료형으로 변환될 수 없다.

예제 1-2 PrimitiveTypeApp.cs

```
using System;
class PrimitiveTypeApp {
    public static void Main() {
        bool b; int i = int.MaxValue; uint j = uint.MaxValue;
        double d = double.MaxValue;
        b = (i != 0);
        Console.WriteLine("boolean b = " + b);
        Console.WriteLine("Max value of signed integer = " + i);
        Console.WriteLine("Max value of unsigned integer = " + j);
        Console.WriteLine("Max value of double = " + d);
    }
}
```

실행 결과

```
boolean b = True
Max value of signed integer = 2147483647
Max value of unsigned integer = 4294967295
Max value of double = 1.79769313486232E+308
```

1.2.2 연산자

C# 언어의 연산자는 표준 C 언어에서 사용된 모든 연산자의 형태와 의미를 그대로 따른다. 기본적인 연산자인 산술, 관계, 논리, 증가 및 감소, 비트, 조건, 배정 연산자 등은 모두 일치한다.

C#에서 새롭게 추가된 연산자로 형 검사 연산자(type testing operator)가 있다. 여기에는 자료형이 지정한 형과 호환 가능한지를 검사하는 `is` 연산자와 주어진 값을 지정한 형으로 변환하는 `as` 연산자가 있다.

1.2.3 배열

배열(array)이란 같은 형을 갖는 여러 개의 값을 저장하는데 이용하는 자료 구조로서 C#은 자바와 마찬가지로 배열도 객체로 취급하고 배열을 위한 자료형인 배열형을 제공한다. C#에서 배열을 사용하기 위해서는 다음과 같은 3단계를 거친다.

(1) 배열 변수 선언

배열 변수란 배열을 가리키는 참조(reference)로 배열 변수의 선언은 그 배열에 속한 원소의 형과 차원 등을 기술해야 한다. 배열 변수의 선언 예는 다음과 같다.

```
int[]      vector;
short[,]   matrix;
long[][]   arrayOfArray;
object[]   myArray1, myArray2;
```

C#에서 배열 선언은 표준 C에서와 같이 `int vector[];` 형태로 선언하는 것이 불가능하며 반드시 자료형 옆에 '[]'를 붙여 명시적으로 나타내야 한다. 다차원 배열은 `short[,] matrix;`와 같이 '[]' 사이에 콤마(',')를 넣어 차원을 명시적으로 선언한다. 그리고 배열의 배열은 '[]'를 두 번 사용하여 `long[][] arrayOfArray;`와 같은 형태로 선언한다.

(2) 배열 객체 생성

배열은 객체로 처리되기 때문에 클래스 객체와 똑같이 `new` 연산자를 통해서 동적으로 생성된다. 첫 번째 단계에서 단순히 배열 이름만 선언된 배열 변수는 특정한 데이터를 가리키지 않는다. 따라서 배열 객체를 생성한 후 배열 변수에 배정함으로써 배열 변수는 특정 배열을 가리키게 된다. 배열을 생성하는 예제는 다음과 같다.

```
vector = new int[100];
matrix = new short[10,100];
myArray1 = new Point[3];
```

위와 같은 방법으로 배열을 생성하게 되면 선언된 각 배열의 원소는 0 값으로 초기화가 이루어진다.

(3) 배열에 값 저장

마지막으로 생성된 배열에 값을 저장하면 된다. 배열의 인덱스는 C 언어와 마찬가지로 0부터 시작한다. 배열의 프로퍼티인 `Length`를 통하여 배열의 길이를 알 수 있다.

```
for (int i=0; i<vector.Length; i++)
    vector[i] = i;
```

1.2.4 스트링

C# 언어에서 스트링(string)은 객체이며, C/C++와 같이 문자의 배열이 아니다. 스트링은 .NET 프레임워크의 기본 클래스인 `System.String` 클래스의 객체이다. 스트링은 객체이지만, C 언어에서 문자열을 표현하는 것과 같은 방법으로 사용할 수 있도록 해준다. 즉, 스트링 객체를 생성하기 위해서 `new` 연산자를 사용하지 않고도 이중 인용부호(double quote)로 묶인 문자들의 나열만으로 생성할 수 있다.

```
string s = "Hello";
```

따라서 위의 문장은 내부적으로 `string` 클래스의 객체인 `s`를 선언한 후, 그것을 `"Hello"`라는 스트링 상수로 초기화하는 것과 동등한 의미이다.

```
string s = new string("Hello");
```

스트링 연산에서, + 연산자는 스트링 연결(concatenation) 기능을 한다.

예제 1-3 StringApp.cs

```
using System;
class StringApp {
    public static void Main() {
        string s = "Hello";
        s += " World";
        Console.WriteLine(s + "!");
    }
}
```

실행 결과

```
Hello World!
```

1.3 주요 특징

C# 언어의 주요 특징은 클래스와 프로퍼티, 연산자 중복, 델리게이트, 이벤트, 제네릭, 스레드 등으로 요약될 수 있다. 이 절에서는 이와 같은 언어 특징을 간략히 살펴보고자 한다. 자세한 내용은 각 주제와 일치하는 절에서 설명하게 될 것이다.

언뜻 보기에 C#은 많은 기능을 제공하기 때문에 좀 복잡한 것 같으나 하나하나 기능을 살펴보면 이제까지 우리가 사용했던 방법을 형식화하여 언어 수준에서 제공한 것이 대부분이다. 한마디로 말하면, C#은 경험적으로 처리하던 언어 개념을 언어 수준에서 방법론을 제공하여 깔끔하게 처리할 수 있도록 설계된 언어이다.

1.3.1 클래스

실세계의 모든 객체는 어떤 유형을 가지고 있으므로 각 객체는 같은 유형을 가진 객체들로 분류할 수 있다. 이때 각 객체가 어떤 유형에 속하는지를 객체지향 언어에서는 객체 자료형(object type) 또는 객체 클래스(object class)라 부른다. 실세계의 모든 객체는 이러한 클래스를 통해서 생성되며 임의의 클래스에 속하는 각각의 객체를 클래스에 대한 인스턴스(instance)라 말한다. 또한, 실세계의 모든 객체는 클래스를 통해서 정의되므로 클래스는 객체를 정의하는 템플릿(template)이라고 간주할 수 있다.

클래스의 구조는 크게 객체의 속성을 나타내는 필드 부분과 객체의 행위를 정의하는 메소드 부분으로 이루어진다. C#에서는 이외에 상수와 프로퍼티와 인덱서, 연산자 중복, 이벤트, 클래스형이나 델리게이트형과 같은 자료형이 클래스 안에 포함될 수 있다. 이와 같은 구성 요소를 합쳐서 클래스 멤버(class member)라고 부르며 크게 필드 계통과 메소드 계통으로 구분할 수 있다.

C# 프로그램은 하나 이상의 클래스로 구성되기 때문에 C# 프로그램을 작성하기 위해서는 먼저 클래스를 만들어야 한다. 실제로 간단한 클래스를 정의해보고, 정의된 클래스를 이용하여 객체를 생성하여 보자.

먼저, 클래스를 정의하기 위해서는 속성과 그에 따른 행위를 결정해야 한다. 이와 같이 객체를 위한 클래스를 만드는 일을 클래스 설계(class design)라 말한다. 클래스를 설계할 때는 반드시 재사용성(reusability)이 고려되어야 한다. 다음은 간단히 `CoffeeMaker`라는 클래스를 설계해 본 것이다.

```
class CoffeeMaker {
   public bool onState;
   public void StartCoffeeMaker() {
      if (onState == true)
         Console.WriteLine("The CoffeeMaker is already on.");
      else {
         onState = true;
         Console.WriteLine("The CoffeeMaker is now on.");
      }
   }
}
```

CoffeeMaker 클래스는 속성을 나타내는 하나의 필드와 행위를 다루는 하나의 메소드를 갖지만 실세계에서는 좀 더 복잡한 필드와 메소드를 가질 수 있다.

일단 클래스가 정의되면, 필요한 곳에서 클래스로부터 객체를 생성하여 사용할 수 있다. 다음은 CoffeeMaker 클래스 안에 정의된 StartCoffeeMaker() 메소드를 사용하는 간단한 예제이다. 먼저, new 연산자를 통하여 객체를 생성한 후, 객체를 통하여 메소드 호출이 이루어진다.

```
class CoffeeMakerApp {
   public static void Main() {
      CoffeeMaker cm = new CoffeeMaker();
      cm.onState = true;
      cm.StartCoffeeMaker();
   }
}
```

1.3.2 프로퍼티

프로퍼티(property)란 클래스의 private 필드를 형식적으로 다루는 일종의 메소드로 간주할 수 있다. 즉, 클래스의 private 필드는 정보 은닉(information hiding)을 위해 다른 클래스에서는 임의로 접근이 허용되지 않지만 대응되는 프로퍼티를 통하여 다른 클래스에서 형식적으로 접근할 수 있는 방법이 제공되는 것이다.

일반적으로 하나의 프로퍼티는 값을 지정하는 셋-접근자(set-accessor)와 값을 참조하는 겟-접근자(get-accessor)로 구성된다. 프로퍼티는 마치 필드처럼 참조할 수 있으며 배정문의 왼쪽에서 사용되면 셋-접근자가 호출되고 배정문의 오른쪽에서 사용되면 겟-접근자가 호출된다.

예제 1-4 PropertyApp.cs

```
using System;
class PropertyClass {
    private int privateValue;
    public int PrivateValue {
        get { return privateValue; }     // get-accessor
        set { privateValue = value;}     // set-accessor
    }
    public void PrintValue() {
        Console.WriteLine("Hidden Value = " + privateValue);
    }
}
class PropertyApp {
    public static void Main() {
        int n;
        PropertyClass obj = new PropertyClass();
        obj.PrivateValue = 100;          // invoke set-accessor
        obj.PrintValue();
        n = obj.PrivateValue;            // invoke get-accessor
        Console.WriteLine("       Value = " + n);
    }
}
```

실행 결과

```
Hidden Value = 100
       Value = 100
```

프로퍼티의 참조 위치에 따른 셋-접근자와 겟-접근자의 호출은 컴파일러에 의해서 자동적으로 결정된다.

1.3.3 연산자 중복

연산자 중복(operator overloading)이란 시스템에서 제공한 연산자를 프로그래머가 정의한 클래스에서 새로운 의미를 갖도록 재정의 하는 것이다. 예를 들어, 짝수 하나를 저장할 수 있는 Even 클래스에서 ++ 연산자의 의미가 저장된 짝수의 다음 짝수가 되도록 정의할 수 있다. 마찬가지로 -- 연산자는 이전 짝수가 되도록 연산 의미를 재정의 할 수 있다.

예제 1-5 OperatorOverloadingApp.cs

```
using System;
class Even {
   int evenNumber;
   public Even(int n) {                     // 생성자
      evenNumber = (n % 2 == 0) ? n : n+1;
   }
   public static Even operator++(Even e) {  // ++ 연산자
      e.evenNumber += 2;                    // 다음 짝수
      return e;
   }
   public static Even operator--(Even e) {  // -- 연산자
      e.evenNumber -= 2;                    // 이전 짝수
      return e;
   }
   public void PrintEven() {                // 출력 메소드
      Console.WriteLine("Even Number = " + evenNumber);
   }
}
class OperatorOverloadingApp {
   public static void Main() {
      Even e = new Even(4); e.PrintEven();
      ++e;                  e.PrintEven();
      --e;                  e.PrintEven();
   }
}
```

실행 결과

```
Even Number = 4
Even Number = 6
Even Number = 4
```

특정한 클래스를 위한 연산자를 재정의 하면 마치 시스템에서 제공한 연산자처럼 사용할 수 있다. 이와 같이 클래스에 적합한 연산자를 정의함으로써 자료 추상화를 이룰 수 있으며 프로그램의 유지보수가 매우 쉬워진다.

하지만, 시스템에서 제공한 모든 연산자를 재정의 할 수 있는 것은 아니다. 또한, 연산자 중복은 의미만을 재정의 할 수 있을 뿐 연산 순위나 결합 법칙 등 문법적인 규칙은 변경할 수 없다. 연산자 중복에 대한 자세한 내용은 4.8절을 참고하기 바란다.

1.3.4 델리게이트

델리게이트(delegate)란 메소드를 참조하기 위한 방법론으로 C#에서는 주로 이벤트와 스레드를 처리하기 위한 프로그래밍 기법으로 사용된다. 델리게이트는 C/C++ 언어에서의 함수 포인터(function pointer)와 유사한 기능을 제공하지만 함수 포인터보다는 객체 지향적이며 타입 안정적이다.

델리게이트를 정의하고 델리게이트의 객체를 생성하는 것은 기본적으로 클래스를 정의하고 클래스의 객체를 만드는 것과 비슷하다. 다만, 델리게이트 객체를 통하여 메소드를 호출한다는 점이 특징적이다.

델리게이트를 정의하기 위해서는 먼저 델리게이트 객체를 통해 호출할 메소드를 작성해야 한다. 메소드가 작성되면 그에 해당하는 델리게이트를 정의해야 하며, 이때 델리게이트 형태와 메소드 형태가 정확히 일치해야 한다.

```
delegate void SampleDelegate(paramList);    // 델리게이트 정의
class DelegateClass {
   public void DelegateMethod(paramList) { // 델리게이트할 메소드
      //
   }
}
```

델리게이트할 메소드를 결정하고 델리게이트를 정의했다면, 델리게이트 객체를 생성하면서 메소드를 연결해야 한다. 이 경우에, 해당 델리게이트의 매개변수로 메소드 이름을 명시해 준다.

```
DelegateClass obj = new DelegateClass();
SampleDelegate sd = new SampleDelegate(obj.DelegateMethod);
```

이러한 과정을 통하여 생성된 델리게이트 객체인 sd를 호출하면 객체 DelegateClass 안에 정의된 메소드 DelegateMethod()가 호출되는 것이다. 다음은 델리게이트에 대한 예제이다.

예제 1-6 DelegateApp.cs

```
using System;
delegate void SampleDelegate();    // 델리게이트 정의
class DelegateClass {
   public void DelegateMethod() {  // 델리게이트할 메소드
      Console.WriteLine("In the DelegateClass.DelegateMethod ...");
   }
}
class DelegateApp {
   public static void Main() {
      DelegateClass obj = new DelegateClass();
      SampleDelegate sd = new SampleDelegate(obj.DelegateMethod);
      sd();                        // invoke obj.DelegateMethod() indirectly.
   }
}
```

실행 결과

```
In the DelegateClass.DelegateMethod ...
```

[예제 1-6]에서, sd가 델리게이트 객체이며 DelegateMethod()가 연결되어 있다. 따라서 sd를 호출하면 DelegateMethod()가 호출되는 것이다.

1.3.5 이벤트

이벤트(event)란 사용자 행동에 의해 발생하는 사건을 의미하며 어떤 사건이 발생한 것을 알리기 위해 보내는 메시지로 간주할 수 있다. 다시 말해서, 객체에 발생한 사건을 자신이나 다른 객체에 통지하여 그에 대한 행위를 하도록 시키는 구조를 말하며 그래픽 사용자 인터페이스(GUI: Graphical User Interface) 프로그래밍에서 많이 사용되는 기법이다. C#에서는 델리게이트를 이용하여 이벤트를 처리하며, 프로그래밍 순서는 다음과 같다.

1. 처리하려는 이벤트 처리기를 위한 델리게이트를 정의한다. 아니면, C#에서 기본적으로 제공하는 `System.EventHandler` 델리게이트를 사용한다. 만일, `System.EventHandler`를 사용한다면 이 과정을 생략한다.

```
delegate void MyEventHandler();
```

2. 델리게이트를 이용하여 이벤트를 선언한다. 미리 정의된 이벤트(predefined event)인 경우에는 이 과정을 생략한다.

```
event MyEventHandler MyEvent;
```

3. 이벤트 처리를 담당하는 메소드(이벤트 처리기)를 작성한다.

```
void Method() { /* ... */ };
```

4. 이벤트에 이벤트 처리기를 등록한다.

```
MyEvent += new MyEventHandler(Method);
```

5. 마지막으로 이벤트를 발생시킨다. 하지만, 미리 정의된 이벤트는 사용자 행동에 의해 이벤트가 발생하게 된다.

```
if (MyEvent != null) MyEvent();
```

[예제 1-7]에서는 C#에서 제공하는 `EventHandler` 델리게이트를 사용하였다. 그러므로 과정 1번은 생략하였다. 즉, 2번 과정을 통해 이벤트를 선언하고, 3번과 4번 과정을 통해 이벤트 처리기를 작성하고 등록하였다. 또한, 5번 과정을 통해 `MyEvent` 이벤트를 발생시켰다.

예제 1-7 EventApp.cs

```
using System;
class EventApp {
   public EventHandler MyEvent;                              // 2. 이벤트 선언
   void MyEventHandler(object sender, EventArgs e) {         // 3. 이벤트 처리기 작성
      Console.WriteLine("Hello world");
   }
   public EventApp() {                                       // 생성자
      this.MyEvent += new EventHandler(MyEventHandler);  // 4. 이벤트 처리기 등록
   }
   public void InvokeEvent() {
      if (MyEvent != null)
         MyEvent(this, null);                                // 5. 이벤트 발생
   }
   public static void Main() {
      new EventApp().InvokeEvent();
   }
}
```

실행 결과

```
Hello world
```

1.3.6 제네릭

프로그래밍 언어에는 자료형이 존재하고 자료형에 따라 자료를 표현/저장/연산하는 방법이 다르기 때문에 동일한 작업도 자료형에 따라 각기 다른 프로그램을 작성해야 한다. 즉, 같은 기능을 하지만 자료형에 따라 중복된 프로그램을 작성해야 한다. 이런 불편을 해소하기 위해 도입된 개념이 제네릭(generics)이며 자료형을 매개변수로 가질 수 있다.

C#에서 지원하는 제네릭 프로그램 단위에는 클래스, 구조체, 인터페이스, 그리고 메소드가 있다. 자료형을 매개변수로 갖는 제네릭 클래스(generic class)를 범용 클래스 또는 포괄 클래스라 번역할 수 있으며 다음은 스택을 범용 클래스로 정의한 예이다. 자료형에 해당하는 매개변수를 형 매개변수(type parameter)라 부르며 '<>' 안에 기술한다.

```
class Stack<StackType> {
   private StackType[] stack = new StackType[100];
   // ...
   public void Push(StackType element) { /* ... */ }
   public StackType Pop() { /* ... */ }
}
```

이와 같은 구조로 정의된 범용 클래스의 객체를 생성하는 방법은 다음과 같다. 이때 실질적인 자료형을 '<>' 안에 명시해 준다.

```
Stack<int> stk1 = new Stack<int>();          // 정수형 스택
Stack<double> stk2 = new Stack<double>();    // 실수형 스택
```

다음은 스택을 범용 클래스로 정의한 후 정수형 스택과 실수형 스택을 생성하여 사용하는 방법을 보여주는 간단한 예제이다.

예제 1-8 GenericClassApp.cs

```
using System;
class Stack<StackType> {
   private StackType[] stack = new StackType[100];
   private int sp = -1;
   public void Push(StackType element) {
      stack[++sp] = element;
   }
   public StackType Pop() {
      return stack[sp--];
   }
}
class GenericClassApp {
   public static void Main() {
      Stack<int> stk1 = new Stack<int>();                // 정수형 스택
      Stack<double> stk2 = new Stack<double>();          // 실수형 스택
      stk1.Push(1); stk1.Push(2); stk1.Push(3);
      Console.WriteLine("integer stack : " + stk1.Pop() + " " +
                              stk1.Pop() + " " + stk1.Pop());
```

```
        stk2.Push(1.5); stk2.Push(2.5); stk2.Push(3.5);
        Console.WriteLine(" double stack : " + stk2.Pop() + " " +
                              stk2.Pop() + " " + stk2.Pop());
    }
}
```

실행 결과

```
integer stack : 3 2 1
 double stack : 3.5 2.5 1.5
```

예제에서 정의한 스택 클래스가 일반적인 응용에 부합하기 위해서는 스택 오버플로(overflow)와 언더플로(underflow)를 검사하는 부분이 추가되어야 한다.

1.3.7 스레드

스레드(thread)란 순차 프로그램과 유사하게 시작, 실행, 그리고 종료의 순서를 가진 제어의 흐름(flow of execution)이다. 또한, 멀티스레드(multithread) 시스템이란 이와 같은 스레드가 하나의 프로그램 내에 여러 개 존재할 수 있는 시스템이다. C#은 응용 프로그램의 병행 처리를 위해 스레드 개념을 지원하고 있으며 스레드를 생성하고 실행시키고 제어하는 방법을 제공해 주고 있다.

C#에서 스레드도 델리게이트를 이용하여 처리한다. 먼저, `ThreadStart` 델리게이트를 통하여 스레드 몸체에 해당하는 메소드를 연결한 후, 생성된 델리게이트 객체를 매개변수로 스레드 객체를 생성한다. 이때, C#에서 멀티스레드를 지원하기 위해 제공된 `System.Threading` 네임스페이스를 포함해야 한다.

```
using System.Threading;
// ...
ThreadStart ts = new ThreadStart(Method);   // 델리게이트 객체 생성
Thread worker = new Thread(ts);             // 스레드 객체 생성
```

스레드 객체를 생성한 후, 실제로 `Start()` 메소드를 호출하여 스레드의 실행을 시작한다. 그러면, 독립된 스레드가 작동되어 연결된 메소드를 실행하게 된다.

예제 1-9 ThreadApp.cs

```
using System;
using System.Threading;                    // 반드시 포함 !!!
class ThreadApp {
   static void ThreadBody() {          // 스레드 몸체
      Console.WriteLine("In the thread body ...");
   }
   public static void Main() {
      ThreadStart ts = new ThreadStart(ThreadBody);
      Thread t = new Thread(ts);
      Console.WriteLine("*** Start of Main");
      t.Start();
      Console.WriteLine("*** End of Main");
   }
}
```

실행 결과

```
*** Start of Main
*** End of Main
In the thread body ...
```

여기서, ThreadBody() 메소드가 스레드 몸체에 해당된다. Main() 메소드에서, 첫 번째 메시지를 출력한 후 스레드를 시작시키며 t가 스레드이기 때문에 Main()의 실행이 계속되어 두 번째 메시지가 출력되는 것이다. 그 후 스레드 t가 실행되어 실행 결과의 마지막 메시지를 출력하게 된다.

1.4 .NET 프레임워크의 소개

.NET 프레임워크란 빠르게 변화하는 개발 환경과 인터넷으로 집중되는 시대에 부응하기 위하여 마이크로소프트사가 개발한 프로그램 개발 환경이다. 이것은 다양한 컴포넌트로 구성되어 있으며 MSIL이라는 중간언어를 사용하여 통합된 프로그래밍 환경을 제공한다. .NET 프레임워크의 특징은 플랫폼에 독립적이면서 프로그램을 개발하기가 쉬워졌다는 것

이다. [그림 1-3]은 .NET 프레임워크의 구조도이다.

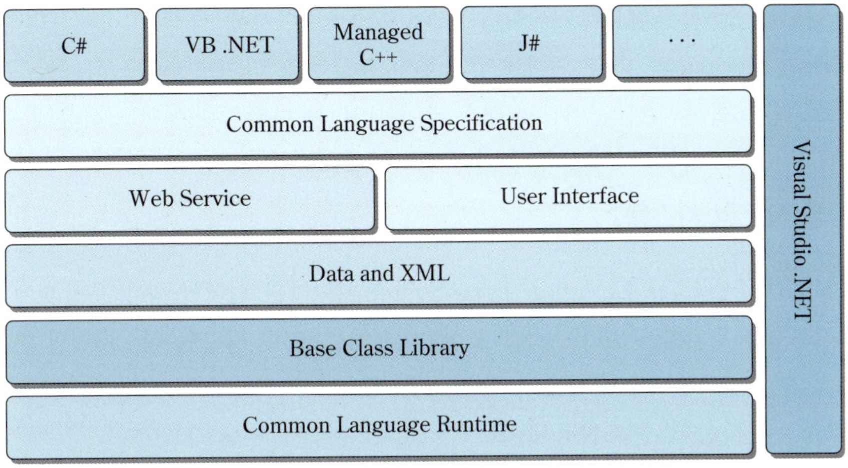

그림 1-3 .NET 프레임워크 구조도

MSIL(MicroSoft Intermediate Language)은 '엠실'이라고 읽으며 .NET IL이라고도 불린다. 이것의 기능은 자바 언어의 바이트코드와 동일하지만 바이트코드는 자바 가상기계(JVM: Java Virtual Machine)를 통한 인터프리티브 방법으로 실행되는데 비해 MSIL은 JIT(Just-In Time) 방법에 의해 실행된다. JIT는 '지트'라고 읽으며 실행 적시에 컴파일하여 네이티브 코드(native code)로 변환하여 직접 실행하는 방법이다.

.NET 프레임워크는 C#와 Visual Basic .NET, Managed C++, J# 등과 같은 언어들을 지원하지만 공통 언어 스펙(CLS: Common Language Specification)을 따르는 언어라면 어떠한 프로그래밍 언어라 할지라도 공통 언어 런타임(CLR: Common Language Runtime)이라는 독립적인 환경에서 실행시킬 수 있다.

1.4.1 공통 언어 스펙

공통 언어 스펙은 약어로 CLS(Common Language Specification)라고 부르며 .NET 프레임워크를 지원하는 언어 사이의 상호 운용성(interoperability)을 제공하는데 필요한 언어의 기능을 정의하기 위한 스펙(specification)이다. CLS를 만족하는 언어를 공통 언어(Common Language)라 부르며 현재까지 CLS를 충족하는 언어에는 여러 종류가 있다. 기본적으로 이 책에서 다루고 있는 C# 이외에도 Visual Basic .NET, J#, Managed C++ 등 다양한 언어가 CLS의 조건을 만족하고 있다.

CLS에 따르는 언어는 .NET 프레임워크에서 제공하는 기본 클래스 라이브러리(BCL: Base Class Library)와 다른 언어에서 만들어진 클래스 라이브러리를 사용할 수 있다. 마찬가지로, CLS를 통해 만들어진 클래스 라이브러리는 다른 언어에서도 사용될 수 있다.

1.4.2 공통 자료형 시스템

공통 자료형 시스템(CTS: Common Type System)은 다른 언어와 상호 운용성에 필요한 공통의 자료형을 정의하고 있다. .NET 프레임워크에서, 이런 자료형에는 15개의 형이 있으며 크게 값형과 참조형으로 구분할 수 있다. 참조형은 객체지향적으로 만들어진 클래스 라이브러리를 이용하는데 주로 사용된다.

[표 1-1]은 CTS의 자료형과 C# 언어에서 지원하는 형과의 관계를 나타내고 있다. CTS를 지원하는 언어는 언어에서 제공하는 자료형과 공통 자료형 시스템의 자료형과의 관계를 정의해야 한다.

표 1-1 CTS 형과 C# 자료형의 관계

CTS 자료형	의미	C# 자료형
System.Object	객체형	object
System.String	스트링형	string
System.Sbyte	부호있는 바이트형(-128~127)	sbyte
System.Byte	바이트형(0~255)	byte
System.Int16	16비트 정수형	short
System.Uint16	16비트 부호없는 정수형	ushort
System.Int32	32비트 정수형	int
System.Uint32	32비트 부호없는 정수형	uint
System.Int64	64비트 정수형	long
System.Uint64	64비트 부호없는 정수형	ulong
System.Char	문자형	char
System.Single	단일 정밀도 실수형	float
System.Double	이중 정밀도 실수형	double
System.Boolean	부울형	bool
System.Decimal	10진수형	decimal

1.4.3 실행 모델

실행 모델(execution model)이란 소스 프로그램이 작성되어 타겟 머신(target machine)에서 실행되는 방법을 의미한다. C# 프로그램은 .NET 프레임워크를 통해서 실행되며, 일단 소스 프로그램이 작성되면 C# 컴파일러에 의해 어셈블리(exe/dll) 형태로 컴파일된다. 어셈블리는 .NET 프레임워크에서 배포 단위로 사용되며, 여러 모듈로 구성될 수 있다. 모듈은 실행하는데 필요한 내용을 가지고 있는 *.exe 형식 또는 *.dll 형식의 파일이다. 이와 같은 형식의 파일은 메타 데이터(metadata: 실행에 필요한 정보)와 MSIL 코드로 구성되며, .NET 프레임워크의 CLR에서 실행된다. [그림 1-4]는 소스 프로그램의 실행 모델을 단계화한 것이다.

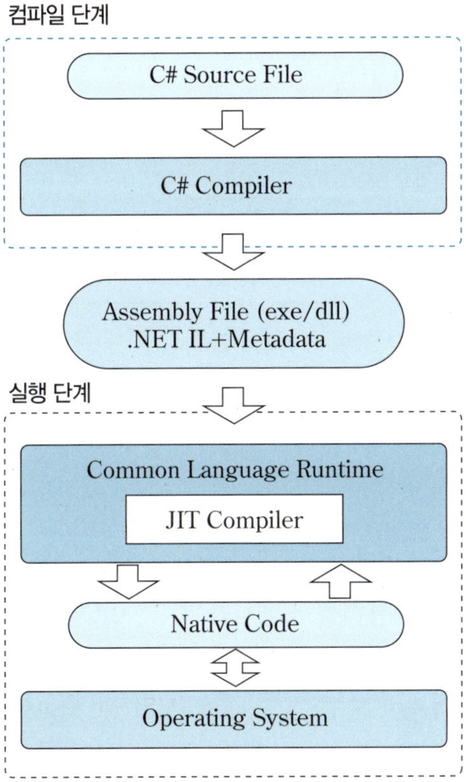

그림 1-4 C# 프로그램의 실행 모델

일단, 소스 프로그램이 어셈블리 형태(exe/dll)로 컴파일되면, CLR의 내부에 포함된 JIT

컴파일러를 통하여 네이티브 코드로 번역된 후, 운영체제(operating system)를 통하여 실행된다. 이와 같이 네이티브 코드로 번역한 후 실행하는 이유는 응용프로그램의 실행시간을 줄여 성능을 향상시킬 수 있는 장점을 가지기 때문이다.

C# 컴파일러의 출력인 이진 형태의 어셈블리 파일(*.exe 또는 *.dll)은 IL 디스어셈블러(disassembler: 역어셈블러)에 의해서 텍스트 형태로 된 파일(*.il)로 변환하여 컴파일된 코드를 확인할 수 있으며 더 나아가 디버깅할 수도 있다. 역으로, IL 파일은 IL 어셈블러(assembler)를 이용하여 다시 실행 가능한 어셈블리 형태의 파일로 변환할 수 있다. [그림 1-5]는 이와 같은 과정을 보여주고 있다.

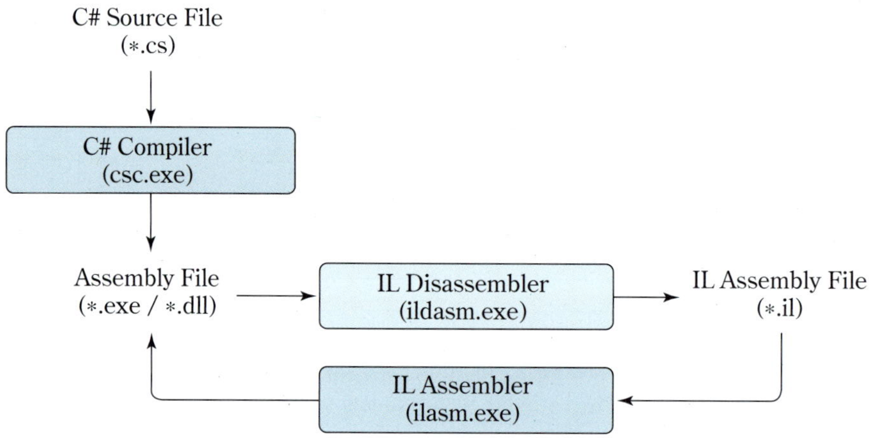

그림 1-5 어셈블과 역어셈블 과정

1.4.4 공통 언어 런타임

공통 언어 런타임(CLR: Common Language Runtime)이란 .NET 프레임워크의 실행 시스템이다. 즉, 컴파일된 어셈블리를 실행시켜 주는 시스템으로 자바 언어의 JVM(Java Virtual Machine: 자바 가상기계)과 동일한 역할을 담당한다. 소스 프로그램은 컴파일러에 의해 MSIL 형태로 컴파일이 되고 CLR 내의 네이티브 컴파일러에 의해서 완벽한 실행 파일로 변환된 후 실행된다.

또한, CLR은 프로그램의 실행을 도와주는 실행환경(runtime environment)을 포함하고 있다. 실행환경의 중요한 3가지 컴포넌트는 메모리 관리기, 예외 처리기, 그리고 스레드 지원이다. CLR에도 이와 같은 기능을 지원하는 컴포넌트를 모두 포함하고 있다. CLR은 [그림 1-6]과 같이 여러 컴포넌트들로 구성되어 있으며 그 역할은 다음과 같다.

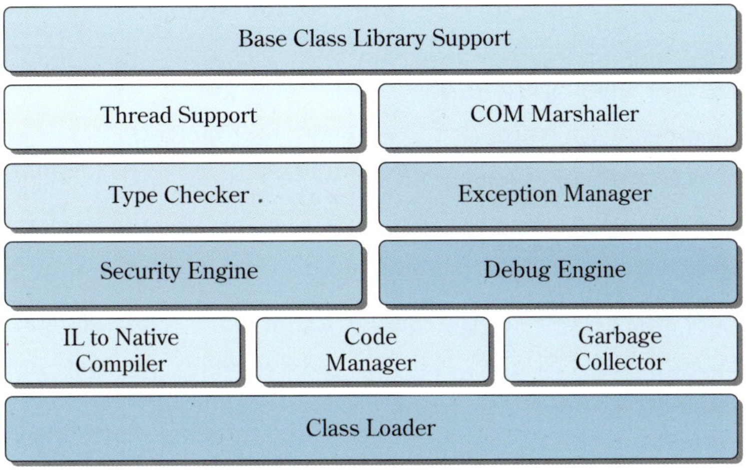

그림 1-6 공통 언어 런타임

- Class Loader: 메타 데이터 관리 및 클래스 로딩
- IL to Native Compiler: 중간언어(MSIL)를 네이티브 코드(Pentium code)로 변환
- Code Manager: 코드 실행 관리
- Garbage Collector: 객체들의 메모리 관리
- Security Engine: 코드의 고유성과 사용자 식별에 대한 검증된 보안 제공
- Debug Engine: 디버깅과 실행 코드 추적
- Type Checker: 타입 안정성(type-safe)을 검증
- Exception Manager: 예외 처리 관리
- Thread Support: 멀티스레드 프로그래밍을 지원
- COM Marshaller: 마샬링(marshalling) 기능 제공
- Base Class Library Support: 기본 클래스 라이브러리

연습문제

1.1 다음 괄호 안에 적당한 용어를 쓰시오.

(1) C#은 마이크로소프트사의 (   )에 의해 고안된 언어로서 (   )에 최적화되어 있는 범용 프로그래밍 언어이다.

(2) 프로그래밍 언어론적인 측면에서, C# 언어는 (   ) 언어와 유사한 간결하고 강력한 문장 구조를 가지고 있으며 (   ) 언어와 같이 객체지향적일 뿐만 아니라 (   )과 같이 사용자 인터페이스를 쉽게 만들 수 있는 컴포넌트 기능을 제공하고 있다.

(3) 프로그래밍 언어의 역사적인 관점에서, 현대적인 의미를 갖는 범용 프로그래밍 언어의 뿌리는 (   )로 간주할 수 있다.

(4) C#을 위한 IDE에는 Microsoft사의 (   )가 있다.

(5) C# 프로그램의 기본 단위는 (   )이며 필드와 메소드로 이루어져 있다.

(6) 하나의 C# 프로그램이 되기 위해서는 반드시 (   ) 메소드가 존재해야 한다.

(7) C#의 자료형에는 크게 (   )과 (   )이 있다.

(8) C#에서 추가된 연산자에는 지정한 타입과 호환 가능한지를 검사하는 (   ) 연산자와 주어진 값을 지정한 타입으로 변환하는 (   ) 연산자가 있다.

(9) 실세계의 모든 객체는 클래스를 통해서 정의되므로 클래스는 객체를 정의하는 (   ) 이라고도 부른다.

(10) 프로퍼티 참조 위치에 따른 셋-접근자(set-accessor)와 겟-접근자(get-accessor)의 호출은 (   )에 의해서 자동적으로 결정된다.

(11) 스레드란 순차 프로그램과 유사하게 시작, 실행, 그리고 종료의 순서를 가진 (   )의 흐름이다.

(12) C#에서 델리게이트를 이용하여 처리하는 것은 (   )와 (   )이다.

(13) 자바 언어로부터 직접 상속받은 C#의 기능은 (   )와 (   )이다.

(14) C# 언어의 중간언어는 (   )이고 자바의 중간언어는 바이트코드(bytecode)이다. 또한, C# 언어의 실행 시스템은 (   )이고 자바의 실행 시스템은 JVM이다.

(15) C# 언어로 생성하는 어셈블리에는 (   ) 형식과 (   ) 형식이 있으며, .NET 프레임워크가 설치되어 있는 환경이라면 (   ) 형식의 어셈블리를 실행시킬 수 있다.

(16) CLS를 충족하는 언어에는 C# 이외에도 (   ), J#, 그리고 Managed C++ 등 다양한 언어가 있다.

(17) MSIL 코드를 네이티브 코드로 번역해 주는 것은 (   )이다.

(18) 컴파일된 어셈블리 파일의 내용을 보기 위해서는 (   )를 이용하여 텍스트 형태로 된 IL 파일(*.il)로 변환해야 한다.

(19) 객체들의 메모리 관리를 수행하는 CLR의 컴포넌트는 (   )이다.

1.2 다음 객관식 문제를 푸시오.

(1) 프로그래밍 언어와 창시자가 바르게 연결된 것은?

① C — Bjarne Stroustrup ② Pascal — James Gosling
③ C++ — Niklaus Wirth ④ Java — Dennis M. Ritchie
⑤ C# — Anders Hejlsberg

(2) 현대적인 의미의 구문 구조를 갖는 최초의 프로그래밍 언어는 무엇인가?

① 알골(ALGOL) ② 베이직(Basic)
③ 포트란(Fortran) ④ 파스칼(Pascal)
⑤ C

(3) 프로그래밍 언어와 그 언어에서 정립된 개념이 일치하지 않는 것은?

① 알골 — 문장 구조 ② C — 연산자
③ 파스칼 — 클래스 ④ 자바 — 예외 처리
⑤ C# — 델리게이트

(4) C# 언어에서 지원하지 않는 기능은?

① 멀티스레드(multithread) ② 이벤트(event)
③ 애플릿(applet) ④ 델리게이트(delegate)
⑤ 예외 처리(exception handling)

(5) Concurrent Programming을 가능하게 해주는 C#의 기능은?

① 델리게이트(delegate) ② 리플렉션(reflection)
③ 멀티스레드(multithread) ④ 동적 링킹(dynamic linking)
⑤ 이벤트(event)

(6) C#의 자료형에 대한 설명으로 틀린 것은?

① 참조형에는 숫자형, 문자형, 부울형, 구조체형, 열거형이 있다.

② 문자형은 16비트 유니코드를 사용한다.

③ 실수형에는 float(32비트)형과 double(64비트)형이 있다.

④ 실수의 표현방법과 실수 연산은 IEEE754 표준을 따른다.

⑤ CTS 자료형과 정확히 일치한다.

(7) 다음 C#의 주요 특징에 대한 설명으로 틀린 것은?

① 인터넷 응용에 활용할 수 있는 애플릿 기능이 있다.

② 기능은 메소드처럼 사용은 필드처럼 하는 프로퍼티 기능이 있다.

③ 병행 처리(concurrent processing)를 위한 스레드 기능이 있다.

④ 메소드를 형식적으로 참조하기 위한 델리게이트 기능이 있다.

⑤ 실행 시간에 발생하는 예외를 처리하는 기능이 있다.

(8) 다음은 CTS 형과 일치하는 C# 자료형을 연결한 것이다. 틀린 것은?

① `System.Sbyte` — `sbyte` ② `System.Int16` — `short`

③ `System.Int32` — `int` ④ `System.Boolean` — `bool`

⑤ `System.Float` — `float`

(9) CLR의 컴포넌트가 아닌 것은?

① 스레드 지원(Thread Support)

② 보안 엔진(Security Engine)

③ 예외 처리기(Exception Handler)

④ 실행 엔진(Execution Engine)

⑤ 기본 클래스 라이브러리(Basic Class Library Support)

1.3 다음 약어에 대한 원어를 쓰시오.

(1) SDK (2) IDE (3) MSIL (4) CLS

(5) CTS (6) CLR (7) JIT

1.4 다음을 간략하게 설명하시오.

(1) C#에서 배열을 사용하는 방법(3가지 단계)을 설명하시오.

(2) 지정어 `string`과 클래스 `String`의 관계를 설명하시오.

(3) 형 매개변수(type parameter)란 무엇인가? 용도와 명시 방법을 설명하시오.

(4) 닷넷 프레임워크(.NET Framework)의 구조도에 대해 설명하시오.

(5) C# 프로그램의 실행 과정을 설명하시오.

(6) CLS와 CTS의 관계를 설명하시오.

(7) IL 어셈블러와 IL 디스어셈블러의 기능을 비교 설명하시오.

1.5 다음 프로그램의 실행 결과를 쓰시오.

(1)

```
using System;
delegate void Delegate();
class ExerciseCh1_5_1 {
   public static void Method1() {
      Console.WriteLine("In the Method 1 ...");
   }
   public static void Method2() {
      Console.WriteLine("In the Method 2 ...");
   }
   public static void Main() {
      Delegate d = new Delegate(Method1);
      d += new Delegate(Method2);
      d();
   }
}
```

(2)

```
using System;
class ExerciseCh1_5_2 {
  public static void Main() {
    int i = 1, j = 0, k;
    try {
      Console.WriteLine("Exception checking...");
      k = i / j;
      Console.WriteLine("After Exception happening...");
    } catch (Exception e) {
      Console.WriteLine("Caught Exception...");
```

```
    } finally {
      Console.WriteLine("In the finally statement...");
    }
  }
}
```

(3)

```
using System;
class ExerciseCh1_5_3 {
   public static void Main(string[] args) {
      foreach (string s in args)
         Console.WriteLine(s);
   }
}
```

CHAPTER 02

언어구조

C# Programming

contents

02 언어구조

C# 언어도 다른 프로그래밍 언어와 마찬가지로 프로그래밍을 구성하는 문법 단위인 어휘 구조와 자료를 다루는 연산과 표현을 갖는 자료형, 값을 계산하는데 사용되는 식을 구성하는 연산자, 자료간의 형 변환 기능을 가지고 있다. 이 장에서 설명하는 기능과 다음 장에서 살펴볼 문장을 통해 개발자가 원하는 작업을 프로그래밍 언어로 기술할 수 있다.

2.1 어휘구조

프로그래밍 언어의 어휘란 프로그램을 구성하고 있는 문법적으로 의미있는 최소의 단위를 말하며 보통 이것을 토큰(token)이라 부른다. 예를 들어, 문장 `if (i<100) sum+=i;`은 `if`와 `(`, `i`, `<`, `100`, `)`, `sum`, `+=`, `i`, `;` 등 10개의 토큰으로 이루어져 있다. 이와 같은 토큰의 종류에는 언어 설계자(language designer)가 언어를 설계할 시점에서 정의하는 특수 형태와 프로그래머가 프로그래밍 시에 결정하는 일반 형태가 있다.

C# 언어의 문법에서 정의한 토큰의 종류를 요약하면 다음과 같다.

- 토큰
  - 특수형태
    - 지정어(keyword): `abstract, as, …, while`
    - 연산자(operator): `+, -, *, /, …, >>`
    - 구분자(delimiter): `, : . () {} []`
  - 일반형태
    - 명칭(identifier): `sum, stk, ptr, …`
    - 리터럴(literal): `526, 5.53, 5.97e24, 'c', "string"`

2.1.1 지정어

지정어(keyword)란 프로그래밍 언어 설계 시에 그 기능과 용도가 이미 정의되어 있는 단어이다. 따라서 C# 언어를 구성하는 지정어는 사용자가 임의로 결정하는 변수 이름이나 메소드 이름 등으로 사용할 수 없다.

C# 언어 스펙에 따르면, C#의 지정어는 모두 77개이며 [표 2-1]은 모든 지정어를 알파벳 순서로 나열한 것이다. 참고로 표준 C(ANSI C) 언어는 32개, 표준 C++(ISO/IEC C++) 언어는 74개, 그리고 자바 언어는 47개의 지정어를 갖고 있다.

표 2-1 C# 지정어

abstract	as	base	bool	break
byte	case	catch	char	checked
class	const	continue	decimal	default
delegate	do	double	else	enum
event	explicit	extern	false	finally
fixed	float	for	foreach	goto
if	implicit	in	int	interface
internal	is	lock	long	namespace
new	null	object	operator	out
override	params	private	protected	public
readonly	ref	return	sbyte	sealed
short	sizeof	stackalloc	static	string
struct	switch	this	throw	true
try	typeof	uint	ulong	unchecked
unsafe	ushort	using	virtual	void
volatile	while			

또한 지정어는 아니지만 문맥에 따라 지정어처럼 사용되는 [표 2-2]와 같은 문맥 지정어(contextual keyword)가 13개 있다.

표 2-2 문맥 지정어

add	alias	ascending	async	await
descending	dynamic	from	get	global
group	into	join	let	orderby
partial	remove	select	set	value
var	where	yield		

2.1.2 명칭

명칭(identifier)은 자료의 항목(변수, 상수, 배열, 클래스, 메소드, 레이블)을 식별하기 위하여 붙이는 이름이다. C# 언어에서 명칭의 형태는 반드시 문자로 시작한다. 그리고 숫자나 문자가 추가되어 계속하여 반복되는 형태를 가지며 명칭의 길이에는 제한이 없다. 또한, 대소문자를 구분하며, 지정어는 @ 기호를 붙이면 명칭으로 사용할 수 있다.

- 바른 명칭들: `sum, sum1, money_sum, moneySum, @int, 변수`
- 틀린 명칭들: `1sum, sum!, $sum, #sum, money Sum, virtual`

명칭을 사용하여 명명할 때 직감적으로 자신의 의미를 나타내도록 짓는 것이 바람직하다. 즉, 스택인 경우는 `stk`로, 포인터인 경우는 `ptr`로 명칭 자체가 자신의 의미를 나타내면 전체적으로 프로그램의 가독성(readability)이 증가한다.

일반적으로 변수 이름은 첫 글자를 소문자로 시작하지만 메소드 이름, 클래스 이름 등은 첫 글자를 대문자로 쓴다. 특히, 인터페이스 이름인 경우에는 첫 글자로 인터페이스를 나타내는 대문자 `I`로 시작한다. 또한, 합성 단어인 경우, `SumOfVector`와 같이 각 단어의 첫 글자를 대문자로 쓰면 더욱 효과적이다.

- 클래스/메소드 이름 예: `Fraction, Complex, VectorClass, MethodA, MethodB`
- 인터페이스 이름 예: `IMyInterface, IRectangle, IList, IEnumerable`

C#에서는 문자 집합(character set)으로 유니코드(Unicode)를 사용하기 때문에, 문자와 숫자의 정의가 일반적인 프로그래밍 언어에서보다 더욱 폭넓게 적용된다. 유니코드란 다국가 사이에 데이터 교환을 원활하게 할 목적으로 만들어진 문자 코드 체계로서, 미국의 Apple, IBM, Microsoft 등의 회사들이 중심이 되어 제정한 문자 시스템이다. 유니코드는

16비트로 한 문자를 표현하며 오늘날 세계에서 사용되고 있는 거의 모든 언어의 문자를 포함한다.

유니코드에서, 명칭을 정의하는데 사용할 수 있는 문자와 숫자의 범위는 상당히 넓다. 따라서 다음도 올바른 상수 정의이다.

```
static readonly double π = 3.14159265358979323846;
```

여기서, π도 하나의 문자로 간주되어 명칭으로서 타당한 형태가 된다. 현재는 유니코드를 지원하는 시스템이 없는 상태이지만, 유니코드가 보편화되어 많은 시스템이 사용하게 된다면 이러한 유니코드를 명칭으로 사용할 때는 주의해야 한다. 유니코드에 대한 정확한 이해 없이 사용하게 되면 원하지 않는 결과를 낳을 수 있기 때문이다.

마지막으로 C# 언어에서 명칭을 사용할 때 주의해야 할 점은 대문자와 소문자를 구별한다는 것이다. 또한, @ 기호(at sign)는 지정어와 함께 사용할 때는 지정어와 구분되지만 일반 명칭과 함께 사용되면 동일한 명칭으로 인식한다. 즉, `i`와 `@i`는 같은 명칭이어서 함께 선언할 수 없다.

예제 2-1 IdentifierApp.cs

```
using System;
class IdentifierApp {
    public static void Main() {
        int MyVar=1, myvar=2;
        int @int=10, 변수=20;
        Console.WriteLine("MyVar = " + MyVar + ", myvar = " + myvar);
        Console.WriteLine("@int = " + @int + ", 변수 = " + 변수);
    }
}
```

실행 결과

```
MyVar = 1, myvar = 2
@int = 10, 변수 = 20
```

2.1.3 리터럴

리터럴(literal)이란 자신의 표기법이 곧 자신의 값이 되는 상수를 의미한다. 예를 들어, "12"라고 표기하면 값이 12인 정수를 나타내는 경우이다. 일반적으로 리터럴은 자료형에 따라 각각 고유의 표기법을 갖는다. 각 자료형에 대하여 리터럴 상수들이 어떤 형태를 갖는지 살펴보자.

(1) 정수형 상수

C#에서 정수형 상수를 표현하는 방법은 표준 C 언어에서와 마찬가지로 진법에 따라 10진수(decimal), 16진수(hexadecimal)로 나누어지며 8진수(octal)는 지원하지 않고 있다. 10진수는 단순히 숫자열로 구성되며, 16진수는 `0x` 또는 `0X`가 선행되고 `0`부터 `9` 그리고 `a`부터 `f`(또는 `A`부터 `F`)로 이루어진 열로 구성된다. 16진법에서 사용하는 `a`부터 `f`(또는 `A`부터 `F`)는 보통 슈퍼 숫자(super digit)라 부르며 각각 10부터 15까지에 해당된다. 진법에 따른 정수의 예는 다음과 같다.

```
 15,  255,  65535    // 10진수
0xF, 0xFF, 0xFFFF    // 16진수
```

정수형 상수를 64비트에 표현하는 `long` 형으로 나타내기 위해서는 접미어 `L`(또는 `l`)을 사용한다. 따라서 `12`는 32비트, `12L`은 64비트의 공간을 차지하게 된다. `long` 형을 나타내는 접미어로 알파벳의 소문자 `l`은 숫자 `1`과 혼동될 수 있으므로 `long` 형을 나타내기 위하여 대문자 `L`을 사용하는 것이 바람직하다.

예제 2-2 IntegerConstantApp.cs

```
using System;
class IntegerConstantApp {
   public static void Main() {
      int i=255, h=0Xff;
      long l=0XffL;
      Console.WriteLine("i = {0}, h = {1}", i, h);
      if (h == l) Console.WriteLine("Yes");
      else Console.WriteLine("No");
   }
}
```

실행 결과

```
i = 255, h = 255
Yes
```

(2) 실수형 상수

정수형 상수는 매우 큰 수와 소수를 표현하기에 부적당하다. 이와 같은 수를 표현할 수 있는 형태가 실수형 상수이며 지수 부분의 유무에 따라 고정 소수점(fixed-point) 수와 부동 소수점(floating-point) 수로 분류된다.

```
1.414,      3.1415924,   0.00001      // 고정소수점 수
0.1414e01, 0.1414E1,    5E-5f        // 부동소수점 수
```

그리고 실수형 상수는 과학 연산을 위한 float, double과 회계 연산을 위한 decimal로 나뉜다. 과학 연산을 위한 실수형 상수는 다시 정밀도에 따라 float와 double로 나뉜다. 표준 C에서와 같이 실수형 상수의 묵시적인 형은 double이다. 그러나 명시적으로 double 형으로 만들고자 할 때는 접미어로 d(또는 D)를 붙이고, float 형으로 만들고자 할 때는 접미어로 f(또는 F)를 붙인다. decimal 형으로 만들고자 할 때는 접미어로 m(또는 M)을 붙인다.

예제 2-3 RealConstantApp.cs

```
using System;
class RealConstantApp {
   public static void Main() {
      float f1=1.414F, f2=0.1414e01f;
      double d=0.1414E1;
      Console.WriteLine("f1 = " + f1 + ", f2 = " + f2 +
                              ", d = " + d);
      if (f1 == f2) Console.WriteLine("Yes");
      else Console.WriteLine("No");
   }
}
```

실행 결과

```
f1 = 1.414, f2 = 1.414, d = 1.414
Yes
```

(3) 부울형 상수

부울형 상수에는 거짓을 나타내는 `false`와 참을 나타내는 `true`가 있다. 부울형 상수는 C 언어처럼 정수값 `0`과 `1`로 상호 변환되지 않는다.

예제 2-4 BooleanConstantApp.cs

```
using System;
class BooleanConstantApp {
   public static void Main() {
      Console.WriteLine("TRUE  OR TRUE  = " + (true || true));
      Console.WriteLine("TRUE  OR FALSE = " + (true || false));
      Console.WriteLine("FALSE OR TRUE  = " + (false || true));
      Console.WriteLine("FALSE OR FALSE = " + (false || false));
   }
}
```

실행 결과

```
TRUE  OR TRUE  = True
TRUE  OR FALSE = True
FALSE OR TRUE  = True
FALSE OR FALSE = False
```

(4) 문자 상수

문자 상수는 `'A'`와 같이 단일 인용부호(single quote) 사이에 표현한다. 하지만 특별한 문자들은 표준 C 언어와 마찬가지로 에스케이프 문자열(escape sequence)에 의해 표현되기도 한다. 그 예는 다음과 같다.

```
\'    single quote(\u0027)
\"    double quote(\u0022)
\\    backslash itself(\u005C)
\0    null(\u0000)
```

```
\a     alert(\u0007)
\b     backspace(\u0008)
\f     form feed(\u000C)
\n     new line(\u000A)
\r     carriage return(\u000D)
\t     horizontal tab(\u0009)
\v     vertical tab(\u000B)
```

문자 상수의 값은 채용한 문자 집합(character set)의 수치적인 값이다. 따라서 C#에서는 16비트인 유니코드를 사용하기 때문에 그에 해당하는 값이 된다.

(5) 스트링 상수

스트링 상수는 "C sharp"과 같이 이중 인용부호(double quote)에 둘러싸여진 스트링을 말한다. C#에서 스트링 상수는 System.String 클래스의 객체로 취급된다.

추가적으로 C#에서는 축어적 스트링 상수(verbatim string literal) 형태를 지원한다. 축어적 스트링 상수란 스트링 상수 내에 에스케이프 문자열을 표현할 때 편리하게 이용할 수 있는 형태이다.

축어적 스트링 상수를 표현하는 방법은 '@' 기호와 함께 스트링 상수를 기술하는데 일반 스트링 상수와는 다르게 스트링 내에 있는 에스케이프 문자열을 해석하지 않고 있는 그대로 스트링 값이 된다.

```
string a = "hello\t world";        // hello      world
string b = "hello \\t world";      // hello \t world
string c = @"hello \t world";      // hello \t world
```

예제 2-5 StringConstantApp.cs

```
using System;
class StringConstantApp {
    public static void Main() {
        char c = 'A';
        int i;
        i = c + 1;
        Console.WriteLine("c = " + c + "\nnext c = " + (char)i);
        Console.WriteLine("\"I am a string.\"");
```

```
        Console.WriteLine(@"""I am a string.""");
    }
}
```

실행 결과

```
c = A
next c = B
"I am a string."
"I am a string."
```

(6) 객체 참조 리터럴

객체 참조(object reference) 리터럴에는 널(null)이 있다. `null`은 아무 객체도 가리키지 않는 상태를 나타내며 통상적으로 부적당하거나 객체를 생성할 수 없는 경우 또는 초기화에 사용된다. 가리키는 객체의 형에 관계없이 참조형이 기대되는 어떤 곳에서든지 `null`을 사용할 수 있다.

2.1.4 주석

주석(comment)은 프로그램이 무엇을 하는가를 설명하기 위하여 소스 프로그램 내에 기술하는 문장이다. 주석은 컴파일러에 의해서 무시되어 프로그램 실행에는 아무런 영향을 주지 않으나 프로그램의 유지 보수 등에 매우 중요하다.

주석문은 어느 곳에서나 사용할 수 있지만 일반적으로 클래스의 시작 부분에 그 클래스에 대한 내용을 설명하기 위해 기술한다. 그리고 소스 프로그램에서 한 줄의 의미가 모호할 때 그 부가적인 설명으로 그 줄의 끝에 주석을 덧붙일 수 있다. 다시 말해서, 복잡한 식과 자료구조 그리고 메소드의 기능에 대해 주석을 붙인다. 또한 프로그램을 수정할 때, 수정된 내용을 기록하는 주석(revision history)을 붙이는 일도 중요하다. 이러한 주석은 프로그램을 수정하거나 그 기능을 확장할 때 매우 중요하게 쓰인다.

C#에서 주석의 종류는 다음과 같이 3가지가 있다.

(1) // 주석

//부터 새로운 줄 전까지 모두 주석으로 간주된다. 이러한 주석 방법은 일반적으로 한 줄

짜리 주석을 위해 사용된다.

```
int size = 100;  // size는 100으로 초기화.
```

(2) /* 주석 */

/*와 다음 */ 사이의 모든 문자들은 주석으로 간주된다. 이러한 주석 방법은 일반적으로 여러 줄의 주석을 위해 사용된다.

```
/* C# 언어에서는 여러 줄의 주석을 위해 지금 사용하고 있는
   주석의 형태를 지원하고 있다. */
```

이와 같은 형태의 주석문에서 주의할 점은 주석문 안에서 또 다른 주석이 포함될 수 없다는 것이다. 따라서 다음 예는 에러가 된다.

```
/* Comment this out for now: not yet implemented
   /* Do some really neat stuff */
      universe.neatStuff();
*/
```

(3) /// 주석

/// 다음의 문자들은 주석으로 간주된다. 그러나 이와 같은 형태의 주석은 일반적으로 프로그램 내에서 사용되는 것이 아니라 C# 프로그램에 대한 웹 보고서를 작성하는데 사용하는 방법이다. 특히 이들 주석문은 네임스페이스, 클래스 선언, 클래스 멤버, 또는 생성자 이전에 기술하는 것이 일반적이며, XML 요소를 이용하여 기술한다.

예제 2-6 CommentApp.cs

```
using System;
/// <summary>
/// CommentApp Class : Convert a hexadigit into binary value
/// </summary>
class CommentApp {
   /// <summary>
   /// Main Method
   /// </summary>
   public static void Main() {
```

```
        int value = 0;
        char ch;
        Console.Write("Enter a super digit : "); // prompt message
        ch = (char) Console.Read();
        switch (ch) {
            case 'A': case 'B': case 'C':
            case 'D': case 'E': case 'F':
                value = ch - 'A' + 10; // code value => binary value
                break;
            case 'a': case 'b': case 'c':
            case 'd': case 'e': case 'f':
                value = ch - 'a' + 10; // code value => binary value
                break;
            default: Console.WriteLine(ch + " is not a hexadigit");
                break;
        } // end of switch
        Console.WriteLine(value);
    } // end of Main()
}
```

입력 데이터

```
Enter a super digit : F
```

실행 결과

```
15
```

컴파일 시에 /doc 옵션을 사용하여 출력될 XML 파일명을 명시하면 XML 문서를 생성할 수 있다. 예를 들어, 다음과 같은 명령문을 사용하여 [예제 2-6]을 컴파일할 수 있다.

```
csc CommentApp.cs /doc:CommentApp.xml
```

그러면, 다음과 같은 내용을 갖는 XML 파일이 생성된다. 주석이 기술된 위치에 따라 해당하는 속성을 갖는 이름이 만들어지고 태그 내에 명시된다. 문서 내에서, T:CommentApp의 T는 Type을 의미하는 글자이고 M:CommentApp.Main의 M은 Method를 의미한다.

CommentApp.xml

```
<?xml version="1.0"?>
<doc>
  <assembly>
    <name>CommentApp</name>
  </assembly>
  <members>
    <member name="T:CommentApp">
      <summary>
      CommentApp Class : Convert a hexadigit into binary value
      </summary>
    </member>
    <member name="M:CommentApp.Main">
      <summary>
      Main Method
      </summary>
    </member>
  </members>
</doc>
```

주석을 기술하는데 주의할 점은 문장 자체를 설명하는 주석보다는 프로그램에 내재된 알고리즘이나 가정 등 전체적인 프로그램의 내용을 이해하는데 도움이 되는 주석을 기술하는 것이 필요하다.

2.2 자료형

자료형(data type)이란 자료 객체가 갖는 형으로 자료형의 실질적인 구조 및 개념, 그 자료형이 가질 수 있는 값, 그리고 그 자료형에서 행할 수 있는 연산 등을 정의한다. C# 언어에서 제공하는 자료형은 크게 값형(value type)과 참조형(reference type)으로 구분할 수 있다. 값형은 변수에 직접 값이 저장되는데 비해 참조형은 변수에 주소가 저장되어 값을 가리키게 된다.

값형은 숫자형, 문자형, 부울형과 같은 언어 시스템에서 제공하는 기본형(primitive type)과 열거형, 구조체형 등으로 분류되며 참조형은 클래스형, 인터페이스형, 델리게이트형, 배열형 등으로 분류된다.

C#의 자료형은 1장에서 설명한 공통 자료형 시스템(CTS)에서 정의한 형식으로 표현할 수 있다. 이렇게 표현함으로써, 공통 자료형 시스템을 이용하여 다른 언어에서 작성된 자료형과 객체를 편리하게 다룰 수 있다. 예를 들어, 다음과 같이 정수형 변수를 선언할 수 있으며 두 선언의 의미는 동일하다.

```
System.Int32 x;   // CTS 형으로 정수형 변수 x의 선언
int x;            // C# 형으로 정수형 변수 x의 선언
```

2.2.1 값형

값형이란 변수에 직접 값이 저장되는 형으로 기본형에 해당하는 숫자형(numeric type), 문자형(character type), 부울형(boolean type)과 열거형, 구조체형 등이 있다. 또한, 숫자형은 값을 표현하는 방법과 연산하는 방식에 따라 정수형과 실수형으로 구분된다.

(1) 정수형

정수형은 부호있는(signed) 정수형과 부호없는(unsigned) 정수형으로 나뉜다. 부호있는 정수형에는 `sbyte`(8비트), `short`(16비트), `int`(32비트), `long`(64비트) 형이 있고, 부호없는 정수형에는 `byte`, `ushort`, `uint`, `ulong` 형이 있다. 모두 합해서, C#에서 제공하는 정수형의 종류에는 8가지가 있으며 각 정수형의 크기는 [표 2-3]과 같다.

표 2-3 정수형의 크기

C# 자료형	CTS 형	크기	최소값	최대값
sbyte	System.SByte	8 bit	−128	127
short	System.Int16	16 bit	-32768	32767
int	System.Int32	32 bit	−2147483648	2147483647
long	System.Int64	64 bit	−9223372036854775808	9223372036854775807
byte	System.Byte	8 bit	0	255
ushort	System.UInt16	16 bit	0	65535
uint	System.UInt32	32 bit	0	4294967295
ulong	System.UInt64	64 bit	0	18446744073709551615

수식에서 byte와 short 형의 값은 항상 연산되기 이전에 int 형으로 변환된다. 따라서 byte와 short 형은 연산을 위한 형이 아니라 저장을 위한 자료형이다.

예제 2-7 IntTypeApp.cs

```
using System;
class IntTypeApp {
   public static void Main() {
      int i = 1000000;
      Console.WriteLine(i * i);
      long l = i;
      Console.WriteLine(l * l);
   }
}
```

실행 결과

```
-727379968
1000000000000
```

[예제 2-7]에서, i * i의 값이 int 형의 범위를 벗어나 상위 비트가 넘치면서 오버플로우(overflow)가 일어나고 부호 비트(sign bit)가 1로 되어 음수 값이 출력되었다. 그러나 long 형의 범위 내에 있기 때문에 i * i의 결과는 정상적인 값이 된다.

(2) 실수형

실수형은 부동 소수점(floating-point) 형과 10진 자료형(decimal)으로 구분된다. 부동 소수점 형은 정밀도(precision)에 따라 `float`(32비트)와 `double`(64비트) 형이 있으며, C# 언어에서 실수의 표현 방법과 실수 연산은 IEEE 754에서 정의되어 있는 표준을 따른다.

10진 자료형은 회계나 금융관련 계산과 같이 고도의 정밀도를 요하는 계산에 이용되며 유효숫자는 28자릿수나 된다. 다만, 구조체로 처리하기 때문에 효율성이 떨어지는 단점이 있다. [예제 2-8]은 부동 소수점 형과 10진 자료형의 차이를 보여주고 있다.

예제 2-8 DoubleVsDecimalApp.cs

```
using System;
class DoubleVsDecimalApp {
   public static void Main() {
      double d = 0d;
      decimal m = 0m;
      for (int i = 0; i < 1000; i++) {
         d += 0.10d;
         m += 0.10m;
      }
      Console.WriteLine("0.1d*1000 = " + d);
      Console.WriteLine("0.1m*1000 = " + m);
   }
}
```

실행 결과

```
0.1d*1000 = 99.9999999999986
0.1m*1000 = 100.00
```

[예제 2-8]의 실행 결과는 `double`과 `decimal`의 정밀도 차이로 나타난 결과이다.

(3) 문자형

문자형은 8비트 아스키(ASCII) 코드를 사용하는 C/C++와 다르게 16비트 유니코드(Unicode)를 사용한다. 유니코드의 코드 값이 문자에 해당하는 값이 되며 수식에서 문자형은 `int` 형으로 변환되어 계산된다.

(4) 부울형

부울형(boolean type)은 `true`와 `false` 중 하나의 값만을 가지는 자료형이다. 부울형으로 선언된 변수는 절대로 숫자 값을 가질 수 없으며, 다른 자료형으로 변환되지도 않는다.

(5) 초기값

자료형을 이용하여 변수를 선언하면, 선언된 변수는 컴파일러에 의해 묵시적인 초기값(initial value)을 갖게 되는데 자료형에 따른 초기값은 [표 2-4]와 같다. 그러나 메소드 안에서 선언된 지역 변수는 묵시적인 초기값을 갖지 못한다.

표 2-4 자료형에 따른 초기값

자료형	기본 표준값	초기값
byte	zero	(byte) 0
short	zero	(short) 0
int	zero	0
long	zero	L
sbyte	zero	(byte) 0
ushort	zero	(short) 0
uint	zero	0
ulong	zero	0L
float	positive zero	0.0f
double	positive zero	0.0d
char	널(Null) 문자	'\u0000'
bool	false	

2.2.2 열거형

열거형은 서로 관련 있는 상수들의 모음을 심볼릭한 명칭의 집합으로 정의한 것이다. 이때 원소로 기술된 명칭들을 기호 상수(symbolic constant)라 부르며 명시된 순서에 따라 0부터 순서값을 가지며 정수형으로 교환하여 사용할 수 있다.

프로그램을 작성할 때, 단순히 정수형 상수를 사용하는 것보다는 기호 상수로 나타내는 것이 프로그램의 가독성을 증가시킬 수 있다. 또한, C#에서는 열거형을 출력하면 명칭의 형태가 출력됨으로 디버깅에 도움을 받을 수 있다. 그러므로 가능하면 열거형을 사용할 수 있는 경우에는 열거형을 사용하는 것이 고급 프로그래밍 기법이다.

열거형은 캐스팅을 사용하여 정수형으로 변환할 수 있으며 역으로 정수형을 열거형으로 변환할 수 있다. 또한, ++ 연산자와 -- 연산자를 사용하여 다음 원소나 이전 원소로 이동할 수 있다.

예제 2-9 EnumTypeApp.cs

```
using System;
enum Color {Red, Green, Blue};
class EnumTypeApp {
   public static void Main() {
      Color c = Color.Red;
      c++;
      int i = (int) c;
      Console.WriteLine("Cardinality of " + c + " = " + i);
   }
}
```

실행 결과

```
Cardinality of Green = 1
```

2.2.3 참조형

참조형(reference type)이란 객체를 가리키는 형으로 C#에서는 클래스형, 인터페이스형, 델리게이트형, 배열형 등이 여기에 속한다. C#에서는 배열을 하나의 객체로 취급하여 참조형으로 다룬다는 것이 특징적이다.

배열(array)이란 같은 형의 여러 개의 값을 저장하는데 사용하는 자료형으로 순서가 있는 원소들의 모임이다. 배열의 원소로는 기본형과 참조형이 될 수 있다. C#에서는 C/C++ 언어와 달리 배열도 객체로 취급한다.

클래스형이란 클래스 이름을 의미하며 정의된 클래스 이름은 마치 자료형처럼 사용할 수 있다. 이때, 클래스형으로 정의된 변수들은 객체를 가리키는 참조형이 된다. 클래스에 대한 자세한 내용은 4.1절을 참고하기 바란다.

인터페이스형이란 메소드, 프로퍼티와 인덱서, 이벤트에 대한 추상적인 형태만을 선언한 프로그래밍 단위이다. 다시 말해서, 위와 같은 요소들의 정의를 가지고 있지 않은 순수한 설계의 표현이다. C#에서 클래스는 단일 상속만 가능하기 때문에 다중 상속이 가능한 인터페이스를 지원하고 있다. 자세한 내용은 5.2절을 참고하기 바란다.

델리게이트형(delegate type)이란 메소드를 보다 효과적으로 호출하기 위하여 메소드 자체를 캡슐화한 참조형으로서 여러 메소드를 동시에 실행시킬 때 유용하게 사용할 수 있는 자료형이다. 델리게이트에 대한 자세한 내용은 4.6절을 참고하기 바란다.

2.2.4 배열형

C#에서 배열을 사용하기 위해서는 먼저 배열을 선언하고 해당하는 배열 객체를 생성한다. 그리고 생성된 배열 객체를 통해 값을 저장하는 3단계를 거쳐야 한다.

(1) 배열 선언

배열을 선언할 때는 반드시 배열 이름, 차원, 그리고 원소의 형 등을 명시해야 한다. 배열 이름이란 배열을 가리키는 명칭이며 배열 형이란 그 배열에 속한 원소의 형을 의미한다. 예를 들어, 다음과 같은 형태로 배열을 선언할 수 있다.

```
int[]      vector;
short[,]   matrix;
object[]   myArray;
int[]      initArray = {0, 1, 2, 3, 4, 5};
```

여기서, `vector`는 1차원 배열이며 `matrix`는 2차원 배열이다. 그리고 4번째 선언에서 `initArray`는 선언과 동시에 초기 값을 갖는 경우이며 배열의 크기는 6이다.

C#에서 차원을 명시하는 방법은 인덱스 기호인 '`[]`'를 반드시 형 이름(type name) 다음에 기술해야 하며 표준 C에서와 같이 `int vector[];`의 형태로 선언하는 것은 허용되지 않는다. 다차원 배열(multidimensional array)인 경우에 '`[]`' 안에 콤마(',')로 구분하며 위 선언에서 `matrix`는 2차원 배열로 선언된 것이다.

(2) 배열 객체 생성

배열은 객체이기 때문에 일반 객체와 마찬가지로 new 연산자를 통해서 동적으로 생성된다. 첫 번째 단계에서 단순히 이름만 선언된 배열은 특정한 곳을 가리키지 않는다. 따라서 배열 객체를 생성함으로써 배열 이름은 특정 배열 객체를 가리키게 된다. 배열을 생성하는 방법은 다음과 같다.

```
vector = new int[100];
matrix  = new short[10,100];
myArray = new Point[3];
```

배열 선언과 객체 생성을 나누어서 작성할 수 있지만 동시에 한 문장으로 작성할 수 있다. 즉, 배열의 선언과 함께 배열 객체를 생성할 수 있다. 예를 들어,

```
int[] vector;
vector = new int[100];
```

과 같이 따로 선언된 경우,

```
int[] vector = new int[100];
```

과 같이 선언과 동시에 그에 해당하는 배열 객체를 생성할 수 있다.

[그림 2-1]은 배열을 선언했을 때와 배열 객체를 생성했을 때의 메모리 변화를 그림으로 나타낸 것이다.

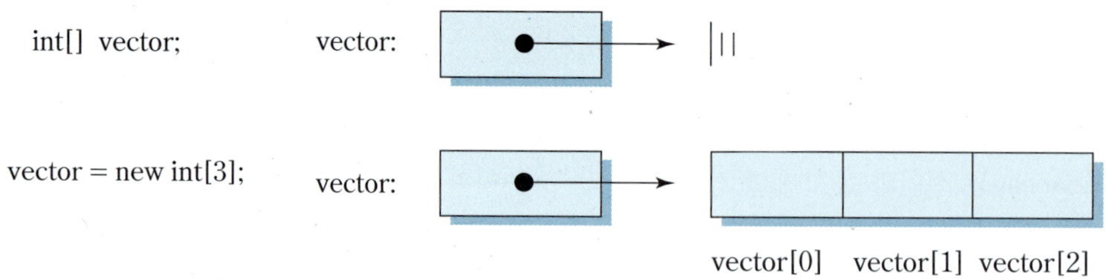

그림 2-1 배열의 객체 생성

부연해서 설명하면, 배열을 선언한다는 것은 단순히 배열 참조를 위한 저장 장소만을 할당

한다는 의미이고 배열 객체를 생성한다는 것은 배열 원소를 저장할 수 있는 저장 장소를 동적 기억 장소인 힙(heap)에 할당한다는 의미이다. 할당된 후, 그 위치를 배열 참조가 가리키게 된다.

배열의 초기화를 통하여 배열 객체를 생성할 수 있다. 위에 선언된 `initArray`처럼 선언과 동시에 초기 값을 주는 방법과 선언 후 `new` 연산자와 함께 초기 값을 주는 방법이 있다. 다음은 배열 변수 선언한 후, `new` 연산자와 함께 초기화를 하는 방법이다.

```
int[] initArray;
// ...
initArray = new int[] {0, 1, 2, 3, 4, 5};
```

이 경우에 배열의 크기는 나열된 원소의 개수이다.

(3) 배열에 값 저장

마지막으로 생성된 배열에 값을 저장하면 된다. 배열의 인덱스는 C/C++와 마찬가지로 0부터 시작한다. 배열의 프로퍼티인 `Length`를 통하여 배열의 길이를 알 수 있다. 배열을 사용할 때 인덱스가 지정된 범위를 벗어나면 `IndexOutOfRangeException` 예외가 발생된다.

```
int[] vector = new int[100];
// ...
for (int i = 0; i < vector.Length; i++)
   vector[i] = i;
```

예제 2-10 ArrayTypeApp.cs

```
using System;
class ArrayTypeApp {
   public static void Main() {
      int[] ia = new int[3];
      int[] ib = {1, 2, 3};
      // int[] ib = new int[] {1, 2, 3} 같은 의미이다
      int i;
      for (i = 0; i < ia.Length; i++)
         ia[i] = ib[i];
      for (i = 0; i < ia.Length; i++)
```

```
            Console.Write(ia[i] + " ");
        Console.WriteLine();
    }
}
```

실행 결과

```
1 2 3
```

(4) 배열의 배열

배열의 배열(array of array)이란 배열의 원소가 다시 배열이 되는 배열을 말하며 다차원 배열과 구분된다. 배열의 배열 선언 형태는 차원의 수만큼 인덱스 기호([])를 자료형 다음에 반복한다.

```
int[][] arrayOfArray;
```

배열을 생성할 때, 다차원 배열에서는 모든 차원의 크기를 반드시 명시해야 하지만 배열의 배열에서는 첫 번째 차원의 크기는 반드시 명시해야 하지만 두 번째 차원은 다음과 같이 나중에 결정할 수 있다.

```
arrayOfArray = new int[3][];
// ...
arrayOfArray[0] = new int[4];
arrayOfArray[1] = new int[5];
arrayOfArray[2] = new int[6];
```

이와 같은 배열의 배열이 가지는 장점은 각 원소에 해당하는 배열이 서로 다른 크기를 가질 수 있다는 것이다.

예제 2-11 ArrayOfArrayApp.cs

```
using System;
class ArrayOfArrayApp {
    public static void Main() {
        int[][] arrayOfArray = new int[3][];      // declaration
```

```
        int i, j;
        for (i = 0; i < arrayOfArray.Length; i++)         // creation
            arrayOfArray[i] = new int[i+3];
        for (i = 0; i < arrayOfArray.Length; i++)         // using
            for (j = 0; j < arrayOfArray[i].Length; j++)
                arrayOfArray[i][j] = i*arrayOfArray[i].Length + j;
        for (i = 0; i < arrayOfArray.Length; i++) {       // printing
            for (j = 0; j < arrayOfArray[i].Length; j++)
                Console.Write(" " + arrayOfArray[i][j]);
            Console.WriteLine();
        }
    }
}
```

실행 결과

```
0 1 2
4 5 6 7
10 11 12 13 14
```

2.2.5 스트링형

스트링형은 문자열을 표현하기 위해 사용하는 자료형이다. C#에서 스트링은 내부적으로 CTS 자료형인 `System.String` 클래스형과 동일한 자료형이나 프로그램에서 자주 사용되기 때문에 별도의 형인 `string` 형을 제공하고 있다.

스트링 객체는 가지고 있는 스트링 내용을 변경할 수 없기 때문에 스트링에 대한 연산의 결과는 항상 새로운 스트링 객체를 만든다. 스트링 연산 결과로 항상 새로운 스트링 객체를 만들기 때문에 연산이 많은 경우에는 부하가 많이 걸리는 문제점이 있다. 이런 문제점을 해결하기 위해 .NET 프레임워크에서는 `StringBuilder` 클래스를 제공하고 있다.

`StringBuilder` 클래스는 효율적으로 스트링을 다루기 위한 클래스이며, 객체에 저장된 내용을 임의대로 변경할 수 있다. 이에 따라 스트링 연결을 위한 `+` 연산자뿐만 아니라 스트링의 중간에 삽입하거나 추가시키는 다양한 메소드들을 제공하고 있다.

예제 2-12 StringApp.cs

```
using System;
using System.Text;
class StringApp {
   public static void Main() {
      StringApp obj = new StringApp();
      string str = "Class name is ";
      Console.WriteLine(str + obj.ToString());
      StringBuilder sb = new StringBuilder();
      sb.Append(str);
      sb.Append(obj.ToString());
      Console.WriteLine(sb);
   }
}
```

실행 결과

```
Class name is Ex02_13_StringApp.StringApp
Class name is Ex02_13_StringApp.StringApp
```

[예제 2-12]에서 사용한 `ToString()` 메소드는 객체를 스트링으로 변환하는 기능을 하며 `System.Object` 클래스 내에 정의되어 있다. 그리고 `Append()` 메소드는 매개변수로 받은 스트링을 후미에 연결(접속)하는 기능을 하며 `StringBuilder` 클래스 내에 정의되어 있다.

2.3 연산자

식(expression)은 문장에서 값을 계산하는데 사용되며 문장을 구성하는 기본 구조 중의 하나이다. 식은 연산자(operator)와 피연산자(operand)로 구성되며 연산자의 종류에 따라 산술식, 관계식, 논리식 등으로 구분한다.

연산자는 식의 의미를 결정한다. 따라서 좋은 프로그램을 작성하기 위해서는 언어 시스템에서 제공하는 연산자들의 의미와 사용법을 잘 배워서 활용할 수 있어야 한다. C# 언어의 연산자는 표준 C 언어의 연산자와 거의 비슷하다.

연산자는 피연산자가 어떻게 계산될지를 나타내는 기호로 C# 언어 스펙에는 모두 59개가 정의되어 있다. 다음은 주요 연산자를 기능에 따라 분류한 것이다.

- C# 언어의 연산자
  - 산술 연산자: + - * / % 단항 + 단항 -
  - 관계 연산자: > >= < <= == !=
  - 논리 연산자: && || !
  - 증감 연산자: 전위 ++ 전위 -- 후위 ++ 후위 --
  - 비트 연산자: & | ^ ~ << >>
  - 조건 연산자: ? :
  - 배정 연산자: = += -= *= /= %= &= |= ^= <<= >>=
  - 캐스트 연산자: (자료형)
  - 형 검사 연산자: is as
  - 배열 연산자: [ ]
  - 메소드 연산자: ( )
  - 멤버 접근 연산자: .
  - 지정어 연산자: new typeof checked unchecked

2.3.1 산술 연산자

산술 연산자(arithmetic operator)는 수치 연산을 나타내는 연산자로 하나의 피연산자를 갖는 단항 산술 연산자와 두 개의 피연산자를 갖는 이항 산술 연산자가 있다. 산술 연산자를 포함하는 식을 산술식이라고 하며 식의 계산 결과는 수치 값이다. 산술 연산자의 종류와 그 의미는 [표 2-5]와 같다.

표 2-5 산술 연산자의 종류와 의미

단항 산술 연산자		
연산 의미	연산자	사용 예
양수로	+	x = +y
음수로	-	x = -y

이항 산술 연산자		
연산 의미	연산자	사용 예
덧 셈	+	x = y + z
뺄 셈	-	x = y - z
곱 셈	*	x = y * z
나눗셈	/	x = y / z
나머지	%	x = y % z

단항 산술 연산자 중 -(minus) 연산자는 연산할 때 피연산자의 부호에 영향을 줌으로써 부호를 반대로 만드는 기능을 한다.

```
x = -5;         // 음수 5
x = -(-5);      // 양수 5
x = -(3-5);     // 양수 2
```

산술 연산자의 의미는 그에 해당하는 수학적 의미를 가지며 만일 두 개의 피연산자가 모두 정수형이면 그 결과는 정수형이다. 따라서 식 `1/2`의 결과는 0이며 필요한 결과를 산출하기 위해서는 `1/2.0`으로 써야 한다. 이 경우, 실수 연산이 되어 결과는 0.5가 된다.

예제 2-13 DivisionOperatorApp.cs

```
using System;
class DivisionOperatorApp {
   public static void Main() {
      int i;  double x;
      i = 1 / 2;
      x = 1 / 2;
      Console.Write("i = " + i);
      Console.WriteLine(", x = " + x);
      i = (int) (1 / 2.0);
      x = 1 / 2.0;
      Console.Write("i = " + i);
      Console.WriteLine(", x = " + x);
   }
}
```

실행 결과

```
i = 0, x = 0
i = 0, x = 0.5
```

이항 산술 연산자 중 `%`는 나머지 연산자로 정수형만을 피연산자로 가지며 나머지 값을 연산 결과로 갖는다. 즉, `x % y`의 식은 `x`를 `y`로 나눈 나머지를 의미하며 다른 산술 연산자를 이용하여 같은 의미를 갖는 식으로 나타내면 다음과 같다.

```
x % y   ≡   x - (x / y) * y
```

예제 2-14 RemainderOperatorApp.cs

```
using System;
class RemainderOperatorApp {
   public static void Main() {
      int n, rem;
      rem = 10 % 3;
      n = 10 - (10 / 3 ) * 3;
      Console.WriteLine("10 % 3 = " + rem);
      Console.WriteLine("10-(10/3)*3 = " + n);
   }
}
```

실행 결과

```
10 % 3 = 1
10-(10/3)*3 = 1
```

2.3.2 관계 연산자

관계 연산자(relational operator)는 두 개의 값을 비교하는 이항 연산자로 항등 연산자(equality operator) 2개와 크기 비교 연산자 4개를 포함하여 모두 6개가 있다. 관계 연산자가 포함된 식을 관계식이라고 하며, 주로 `for` 문이나 `while` 문과 같은 반복문에서 조건을 테스트하는 식으로 사용된다. 관계식의 연산 결과는 항상 참(true)이나 거짓(false)이 된다.

관계 연산자의 종류와 각 연산자의 의미는 [표 2-6]과 같다.

표 2-6 관계 연산자의 종류와 의미

연산 의미	연산자	형태
좌측 피연산자가 우측 피연산자보다 크다.	>	x > y
좌측 피연산자가 우측 피연산자와 같거나 크다.	>=	x >= y
좌측 피연산자가 우측 피연산자보다 작다.	<	x < y
좌측 피연산자가 우측 피연산자와 같거나 작다.	<=	x <= y
좌측 피연산자가 우측 피연산자와 같다.	==	x == y
좌측 피연산자가 우측 피연산자와 같지 않다.	!=	x != y

식에서 관계 연산자는 산술 연산자보다 우선순위가 낮다. 관계 연산자 사이의 우선순위는 비교 연산자가 항등 연산자보다 높고, 비교 연산자사이의 우선순위와 항등 연산자 사이의 우선순위는 같다.

표 2-7 관계 연산자 우선순위

연산자		우선순위
비교 연산자	> >= < <=	↑ (높음)
항등 연산자	== !=	↓ (낮음)

다음은 연산되는 순서를 괄호로 표시한 예이다.

```
a > b + c      // a > (b + c)
b == x < y     // b == (x < y)
```

예제 2-15 RelationalOperatorsApp.cs

```
using System;
class RelationalOperatorsApp {
   public static void Main() {
      int x = 3, y = 5, z = 7;
      bool b1, b2;
      b1 = x > y;
      b2 = x < y  &&  y < z;
      Console.WriteLine("b1 = " + b1 + ", b2 = " + b2);
      b1 = x <= y;
      b2 = x >= y == y >= x;
      Console.WriteLine("b1 = " + b1 + ", b2 = " + b2);
   }
}
```

실행 결과

```
b1 = False, b2 = True
b1 = True, b2 = False
```

2.3.3 논리 연산자

논리 연산자(logical operator)는 두 피연산자의 논리 관계를 나타내는 연산자로 두 개의 피연산자를 갖는 논리곱(&&), 논리합(||) 연산자와 하나의 피연산자를 갖는 논리부정(!) 연산자가 있다. 이들 사이의 우선순위는 논리부정이 제일 높고, 다음으로 논리곱, 그리고 논리합 순서이다.

표 2-8 논리연산자의 종류

연산 의미	연산자	우선순위	형태
논리부정	!	↑ (높음)	!x
논리곱	&&		x && y
논리합	||	↓ (낮음)	x || y

논리곱은 두 피연산자가 모두 참인 경우에만 참이며 그 외의 경우는 모두 거짓이다. 논리합은 두 피연산자 중 하나만 참이면 결과가 참이다. 그리고 논리 부정은 참을 거짓으로, 거짓을 참으로 바꾸는 연산자이다.

예제 2-16 LogicalAndApp.cs

```
using System;
class LogicalAndApp {
   public static void Main() {
      Console.WriteLine("TRUE  AND TRUE  = " + (true  && true));
      Console.WriteLine("TRUE  AND FALSE = " + (true  && false));
      Console.WriteLine("FALSE AND TRUE  = " + (false && true));
      Console.WriteLine("FALSE AND FALSE = " + (false && false));
   }
}
```

실행 결과

```
TRUE  AND TRUE  = True
TRUE  AND FALSE = False
FALSE AND TRUE  = False
FALSE AND FALSE = False
```

식에서 논리 연산자는 산술 연산자나 관계 연산자보다 연산 순위가 낮다. 다음은 논리 연산자와 관계 연산자로 구성된 식에서 연산되는 순서를 번호로 표기한 예제이다.

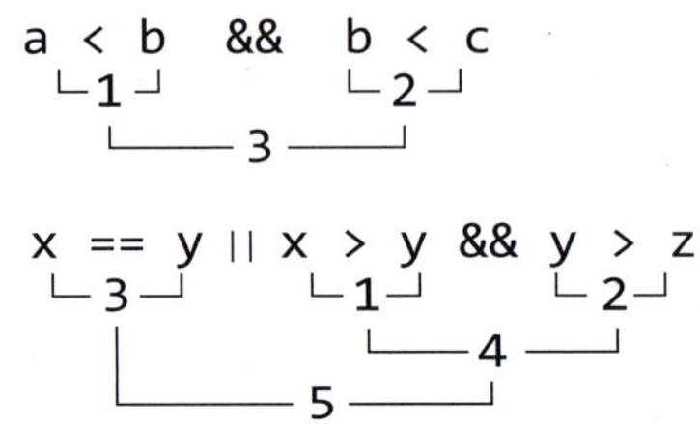

예제 2-17 LogicalOperatorApp.cs

```
using System;
class LogicalOperatorApp {
   public static void Main() {
      int x=3, y=5, z=7;
      bool b;
      b = x < y && y < z;
      Console.WriteLine("Result = " + b);
      b = x == y| x < y && y > z;
      Console.WriteLine("Result = " + b);
   }
}
```

실행 결과

```
Result = True
Result = False
```

2.3.4 증가 연산자와 감소 연산자

증가연산자(increment operators)와 감소 연산자(decrement operators)는 정수형 변수의 앞 또는 뒤에 붙어서 연산하기 전이나 후에 그 변수의 값을 하나 증가시키거나 감소시킨다. 증가 및 감소 연산자가 변수의 앞에 붙으면 전위 연산자(prefix operator)라고 하며 연산하기 전에 변수의 값을 하나 증가시키거나 감소시키고, 변수의 뒤에 붙으면 후위 연산자(postfix operator)라고 하며 연산한 후에 변수의 값을 하나 증가시키거나 감소시킨다.

표 2-9 증가 연산자와 감소 연산자의 의미

연산자	형태	연산자 호칭	연산 의미
++	++x	전위 증가 연산자	연산 전에 x의 값 증가
	x++	후위 증가 연산자	연산 후에 x의 값 증가
--	--x	전위 감소 연산자	연산 전에 x의 값 감소
	x--	후위 감소 연산자	연산 후에 x의 값 감소

다음의 예는 전위 연산자와 후위 연산자의 차이점을 보여 준다.

```
n = 1;
x = ++n;        // x=2, n=2

n = 1;
x = n++;        // x=1, n=2
```

증가 및 감소 연산자는 변수가 아닌 식에는 사용될 수 없으며 실수형에도 적용될 수 없다. 따라서 (a+b)++는 에러를 유발한다.

문장에서 변수만 단독으로 사용하여 값을 증가시키거나 감소시키고자 할 때, 증가 및 감소 연산자를 변수의 앞 또는 뒤 어디에 붙여도 그 결과는 같다. 즉, ++i;와 i++;는 같다. 그러나 수식에서 사용하는 변수에 적용될 경우에는 앞이나 뒤에 붙는 위치에 따라 변수의 결과가 달라지므로 사용에 주의해야 한다.

예제 2-18 IncDecOperatorApp.cs

```
using System;
class IncDecOperatorApp {
   public static void Main() {
      int x = 3, y = 5;
      int a, b;
      ++x;  --y;
      Console.WriteLine("x = " + x + " , y = " + y);
      a = (++x) + 1;
      Console.WriteLine("x = " + x + " , a = " + a);
      b = (y++) + 1;
```

```
            Console.WriteLine("y = " + y + " , b = " + b);
        }
    }
```

실행 결과

```
x = 4, y = 4
x = 5, a = 6
y = 5, b = 5
```

C# 언어에서는 변수의 값을 증가시키거나 감소시키기 위해 x = x + 1;과 같은 덧셈이나 x = x - 1;과 같은 뺄셈 문장을 쓰는 것보다 ++x;나 --x;와 같은 증가 및 감소 연산자를 사용하는 것이 더 효율적이다. 왜냐하면 덧셈이나 뺄셈을 수행하기 위해서는 변수 x의 값을 메모리로부터 읽어 와서 연산한 후에 다시 결과 값을 x의 주소에 저장하는 여러 개의 명령어(instruction)를 필요로 하는데 반하여, 증가 및 감소 연산자는 단 하나의 명령어만으로 실행할 수 있기 때문이다.

또한, 증가 및 감소 연산자를 직접 식에 대입하면 문장의 수를 줄일 수 있다. 특히, 복합문을 사용해야 하는 경우에 문장의 구조를 간결화 할 수 있다. 예를 들어,

```
if (sp > 0) {sp = sp - 1; return stack[sp]; }
 else Console.WriteLine("STACK empty !!!");
```

일 때,

```
if (sp > 0) return stack[--sp];
 else Console.WriteLine("STACK empty !!!");
```

로 동등한 의미를 갖는 간결한 형태의 문장으로 바꿀 수 있다.

2.3.5 비트 연산자

대부분의 연산자가 바이트나 워드 단위로 처리하는데 비해 비트 연산자(bitwise operator)는 비트 단위로 처리한다. 즉, 변수 내의 비트들에 접근하여 비트 단위로 연산을

수행한다. 비트 연산자의 피연산자는 반드시 정수형이어야 한다. 이것은 C#의 저급 언어적인 특징이 된다.

C# 언어에서 비트 연산자는 [표 2-10]과 같이 6가지 종류가 있으며 이들 사이에 우선순위는 다음과 같다. 1의 보수를 나타내는 ~(tilde)가 가장 높으며 비트 논리합을 나타내는 |(bar)가 가장 낮다.

표 2-10 비트 연산자의 종류

연산 의미	연산자	우선순위	사용 예
비트 논리곱	&	❸	x & y
비트 논리합	|	❺	x | y
비트 배타적 논리합(exclusive OR)	^	❹	x ^ y
왼쪽 이동(left shift)	<<	❷	x << y
오른쪽 이동(right shift)	>>	❷	x >> y
1의 보수(one's complement)	~	❶	~x

비트 논리곱과 비트 논리합 연산자는 변수에 저장된 값이 비트 단위로 연산된다는 것을 제외하면 논리곱, 논리합 연산과 같다.

먼저, 비트 논리곱 연산자는 두 피연산자의 각 비트를 비교하여 두 비트가 1이면 1을, 그렇지 않으면 0을 갖는다. 예를 들어, 1001_2 & $0011_2 = 0001_2$이 된다.

$$
\begin{array}{r|lcl}
 & x = 9_{10} & = & 1001_2 \\
\& & y = 3_{10} & = & 0011_2 \\
\hline
 & x \,\&\, y & = & 0001_2
\end{array}
$$

C# 프로그래밍에서 비트 논리곱 연산자는 주로 변수의 일정 부분을 마스킹(masking)하여 특정 부분만을 추출하기 위해 사용된다. 예를 들어, `x`의 형이 `short`이고 하위 1 바이트만 추출하려면 상위 바이트 부분은 모두 0으로 만들면 되므로 다음과 같이 하면 된다.

```
y = x & 0xFF;
```

$$
\begin{array}{r|l}
 & x = (9430)_{10} = (24D6)_{16} = (00100100\ \ 11010110)_2 \\
\& & \qquad\qquad\quad (FF)_{16} \quad = (00000000\ \ 11111111)_2 \\
\hline
 & y = \qquad\qquad\qquad\quad\ \ = (00000000\ \ 11010110)_2
\end{array}
$$

다음으로, 비트 논리합 연산자는 두 피연산자의 각 비트를 비교하여 두 비트 중에 한 비트가 1이면 1을, 그렇지 않으면 0을 갖는다. 예를 들어, $1001_2 \mid 0011_2 = 1011_2$이 된다.

$$
\begin{array}{c|lcl}
 & x = 9_{10} & = & 1001_2 \\
\mid & y = 3_{10} & = & 0011_2 \\
\hline
 & x \mid y & = & 1011_2
\end{array}
$$

비트 배타적 논리합 연산자는 두 피연산자의 각 비트를 비교하여 두 비트의 값이 서로 다르면 1을, 그렇지 않으면 0을 갖는다. 예를 들어, 1001_2 ^ $0011_2 = 1010_2$이 된다.

$$
\begin{array}{c|lcl}
 & x = 9_{10} & = & 1001_2 \\
\wedge & y = 3_{10} & = & 0011_2 \\
\hline
 & x \wedge y & = & 1010_2
\end{array}
$$

비트 연산자 중 1의 보수는 ~(tilde) 기호로 표기하며 단항 연산자로 피연산자의 각 비트를 반대 비트로 바꾼다. 즉, 1은 0으로 0은 1로 변환된다.

$$
\begin{array}{c|lcl}
\sim & x = 10_{10} & = & 00001010_2 \\
\hline
 & \sim x & = & 11110101_2
\end{array}
$$

예제 2-19 BitOperatorApp.cs

```
using System;
class BitOperatorApp {
   public static void Main() {
      int x=9, y=3;
      Console.WriteLine(x + " & " + y + " = " + (x&y));
```

```
        Console.WriteLine(x + "       " + y + " = " + (x|y));
        Console.WriteLine(x + " ^ " + y + " = " + (x^y));
        Console.WriteLine("~10 = " + (~10));
    }
}
```

실행 결과

```
9 & 3 = 1
9   3 = 11
9 ^ 3 = 10
~10 = -11
```

C#에서 비트 이동(shift) 연산자는 왼쪽 이동(left shift), 오른쪽 이동(right shift)이 있다. 왼쪽 이동 연산자는 첫 번째 피연산자를 두 번째 피연산자가 지정한 비트 수만큼 왼쪽으로 이동하고 이동된 빈곳은 0으로 채운다. 이때 왼쪽으로 비트들을 하나씩 옮길 때마다 2를 곱하는 것과 같으므로 `x << n`은 다음 의미와 동등하다.

x << n <=> x * 2^n

오른쪽 이동 연산자는 첫 번째 피연산자를 두 번째 피연산자가 지정한 비트 수만큼 오른쪽으로 이동하고 이동된 빈 곳은 첫 번째 피연산자가 양수이면 0으로 음수이면 1로 채운다. 이때 오른쪽으로 비트들을 하나씩 옮길 때마다 2로 나누는 것과 같은 효과이므로 `x >> n`은 다음과 같이 나타낼 수 있다.

x >> n <=> x / 2^n

예제 2-20 ShiftOperatorApp.cs

```
using System;
class ShiftOperatorApp {
    public static void Main() {
        Console.WriteLine(" 10 << 2 = " + (10<<2));
        Console.WriteLine(" 10 >> 2 = " + (10>>2));
    }
}
```

실행 결과

```
10 << 2 = 40
10 >> 2 = 2
```

2.3.6 조건 연산자

조건 연산자(conditional operator)는 C#에서 유일하게 세 개의 피연산자를 갖는 삼항 연산자(ternary operator)로서 그 의미가 `if` 문장과 같다. 조건 연산식(conditional expression)의 형태는 다음과 같다.

```
식1 ? 식2 : 식3
```

여기서, 식1은 조건식으로 참이면 식2의 값이 되고 거짓이면 식3의 값이 된다. 조건 연산자의 의미를 `if` 문으로 표현할 수 있다. 예를 들어,

```
max = x > y ? x : y; <=> if (x > y)
                           max = x;
                         else
                           max = y;
```

와 같으며 실행되는 과정을 흐름도로 나타내면 [그림 2-2]와 같다.

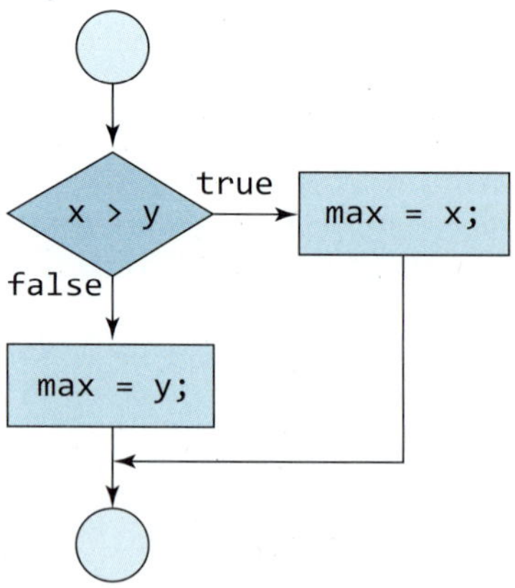

그림 2-2 조건 연산식의 흐름도

예제 2-21 ConditionalOperatorApp.cs

```
using System;
class ConditionalOperatorApp {
   public static void Main() {
      int a, b, c;
      int m;
      Console.Write("Enter three numbers : ");
      a = Console.Read() - '0';
      b = Console.Read() - '0';
      c = Console.Read() - '0';
      m = (a > b) ? a : b;
      m = (m > c) ? m : c;
      Console.WriteLine("The largest number = " + m);
   }
}
```

입력 데이터

```
Enter three numbers : 526
```

실행 결과

```
The largest number = 6
```

여기서, 두 개의 문장을 하나로 합하여 다음과 같이 나타내도 같은 결과가 된다.

```
m = a > b ? (c > a ? c : a) : (c > b ? c : b) ;
```

예제 2-22 PrintTenItemApp.cs

```
using System;
class PrintTenItemApp {
   public static void Main() {
      int i, n=25;
      for (i=1; i<=n; ++i)
         Console.Write(i + ((i%10 == 0| i==n) ? "\n" : " "));
   }
}
```

실행 결과

```
1 2 3 4 5 6 7 8 9 10
11 12 13 14 15 16 17 18 19 20
21 22 23 24 25
```

[예제 2-22]는 한 줄에 10개씩 숫자를 출력하는 프로그램이다. 10으로 나눈 나머지가 0이거나 또는 맨 끝 숫자이면 줄을 바꾸는 개행 문자(\n)를 출력하고 그렇지 않은 경우는 공백을 출력하여 수를 구분한다.

2.3.7 복합 배정 연산자

복합 배정 연산자(compound assignment operator)란 이항 연산자와 배정 연산자(=)가 결합하여 이루어진 연산자를 의미하며 C#에서는 10개의 복합 배정 연산자가 있다. 이것은 배정문의 좌측 변수와 우측 첫 번째 피연산자가 같은 경우 반복되는 변수를 줄이고 문장을 간단하게 나타내기 위해 고안된 연산자로 컴파일러로 하여금 효율적인 코드를 생성하게 한다.

복합 배정 연산자를 표기하는 방법은 배정문의 우측에 나타나는 산술 연산자나 비트 연산자를 = 기호와 결합하여 표현한다. 복합 배정 연산자의 표기 형태는 다음과 같다.

```
        식1 = 식1 op 식2
  ───▶ 식1 op= 식2
여기서, op ┌─ 산술 연산자: +  -  *  /  %
           └─ 비트 연산자: &  |  ^  <<  >>
```

그러나 `x = x * y + 1;`을 `x *= y + 1;`이라고 쓸 수 없다. 왜냐하면, `x *= y + 1;`의 의미는 `x = x * (y + 1);`이기 때문이다. 즉, 배정 연산자는 우측에 나타나는 식 전체를 하나의 피연산자로 간주하기 때문에 사용에 주의해야 한다.

예제 2-23 CompoundAssignmentApp.cs

```
using System;
class CompoundAssignmentApp {
   public static void Main() {
      int x, y=2;
      x = 10;  x += y; Console.Write("\t1. x = " + x + ",");
      x = 10;  x -= y; Console.Write("\t2. x = " + x + ",");
      x = 10;  x *= y; Console.Write("\t3. x = " + x + ",");
      x = 10;  x /= y; Console.Write("\t4. x = " + x + ",");
      x = 10;  x %= y; Console.WriteLine("\t5. x = " + x);
      x = 10;  x &= y; Console.Write("\t6. x = " + x + ",");
      x = 10;  x= y; Console.Write("\t7. x = " + x + ",");
      x = 10;  x ^= y; Console.Write("\t8. x = " + x + ",");
      x = 10;  x <<= y;Console.Write("\t9. x = " + x + ",");
      x = 10;  x >>= y;Console.WriteLine("\t10. x = " + x);
   }
}
```

실행 결과

```
1. x = 12,    2. x = 8,     3. x = 20,    4. x = 5,     5. x = 0
6. x = 2,     7. x = 10,    8. x = 8      9. x = 40,    10. x = 2
```

참고로, =과 결합된 배정 연산자를 복합 배정 연산자로 부르는 경우에 =를 단순 배정 연산자(simple assignment operator)라 부른다.

2.3.8 캐스트 연산자

캐스트 연산자(cast operator)는 프로그래머가 명시적으로 객체의 값을 임의의 자료형으로 바꿀 때 사용하는 자료형 변환 연산자로 다음과 같은 형태를 갖는다.

```
(자료형) 식
```

여기서, () 기호는 자료형의 변환을 나타내는 캐스트 연산자이고, 그 안의 자료형은 변환될 자료형의 이름이며, 식은 () 안에 정의된 자료형에 따라 변환될 객체를 나타낸다. 먼저

식이 연산된 후에 결과값을 명시된 자료형으로 바꾼다.

다음은 캐스트 연산자를 사용하여 다양한 경우를 고려한 예이다.

```
(int) 3.75          // 3
(float) 3           // 3.0
(float) (1 / 2)     // 0.0
(float) 1/2         // 0.5
```

정수값을 실수형으로 변환하면 소수점 부분이 첨가되고 실수값을 정수형으로 변환하면 소수 부분이 잘려진다. 캐스트 연산자의 좀 더 자세한 설명은 2.4절의 형 변환을 참조하기 바란다.

예제 2-24 CastOperatorApp.cs

```
using System;
class CastOperatorApp {
   public static void Main() {
      int i = 0Xffff;
      short s;
      s = (short) i;
      Console.WriteLine("i = " + i);
      Console.WriteLine("s = " + s);
   }
}
```

실행 결과

```
i = 65535
s = -1
```

[예제 2-24]에서, s는 short 형이기 때문에 2바이트를 차지하고 모든 비트가 1이 된다. 그러므로 음수 표현법에 따라 -1값이 되는 것이다.

2.3.9 형 검사 연산자

형 검사 연산자(type testing operator)란 C#에서 새롭게 추가된 연산자로 데이터 타입이 지정한 타입과 호환 가능한지를 검사하는 is 연산자와 주어진 값을 지정한 타입으로 변환하는 as 연산자가 있다.

[예제 2-25]는 is 연산자와 as 연산자를 사용하여 변수의 데이터 타입을 검사하고 변환시키는 예제이다.

예제 2-25 IsAsOperatorApp.cs

```
using System;
public class IsAsOperatorApp {
   static void IsOperator(object obj) {
      Console.WriteLine(obj + " is int: " + (obj is int));
      Console.WriteLine(obj + " is string: "+(obj is string));
   }
   static void AsOperator(object obj) {
      Console.WriteLine(obj + " as string == null: " +
                  (obj as string == null));
   }
   public static void Main() {
      IsOperator(10);
      IsOperator("ABC");
      AsOperator(10);
      AsOperator("ABC");
   }
}
```

실행 결과

```
10 is int: True
10 is string: False
ABC is int: False
ABC is string: True
10 as string == null: True
ABC as string == null: False
```

실행 결과에서 알 수 있듯이 `10 is int` 식의 결과는 정수형 상수인 10이 `int` 형과 호환 가능하므로 `true`를 반환하여 `"True"`로 출력하였으나 `10 is string` 식의 결과는 정수형 상수인 10이 `string` 형과 호환되지 않으므로 `false`를 반환하여 `"False"`를 출력하였다. 마찬가지로 `"ABC" is int`와 `"ABC" is string` 식의 결과는 `false`와 `true`이며, 각각 `"False"`와 `"True"`를 출력하게 된다.

또한, `10 as string` 식의 결과는 정수형 상수인 10을 `string` 형으로 변환할 수 없으므로 `null`이 되며, 따라서 `null`이므로 `"True"`를 출력한다. 하지만, `"ABC" as string` 식의 결과는 스트링 상수인 `"ABC"`를 `string` 형으로 변환할 수 있으므로 `"ABC"` 값을 가지는 스트링 객체에 대한 참조가 되며, 따라서 `null`이 아니므로 `"False"`를 출력한다.

2.3.10 지정어 연산자

지정어 연산자(keyword operator)란 연산의 의미를 C# 지정어로 나타낸 연산자를 의미하며 `new`, `typeof`, `checked`, 그리고 `unchecked` 등이 있다.

`new`는 객체 생성 연산자이고 `typeof`는 객체의 형을 반환하는 연산자이다. `checked`와 `unchecked` 연산자는 각각 명시적으로 정수식의 오버플로를 검사하거나 무시하도록 지시하는 연산자이다. 다음은 `typeof` 연산자를 사용한 예제 프로그램이다.

예제 2-26 TypeOfOperatorApp.cs

```
using System;
using System.Reflection;
class Apple {
   public int nSeeds = 0;
   public void Ripen() { /* ... */ }
}
class TypeOfOperatorApp {
   public static void Main() {
      Type t = typeof(Apple);
      string className = t.ToString();
      MemberInfo[] allMembers = t.GetMembers();
      Console.WriteLine("All " + className + " Members:");
      foreach (MemberInfo member in allMembers) {
```

```
            Console.WriteLine(member.ToString());
        }
    }
}
```

실행 결과

```
All Ex02_27_TypeOfOperatorApp.Apple Members:
Void Ripen()
System.String ToString()
Boolean Equals(System.Object)
Int32 GetHashCode()
System.Type GetType()
Void .ctor()
Int32 nSeeds
```

Apple 클래스에서 정의된 멤버는 2개이며 나머지는 모두 Object 클래스로부터 상속을 받은 멤버들이다.

2.3.11 연산자 우선순위

C# 언어에서 제공하는 연산자와 그 우선순위는 [표 2-11]과 같다. 각 줄에 나타난 순서대로 우선순위(operator precedence)를 가지며 같은 순위를 갖는 연산자는 우측에 표시된 결합 법칙(associativity rule)에 따른다.

결합 법칙은 같은 순위를 갖는 연산자가 여러 개 나타날 때 왼쪽에서 오른쪽으로 계산해 가는 좌측 결합(left associativity)과 오른쪽에서 왼쪽으로 계산해 가는 우측 결합(right associativity)이 있다. 대부분의 연산자는 식에서 먼저 나타난 순서대로 계산하는 좌측 결합을 만족하나 우측결합을 만족하는 연산자도 여러 개 있다. 우측 결합을 하는 연산자는 그 의미에 주의해서 프로그램을 작성해야 한다.

표 2-11 연산자 우선순위와 결합 법칙

연산자	결합 법칙	우선순위
() [] . 후위++ 후위-- new typeof checked unchecked	좌측 결합	↑ (높음)
단항+ 단항- ! ~ 전위++ 전위-- (자료형)	우측 결합	
* / %	좌측 결합	
+ -	좌측 결합	
<< >>	좌측 결합	
< > <= >= is as	좌측 결합	
== !=	좌측 결합	
&	좌측 결합	
^	좌측 결합	
|	좌측 결합	
&&	좌측 결합	
||	좌측 결합	
? :	우측 결합	
= += -= *= /= %= &= ^= |= <<= >>=	우측 결합	↓ (낮음)

2.4 형 변환

연산할 때 모든 피연산자는 자료형이 서로 일치해야 한다. 형 변환(type conversion)은 피연산자의 자료형이 서로 다를 때 일정한 규칙에 따라 피연산자의 자료형을 일치시키는 것을 의미한다. C#에서는 형 변환을 묵시적 형 변환과 명시적 형 변환으로 구분한다.

2.4.1 묵시적 형 변환

묵시적 형 변환(implicit type conversion)은 컴파일러에 의해 자동적으로 수행되는 형 변환으로 변환될 자료형의 정보를 상실하지 않기 위해 작은 크기의 자료형을 큰 크기의 자료형으로 변환하는 것이다. 예를 들어 정수형 변수와 실수형 변수로 구성된 혼합식이 있는 경우, 정수형 변수는 먼저 실수형으로 변환되어 실수형에 대한 연산을 수행하고 그 결과를 실수형으로 산출한다. 그러나 그 역은 성립되지 않는다.

배정문인 경우에, 우측의 계산 값이 좌측의 자료형으로 변환될 때 좌측의 자료형이 우측의 자료형보다 커야 하며 그렇지 않을 때는 캐스트 연산자를 사용하여 명시적으로 형 변환을 해주어야 한다.

2.4.2 명시적 형 변환

명시적 형 변환(explicit type conversion)은 프로그래머가 캐스트 연산자를 사용하여 형을 변환하는 방법으로 그 형태는 다음과 같다.

```
(자료형) 식
```

여기서, () 기호는 형 변환을 나타내는 캐스트 연산자이고 자료형은 식의 값이 변환될 자료형을 나타내며 식은 캐스트 연산자의 변환규칙에 따라 변환될 값을 나타낸다. 예를 들어, (int)3.5는 실수 3.5를 정수로 바꾸는 캐스트 연산식이다.

큰 수의 int 형에서 float 형으로 형 변환이 일어나면, float의 유효자리 수가 초과되어 정밀도(precision)를 잃게 된다. 그러나 실행시간 예외가 발생하지는 않는다.

[예제 2-27]은 큰 수의 int 형을 float 형으로 변환하고 다시 int 형으로 변환했을 때 정밀도를 상실하는 경우이다.

예제 2-27 LosePrecisionApp.cs

```
using System;
class LosePrecisionApp {
   public static void Main() {
      int big = 1234567890;
      float approx;
      approx = (float)big;
      Console.WriteLine("difference = " + (big - (int)approx));
   }
}
```

실행 결과

```
difference = -46
```

왜냐하면, int 형은 4바이트에 표현되고 float 형의 유효 숫자의 자릿수는 3바이트이기 때문이다. C#에서, long => float => long, long => double => long인 경우도 역시 정밀도를 상실하는 경우에 해당된다.

2.4.3 형 변환 금지

기본 자료형 중에 bool 형은 같은 자료형 이외에 다른 자료형으로의 변환이 금지된 자료형이다. 이제까지 설명한 묵시적 형 변환과 명시적 형 변환 등 모든 방법을 사용하여도 다른 형으로 변환할 수 없다.

예제 2-28 ForbiddenApp.cs

```
using System;
class ForbiddenApp {
   public static void Main() {
      bool f = false, b;
      b = f;
      Console.WriteLine("f = " + f + ", b = " + b );
      // int i;
      // i = f;              // 에러 : 묵시적 형 변환 금지
      // i = (short)f;       // 에러 : 명시적 형 변환 금지
   }
}
```

실행 결과

```
f = False, b = False
```

2.4.4 박싱과 언박싱

2.2절에서 설명한 것과 같이 C#의 자료형은 값을 저장하는 방법에 따라 크게 값형과 참조형으로 구분할 수 있으며 이들 사이에 형 변환을 박싱과 언박싱이라 부른다. 박싱(boxing)은 값형의 데이터를 참조형으로 변환하는 것을 의미하며 컴파일러에 의해 묵시적으로 행해진다. 역으로, 언박싱(unboxing)은 참조형을 값형으로 변환하는 것을 의미하며 반드시 캐스팅을 통하여 명시적으로 이루어진다.

C#에서는 값형과 참조형의 변환을 용이하게 하면서 시스템의 단일화를 이루려 한다. 스택(stack) 영역에 메모리가 생성되는 값형은 신속하게 그 데이터에 접근할 수 있는 반면, 힙(heap) 영역에 메모리가 생성되는 참조형은 데이터의 관리 면에 있어 효율성을 지닌다. 하지만, 값형을 참조형으로 사용해야 하는 경우나 또는 그 반대의 경우가 발생할 수 있다. 이와 같은 경우에, 박싱과 언박싱은 매우 유용하게 사용될 수 있다.

(1) 박싱

박싱이란, 값형의 데이터를 참조형으로 변환하는 것을 말하며 스택에 저장된 값형의 데이터를 힙 영역의 참조형으로 변환하여 사용할 수 있게 해주는 기법이다. 박싱은 컴파일러에 의해 묵시적으로 행해진다.

박싱이 일어날 경우, 스택에 저장된 값형의 데이터를 힙에 저장하기 위해 힙에 작은 상자(box)를 만든 후, 힙의 상자에 값형의 데이터를 복사한다. 박싱 과정을 스택과 힙의 영역으로 설명하면, [그림 2-3]과 같다.

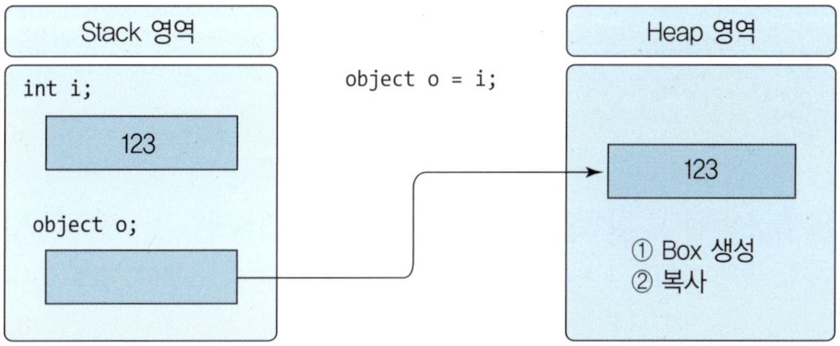

그림 2-3 박싱 과정

(2) 언박싱

언박싱은 박싱된 참조형을 다시 값형으로 변환하는 것을 말한다. 박싱과 달리 언박싱은 명시적으로 형 변환이 이루어지며, 반드시 박싱될 때 형으로 언박싱을 해주어야 한다. 만일, 잘못된 형식으로 형 변환이 이루어질 경우 `System.InvalidCastException` 예외가 발한다.

예제 2-29 BoxingUnBoxingApp.cs

```
using System;
class BoxingUnboxingApp {
   public static void Main() {
      int foo = 526;
      object bar = foo;         // foo is boxed to bar.
      Console.WriteLine(bar);
      try {
         double d = (short)bar;
         Console.WriteLine(d);
      } catch (InvalidCastException e) {
         Console.WriteLine(e + "Error");
      }
   }
}
```

실행 결과

```
526
System.InvalidCastException:
at BoxingUnboxingApp.Main() Error
```

[예제 2-29]가 정상적으로 실행되기 위해서는 박싱될 때 자료형인 정수형으로 언박싱이 이루어져야 한다. 즉, `double d = (short)bar;` 문을 `double d = (int)bar;` 문으로 수정해야 한다.

(3) 널이 가능한 형

C#에서 값형은 초기값으로 0으로 설정되고 참조형은 참조할 객체가 없을 나타내는 `null`로 설정된다. 그러나 값형에서도 참조형과 같이 값이 없는 것을 나타날 필요가 있다. 널이 가능한 형(nullable type)은 참조형과 같이 값이 없는 경우를 나타낼 때 사용하는 자료형으로 값형 자료형 다음에 ? 기호를 붙여서 정의한다.

예제 2-30 NullableTypeApp.cs

```
using System;
class NullableTypeApp {
   public static void Main() {
      double? num1;
      double? num2 = 10.0;

      if (num1.HasValue)
         Console.WriteLine("num1 = " + num1.Value);
      else
         Console.WriteLine("num1 does not have value.");
      if (num2.HasValue)
         Console.WriteLine("num2 = " + num2.Value);
      else
         Console.WriteLine("num2 does not have value.");
   }
}
```

실행 결과

```
num1 does not have value.
num2 = 10.0
```

널이 가능한 형은 값형만 가능하고 변수에 값이 있는지를 알려주는 HasValue 프로퍼티와 값을 나타내는 Value 프로퍼티를 가지고 있다.

연습문제

2.1 다음 괄호 안에 적당한 용어를 쓰시오.

(1) 문법적으로 의미를 갖는 최소의 단위를 (　　)이라 부른다.

(2) C# 문장 `sum += i++;`에서 토큰의 개수는 (　)개이다.

(3) 콤마(,)나 세미콜론(;)과 같이 문법 항목을 구분해 주는 역할을 하는 토큰을 (　　)라 한다.

(4) 자신의 표기법이 곧 자신의 값이 되는 상수를 (　　)이라 부른다.

(5) 문자형 상수 `'\n'`의 의미는 (　　　)이며 그 값은 (　　)이다.

(6) (　　)은 `true`와 `false` 중 하나의 값만을 가지는 자료형으로 다른 데이터형으로 변환되지 않는다.

(7) 16진법에서 사용하는 `a`부터 `f`(또는 `A`부터 `F`)를 (　　)라 부르며 각각 10부터 15까지에 해당하는 값을 갖는다.

(8) C#에서 값형은 (　)에 저장되고 참조형은 (　)에 저장된다.

(9) C#에서 제공한 형(predefined type)의 종류는 (　)가지이고 CTS 형과 일치하며 이 중 (　　)과 (　　)만이 참조형이다.

(10) C#에서 정수형에 해당하는 지정어의 개수는 (　)개이고 실수형에 해당하는 지정어의 개수는 (　)개이다.

(11) 배열의 인덱스는 (　)부터 시작하고, 배열의 길이는 (　) 프로퍼티를 통하여 알 수 있다. 배열을 사용할 때 인덱스가 지정된 범위를 벗어나면 (　　　)이 발생된다.

(12) 식은 연산자와 피연산자로 구성되며 연산자의 종류에 따라 산술식, 관계식, (　　) 등으로 구분한다.

(13) 산술 연산자 중 (　)는 나머지 연산자로 정수형만을 피연산자로 가지며 나머지 값을 연산 결과로 갖는다.

(14) 관계식의 연산 결과는 항상 (　)이나 (　)이 된다.

(15) 식에서 논리 연산자는 산술 연산자나 관계 연산자보다 우선순위가 (　　).

(16) 증가 및 감소 연산자가 변수 앞에 붙으면 전위 연산자(prefix operator)라고 부르고 변수 뒤에 붙으면 (　　　)라고 부른다.

(17) 복합 배정 연산자란 (　) 연산자와 배정 연산자가 결합하여 이루어진 연산자를 말한다.

(18) 프로그래머가 명시적으로 자료 객체의 값을 임의의 자료형으로 바꿀 때 사용하는 연산자를 (　　　)라 부른다.

(19) 합 법칙은 같은 순위를 갖는 연산자가 식에서 여러 번 나타날 때 왼쪽에서 오른쪽으로 계산해 가는 (　　　)과 오른쪽에서 왼쪽으로 계산해 가는 (　　　)이 있다.

(20) 값형의 데이터를 참조형으로 변환하는 것을 (　　)이라 말하며, 역으로 참조형을 값형으로 변환하는 것을 (　　)이라고 한다.

2.2 다음 객관식 문제를 푸시오.

(1) 다음 중 C#의 지정어(keyword)가 아닌 것은?

① `double`　　② `lock`
③ `package`　　④ `typeof`
⑤ `ulong`

(2) C#에서 사용할 수 있는 명칭(identifier)의 형태로 맞는 것은?

① `#sum`　　② `money Sum`
③ `1sum`　　④ `$sum`
⑤ `@int`

(3) 값이 서로 같은 것은?

① `'\n'  <=>  '\u000C'`　　② `'x'  <=>  "x"`
③ `'0'  <=>  0`　　④ `0xff  <=>  0XFF`
⑤ `0x377  <=>  377`

(4) 스트링 리터럴을 표현하는 방법 중 바른 것은?

① `"\t is tab."`　　② `"'\t' is tab."`
③ `"\'\t' is tab."`　　④ `"'\\t' is tab."`
⑤ `"\\t is tab."`

(5) 다음 중 C#에서 지원하는 주석의 종류가 아닌 것은?

① `/* ... */`　　② `(* ... *)`
③ `// ...`　　④ `/// ...`
⑤ `/** ... **/`

(6) 자료형이 정의하는 의미가 아닌 것은?

① 연산 방법 ② 저장 방법
③ 값의 범위 ④ 자료 구조
⑤ 자료 개념

(7) C#에서 int 형의 데이터 범위로 맞는 것은?

① $-2^{31}-1 \sim 2^{31}$ ② $-2^{31} \sim 2^{31}-1$
③ $-2^{32}-1 \sim 2^{32}$ ④ $-2^{32} \sim 2^{32}-1$
⑤ $-2^{32}-1 \sim 2^{32}-1$

(8) C#에서 다른 형으로 변환될 수 없는 자료형은?

① char 형 ② string 형
③ double 형 ④ bool 형
⑤ decimal 형

(9) 유효숫자 자릿수가 가장 많은 자료형은?

① long 형 ② ulong 형
③ double 형 ④ decimal 형
⑤ pointer 형

(10) C#에서 열거형에 대한 설명이 틀린 것은?

① 열거형을 정의할 때, 원소의 형태는 명칭과 동일하다.
② 열거형은 정의하는 순서대로 순서 값을 갖는다.
③ 열거형을 출력하면, 명칭이 아닌 해당하는 정수가 출력된다.
④ 열거형을 정수형으로, 정수형을 열거형으로 형 변환할 수 있다.
⑤ 열거형 변수에 직접 ++나 -- 연산자를 사용할 수 있다.

(11) C#에서 포인터형에 대한 설명이 맞는 것은?

① 값형뿐만 아니라 참조형에도 사용할 수 있다.
② 매니지드 코드(managed code) 안에서도 사용할 수 있다.
③ CTS(Common Type System)에 포인터형이 포함되어 있다.
④ 포인터형이 효율적이기 때문에 가능한 사용하는 것이 바람직하다.
⑤ 포인터 연산은 반드시 unsafe 코드 블록 내에서만 가능하다.

(12) 초기치를 이용한 배열 선언 중 바른 것은?

① `int[] ia = {0, 1, 2, 3, 4, 5};`

② `int[] ia = new int[5] {0, 1, 2, 3, 4, 5};`

③ `int[] ia = new int[i] {0, 1, 2, 3, 4, 5};`

④ `int[][] ia = {0, 1, 2, 3, 4, 5};`

⑤ `int[,] ia = {0, 1, 2, 3, 4, 5};`

(13) C#의 자료형 중 참조형이 아닌 것은?

① 배열형 ② 델리게이트형

③ 스트링형 ④ 구조체형

⑤ 인터페이스형

(14) 다음 중 관계 연산자에 대한 설명이 틀린 것은?

① 관계식의 연산 결과는 항상 참(true)이나 거짓(false)이다.

② 식에서 관계 연산자는 산술 연산자보다 우선순위가 높다.

③ "!=" 연산자의 의미는 좌측 피연산자가 우측 피연산자와 같지 않다.

④ 관계 연산자에는 >, >=, <, <=, ==, != 등이 있다.

⑤ 관계 연산자사이의 우선순위는 비교 연산자가 항등 연산자보다 높다.

(15) 증가 및 감소 연산자에 대한 설명으로 맞지 않는 것은?

① 문장의 구조를 간결하게 표현할 수 있다.

② 실행 속도가 배정문에 비해 훨씬 빠르다.

③ 전위 연산자에 비해 후위 연산자의 연산 속도가 더 빠르다.

④ 수식이나 실수형에는 적용할 수 없다.

⑤ **++i;**와 **i++;**의 실행 결과는 똑 같다.

(16) 다음 중 비트 연산의 결과로 맞는 것은?

① $7_{10} \mid 2_{10} = 2_{10}$ ② 7_{10} & $2_{10} = 6_{10}$

③ 7_{10} ^ $2_{10} = 5_{10}$ ④ $7_{10} \ll 2_{10} = 1_{10}$

⑤ $7_{10} \gg 2_{10} = 2_{10}$

(17) 다음 중 컴파일 에러가 발생하는 것은?

① `char c; byte b;`
`b = (byte) c;`

② `byte b; short s; int i;`
`i = (int)b + s;`

③ `short s; int i; float f;`
`f = s + i;`

④ `int i; float f; long l;`
`l = f + i;`

⑤ `int i; float f; double d;`
`d = f + i;`

(18) 다음 연산자 중에 우선순위가 가장 높은 것은?

① ^ ② ~

③ & ④ |

⑤ >>

(19) 다음 연산자 중 우측 결합을 만족하는 것은?

① && ② ==

③ ? : ④ new

⑤ >>

(20) 형 변환한 결과가 정밀도를 상실하지 않는 경우는 어느 것인가?

① char => short => char

② int => float => int

③ int => double => int

④ long => float => long

⑤ long => double => long

2.3 다음 중 C# 지정어이면 ○표를, 지정어가 아니면 ×표를 괄호 안에 넣으시오.

(1) new ( ) (2) get ( ) (3) goto ( )

(4) this ( ) (5) default ( ) (6) true ( )

(7) class ( ) (8) start ( ) (9) volatile ( )

(10) super ( ) (11) main ( ) (12) const ( )
(13) extern ( ) (14) integer ( ) (15) package ( )
(16) native ( ) (17) null ( ) (18) sbyte ( )
(19) throws ( ) (20) object ( )

2.4 다음 문제에 대한 답을 간략히 기술하시오.

(1) 다음 문장은 몇 개의 토큰으로 구성되어 있는가?

```
string csharpDesigner = new string("Anders Hejlsberg");
```

(2) 다음 명칭들이 틀린 이유를 말하시오.

`1sum, sum!, $sum, #sum, money Sum, virtual`

(3) 다음을 C# 언어의 토큰별로 분류하여 나타내시오.

```
()      'x'     sum     +       void
add     ;       3.14    >>      ,
if      526     "x"     byte    { }
```

(4) 다음 상수들을 종류별로 구분하고 그 의미를 쓰시오.

```
'\r'     5.26M    1.414    "new"    'Q'
0xFFFF   0.1e02   '\n'     526      null
```

(5) 주석(comment)을 기술하는데 주의할 점을 설명하시오.

(6) 다음은 배열 변수를 선언하면서 동시에 초기화를 하는 형태이다. 배열 변수를 먼저 선언하고 new 연산자와 초기화하는 형태로 작성하시오.

```
int[] initializedArray = {0, 1, 2, 3, 4, 5, 6, 7, 8, 9};
```

(7) 다음은 MSIL에서 기본형에 대한 형변환도이다. 그 의미를 설명하시오.

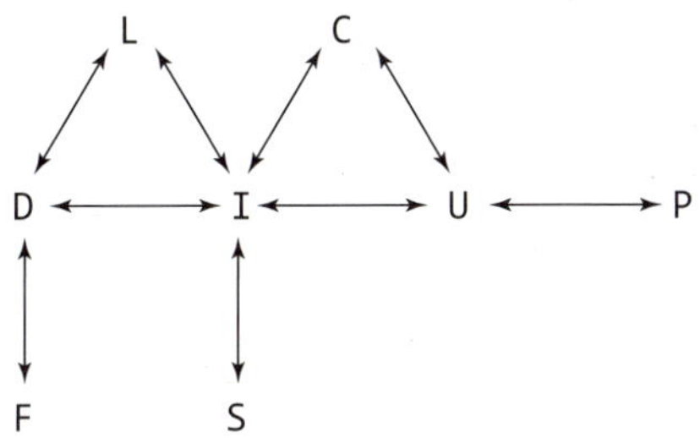

C: character type
S: short integer type
I: integer type
U: unsigned integer type
P: pointer type
L: long integer type
F: float type
D: double type

2.5 다음을 간략하게 비교 설명하시오.

(1) `value type vs. reference type`

(2) `multidimensional array vs. array of array`

(3) `prefix operator vs. postfix operator`

(4) `implicit type conversion vs. explicit type conversion`

(5) `boxing vs. unboxing`

2.6 다음 수식을 C# 언어의 산술식으로 나타내시오.

(1) $\frac{5}{9}(F-32)$ (2) 5^x+5^y-4m

(3) $\frac{(x^2-y^2)}{2z}$ (4) $|b^2-4ac|$

(5) $\frac{x+y}{x-y}$ (6) $\log_{10}(x+y)^3$

(7) $\sqrt{(s-a)^2+(s-b)^2+(s-c)^2}$

2.7 다음 의미에 맞는 논리식을 쓰시오.

(1) 정수 n이 짝수이다.

(2) i가 j로 나누어 떨어진다.

(3) i는 n보다 작다.

(4) m은 0보다 크고 n-1보다 작거나 같다.

(5) 문자 c는 대문자이다.

2.8 다음 식이 연산되는 순서를 괄호로 사용하여 표시하시오.

(1) `x * y == 2`

(2) `x == y && x != y`

(3) `x >> 3 + y`

(4) `x ^ y & d`

(5) `x*y < j + m || n`

(6) `x*5 && y || m / n`

(7) `a = b && a > z ? x = y : z;`

(8) `i < size - 1 && c=Console.Read() != '\n'`

2.9 다음 프로그램을 실행해 보고 결과를 분석하시오. (3)번은 /doc 옵션을 사용해서 생성된 XML 파일을 살펴보시오.

(1)

```
using System;
class ExerciseCh2_9_1 {
   public static void Main() {
      Console.WriteLine("Minimum integer: " + int.MinValue);
      Console.WriteLine("Maximum integer: " + Int32.MaxValue);
      Console.WriteLine("Minimum long: " + long.MinValue);
      Console.WriteLine("Maximum long: " + Int64.MaxValue);
      Console.WriteLine("Minimum float: " + float.MinValue);
      Console.WriteLine("Maximum float: " + Single.MaxValue);
      Console.WriteLine("Minimum double: " + double.MinValue);
      Console.WriteLine("Maximum double: " + Double.MaxValue);
   }
}
```

(2)

```
using System;
class ExerciseCh2_9_2 {
   public static void Main() {
      Console.WriteLine("Not A Number: " + double.NaN);
      Console.WriteLine("+ infinity: "+double.PositiveInfinity);
      Console.WriteLine("- infinity: "+double.NegativeInfinity);
   }
}
```

(3)

```
namespace SimpleXML {
    /// <summary>
    /// summary description for ExerciseCh2_9_3.
    /// </summary>
    class ExerciseCh2_9_3 {
        /// <summary>
```

```
        /// The main entry point for the application.
        /// </summary>
        [STAThread]
        public static void Main(string[] args) {   }

        /// <summary>
        /// This method does something interesting.
        /// </summary>
        public static void Foo() {   }
    }
}
```

(4)

```
using System;
class ExerciseCh2_9_4 {
   static void WriteLocations(byte[] ba) {
      unsafe {
         fixed (byte* pArray = ba) {
            byte* pElem = pArray;
            for (int i =0; i < ba.Length; i++) {
               byte value = *pElem;
               Console.WriteLine("ba[{0}] at 0x{1:x} is {2}",
                    i, (uint)pElem, value);
               pElem++;
   } } } }
   public static void Main() {
      byte[] ba = new byte[] {1, 2, 3, 4, 5};
      WriteLocations(ba);
   }
}
```

2.10 다음 프로그램의 실행 결과는 무엇인가?

(1)

```
using System;
class ExerciseCh2_10_1 {
    public static void Main() {
        Console.WriteLine("\t is tab.");
        Console.WriteLine("'\t' is tab.");
        Console.WriteLine("\'\t\' is tab.");
        Console.WriteLine("'\\t' is tab.");
    }
}
```

(2)

```
using System;
enum Color {Red, Green, Blue, Max = Blue};
class ExerciseCh2_10_2 {
   public static void Main() {
      Color c = Color.Red;
      int i = (int) ++c;
      Console.WriteLine(" Color = " + (Color)i);
      c = Color.Blue;
      Console.WriteLine("Cardinality of " + c + " = " + (int)c);
      c = Color.Max;
      Console.WriteLine("Cardinality of " + c + " = " + (int)c);
   }
}
```

(3)

```
using System;
class ExerciseCh2_10_3 {
    public static void Main() {
        Console.WriteLine("1/2 = " + 1/2);
        Console.WriteLine("1/2.0 = " + 1/2.0);
    }
}
```

(4)

```
using System;
class ExerciseCh2_10_4 {
    public static void Main() {
        short i = 0;
        Console.WriteLine("i = " + (i+1)*(i=1));
    }
}
```

(5)

```
using System;
class ExerciseCh2_10_5 {
    public static void Main() {
        Console.WriteLine("number of bits = " + f(0x37));
    }
    public static int f(int n) { // 1의 비트 수를 세는 메소드
        int c;
        for (c=0; n!=0; n>>=1)
            if ((n & 1) == 1) c++;
        return c;
    }
}
```

2.11 다음 C# 프로그램에는 에러가 있다. 그 이유를 밝히시오.

```
using System;
class ExerciseCh2_11 {
   int @i, i;
   int vector[100];
   int [,] matrix = new int[10, ];
   static int get = 2;
   static int add {
       get { return get + 2258; }
   }
   static void set(int v) {
```

```
            get = v;
        }
        public static void Main() {
            object o = get;
            int i = (short) o;
            Console.WriteLine("ExerciseCh2_11.get={0}",ExerciseCh2_11.get);
            Console.WriteLine("ExerciseCh2_11.add={0}",ExerciseCh2_11.add);
            ExerciseCh2_11.set(3342++);
            Console.WriteLine("ExerciseCh2_11.get={0}",ExerciseCh2_11.get);
        }
    }
```

2.12 다음 문제를 C# 프로그램으로 작성하시오.

(1) 삼각형의 세 변의 길이를 읽고 다음 공식에 의해 삼각형의 넓이를 구하는 프로그램

$$s = \sqrt{(l-a)^2 + (l-b)^2 + (l-c)^2}, \quad l = \frac{(a+b+c)}{2}$$

(2) 다음 변수에 임의의 값을 대입하여 식의 값을 구하는 프로그램

① $z = \log_e (x-y)^n$ ② $z = |x^2 - y^2|$

③ $z = \sqrt{x^2 + y^2}$ ④ $z = e^{cx^2}$

(3) 원금과 이율, 기간을 입력으로 받아 복리법에 의해 원리합계를 구하는 프로그램

S = 원금 * (1 + 이율)^{기간}

(4) 섭씨 온도값(Celsius)을 읽어서 화씨 온도값(Fahrenheit)을 구하는 C# 프로그램

$$Fahrenheit = \frac{9}{5} * Celsius + 32$$

(5) 사람의 키(H)와 몸무게(W)를 입력으로 받아 비만도(B)를 계산하는 C# 프로그램

① 표준체중, $SW = (H - 100) * 0.9$

② 비만도, $B = \frac{w}{sw} * 100$

(6) 세 개의 저항값을 읽어 직렬로 연결된 회로의 저항과 병렬로 연결된 회로의 저항을 구하는 C# 프로그램을 작성하시오.

① 직렬연결, $R = R1 + R2 + R3$

② 병렬연결, $R = \dfrac{1}{\dfrac{1}{R1} + \dfrac{1}{R2} + \dfrac{1}{R3}}$

(7) 반지름(r)을 읽어 공의 부피(V)와 표면적(S)을 구하는 프로그램을 작성하시오.

① $V = \left(\dfrac{4}{3}\right)\pi r^3, \quad \pi = 3.141592$

② $S = 4\pi r^2$

(8) 연도를 읽어 윤년인지를 판별하는 프로그램을 작성하시오.

(9) 일련의 정수를 읽어(자료의 끝은 0) 제일 큰 수를 출력하는 프로그램을 작성하시오.

(10) 다음과 같은 무한 연산(infinite arithmetic)의 값을 계산해서 출력하는 C# 프로그램을 작성하시오(+∞ : `PositiveInfinity`, -∞ : `NegativeInfinity`).

① `+∞ + +∞`

② `+∞ - +∞`

③ `-∞ + -∞`

④ `-∞ - -∞`

⑤ `0.0 / 0.0`

⑥ `double.MaxValue / +∞`

CHAPTER 03

문장

C# Programming

contents

03 문장

실세계에 존재하는 문제를 컴퓨터에서 논리적으로 해결하려고 할 때 문제를 해결하기 위한 일련의 과정을 알고리즘(algorithm)이라 하며, 이것을 프로그래밍 언어의 문장(statement)으로 기술한다. C# 언어도 알고리즘을 편리하고 효율적으로 기술하기 위한 다양한 종류의 문장들을 제공하고 있다. 이와 같은 문장의 종류에는 배정문, 혼합문, 제어문 그리고 입출력문이 있으며 모두 표준 C 언어와 유사하다. 또한, C#에서는 오버플로 검사문과 예외 처리문을 제공하고 있다.

배정문(assignment statement)은 프로그램에서 사용하는 여러 종류의 값들을 기억장소에 저장하기 위해 사용하며, 혼합문(compound statement)은 여러 문장을 한데 묶어 그 문장들이 어디에 속해 있는지를 나타낼 때 사용한다. 제어문(control statement)은 프로그램의 실행 순서를 바꾸는 데 사용하며 실행 순서를 제어하는 방식에 따라 조건문, 반복문 그리고 분기문으로 구분된다.

실제로, 표준 입출력문(standard input/output statement)은 언어 설계에서 제공한 문장이 아니라 메소드이다. 그러나 메소드임에도 불구하고 C# 언어의 문장 구조에 포함시켜 설명하는 것은 입출력 메소드가 C# 언어의 문장처럼 사용되고 있으며 프로그래밍에서 중요한 역할을 담당하고 있기 때문이다.

C# 언어의 문장을 요약하여 나타내면 다음과 같다.

- C# 언어의 문장
  - 배정문: var = exp
  - 혼합문: { }
  - 제어문
    - 조건문: if 문, switch 문
    - 반복문: for 문, while 문, do-while 문, foreach 문
    - 분기문: break 문, continue 문, goto 문, return 문, throw 문
  - 오버플로 검사문: checked 문, unchecked 문
  - 표준 입출력문: Console.Read(), Console.ReadLine(), Console.Write(), Console.WriteLine()
  - 리소스문: using 문
  - 동기화문: lock 문
  - 예외 처리문: try-catch-finally 문

리소스문(resource statement)은 리소스를 획득하여 사용한 후 즉시 해제하고자 할 때 사용하는 문장이고, 동기화문(synchronized statement)은 어느 한 시점에 하나의 스레드만이 접근할 수 있도록 제어할 때 사용하는 문장이다. 그리고 예외 처리문(exception handling statement)은 프로그램의 실행 과정에서 발생할 수 있는 각종 에러를 처리할 때 사용하는 문장이다. (리소스문은 4.3절/예외 처리문은 6.3절/동기화문은 6.4절을 참고하기 바란다.)

3.1 배정문

프로그래밍 언어에서 배정문(assignment statement)은 가장 기본적인 문장으로 새롭게 계산되어진 값을 변수에 저장하는데 사용된다. C# 언어에서 배정문의 형태와 의미는 모두 C 언어와 같다.

```
<변수> = <식>;
```

다음은 배정문에 대한 예이다.

```
remainder = dividend % divisor;
remainder = dividend - (dividend / divisor) * divisor;
```

배정문의 형태에서 `a = b = exp;`와 같이 좌측 부분이 여러 번 나올 수 있는 데 이 경우

exp가 먼저 연산되어 그 결과가 b에 할당되고 다시 b값이 a에 할당된다. 이와 같은 형태의 배정문은 변수의 초기 값을 주는 데 유용하다.

```
i = j = k = 0;
```

배정문에서 만약 좌측에 있는 변수가 우측에 있는 식의 첫 번째 피연산자와 같다면 중복되는 변수를 줄여 다음과 같이 간단하게 나타낼 수 있다.

```
var = var op exp;    // var op= exp;
```

여기서, op는 연산자를 나타내며 반드시 이항 연산자이어야 한다. 정확히 말해서, 이항 연산자 중 산술 연산자나 비트 연산자만이 배정 연산자와 결합이 가능하며, 결합된 형태의 연산자를 복합 배정 연산자(compound assignment operator)라 부른다.

예를 들어, x = x * y;인 경우 x *= y;로 단축하여 나타낼 수 있다. 그런데 x *= y + z;의 의미는 x = x * y + z;가 아니라 x = x * (y + z);이다. 좀 더 자세한 내용은 2.3절의 연산자를 참조하기 바란다.

배정문에서, 배정 연산자의 좌측에 있는 변수의 자료형과 우측에 있는 식을 연산한 값의 자료형이 다르면 형 변환이 일어난다. 이 때, 형 변환이 묵시적 형 변환에 해당되면 컴파일러에 의해 자동적으로 변환되지만 명시적 형 변환인 경우에는 반드시 프로그래머가 캐스트 연산자를 사용하여 형 변환을 해 주어야 한다.

예를 들어 변수 s가 short 형이고 i가 int 형이라 할 때, i = s;는 가능하지만 s = i;는 에러를 유발한다. 따라서 s = i;는 반드시 s = (short)i;로 써야 한다. 그러나 정수 상수는 모두 int 형이지만 s = 526;을 굳이 s = (short)526;으로 쓸 필요는 없다.

예제 3-1 AssignmentStApp.cs

```
using System;
class AssignmentStApp {
   public static void Main() {
      short s;
      int i;
      float f;
```

```
        double d;
        s = 526;
        d = f = i = s;
        Console.WriteLine("s = " + s + " i = " + i);
        Console.WriteLine("f = " + f + " d = " + d);
    }
}
```

실행 결과

```
s = 526 i = 526
f = 526 d = 526
```

3.2 혼합문

일반적으로 혼합문(compound statement)은 여러 문장을 한데 묶어 하나의 문장으로 나타내는 역할을 담당한다. 혼합문의 구조는 다음처럼 {} 기호로 나타내며 그 사이에 <선언>과 <문장>들이 나타날 수 있다.

```
{
   <선언> 또는 <문장>
   // ...
}
```

C#에서 혼합문은 문장의 블록을 나타낼 때 주로 사용하며 블록은 문장의 범위를 표시한다. 예를 들어, `if (a > b) a--;`와 같은 형태에서, 참 부분에 `b++;`와 같은 새로운 문장을 하나 삽입할 경우에는 반드시 블록을 사용해야 한다. 따라서 다음과 같이 `if` 문의 참 부분이 두 개의 문장으로 구성되어 있다는 것을 표시해야 한다.

```
if (a > b) { a--; b++; }
```

[예제 3-2]는 입력 숫자의 제곱 값과 세제곱 값을 계산하는 프로그램이다.

예제 3-2 CompoundStApp.cs

```
using System;
class CompoundStApp {
   public static void Main() {
      int n;
      Console.Write("Enter one digit = ");
      n = Console.Read() - '0';
      if (n < 0)
         Console.WriteLine("Negative number !");
      else {
         Console.WriteLine(n + " squared is " + (n*n));
         Console.WriteLine(n + " cubed is " + (n*n*n));
      }
   }
}
```

입력 데이터

```
Enter one digit = 5
```

실행 결과

```
5 squared is 25
5 cubed is 125
```

`Main()` 메소드에 있는 `{}`는 메인 메소드의 몸체 부분을 나타내며 안의 `{}`는 `if` 문장의 `else` 부분에 해당되는 블록을 표시한다. 따라서 `if` 문장의 `else` 부분에 있는 두 개의 `WriteLine` 문장은 조건식이 참이 아닐 때, 즉 `n`의 값이 0보다 크거나 같을 때 실행되는 문장들이다.

블록의 내부에서 변수를 선언할 수 있으며 이것을 지역 변수(local variable)라 부른다. 지역 변수는 선언된 블록 안에서만 참조가 가능하기 때문에 지역 변수를 블록 밖에서 참조하면 에러가 된다. 또한, 지역 변수의 이름은 반드시 블록 밖에서 선언된 변수들의 이름과 달라야 한다. 왜냐 하면, C 언어와 달리 지역 변수의 이름이 블록 밖의 변수를 숨기지(hiding) 못하기 때문이다. 그러나 서로 다른 블록에서는 같은 이름의 변수를 사용할 수 있다.

예제 3-3 AnotherBlockApp.cs

```
using System;
class AnotherBlockApp {
  public static void Main() {
    int x = 1;
    {
      // int x;       // error
      int y = 2;
      Console.WriteLine("Block 1: x = " + x + ", y = " + y);
    }
    {
      int y = 3;
      Console.WriteLine("Block 2: x = " + x + ", y = " + y);
    }
  }
}
```

실행 결과

```
Block 1: x = 1, y = 2
Block 2: x = 1, y = 3
```

메소드 내에서 변수를 선언할 때는 메소드 밖의 변수 이름과 같아도 괜찮다. [예제 3-4]는 같은 이름을 갖는 두 개의 변수가 메소드 안과 밖에서 사용된 경우를 잘 보여주고 있다.

예제 3-4 LocalVariableApp.cs

```
using System;
class LocalVariableApp {
    static int x;
    public static void Main() {
        int x = (LocalVariableApp.x=2) * 2;
        Console.WriteLine("static x = " + LocalVariableApp.x);
        Console.WriteLine("local  x = " + x);
    }
}
```

실행 결과

```
static x = 2
local  x = 4
```

3.3 제어문

일반적으로 프로그램은 프로그래머가 작성한 순서대로 차례로 실행되지만 문제의 성격에 따라 어떤 경우에는 조건에 따라 서로 다른 부분을 실행하거나 일정한 부분을 반복해서 실행해야 하며 또는 지정된 곳으로 제어를 옮겨 실행하기도 한다. 제어문은 이와 같이 프로그램의 실행 순서를 바꾸는 데 사용하며 실행 순서를 제어하는 방법에 따라 조건문, 반복문 그리고 분기문으로 나눈다. C# 언어에서 제어문의 종류와 의미는 모두 C 언어와 같다.

조건문은 주어진 조건에 따라 수행되는 내용이 다를 때 사용하는 문장으로 `if` 문과 `switch` 문이 있다. 반복문은 정해진 횟수만큼 또는 주어진 조건이 만족할 때까지 반복해서 실행하는 문장으로 `for` 문과 `while` 문, `do-while` 문, `foreach` 문이 있으며 분기문은 제어를 지정된 곳으로 옮기는 문장으로 `break`와 `continue`, `return`, `goto` 문이 있다.

3.3.1 조건문

조건문(conditional statement)은 주어진 조건에 따라 수행되는 부분이 다를 때 사용하는 문장으로 C# 언어에서는 `if` 문과 `switch` 문이 있다.

조건문
- `if` 문
- `switch` 문

(1) if 문

`if` 문은 다음과 같이 두 가지 형태가 있다.

```
① if ( <조건식> ) <문장>
② if ( <조건식> ) <문장1> else <문장2>
```

첫 번째 if 문의 형태는 먼저 if 지정어가 나오고 다음에 <조건식>이 나타나며 이 조건식이 참일 때 실행할 문장이 그 다음에 온다. 여기서, <문장>을 참 부분(true part)이라 부르며 조건식이 거짓이면 참 부분은 실행되지 않는다.

두 번째 if 문은 else 부분이 있는 형태로 조건식이 참이면 <문장1>이 실행되고 거짓이면 <문장2>가 실행된다. 따라서 두 개의 문장이 동시에 실행되지는 않는다. 보통, <문장1>을 참 부분, <문장2>를 거짓 부분(false part)이라 부른다.

if 문에서, 조건식의 연산 결과는 반드시 true나 false 값을 갖는 부울형(bool type)이어야 한다. 이런 이유는 C 언어에서는 수치적인 값으로 검사되지만 C#에서는 부울형을 따로 두어 처리했기 때문이다. 이렇게 함으로써 프로그램의 의미를 명확히 하여 모호성을 줄일 수 있다.

[예제 3-5]는 한 개의 숫자를 읽어 짝수와 홀수를 판별하는 프로그램이다.

예제 3-5 IfStApp.cs

```
using System;
class IfStApp {
   public static void Main() {
      int n;
      Console.Write("Enter a number = ");
      n = Console.Read() - '0';
      if (n % 2 == 0)
         Console.WriteLine(n + " is an even number.");
      if (n % 2 != 0)
         Console.WriteLine(n + " is an odd number.");
   }
}
```

입력 데이터

```
Enter a number = 8
```

실행 결과

```
8 is an even number.
```

[예제 3-5]를 `if-else` 구조를 사용하면 [예제 3-6]과 같다.

예제 3-6 IfElseStApp.cs

```
using System;
class IfElseStApp {
   public static void Main() {
      int n;
      Console.Write("Enter a number = ");
      n = Console.Read() - '0';
      if (n % 2 == 0)
         Console.WriteLine(n + " is an even number.");
      else
         Console.WriteLine(n + " is an odd number.");
   }
}
```

입력 데이터

```
Enter a number = 7
```

실행 결과

```
7 is an odd number.
```

`if` 문의 문장 부분에 다시 `if` 문이 나타나는 것을 내포된 `if` 문(nested if statement)이라 하며 참 부분에서 `if` 문이 반복되는 경우와 `else` 부분에서 `if` 문이 반복되는 두 가지 경우가 있다.

참 부분에서 `if` 문이 반복되는 내포된 `if` 문의 첫 번째 형태는 다음과 같다.

```
if (<조건식>)
   if (<조건식>)
      <문장>
```

이 경우에 모든 조건식이 참일 때만 <문장>이 실행된다.

내포된 if 문의 두 번째 형태는 else 부분에서 if 문이 반복되는 경우로 다음과 같은 형태를 갖는다.

```
if (<조건식1>) <문장1>
else if (<조건식2>) <문장2>
//    …
else if (<조건식n>) <문장n>
else <문장>
```

여기서, <조건식1>이 참이면 <문장1>을 실행하고 if 문 밖으로 제어가 옮겨진다. 만일 <조건식1>이 거짓이면 제어가 else 다음의 if 문으로 옮겨져 두 번째 if 문의 <조건식2>를 검사하고 문장을 실행하는 과정을 반복한다. 즉, <조건식i>가 참이 되면 <문장i>가 실행되고 제어는 내포된 if 문 다음으로 넘어간다. 이 과정 중 모든 if 문의 조건식이 거짓이면 맨 끝에 있는 else 다음의 <문장>이 실행된다. 그런데 맨 끝의 else 문장은 생략될 수 있다.

다음은 내포된 if 문을 사용하여 정수 값에 따라 요일을 출력하는 프로그램의 예이다.

예제 3-7 NestedIfApp.cs

```
using System;
class NestedIfApp {
  public static void Main() {
     int day;
     Console.Write("Enter the day number 1 ~ 7 : ");
     day = (int)Console.Read() - '0';
     if (day == 1) Console.WriteLine("Sunday");
     else if (day == 2) Console.WriteLine("Monday");
     else if (day == 3) Console.WriteLine("Tuesday");
     else if (day == 4) Console.WriteLine("Wednesday");
     else if (day == 5) Console.WriteLine("Thursday");
     else if (day == 6) Console.WriteLine("Friday");
     else if (day == 7) Console.WriteLine("Saturday");
     else Console.WriteLine("Illegal day");
  }
}
```

입력 데이터

```
Enter the day number 1 ~ 7 : 4
```

실행 결과

```
Wednesday
```

(2) switch 문

if 문은 조건식의 결과에 따라 참일 때 실행하는 부분과 거짓일 때 실행할 부분으로 나뉜다. 그러나 실세계의 문제 중에는 조건에 따라 여러 경우로 나누어 각각을 처리해야 되는 경우가 많이 있다. switch 문은 이와 같은 문제를 if 문으로 나타내기에 적합하지 않을 때 사용하는 문장으로 다음과 같은 형태를 갖는다.

```
switch ( <식> ) {
   case <상수식1>: <문장1> break;
   case <상수식2>: <문장2> break;
   // ...
   case <상수식n>: <문장n> break;
   default: <문장>  break;
}
```

case 문의 상수식은 서로 다른 값을 가져야 하며 case와 default는 상수식의 값과 관계없이 임의의 순서로 나타날 수 있다. switch 문장의 실행 과정은 먼저 <식>과 <상수식>들을 차례로 비교하여 두 값이 서로 같으면 그에 해당하는 문장을 실행한다. <식>의 값이 전체 <상수식>의 값과 일치하지 않으면 default 오른쪽에 있는 <문장>을 실행한다. 이와 같은 다중 선택 구조의 비교 과정을 순서도로 나타내면 [그림 3-1]과 같다.

비교 과정 중에, <식>과 <상수식>이 일치하는 문장을 실행하고 break 문을 이용하여 제어를 switch 문 밖으로 옮겨야 한다. C/C++에서는 각 case 문 끝에 break 문을 기술하지 않더라도 컴파일 에러가 발생하지 않지만, C#에서는 반드시 break 문을 기술하여야 한다.

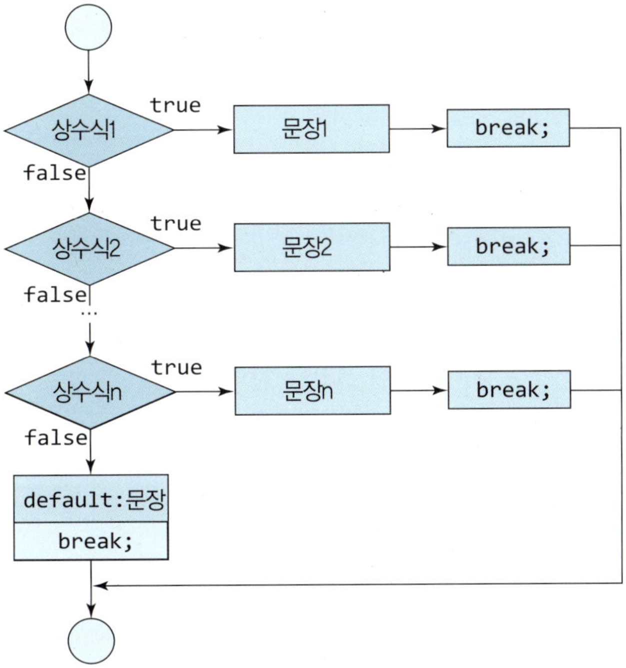

그림 3-1 switch 문

예제 3-8 SwitchStApp.cs

```
using System;
class SwitchStApp {
  public static void Main() {
    Console.Write("Enter the day number 1 ~ 7 : ");
    int day = Console.Read() - '0';
    switch (day) {
      case 1: Console.WriteLine("Sunday");     break;
      case 2: Console.WriteLine("Monday");     break;
      case 3: Console.WriteLine("Tuesday");    break;
      case 4: Console.WriteLine("Wednesday");  break;
      case 5: Console.WriteLine("Thursday");   break;
      case 6: Console.WriteLine("Friday");     break;
      case 7: Console.WriteLine("Saturday");   break;
      default: Console.WriteLine("Illegal day");break;
    }
  }
}
```

입력 데이터

```
Enter the day number 1 ~ 7 : 4
```

실행 결과

```
Wednesday
```

C#에서는 C나 C++와 다르게 case 문의 상수식 부분에 결과값이 정수뿐만 아니라 스트링도 가능하다. 다음은 스트링을 사용한 switch 문의 예이다.

예제 3-9 SwitchStWithStringApp.cs

```
using System;
class SwitchStWithString {
 static void Main(string[] args) {
  Console.Write("Enter the weekday (Sunday-Saturday) : ");
  string day = Console.ReadLine();
  switch (day) {
   case "Sunday": Console.WriteLine(1); break;
   case "Monday": Console.WriteLine(2); break;
   case "Tuesday": Console.WriteLine(3); break;
   case "Wednesday": Console.WriteLine(4); break;
   case "Thursday": Console.WriteLine(5); break;
   case "Friday": Console.WriteLine(6); break;
   case "Saturday": Console.WriteLine(7); break;
   default: Console.WriteLine("Illegal day"); break;
  }
 }
}
```

입력 데이터

```
Enter the weekday (Sunday-Saturday) : Sunday
```

실행 결과

```
0
```

다음은 식을 입력으로 받아 그 값을 계산하는 프로그램을 switch 문으로 작성한 예이다.

예제 3-10 CalculatorApp.cs

```
using System;
class CalculatorApp {
  public static void Main() {
    int x, y, r=0;
    char opr;
    Console.Write("Enter an operator & two numbers = ");
    opr = (char) Console.Read();
    x = Console.Read() - '0';
    y = Console.Read() - '0';
    switch (opr) {
      case '+':  r=x+y;
        Console.WriteLine(x+" + "+y+" = "+r); break;
      case '-':  r=x-y;
        Console.WriteLine(x+" - "+y+" = "+r); break;
      case '*':  r=x*y;
        Console.WriteLine(x+" * "+y+" = "+r); break;
      case '/':  r=x/y;
        Console.WriteLine(x+" / "+y+" = "+r); break;
      default : Console.WriteLine("Illegal operator ");
        break;
    }
  }
}
```

입력 데이터

```
Enter an operator & two numbers = *24
```

실행 결과

```
2 * 4 = 8
```

3.3.2 반복문

반복문은 프로그램의 일정한 부분을 주어진 조건이 만족될 때까지 반복해서 실행하는 문장으로 C# 언어에서는 for 문과 while 문, do-while 문, foreach 문이 있다.

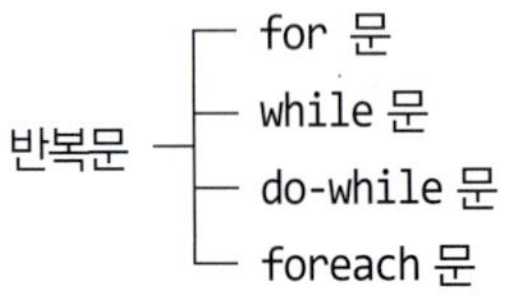

여기서, for 문과 while 문은 먼저 조건식을 검사한 후에 조건식의 결과가 참이면 반복 문장을 실행하지만 do-while 문은 반복 문장을 먼저 실행한 후에 조건식을 검사하여 다시 반복할 지를 검사한다. 이에 비해 foreach 문은 데이터의 집합에 속해있는 각 원소를 차례대로 처리하면서 반복 실행한다.

(1) for 문

for 문은 일반적으로 가장 널리 사용되는 반복문으로 정해진 횟수만큼 일련의 문장을 반복 실행한다. for 문의 구성 형태는 다음과 같다.

```
for (<식1> ; <식2> ; <식3>)
     <문장>
```

for 문은 세 개의 식과 하나의 <문장>으로 구성된다. <식1>은 초기화 식으로 반복 실행을 제어하는 제어 변수(control variable)를 초기화하는데 사용된다. <식2>는 조건식으로 <문장>의 반복 실행 여부를 결정한다. 만일 조건식의 결과가 참이면 <문장>부분을 실행하지만 거짓이면 for 문 밖으로 제어가 옮겨진다. <식3>은 <문장>부분 실행 후, 제어 변수의 값을 수정하는 식으로 반복을 위해 증가하거나 감소한다. 그리고 <문장>부분은 루프 몸체(loop body)라 부르며 <식2>의 조건식이 참일 때 반복 실행되는 부분이다.

for 문장의 실행 순서를 그림으로 나타내면 다음과 같다.

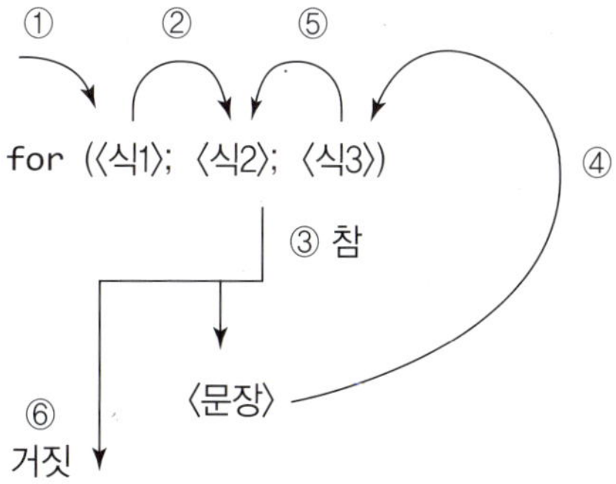

먼저, 제어 변수의 초기화 부분인 <식1>이 실행(①)된 후에 조건식인 <식2>가 실행(②)된다. 만일, 조건식의 결과가 참이면 <문장>부분이 실행(③)되고 다음 반복을 위해 제어 변수의 값을 변경시키는 <식3>이 실행(④)된다. 그리고 다시 조건식을 테스트하는 <식2>가 실행(⑤)된다. 만일, 조건식의 결과가 거짓이면 제어가 for 문 밖으로 옮겨져 반복 실행이 끝나고 다음 문장이 실행(⑥)된다.

다음은 for 문을 사용하여 1부터 1/n까지의 합을 구하는 프로그램의 예이다.

예제 3-11 ForStApp.cs

```
using System;
class ForStApp {    // h(n) = 1 + 1/2 + 1/3 + ... + 1/n
   public static void Main() {
      int i, n;
      double h = 0.0;
      Console.Write("Enter a number = ");
      n = Console.Read() - '0';
      for (i = 1; i <= n; ++i)
         h = h + 1/(double) i;
      Console.WriteLine("n = {0}, h = {1}", n, h);
   }
}
```

입력 데이터

```
Enter a number = 5
```

실행 결과

```
n = 5, h = 2.28333333333333
```

for 문에서, () 기호 사이에 나오는 3개의 식들은 구분자인 ;만 남고 모두 생략될 수 있다. 그럴 경우 for 문은 <문장> 부분을 조건 없이 계속 실행하는 무한 루프가 된다. 즉, 무한 루프의 for 문은 다음과 같은 형태가 된다.

```
for ( ; ; )
   <문장>
```

무한 루프의 for 문은 루프가 종료되지 않고 계속 실행되므로 for 문을 종료시키기 위해선 제어를 for 문 밖으로 옮기는 break나 return 문 등과 같은 분기문을 루프 몸체 안에 포함시켜야만 한다.

for 문 안에 for 문이 다시 나타나는 문장을 중첩된 for 문(nested for statement)이라고 하며 2차원 배열이나 3차원 배열을 사용한 연산에서 주로 사용한다. 이때 각 for 문의 제어 변수는 다른 반복을 나타내는 것이므로 다른 제어 변수를 사용해야 된다. 가령 밖의 for 문에서 제어 변수로 i를 사용했으면 안의 for 문에서는 제어 변수를 j로 사용해야 한다.

다음은 2차원 배열 matrix를 0으로 초기화하는 중첩된 for 문의 예이다.

```
for (i=0; i<N; ++i)
   for (j=0; j<M; ++j)
      matrix[i,j] = 0;
```

여기서, 반복 몸체인 배열을 초기화하는 배정문은 N*M번 실행된다. 왜냐하면, 각 i의 값에 대해 j가 0부터 M-1까지 M번 실행되기 때문이다.

다음은 중첩된 for 문을 이용하여 2차원 배열을 출력하는 프로그램이다.

예제 3-12 PrintMatrixApp.cs

```
using System;
class PrintMatrixApp {
   public static void Main() {
      int[,] m = { { 1, 2, 3},
                   { 4, 5, 6},
                   { 7, 8, 9} };
      for (int i = 0; i < 3; i++) {
         for (int j = 0; j < 3; j++)
            Console.Write("m["+i+","+j+"]=" + m[i,j]+ " ");
         Console.WriteLine();
      }
   }
}
```

실행 결과

```
m[0,0]=1    m[0,1]=2    m[0,2]=3
m[1,0]=4    m[1,1]=5    m[1,2]=6
m[2,0]=7    m[2,1]=8    m[2,2]=9
```

(2) while 문

while 문은 주어진 조건식이 참인 경우에만 프로그램의 일정한 부분을 반복해서 실행하는 반복문이다. 따라서 조건식이 참이 아니면 while 문의 몸체 부분에 있는 문장들을 한 번도 실행하지 않고 제어가 while 문 밖으로 옮겨질 수 있다.

```
while (조건식)
   <문장>
```

지정어 while이 나타나고 반복 여부를 결정하는 조건식이 () 기호 사이에 온다. 다음에 조건식이 참일 때 실행할 문장이 반복 몸체에 나타난다. 만일 반복 몸체가 2개 이상의 문장이면 그 문장들이 while 문에 속해 있다는 것을 나타내기 위해 블록인 {}로 표현해야 한다. while 문의 실행 순서를 그림으로 나타내면 다음과 같다.

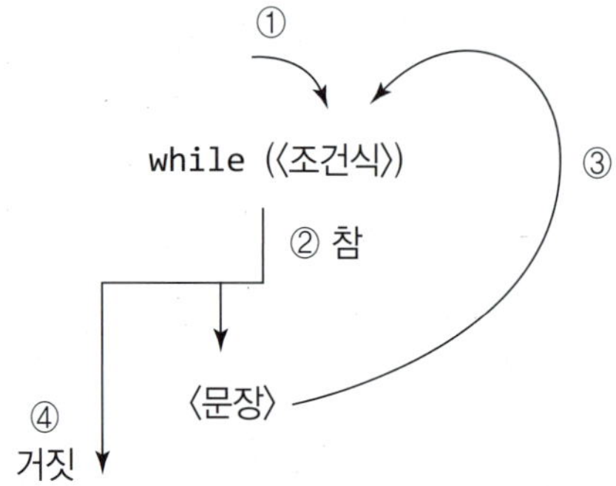

먼저, **while** 문 위에서 제어 변수를 초기화한 후에 <조건식>을 실행(①)한다. 만일 조건식의 결과가 참이면 <문장>부분이 실행(②)된다. 이 문장 부분에는 다음 반복을 위해 제어 변수의 값을 변경시키는 문장이 포함돼야 한다. 그리고 다시 <조건식>으로 가서 반복 여부를 결정(③)한다. 만일 조건식의 결과가 참이 아니면 반복 실행이 종료(④)된다.

다음은 **while** 문을 사용하여 1부터 1/n까지의 합을 구하는 프로그램이다. 앞의 [예제 3-11]과 비교해 보라.

예제 3-13 WhileStApp.cs

```
using System;
class WhileStApp {   // h(n) = 1 + 1/2 + 1/3 + ... + 1/n
   public static void Main() {
      int i, n;
      double h = 0.0;
      Console.Write("Enter a number = ");
      n = Console.Read() - '0';
      i = 1;
      while(i <= n) {
         h = h + 1/(double) i;
         i++;
      }
      Console.WriteLine("n = {0}, h = {1}", n, h);
   }
}
```

입력 데이터

```
Enter a number = 7
```

실행 결과

```
n = 7, h = 2.59285714285714
```

while 문과 for 문은 모두 반복문으로서 그들이 의미적으로 동등하기 때문에 while 문은 for 문으로, for 문은 while 문으로 상호 변환할 수 있다. for 문은

```
for ( <식1>; <식2>; <식3> )
   <문장>
```

다음과 같은 while 문으로 상호 변환할 수 있다.

```
<식1>
while ( <식2> ) {
   <문장>
   <식3>
}
```

다시 말해서, for 문의 실행 순서를 while 문으로 분해할 수 있고 역으로 while 문의 구조를 for 문의 실행 순서에 맞게 재조합할 수 있다. 예를 들어,

```
for (i = 0; i < N; ++i)
   s += i;
```

는

```
i = 0;
while (i < N) {
   s += i;
   ++i;
}
```

로 바꿀 수 있다. [예제 3-11]과 [예제 3-13]을 비교해 보라.

while 문의 조건식은 그 문장의 수행이 끝났을 때 거짓으로 되는데 이 조건을 while 문의 결과 조건(result condition)이라 부른다. 예를 들어,

```
while (x > y)
   <statement>;
```

일 때, x가 y보다 큰 경우에만 반복 수행을 하고 x가 y보다 작거나 같아지면 while 루프를 빠져 나오게 된다. 따라서 결과 조건은 !(x>y)인 x<=y이다. 즉, 논리 연산자 !(not)을 조건식에 붙인 것이 곧 결과 조건이 된다. while 문의 결과 조건은 반복 수행이 끝난 상태에서 각 조건 변수들의 상태를 나타내고 있으며 프로그램의 흐름을 이해하고 논리적인 에러를 수정하는데 중요한 역할을 한다.

(3) do-while 문

do-while 문은 반복되는 문장을 먼저 실행 한 후에 조건식을 검사하여 참이면 계속 반복 실행하고 참이 아니면 반복을 종료하고 do-while 문 밖으로 제어를 옮긴다.

```
do
   <문장>
while (조건식);
```

처음에 지정어 do가 나오고 반복 실행할 <문장>이 나온다. 그 다음에 지정어 while이 오며 반복 여부를 결정하는 <조건식>이 () 기호 사이에 나타난다. do-while 문에서 반복 실행할 문장이 2개 이상이면 블록 {}으로 나타내야 한다. do-while 문의 실행 순서를 그림으로 나타내면 다음과 같다.

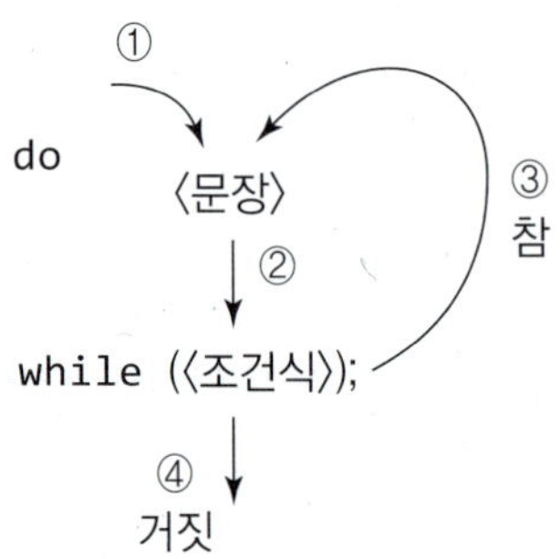

먼저, 루프 몸체인 <문장>이 실행(①)되고 <조건식>이 검사(②)된다. 조건식이 참이면 <문장>을 반복 실행(③)하고 조건식이 거짓이 되면 반복 실행이 종료(④)된다. `do-while` 문이 `for` 문이나 `while` 문과 다른 점은 조건식을 나중에 검사한다는 것이다. 따라서 `do-while` 문은 조건식이 거짓이라도 <문장> 부분이 적어도 한번은 실행된다.

다음은 `do-while` 문을 사용하여 1부터 1/n까지의 합을 구하는 프로그램의 예이다. [예제 3-11]과 [예제 3-13]과 비교해 보라.

예제 3-14 DoWhileStApp.cs

```
using System;
class DoWhileStApp {    // h(n) = 1 + 1/2 + 1/3 + ... + 1/n
   public static void Main() {
      int n, i;
      double h = 0.0;
      Console.Write("Enter a number = ");
      n = Console.Read() - '0';
      i = 1;
      do {
         h = h + 1/(double)i;
         i++;
      } while (i <= n);
      Console.WriteLine("n = " + n + ", h = " + h);
   }
}
```

입력 데이터

```
Enter a number = 9
```

실행 결과

```
n = 9, h = 2.82896825396825
```

(4) foreach 문

`foreach` 문은 조건식을 검사하는 반복문과는 달리 데이터의 집합에 대한 반복을 수행하며, 데이터의 집합을 구성하는 원소를 순차적으로 처리할 때 유용하게 사용할 수 있다.

```
foreach (자료형 변수명 in 데이터의 집합)
    <문장>
```

먼저, 지정어 foreach가 나오고 각 원소에 접근하려는 변수를 자료형과 함께 선언하며 지정어 in 다음에 데이터의 집합을 명시한다. 그리고 반복 몸체에 해당하는 <문장>을 기술한다. 이때 변수의 자료형은 원소의 자료형과 반드시 호환 가능해야 하며 명시된 변수는 읽기 전용이 되어 <문장> 내에서 값을 배정할 수 없고 사용할 수만 있다.

foreach 문의 실행은 데이터 집합의 첫 번째 원소부터 순서대로 마지막 원소까지 반복하여 몸체를 실행한다. 그러므로 실행 횟수는 원소의 개수와 일치한다. 다음은 foreach 문을 사용하여 스트링 배열의 값을 출력하는 예제이다.

예제 3-15 ForeachStApp.cs

```
using System;
class ForeachStApp {
   public static void Main() {
      string[] color = {"red", "green", "blue"};
      foreach (string s in color)
         Console.WriteLine(s);
   }
}
```

실행 결과

```
red
green
blue
```

특히, foreach 문은 배열을 처리할 때 편리하며 인덱스를 사용한 루프보다 훨씬 효율적이다. 예를 들어, [예제 3-15]에서 사용한 foreach 문은 다음 문장과 의미적으로 동등하지만 보다 효율적이다.

```
for (int i = 0; i < color.Length; i++)
   Console.WriteLine(color[i]);
```

3.3.3 분기문

분기문(jump statement)은 지정된 곳으로 제어를 옮기는 문장으로 C# 언어에서는 break, continue, goto, return 문 등이 있다.

(1) break 문

break 문은 반복문에서 현재의 실행을 멈추고 자기를 감싸고 있는 블록 밖으로 제어를 옮기는 역할을 한다. 즉, 반복문을 탈출할 때 사용하는 문장이다. break 문의 형태는 다음과 같다.

```
break;
```

예를 들어, 다음과 같은 무한 루프를 고려해 보자. break 문을 감싸고 있는 블록이 while 문의 몸체이므로 i 값이 3이 될 때 무한 루프가 종료하게 된다.

```
int i = i;
while (true) {
    if (i == 3)
        break;
    Console.WriteLine("This is a" + i + "iteration");
    ++i;
}
```

다음은 while 문과 break 문을 사용하여 1부터 1/n까지의 합을 구하는 프로그램의 예제이다.

예제 3-16 BreakStApp.cs

```
using System;
class BreakStApp {    // h(n) = 1 + 1/2 + 1/3 + ... + 1/n
   public static void Main() {
      int n, i;
      double h = 0.0;
      Console.Write("Enter a number = ");
      n = Console.Read() - '0';
      i = 1;
      while (true) {
         h = h + 1/(double) i;
         if (++i > n) break;
      }
      Console.WriteLine(" n = " + n + ", h = " + h);
   }
}
```

입력 데이터

```
Enter a number = 4
```

실행 결과

```
n = 4, h = 2.08333333333333
```

반복문을 탈출하는 방법으로 break 문을 사용하지만, 중첩된 반복문일 경우에는 특정 반복문을 단번에 빠져나가기 위하여 goto 문을 사용해야 한다.

(2) continue 문

continue 문은 반복문 내에서 사용되며 다음 반복이 시작되는 곳으로 제어를 옮기는 기능을 한다. continue 문의 형태는 다음과 같다.

```
continue;
```

반복문 내에서 continue 문은 현재의 실행을 중단하고 다시 다음 반복을 계속 실행하는 문장으로 생각할 수 있다. 일반적으로 continue 문은 for 문과 while 문 내에서 사용한다.

먼저, for 문 안에서 continue 문의 의미는 제어를 for 문의 수정 부분으로 옮긴다. 예를 들어 다음과 같은 문장 구조에서,

```
for (i=0; i<=5; ++i) {
    if (i % 2 == 0)
        continue;
    Console.WriteLine("This is a" + i "iteration");
}
```

if 문의 조건식이 참이면 continue 문에 의해 제어가 for 문의 ++i로 옮겨져 증가된 i 값을 갖고 다음 반복을 계속한다.

다음으로, while 문에서 continue 문의 의미는 제어를 while 문의 조건식을 검사하는 부분으로 옮긴다. 예를 들어 다음과 같은 문장 구조에서,

```
i = 0;
while (i <= 5) {
    ++i;
    if (i % 2) == 0
        continue;
    Console.WriteLine("This is an odd iteration -" + i);
}
```

while 문 안의 if 문에서 i를 2로 나눈 나머지가 0이면 즉, i가 짝수면 continue 문에 의해 while 문의 조건식으로 옮겨져 반복의 실행 여부를 결정한다.

다음은 정수 데이터를 입력으로 받아 양수면 1부터 그 양수까지 합을 구하여 출력하는 프로그램으로 continue 문의 사용 예를 보여 준다.

예제 3-17 ContinueStApp.cs

```
using System;
class ContinueStApp {
  public static void Main() {
    int n, s, i;
```

```
        Console.Write("Enter a number = ");
        for (;;) {
            n = Console.Read() - '0';
            if (n == 0) break;
              else if (n < 0) continue;
            for (s=0, i=1; i<=n; ++i)
                s += i;
            Console.WriteLine("n = " + n + ", sum = " + s);
        }
        Console.WriteLine("End of Main");
    }
}
```

입력 데이터

```
Enter a number = 590
```

실행 결과

```
n = 5, sum = 15
n = 9, sum = 45
End of Main
```

(3) goto 문

goto 문은 지정된 위치로 제어 흐름을 이동하는 문장이다. 지정된 위치를 나타내기 위한 방법으로 명칭 형태를 사용하며 이 때 사용된 명칭을 레이블(label)이라 부른다. goto 문의 형태는 다음과 같이 3가지이다.

```
goto label;
goto case constant-expression;
goto default;
```

첫 번째가 일반적인 형태이며 두 번째와 세 번째 형태는 switch 문에서 사용할 수 있는 형태이다. C# 언어에서는 switch 문장의 각 case에서 반드시 break 문으로 끝나야 하기 때문에 중복된 행위를 할 수 없다. 그러나 때로는 중복된 행위가 필요한데 이 경우에 두 번째와 세 번째 형태의 goto 문을 사용할 수 있다.

예를 들어, 다음과 같은 구조의 프로그램을 고려해 보자. 변수 value 값과 case 값이 매칭되는 곳부터 차례로 문장을 수행(Fall-Through 기능)하게 된다.

```
switch (value) {
   case 0: Console.WriteLine("In case 0\n");
         goto case 1;
   case 1: Console.WriteLine("In case 1\n");
         goto case 2;
   case 2: Console.WriteLine("In case 2\n");
         goto default;
   default: Console.WriteLine("In default\n");
         break;
}
```

일반적으로 goto 문은 지정된 위치로 제어를 무조건 분기하지만 다음과 같은 경우에는 분기할 수 없다.

1. 외부에서 복합문 안으로 분기할 수 없다.
2. 메소드 내에서 외부로 분기할 수 없다.
3. finally 블록에서 블록 밖으로 분기할 수 없다.

위치에 따라, goto 문의 의미(semantics)가 복잡하기 때문에 가급적 goto 문의 사용을 자제하는 것이 바람직하다.

(4) return 문

return 문은 메소드의 실행을 종료하고 호출한 메소드(caller)에게 제어를 넘겨주는 문장이다. return 문의 형태는 다음과 같이 2가지 종류가 있으며 첫 번째 형태는 제어만 넘겨주고 두 번째 형태는 반환값(return value)과 함께 제어를 넘겨준다.

```
return;
return <식>;
```

다음 예제는 각 분기문의 사용에 대한 예제이다.

예제 3-18 JumpStApp.cs

```
using System;
class JumpStApp {
   public static void Main() {
      int n, s, i;
      for (;;) {
         Console.Write("Enter a number : ");
         n = Int32.Parse(Console.ReadLine());
         if (n == 0) break;
          else if(n < 0) continue;
         for (s = 0, i = 1 ; i <= n ; ++i)
            s = sum(s, i);
         Console.WriteLine("n = {0}, sum = {1}", n, s);
      }
      Console.WriteLine("End of Main");
   }
   static int sum(int s, int i) {
      return s + i;
   }
}
```

실행 결과

```
Enter a number : 5
n = 5, sum = 15
Enter a number : 0
End of Main
```

3.4 오버플로 검사문

오버플로(overflow)란 정수식 연산의 결과가 정수형이 표현할 수 있는 범위를 넘어가는 것을 말하며, 이는 잘못된 계산 결과를 초래할 수 있다. 이와 같은 경우에, 정수식에서 오버플로가 일어나는지를 명시적으로 검사하여 처리하는 것이 바람직하다.

오버플로를 명시적으로 검사하는 문장이 checked 문이며 다음과 같은 형태를 갖는다. checked 문내에 있는 정수식에서 오버플로가 발생하면, System 네임스페이스에 있는

OverflowException 예외가 발생된다.

```
checked {
    // 오버플로가 발생하는지를 확인하려는 문장
}
```

만약 검사하려는 부분이 하나의 정수식인 경우에는 다음과 같이 간략하게 사용한다.

```
checked ( /* <오버플로가 발생하는지를 확인하려는 수식> */ )
```

C#에서는 정수식의 오버플로를 검사하지 않는 것이 디폴트이지만, 이를 명시적으로 나타내기 위해서 unchecked 문을 사용할 수도 있다. 또한, 오버플로를 의도적으로 검사하지 않으려는 경우에도 unchecked 문을 사용한다.

```
unchecked {
    // 오버플로를 의도적으로 검사하지 않으려는 문장
}
```

예제 3-19 OverflowApp.cs

```
using System;
class OverflowApp {
   public static void Main() {
      int i, max = int.MaxValue;
      try {
         Console.WriteLine("Start of try statement");
         i = max + 1;     // default: don't check Overflow.
         Console.WriteLine("After default overflow");
         unchecked {
            i = max + 1; // don't check Overflow intensionally.
         }
         Console.WriteLine("After unchecked statement");
         checked {
            i = max + 1; // check Overflow
```

```
            }
            Console.WriteLine("After checked statement");
        } catch (OverflowException e) {
            Console.WriteLine("caught an OverflowException");
        }
    }
}
```

실행 결과

```
Start of try statement
After default overflow
After unchecked statement
caught an OverflowException
```

3.5 표준 입출력

3.5.1 입출력문

입출력(I/O)이란 입력(Input)과 출력(Output)을 칭하는 용어로 입력이란 외부 입력 장치로부터 데이터를 프로그램으로 읽어 들이는 행위를 말하며, 출력이란 프로그램상의 어떤 값을 출력 장치로 내 보내는 행위를 말한다. 이때, 프로그램에서 사용하는 문장을 입출력문이라 부른다.

C# 언어에서 입출력 부분은 C# 언어의 문장이 아니라 메소드로 C# 언어의 기본 네임스페이스인 System으로부터 제공된다. 이와 같이 입출력 부분을 C# 언어와 분리하여 구현한 이유는 프로그램의 이식성을 높이기 위한 것으로 숙련된 프로그래머는 자기 목적에 맞게 제공된 입출력 루틴을 수정하여 사용할 수 있기 때문이다.

입출력 부분이 메소드임에도 불구하고 C# 언어의 문장 구조에 포함시켜 설명하는 것은 입출력 메소드가 C# 언어의 문장인 것처럼 사용되고 있으며 프로그래밍에서 중요한 역할을 담당하고 있기 때문이다.

입출력을 하기 위해서는 그에 해당하는 입출력 장치가 필요하다. 표준 입출력이란 이와 같은 입출력 장치가 미리 정해진 입출력을 의미한다. 프로그래밍 언어에서는 일반적으로 파일과 주변장치를 동일하게 취급한다. 따라서 파일 입출력과 주변장치 입출력은 같은 입출력 메소드를 사용하여 처리한다. 표준 입출력을 위하여 사용되는 메소드는 다음과 같다.

표준 입출력문
- 표준 입력 메소드: Console.Read(), Console.ReadLine()
- 표준 출력 메소드: Console.Write(), Console.WriteLine()

표준 입력 메소드인 Console.Read()는 표준 입력장치인 키보드로부터 한 개의 문자를 읽어 그 문자의 코드 값을 정수형으로 반환하는 기능을 하며, Console.ReadLine() 메소드는 한 라인을 읽어 string 형으로 반환하는 기능을 한다.

표준 출력 메소드인 Console.Write()는 표준 출력장치인 화면에 매개 변수의 값을 출력하고 Console.WriteLine() 메소드는 화면에 매개 변수의 값을 출력한 후 다음 라인으로 출력 위치를 이동한다.

다음은 키보드로부터 정수와 문자를 읽고 출력하는 예제이다.

예제 3-20 SimpleIOApp.cs

```
using System;
class SimpleIOApp {
   public static void Main() {
      int i; char c;
      Console.Write("Enter a digit and a character = ");
      i = Console.Read() - 48;
      c = (char) Console.Read();
      Console.Write("i = " + i);
      Console.WriteLine(", c = " + c);
   }
}
```

입력 데이터

```
Enter a digit and a character = 7A
```

실행 결과

```
i = 7, c = A
```

Console.Read()는 하나의 문자를 읽어서 코드 값으로 리턴해 주기 때문에 숫자인 경우에는 반드시 문자 0의 코드 값인 48을 빼야 해당하는 숫자 값이 된다.

Console.ReadLine() 메소드는 한 라인을 읽어 string 형으로 반환하는 기능을 한다. 따라서, 계산을 위해서는 숫자 값으로 바꿔야 하는데 정수인 경우에는 int.Parse() 메소드를 사용한다.

다음은 시각 10시 20분 30초를 102030의 형태로 입력 받아서 10:20:30의 형태로 출력하는 예제이다. 즉, 하나의 시각을 HHMMSS 형태로 입력 받아서 HH:MM:SS 형태로 출력하는 프로그램이다.

예제 3-21 ReadLineApp.cs

```
using System;
class ReadLineApp {
   public static void Main() {
      int time, hour, minute, second;
      Console.Write("*** Enter an integral time : ");
      time = int.Parse(Console.ReadLine());
      hour = time / 10000;
      minute = time / 100 % 100;
      second = time % 100;
      Console.WriteLine("*** Time is " + hour + ":" +
                        minute + ":" + second);
   }
}
```

입력 데이터

```
*** Enter an integral time : 102030
```

실행 결과

```
*** Time is 10:20:30
```

Console.Read() 메소드를 이용하여 표준 입력으로부터 하나의 정수 상수를 읽어 들이는 메소드를 작성할 수 있다. 다음 예제에 있는 ReadInt() 메소드를 잘 이해하고 다른 프로그램에서 잘 활용하기 바란다. 여기서, IsDigit() 메소드는 char 클래스에 정의되어 있는 메소드로 숫자인가를 판별해 주는 메소드이다.

예제 3-22 ReadIntegerApp.cs

```
using System;
class ReadIntegerApp {
   static int ReadInt() {
      char ch;
      int n=0;
      while (!char.IsDigit(ch = (char)Console.Read()));
      do {
         n = n*10 + (ch - '0');
         ch = (char) Console.Read();
      } while (char.IsDigit(ch));
      return n;
   }
   public static void Main() {
      Console.Write("*** input data : ");
      Console.WriteLine("*** read data : " +
                  ReadInt() + " " + ReadInt());
   }
}
```

입력 데이터

```
*** input data : 2260 3342
```

실행 결과

```
*** read data : 2260 3342
```

3.5.2 형식화된 출력

형식화된 출력(formatted output)이란 출력하려는 값에 포맷(format)을 명시하여 원하는 형태로 출력하는 것을 말한다. 출력문으로 사용되는 Console.Write()나 Console.WriteLine() 메소드에서 출력 포맷을 줄 수 있으며 하나의 포맷 형태는 다음과 같다.

```
{N[,W][:formatCharacter]}
```

하나의 출력 포맷은 { 로 시작하여 }로 끝이 나며 그 안에 출력하려는 값의 형태를 결정짓는 내용을 기술한다. 여기서, N은 매개 변수를 위치적으로 지칭하는 정수이며 항상 0부터 시작한다. 그리고 W는 출력될 자릿수의 폭(width)을 나타내며 선택적으로 명시할 수 있으며 '-' 기호를 붙이면 좌측 정렬(left adjustment)로 출력된다. 그런데 명시된 폭보다 실제 데이터의 자릿수가 크면 지정한 값은 무시된다. 또한, ':' 다음에 formatCharacter는 한 문자로 이루어진 형식 지정 문자를 의미하며 역시 선택적으로 나타날 수 있다.

예를 들어, {0,9:P}는 첫 번째 매개 변수를 폭은 9로 그리고 백분율로 출력하라는 포맷이다. 값이 0.3일 때, 출력되는 형태는 □□30.00□%이다. 여기서, □는 공백을 나타낸다.

형식 지정 스트링(format string)은 매개 변수의 개수와 일치하는 출력 포맷으로 이루어진 스트링 상수이다. 형식화하려는 값은 다음과 같은 형태로 사용된다.

```
Console.Write(format-string, arg1, arg2, arg3, ..., argN);
Console.WriteLine(format-string, arg1, arg2, arg3, ..., argN);
```

정수나 실수를 형식화할 때 사용할 수 있는 표준 형식 지정 문자는 [표 3-1]과 같다.

표 3-1 형식 지정 문자

형식 지정자	설명
C 또는 c	통화 표시
D 또는 d	10진수 형태(정수형만 가능)
E 또는 e	지수 형태
F 또는 f	고정 소수점 형태
G 또는 g	고정 소수점 또는 지수 형태 중 간략한 형태를 선택한다.

N 또는 n	10진수(자릿수 구분을 위한 ',' 포함)
P 또는 p	백분율('%'도 포함)
R 또는 r	결과 스트링을 다시 읽었을 때, 원 값과 동일함을 보장(부동소수점 수만 가능)
X 또는 x	16진수(정수형만 가능)

예제 3-23 FormattedOutputApp.cs

```
using System;
class FormattedOutputApp {
  public static void Main() {
    Console.WriteLine("1) {0,-5},{1,5},{2,5}", 1.2, 1.2, 123.45);
    double d = Math.PI;
    Console.WriteLine("2) {0}", d);
    Console.WriteLine("3) {0:C}", d);
    Console.WriteLine("4) {0:E}", d);
    Console.WriteLine("5) {0:F}", d);
    Console.WriteLine("6) {0:G}", d);
    Console.WriteLine("7) {0:P}", d);
    Console.WriteLine("8) {0:R}", d);
    Console.WriteLine("9) {0:X}", 255);
  }
}
```

실행 결과

```
1) 1.2  ,  1.2,123.45
2) 3.14159265358979
3) ₩3
4) 3.141593E+000
5) 3.14
6) 3.14159265358979
7) 314.16 %
8) 3.1415926535897931
9) FF
```

| 연습문제 |

3.1 다음 괄호 안에 적당한 용어를 쓰시오.

(1) 실세계에 존재하는 문제를 컴퓨터에서 논리적으로 해결하려고 할 때 문제를 해결하기 위한 일련의 과정을 (　　　)이라 한다.

(2) 배정문의 형태에서, a=b=exp;와 같이 좌측 부분이 여러 번 나올 수 있는 데 이 경우 ( )가 먼저 연산되어 그 결과가 ( )에 배정되고 다시 ( )값이 ( )에 배정된다.

(3) 복합 배정 연산자란 (　) 연산자와 배정 연산자가 결합한 형태이다.

(4) 제어문은 프로그램의 실행 순서를 바꾸는 데 사용하며 실행 순서를 제어하는 방식에 따라 조건문, 반복문 그리고 (　　　)으로 구분된다.

(5) s가 short 형일 때, 정수 상수는 모두 int 형이지만 (　　　　)을 굳이 s=(short) 526;으로 쓸 필요는 없다.

(6) 블록의 내부에서 선언된 변수를 (　　　　)라 부른다.

(7) for 문의 구조를 내용별로 구분하면 초기화 부분, 테스트 부분, 반복 몸체, (　　　)의 4개 부분으로 구성된다.

(8) 반복문 중에서 조건식이 거짓이라도 루프 몸체가 적어도 한번은 실행되는 문장은 (　　) 문이다.

(9) 분기문은 제어를 지정된 곳으로 옮기는 문장으로 C#에서 제공한 분기문에는 (　　), continue, return, goto 문이 있다.

(10) 반복문 내에서 (　　) 문은 현재의 실행을 중단하고 다시 다음 반복을 계속 실행하는 문장으로 생각할 수 있다.

(11) 위치에 따라, 문장의 의미(semantics)가 복잡하기 때문에 가급적 (　　) 문의 사용을 자제하는 것이 바람직하다.

(12) (　　　) 문은 메소드의 실행을 종료하고 호출자에게 제어를 넘겨주는 문장이다.

(13) C#에서, 정수식 연산의 결과가 정수형이 표현할 수 있는 범위를 초과하는 것을 (　)라고 하며, 이는 잘못된 계산 결과를 초래할 수 있다.

(14) checked 문 내의 정수식에서 오버플로가 발생하면, (　　　　) 예외가 발생한다.

(15) 대부분의 언어에서 입출력 부분을 언어와 분리하여 구현한 이유는 프로그램의 (　)을 높이기 위한 것이다.

(16) `Console.Read()` 메소드는 하나의 문자를 읽어서 코드 값으로 리턴해 주기 때문에 숫자인 경우에는 반드시 문자 '0'의 코드 값 ( )을 빼야 해당하는 숫자 값이 된다.

(17) 입력 메소드 `Console.ReadLine()`은 한 라인을 읽어 ( ) 형으로 반환한다.

(18) `Console.Read()` 메소드는 입력의 끝을 만나면 ( )을 리턴해 주기 때문에, EOF 체크는 반드시 ( )로 검사해야 한다. (연습문제 5.6 (3)번 참조)

(19) 형식 지정 문자열내의 형식(format)과 형식화하려는 값은 ( )으로 대응된다.

(20) 형식화된 출력문에서 통화 표시를 나타내는 형식 지정 문자는 ( )이다.

3.2 다음 객관식 문제를 푸시오.

(1) 다음 중 C# 언어에서 제공한 문장이 아닌 것은?

① 배정문 ② 혼합문

③ 반복문 ④ 입출력문

⑤ 분기문

(2) 다음 중 배정문에 대한 설명이 틀린 것은?

① 배정문의 기본적인 형태는 "`var = exp;`" 이다.

② 배정문의 의미는 식이 계산된 후에 연산결과가 함수에 저장된다.

③ 중복되는 변수를 줄일 수 있다.

④ 변수의 초기 값을 주는데 유용하다.

⑤ "`a = b = c = 0;`" 형태로 쓸 수 있다.

(3) `for` 문에서 한번만 실행되는 부분은?

① 초기화 부분 ② 검사 부분

③ 수정 부분 ④ 반복 몸체

⑤ 증가 부분

(4) 다음 `for` 문에서 무한 루프를 나타내는 형태는?

① `for ( ) { … … }`

② `for ( ; ) { … … }`

③ `for ( ; ; ) { … … }`

④ `for ( ; ; ; ) { … … }`

⑤ `for (true) { … … }`

(5) 다음 중 분기문에 대한 설명이 틀린 것은?

① 분기문은 지정된 곳으로 제어를 옮기는 문장이다.

② 분기문에는 break 문, continue, switch 문, return 문 등이 있다.

③ C#은 goto 문을 지원한다.

④ 루프 탈출은 break 문을 사용한다.

⑤ return 문은 중복된 반복문을 탈출할 수 있다.

(6) 문장 내에서 continue 문을 쓸 수 없는 문장은?

① switch 문장 ② while 문장

③ do while 문장 ④ for 문장

⑤ foreach 문장

(7) C# 언어에서 루프를 빠져나갈 때 사용되는 문장이 아닌 것은?

① break ② continue

③ return ④ switch

⑤ goto

(8) C# 언어에서 {와 }를 사용하여 표현하지 않는 것은?

① 혼합문 ② 배열의 초기화

③ 주석문 ④ 메소드 몸체(body)

⑤ 구조체

(9) 다음과 같은 제어 흐름(control flow)으로 표현되는 문장은?

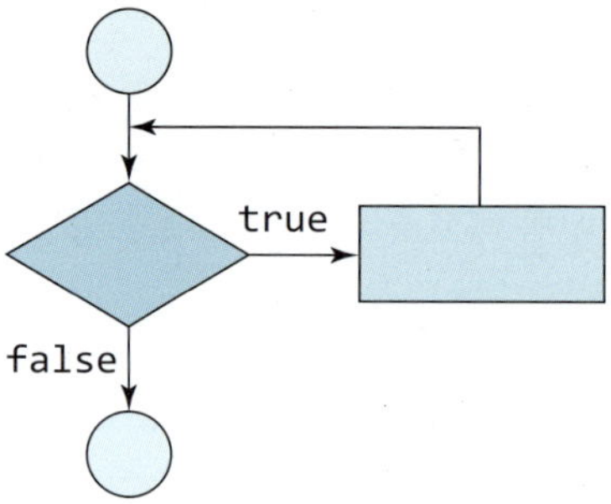

① for 문장 ② while 문장

③ do while 문장 ④ switch 문장

⑤ case 문장

(10) C#에서 goto 문을 사용하여 분기할 수 있는 경우는 어느 것인가?

① 외부에서 복합문 안으로 분기

② 메소드 내에서 외부로 분기

③ finally 블록 안에서 외부로 분기

④ 중첩된 반복문에서 외부로 분기

⑤ 외부에서 while 문 안으로

3.3 다음 문장의 문법적인 형태를 기술하시오.

(1) 내포된 if 문장

(2) 무한 루프의 for 문장

(3) switch 문장

(4) do while 문장

(5) foreach 문장

(6) checked 문장

(7) 출력 포맷의 형태

3.4 다음과 같은 메소드의 기능을 간단히 설명하시오.

(1) Console.Read()

(2) char.IsDigit()

(3) int.Parse()

3.5 다음 문제에 대한 답을 간략히 기술하시오.

(1) for 문의 문법적인 형태를 기술하고 실행되는 순서를 설명하시오.

(2) 내포된 if 문의 두 가지 형태를 설명하시오.

(3) 조건식의 형태를 쓰고 그 의미를 if 문으로 나타내시오.

(4) 다음 while 문의 결과 조건을 쓰시오.

```
while ((x > a) && (x < b)) <statement>;
```

(5) continue 문의 의미가 for 문과 while 문 안에서 서로 다르다. 차이점을 설명하시오.

(6) checked 문과 unchecked 문을 비교 설명하시오.

(7) 형식 지정 문자란 무엇인가?

3.6 주어진 프로그램을 다음과 같이 변환하시오.

▶ for 문으로 작성된 프로그램

→ ① while 문으로 구성된 프로그램

→ ② do-while 문으로 구성된 프로그램

▶ while 문으로 작성된 프로그램

→ ① for 문으로 구성된 프로그램

→ ② do-while 문으로 구성된 프로그램

(1)

```
s=i=1;
while (i<=n) {
    s = s * i;
    ++i;
}
```

(2)

```
using System;
class ExerciseCh3_6_2 {
  public static void Main() {
      int i, n;
      char[] s = {'3','5','6','\0'};
      n = 0;
      for (i = 0; s[i] >= '0' && s[i] <= '9'; i++)
          n = 10 * n + (s[i] - '0');
      Console.WriteLine("n = " + n);
  }
}
```

3.7 다음 프로그램을 foreach 문으로 변환하시오.

```
char[] com = {'C', 'o', 'm', 'p', 'u', 't', 'e', 'r'};
// ...
for (int i = 0; i < com.Length; i++)
    Console.Write(com[i]);
```

3.8 다음 C# 프로그램에서 에러를 모두 찾고 그 이유를 밝히시오.

```
using System;
class ExerciseCh3_8 {
    public static void Main() {
        int n, square;
        Console.Write("Enter a number = ");
        n = Console.ReadLine() - '0';
        checked(n+int.MaxValue);
        if (n > 0) goto next;
           else { int square;
                  n = -n;
                  next: square = n * n;
                  break;
           }
        Console.WriteLine(n + " squared is " + square);
    }
}
```

3.9 다음을 C# 프로그램으로 작성하시오.

(1) 소수(Prime number)란 1과 자기 자신 외에는 약수를 갖지 않는 수이다. 100 이하의 소수를 구하는 프로그램

(2) 완전수(Perfect number)란 자기 자신을 제외한 약수의 합이 자기 자신과 같은 수이다(예: 6 = 1 + 2 + 3). 1부터 500 사이의 완전수를 구하는 프로그램

(3) 회문수(Palindromic number)란 숫자를 역순으로 쓴 수와 같은 값을 갖는 수를 말한다. 즉, 121 또는 526625와 같은 수이다. 정수를 읽어서 회문수인지 아닌지 판별하는 C# 프로그램을 작성하시오.

(4) 암스트롱수(Armstrong number)란 3개의 숫자로 구성되며 각 자릿수에 있는 숫자의 세제곱의 합이 자신과 같은 수이다. 100부터 500 사이의 암스트롱수를 구하는 프로그램

$$XYZ = X^3 + Y^3 + Z^3$$

(5) 두 수를 입력으로 받아 최대 공약수와 최소 공배수를 구하는 프로그램

(6) 다음 식을 계산하는 C# 프로그램을 작성하시오.

$$S=\sum_{i=1}^{100}2*i+\prod_{i=1}^{10}i$$

(7) 다음 식을 계산하는 C# 프로그램을 작성하시오.

① $S = 1 + (1*2) + (1*2*3) + (1*2*3*4) + \cdots + (1*2*3* \cdots *10)$

② $S=1-\frac{1}{2}+\frac{1}{3}-\frac{1}{4}+\cdots-\frac{1}{10}$

(8) 다음과 같이 구구단을 출력하는 C# 프로그램을 작성하시오.

```
2 * 1 =  2,   3 * 1 =  3,   4 * 1 =  4,   5 * 1 =  5,
2 * 2 =  4,   3 * 2 =  6,   4 * 2 =  8,   5 * 2 = 10,
     ⋮             ⋮             ⋮             ⋮
2 * 9 = 18,   3 * 9 = 27,   4 * 9 = 36,   5 * 9 = 45,


6 * 1 =  6,   7 * 1 =  7,   8 * 1 =  8,   9 * 1 =  9,
6 * 2 = 12,   7 * 2 = 14,   8 * 2 = 16,   9 * 2 = 18,
     ⋮             ⋮             ⋮             ⋮
6 * 9 = 54,   7 * 9 = 63,   8 * 9 = 72,   9 * 9 = 81
```

(9) 다음과 같은 형태를 출력하는 C# 프로그램을 작성하시오.

①
```
    *
   ***
  *****
 *******
*********
 *******
  *****
   ***
    *
```

②
```
        1
       212
      32123
     4321234
    543212345
   65432123456
  7654321234567
 876543212345678
98765432123456789
```

③
```
123456789
 234567891
  345678912
   456789123
    567891234
     678912345
      789123456
       891234567
        912345678
```

(10) 1원, 5원, 10원, 50원, 100원, 500원 짜리 동전을 충분히 갖고 있는 상점이 있다. 고객이 1000원 미만의 물건을 사고 1000원 짜리 돈을 냈을 때 거스름돈을 동전의 개수가 최소가 되도록 계산하는 C# 프로그램을 작성하시오.

(11) 행렬의 행과 열을 바꾸는 메소드인 transpose를 작성하고, 다음 데이터를 이용하여 테스트하시오.

1 2 3

4 5 6

(12) 하나의 홀수를 읽어 그에 해당하는 마방진(magic square)을 구성하는 프로그램을 작성하시오. 마방진은 가로, 세로, 대각선에 있는 수들의 합이 모두 같은 정방형 메트릭스를 말한다. 다음은 3을 입력으로 받아 만들어진 3×3 마방진이다.

8	1	6
3	5	7
4	9	2

(13) 주석이 있는 C# 프로그램을 입력으로 받아 주석을 모두 삭제한 프로그램을 출력하는 프로그램을 작성하시오.

C# Program with Comments → RemoveComments → C# Program without Comments

3.10 다음과 같은 C# 프로그램을 읽고 그 기능을 설명하시오. 특히, 입력과 출력의 관점에서 기능을 말하시오. (힌트: 실제로 실행해 보고 기능을 살펴보시오.)

(1)

```
using System;
public class ExerciseCh3_10_1 {
    static int MethodA(int x, int y) {
        while (x != y)
            if (x > y) x -= y;
                else y -=x;
        return x;
    }
    public static void Main() {
        int i, j;
        int a, b;

        Console.Write("Enter first number : ");
        i = int.Parse(Console.ReadLine());
```

```
        Console.Write("Enter second number : ");
        j = int.Parse(Console.ReadLine());
        a =  MethodA(i, j);
        Console.WriteLine("a = " + a);
        b = (i/a) * (j/a) * a;
        Console.WriteLine("b = " + b);
    }
}
```

(2)

```
using System;
class ExerciseCh3_10_2 {
   static int HexValue(char ch) {
      switch (ch) {
         case '0': case '1': case '2': case '3': case '4':
         case '5': case '6': case '7': case '8': case '9':
             return (ch - '0');
         case 'A': case 'B': case 'C':
         case 'D': case 'E': case 'F':
             return (ch - 'A' + 10);
         case 'a': case 'b': case 'c':
         case 'd': case 'e': case 'f':
             return (ch - 'a' + 10);
         default: return -1;
      }
   }
   public static void Main() {
      int num = 0;
      int value;
      char ch;
      ch = (char) Console.Read();
      if (ch == '0') {
         ch = (char) Console.Read();
         if ((ch == 'X') || (ch == 'x')) {
            ch = (char) Console.Read();
            while ((value = HexValue(ch)) != -1)
                num = 16*num + value;
```

```
            }
            else num = 0;
        } else  do {
                    num = 10*num + (int)(ch - '0');
                    ch = (char) Console.Read();
                } while (char.IsDigit(ch));
        Console.WriteLine(num);
    }
}
```

CHAPTER 04

클래스

C# Programming

contents

04 클래스

C#의 클래스는 C# 프로그램을 구성하는 기본 단위이며 구조를 나타내는 필드와 행위를 나타내는 메소드로 구성되어 있다. 또한 필드처럼 사용하지만 메소드처럼 작동하는 프로퍼티, 언어에서 제공하는 연산자의 의미를 변경할 수 있는 연산자 중복과 인덱서, 객체지향 특성이 반영된 메소드 포인터인 델리게이트와 이벤트와 같은 새로운 종류의 멤버와 클래스처럼 여러 멤버를 가지지만 값형으로 작동하는 구조체를 제공하여 필드와 메소드만으로는 불가능한 고급 프로그래밍이 가능하도록 지원한다. 이 장에서는 클래스와 구조체, 클래스의 멤버인 필드, 메소드, 프로퍼티, 연산자 중복과 인덱서, 델리게이트와 이벤트에 대한 자세한 언어 기능을 살펴볼 것이다.

4.1 클래스와 객체

클래스(class)는 객체의 구조(structure)와 행위(behavior)를 정의하는 방법으로 C# 프로그래밍의 기본 단위이다. 즉, 하나의 C# 프로그램은 하나 이상의 클래스로 구성된다. 또한, 클래스는 객체지향 언어의 특성 중에 하나이며 이것은 프로그램의 유연성(flexibility), 이식성(portability) 및 재사용성(reusability)을 높인다. 특히, C# 언어에서는 기본 자료형과 표준 입출력 그리고 다른 유틸리티 메소드 등을 클래스 라이브러리로 제공함으로써 응용 프로그램 작성 시에 재사용성 및 이식성을 증가시키고 있다.

실세계의 모든 객체는 어떤 유형을 가지고 있으므로 각 객체는 같은 유형을 갖는 객체들로 분류할 수 있다. 이때 각 객체가 어떤 유형에 속하는지를 객체지향 언어에서는 객체 자료형(object type) 또는 객체 클래스(object class)라 부른다. 실세계의 모든 객체는 이러한 클래스를 통해서 생성되며 임의의 클래스에 속하는 각각의 객체를 클래스에 대한 인스턴스(instance)라고 말한다. 또한, 실세계의 모든 객체는 클래스를 통해서 정의되므로 클래스는 객체를 정의하는 템플릿(template)이라고도 부른다.

4.1.1 클래스의 선언

프로그래밍 언어론적인 측면에서 클래스란 하나의 사용자 정의 자료형(user-defined data type)으로 생각할 수 있다. 이와 같은 관점에서 객체란 클래스의 인스턴스로 변수와 같은 역할을 한다. 따라서 객체를 선언하기 위해서는 먼저 해당하는 클래스를 정의해야 한다.

클래스의 구조는 크게 객체의 속성을 나타내는 필드 부분과 객체의 행위를 정의하는 메소드 부분으로 이루어진다. C#에서는 이외에 상수와 프로퍼티, 인덱서, 연산자 중복, 이벤트, 클래스형이나 델리게이트형과 같은 자료형이 클래스 안에 포함될 수 있다. 이와 같은 구성 요소를 합쳐서 클래스 멤버(class member)라고 부르며 크게 필드 계통과 메소드 계통으로 구분할 수 있다.

C# 프로그램은 하나 이상의 클래스로 구성되기 때문에 C# 프로그램을 작성하기 위해서는 먼저 클래스를 만들어야 한다. 클래스를 정의하는 기본적인 형태는 다음과 같다.

```
[class-modifiers] class ClassName {
    // member declarations
}
```

처음에 클래스 수정자(modifier)가 선택적으로 나올 수 있으며, 다음에 지정어 `class`가 나온다. 클래스 이름은 일반적으로 첫 문자를 대문자로 쓰는 것이 관례이다. 클래스 이름 다음에 `{`와 `}`는 클래스의 범위를 표시하며 그 사이에 멤버들이 선언된다. 클래스의 멤버는 필드와 메소드, 프로퍼티와 인덱서, 연산자 중복, 이벤트 등 다양한 구성 요소가 될 수 있다.

실제로 클래스를 정의하기 위해서는 속성과 그에 따른 행위를 결정해야 한다. 다음은 클래스 정의에 대한 간단한 예이다.

```
class Fraction {                      // 분수 클래스
    int numerator;                    // 분자 필드
    int denominator;                  // 분모 필드
    public Fraction Add(Fraction f) { /* ... */ }                    // 덧셈 메소드
    public static Fraction operator+(Fraction f1, Fraction f2)       // 덧셈 연산자
    { /* ... */ }
    public void PrintFraction() { /* ... */ }                        // 출력 메소드
}
```

Fraction은 분수를 위한 클래스형이며 분자와 분모를 나타내기 위한 두 개의 필드를 갖고 있고 분수 연산과 출력을 위한 3개의 메소드 계통의 멤버를 갖고 있다.

수정자란 부가적인 속성을 명시하는 방법이며 클래스 수정자에는 public, internal, abstract, static, sealed, partial 등이 있다. 그리고 클래스 내에 정의되는 중첩 클래스일 때는 다음 소절에서 설명하는 접근 수정자나 new가 올 수 있다.

클래스를 public으로 선언하면, 다른 프로그램에서도 사용할 수 있지만 internal로 선언한 경우에는 같은 프로그램에서만 사용할 수 있다. 클래스 수정자가 생략된 경우는 internal로 선언한 것과 동일하다.

클래스가 static으로 선언되면, 정적 클래스(static class)라 부르며 모든 멤버가 정적 멤버가 된다. 이것은 객체 단위로 존재하는 것이 아니라 클래스 단위로 존재하게 된다. 그리고 abstract, sealed 수정자는 파생 클래스(5장)에서 자세히 설명할 것이다.

클래스가 partial으로 선언되면, 부분 클래스라고 부르며 여러 파일에 나누어서 같은 이름의 클래스를 정의할 수 있다.

C#에서 클래스란 한마디로 필드 계통의 멤버와 메소드 계통의 멤버로 구성된 프로그래밍 단위이다. 이러한 클래스를 이용하여 실세계의 객체들을 모델링하는 작업을 "클래스를 설계한다(class design)."라고 말한다. C# 프로그래밍에서 클래스 설계는 매우 중요하다.

4.1.2 객체의 생성

일단 클래스가 정의되면, 그 클래스로부터 객체를 선언할 수 있다. 객체를 선언하는 방법은 클래스 이름을 쓰고 그에 해당하는 객체들을 나열하는 것이다. 예를 들어, Fraction 클래스를 이용하여 객체를 선언하는 방법은 다음과 같다.

```
Fraction f1, f2;
```

일반적인 프로그래밍 언어에서 마치 변수를 선언하는 것과 같은 방법이다. 클래스 이름이 자료형에 해당하고 그에 따른 변수들을 선언하는 형태를 갖는다. 그래서 클래스 이름을 클래스형(class type)이라고도 부른다.

클래스형을 이용하여 객체를 선언한 것은 객체를 참조(reference)하는 변수를 선언한 것이다. 즉, 객체를 가리키는 참조만 있을 뿐이지 객체가 생성된 것은 아니다.

객체를 생성하는 방법은 new 연산자와 함께 생성자(constructor)를 명시하는 형태로 기술한다. 예를 들어, Fraction 클래스에 해당하는 객체를 생성하고 객체 참조 f1에 배정하는 방법은 다음과 같다.

```
f1 = new Fraction();
```

또한, 객체 참조의 선언과 함께 객체를 생성할 수도 있다. 예를 들어,

```
Fraction f1;
f1 = new Fraction();
```

과 같이 따로 선언되고 생성된 경우,

```
Fraction f1 = new Fraction();
```

과 같이 선언과 동시에 그에 해당하는 객체를 생성할 수 있다.

클래스의 생성자란 객체를 생성할 때 객체의 초기화를 위해 자동으로 호출되는 루틴으로 클래스 이름과 동일한 이름을 갖는 메소드이며 객체 생성 시에 필요한 초기 값을 매개변수로 가질 수 있다.

객체의 멤버를 참조하는 방법은 다음과 같이 객체 이름과 멤버 사이에 멤버 접근 연산자인 점 연산자(dot operator)를 사용한다.

```
objectName.MemberName   // 멤버의 참조 형태
```

예를 들어, f1.numerator 또는 f1.Add(f2)의 형태로 참조한다. 하지만, 연산자 중복인 경우에는 직접 수식에서 사용한다. 연산자 중복에 관한 자세한 설명은 4.8절을 참고하기 바란다.

[예제 4-1]은 분수를 다루는 클래스인 Fraction을 부분적으로 구현한 예제 프로그램이다. 하나의 클래스를 정의하는 전형적인 예로 필드와 생성자 그리고 메소드를 갖고 있다.

예제 4-1 FractionApp.cs

```
using System;
class Fraction {
   int numerator;                                  // 분자 필드
   int denominator;                                // 분모 필드
   public Fraction(int num, int denom) {           // 생성자
      numerator = num;
      denominator = denom;
   }
   public void PrintFraction() {                   // 출력 메소드
      Console.WriteLine(numerator + "/" + denominator);
   }
}
class FractionApp {
   public static void Main() {
      Fraction f = new Fraction(1, 2);
      f.PrintFraction();
   }
}
```

실행 결과

```
1/2
```

4.2 필드

클래스의 형태에서 객체의 구조를 기술하는 자료 부분은 변수들의 선언으로 구성되며 각각을 클래스의 필드라 부른다. 필드의 선언은 변수의 선언과 동일한 형태로서 변수의 자료형을 나타내는 부분과 변수의 이름을 나열하는 부분으로 다음과 같이 구성된다. 필드의 이름은 소문자로 시작하는 것이 관례이다.

```
[field-modifiers] DataType fieldNames;
```

먼저, 필드 수정자가 선택적으로 나올 수 있으며 자료형과 그에 해당하는 필드들이 나온다. 수정자란 변수의 부가적인 속성을 나타내며, 필드 수정자에는 접근 수정자인 public, protected, internal, private와 new, static, readonly, volatile 등이 있다.

```
int anInteger, anotherInteger;
public string usage;
static long idNum = 0;
public static readonly double earthWeight = 5.97e24;
```

접근 수정자(access modifier)란 다른 클래스에서 필드의 접근 허용 정도를 나타내는 속성으로 다른 클래스로부터 접근 허용을 제어할 수 있다. 접근 수정자의 종류에는 private와 protected, internal, protected internal(또는 internal protected), public 등 5가지가 있다. [표 4-1]은 각 접근 수정자에 따른 접근 수준을 보여주고 있다.

표 4-1 접근 수정자

접근 수정자	같은 클래스	파생 클래스	네임스페이스	모든 클래스
private	○	×	×	×
protected	○	○	×	×
internal	○	×	○	×
protected internal	○	○	○	×
public	○	○	○	○

```
private int privateField;           // private
int noAccessModifier;               // private
protected int protectedField;       // protected
internal int internalField;         // internal
protected internal int piField;     // protected internal
public int publicField;             // public
```

접근 수정자가 생략된 경우는 private로 선언한 것과 동일하며 private로 선언된 필드는 단지 정의된 클래스 내에서만 필드 접근이 허용된다. 따라서 다른 클래스에서는 전혀 참조가 불가능하기 때문에 필드에 저장된 값을 외부에서 변경하는 경우를 방지할 수 있다. 다음은 private를 이용하여 필드를 정의한 예이다.

```
class PrivateAccess {
   private int iamPrivate;
   int iamAlsoPrivate;
   // ...
}
```

PrivateAccess 클래스에서 선언된 필드 iamPrivate는 동일 클래스 내에서만 접근이 허용되므로 다음과 같이 다른 클래스에서 참조할 수 없다.

```
class AnotherClass {
   void AccessMethod() {
      PrivateAccess pa = new PrivateAccess();
      pa.iamPrivate = 10;            // 에러
      pa.iamAlsoPrivate = 10;        // 에러
   }
}
```

public으로 선언된 필드는 모든 클래스 및 네임스페이스에서 자유롭게 접근하여 이용할 수 있다. 따라서 클래스 외부에서 iamPublic 필드를 참조할 수 있다.

```
class PublicAccess {
   public int iamPublic;
      // ...
}
class AnotherClass {
   void AccessMethod() {
      PublicAccess pa = new PublicAccess();
      pa.iamPublic = 10;             // OK
   }
}
```

internal로 선언된 필드는 같은 네임스페이스 내에서 자유롭게 접근할 수 있다. 즉, 동일

네임스페이스 내에 존재하는 모든 클래스에서 필드를 자유롭게 참조할 수 있도록 허용하고 있다. 네임스페이스에 대한 자세한 내용은 5.3절을 참고하기 바란다.

`protected`로 선언된 필드는 파생 클래스에서만 참조가 가능하며 `protected internal`(또는 `internal protected`)은 파생 클래스와 동일 네임스페이스 내에서도 자유롭게 접근할 수 있다. `protected` 접근 수정자에 대한 자세한 설명은 5.1절을 참고하기 바란다.

`static` 수정자를 사용하여 선언한 필드를 정적 필드(static field)라 부른다. 정적 필드는 클래스 단위로 존재하며 생성된 객체가 없는 경우에도 존재하는 멤버이다. 이것은 각 객체마다 가지는 인스턴스 필드(instance field)와는 의미가 다르다. 인스턴스 필드는 지정어 `static`이 없이 선언한 필드를 말하며 생성된 객체를 통하여 참조한다.

정적 필드를 참조하는 방법은 꼭 클래스 이름을 통해서만 가능하며 객체를 통해서는 참조할 수 없다.

```
ClassName.staticField                // 정적 필드의 참조 형태
```

예제 4-2 StaticVsInstanceApp.cs

```
using System;
public class StaticVsInstanceApp {
    int instanceVariable;
    static int staticVariable;
    public static void Main() {
        StaticVsInstanceApp obj = new StaticVsInstanceApp();
        obj.instanceVariable = 10;                       // ok
        //StaticVsInstanceApp.instanceVariable = 10;   // error
        StaticVsInstanceApp.staticVariable = 20;         // ok
        //obj.staticVariable = 20;                       // error
        Console.WriteLine("instance variable={0}, static variable={1}",
            obj.instanceVariable, StaticVsInstanceApp.staticVariable);
    }
}
```

실행 결과

```
instance variable=10, static variable=20
```

readonly 수정자가 선언된 필드를 읽기전용 필드라 부르며 값이 변할 수 없는 속성을 갖는다. 즉, 읽기전용 필드는 실행 중에 값을 변경할 수 없다. 또한, 상수 멤버(constant member)란 컴파일 시간에 값이 결정될 수 있는 클래스 멤버로 필드와는 구별된다. 상수 멤버의 선언은 다음과 같은 구조를 갖는다.

```
[const-modifiers] const DataType constNames;
```

먼저, 상수 수정자가 선택적으로 나오고 지정어 const가 온다. 그리고 C#에서 지원하는 자료형과 함께 초기 상수값을 갖는 상수 이름들이 나온다. 상수 수정자의 종류에는 접근 수정자와 new가 있으며 그들은 일반적인 멤버와 의미가 같다. 다음은 상수 멤버 선언의 예이다.

```
const int MIN = 0;
const int MAX = MIN + 100;
public const double PHI = 3.14159265358979323846;
protected const double EARTH_WEIGHT = 5.97e24;
```

상수 멤버와 읽기전용 필드는 선언 후 값을 변경하지 못하는 공통점이 있지만, 상수 멤버는 컴파일시에 값이 결정되고, 읽기전용 필드는 실행 중에 값이 결정되는 차이점이 있다. 따라서 읽기전용 필드는 상수 멤버로 선언할 수 없는 형이거나 컴파일 시간에 값을 결정할 수 없을 때 사용된다.

예제 4-3 ConstVsReadOnlyApp.cs

```
using System;
public class Color {
    public const int FULL = 0xFF;              // constant member
    public const int EMPTY = 0x00;             // constant member
    private byte red, green, blue;
      // readonly fields
    public static readonly Color Red = new Color(FULL,EMPTY,EMPTY);
    public static readonly Color Green = new Color(EMPTY,FULL,EMPTY);
    public static readonly Color Blue = new Color(EMPTY,EMPTY,FULL);
    public Color(byte r, byte g, byte b) {     // constructor
```

```
        red = r;
        green = g;
        blue = b;
    }
    public static void PrintColor(Color c) { // method
        Console.WriteLine("red value={0}, green value={1}, blue value={2}",
                     c.red, c.green, c.blue);
    }
}
class ConstVsReadOnlyApp {
    public static void Main() {
        Console.WriteLine("FULL = " + Color.FULL);
        Color.PrintColor(Color.Red);
    }
}
```

실행 결과

```
FULL = 255
red value=255, green value=0, blue value=0
```

volatile 수정자는 필드에 대한 최적화 때문에 발생할 수 있는 부작용(side effect)을 막기 위해서 사용된다. 그리고 readonly 수정자와 volatile 수정자는 함께 사용될 수 없다.

new 수정자는 상속 계층에서 상위 클래스에서 선언된 멤버를 하위 클래스에서 새롭게 재정의하기 위해 사용된다.

4.3 메소드

메소드란 객체의 행위를 기술하는 방법으로 객체의 상태를 검색하고 변경하는 작업, 그리고 특정한 행동을 처리하는 프로그램 코드를 포함하고 있는 함수의 형태를 말한다. 객체는 메소드 호출을 통하여 객체에 대한 작업을 수행할 수 있다.

4.3.1 메소드의 선언

메소드는 표준 C 언어의 함수 형태와 유사한 방법으로 선언한다. 기본적인 메소드의 선언 형식은 다음과 같다.

```
[method-modifiers] returnType MethodName(parameterList) {
    // method body
}
```

먼저, 메소드 수정자가 선택적으로 나올 수 있으며 다음에 반환형(return type)과 함께 메소드 이름이 나온다. 메소드 이름은 클래스 이름과 마찬가지로 첫 글자를 대문자로 쓰는 것이 관례이다. 또한, 메소드의 매개변수가 존재하면 () 안에 기술한다. 그 다음에, 메소드가 실질적으로 수행하는 작업을 {와 } 사이에 기술한다. 메소드의 반환형은 함수의 반환형과 같은 개념으로 반환값이 없는 경우에는 void 형이 된다. 다음은 메소드 선언 예이다.

```
class MethodExample {
    int SimpleMethod() {
        // ...
    }
    public void EmptyMethod() { }
}
```

메소드 수정자에는 접근 수정자와 new, static, virtual, sealed, override, abstract, extern 등이 있다. 메소드의 접근 수정자는 다른 클래스에서 메소드의 접근 허용 정도를 나타내는 속성으로 필드의 접근 수정자와 의미가 모두 같다.

메소드가 static으로 선언되면 정적 메소드(static method)라 부르며 전역 함수(global function)와 같은 역할을 한다. 정적 메소드는 해당 클래스의 정적 필드 혹은 다른 정적 메소드만 참조할 수 있다. 정적 메소드는 정적 필드와 같이 객체 이름이 아닌 클래스 이름으로만 참조할 수 있다. 이런 의미에서 정적 메소드는 각 객체마다 가지는 인스턴스 메소드와 구별된다.

```
ClassName.MethodName();    // 정적 메소드 호출 형태
```

메소드가 abstract나 extern으로 선언되었다면, 메소드 몸체 대신에 세미콜론(;)이 나온다. 즉, 메소드가 하위 클래스나 외부에서 정의된다는 의미이다. 그 이외에 메소드 수정자 new와 virtual, override, sealed, abstract는 5.1절 파생 클래스를 참고하기 바란다.

4.3.2 매개변수

메소드를 정의할 때 사용하는 매개변수를 형식 매개변수(formal parameter)라 부르고 호출할 때 사용하는 매개변수를 실 매개변수(actual parameter)라 부른다. 메소드 호출 시에 실 매개변수가 형식 매개변수로 전달되는데 이것을 매개변수 전달(parameter transmission)이라 한다. 즉, 형식 매개변수가 실 매개변수로 대치되는 작업이다.

메소드 정의 시에 형식 매개변수를 선언하는 형태는 변수를 선언하는 형태와 같다. 매개변수들은 콤마(,)로 구분하여 기술하며 또한 각각의 매개변수에 대한 자료형을 명시해 주어야 한다. 매개변수의 자료형으로는 기본형과 참조형 모두를 사용할 수 있다.

```
void ParameterPass(int i, Fraction f) {
   // ...
}
```

메소드의 매개변수는 메소드 내에서만 참조될 수 있는 지역 변수로 간주되며 비록 클래스 내부에 선언된 필드와 이름이 일치하더라도 서로 사용 범위가 다르기 때문에 괜찮다.

```
class Fraction {
   int numerator, denominator;                              // 필드
   public Fraction(int numerator, int denominator) {        // 매개변수
      // ...
   }
}
```

클래스 Fraction에서 필드로 선언된 변수와 매개변수로 사용된 numerator와 denominator는 비록 이름과 자료형이 일치하더라도 필드는 클래스 전체에서 참조할 수 있지만 매개변수는 참조 범위가 메소드 내로 제한된다. 하지만 메소드 내에서 클래스 필드와 매개변수를 구별하기 위하여 클래스 필드는 자신의 객체를 가리키는 지정어 this를 사용해야 한다.

```
class Fraction {
   int numerator, denominator;
   public Fraction(int numerator, int denominator) {
      this.numerator = numerator;
      this.denominator = denominator;
   }
}
```

위의 예제 코드는 필드로 선언된 numerator와 denominator에 값을 할당하기 위해 지정어 this를 사용하고 있다. 이와 같이 지정어 this는 객체 참조로서 메소드를 호출하는 자기 자신의 객체를 가리킨다. 따라서 메소드 안에서 사용되는 모든 필드와 메소드 이름 앞에는 내부적으로 this가 붙어있는 것이다.

4.3.3 매개변수 전달

매개변수 전달이란 메소드 호출 시에 실 매개변수가 형식 매개변수로 전달되는 것을 의미하며 전달된 실 매개변수가 호출된 메소드 내에서 사용된다. C#에서의 매개변수 전달 방법으로는 값 호출(call by value)과 참조 호출(call by reference)이 있다.

값 호출의 경우는 실 매개변수의 값이 형식 매개변수로 전달된다. 따라서 호출된 메소드 내에서 매개변수의 값을 변경해도 변경된 값이 매개변수를 통하여 다시 호출한 곳으로 넘겨질 수는 없다. 다음은 이러한 예를 잘 보여준다.

예제 4-4 CallByValueApp.cs

```
using System;
class CallByValueApp {
   static void Swap(int x, int y) {
      int temp;
      temp = x; x = y; y = temp;
      Console.WriteLine("  Swap: x = {0}, y = {1}", x, y);
   }
   public static void Main() {
      int x = 1, y = 2;
      Console.WriteLine("Before: x = {0}, y = {1}", x, y);
```

```
        Swap(x, y);
        Console.WriteLine(" After: x = {0}, y = {1}", x, y);
    }
}
```

실행 결과

```
Before: x = 1, y = 2
  Swap: x = 2, y = 1
 After: x = 1, y = 2
```

참조 호출은 주소 호출(call by address)이라고도 부르며 실 매개변수의 주소가 형식 매개변수로 전달된다. 따라서 호출된 메소드 내에서 매개변수의 값을 바꾸면 바로 호출한 곳에 있는 변수의 값이 변경되는 것이다. C#에서, 참조 호출을 이루는 방법에는 2가지가 있다. 첫 번째는 매개변수 수정자를 이용하는 방법이고 두 번째는 객체 참조를 매개변수로 사용하는 방법이다.

매개변수 수정자에는 `ref`와 `out`이 있다. 매개변수를 `ref`로 지정하면 주소가 전달되어 변경된 값을 유지할 수 있다. 또한 `out`로 명시하면 호출된 메소드에서 계산된 결과 값을 받을 수 있다. `ref`와 `out`의 차이점은 `ref`는 메소드로 매개변수가 전달될 때 반드시 초기화되어야 하지만 `out`의 경우는 초기화하지 않아도 컴파일러 오류가 발생하지 않는 점이다. 이런 차이점을 제외하면 `ref`와 `out`은 동일하다. [예제 4-5]는 `ref`를 사용하여 참조 호출을 이루는 방법을 보여주고 있다.

예제 4-5 CallByReferenceApp.cs

```
using System;
class CallByReferenceApp {
    static void Swap(ref int x, ref int y) {
        int temp;
        temp = x; x = y; y = temp;
        Console.WriteLine("  Swap: x = {0}, y = {1}", x, y);
    }
    public static void Main() {
```

```
    int x = 1, y = 2;
    Console.WriteLine("Before: x = {0}, y = {1}", x, y);
    Swap(ref x, ref y);
    Console.WriteLine(" After: x = {0}, y = {1}", x, y);
  }
}
```

실행 결과

```
Before: x = 1, y = 2
  Swap: x = 2, y = 1
 After: x = 2, y = 1
```

형식 매개변수와 실 매개변수 앞에 지정어 **ref**를 붙이면 참조 호출로 간주되어 주소가 전달된다. 따라서 호출된 메소드에서 바뀐 값이 호출한 메소드에서도 그대로 유지되는 것이다.

다음으로, 매개변수를 통하여 메소드 내에서 변경된 값을 받는 2번째 방법은 객체 참조를 매개변수로 사용하는 방법이다. [예제 4-6]은 객체 참조를 이용하여 메소드에서 변경된 값을 매개변수를 통하여 전달받는 과정을 보여주고 있다.

예제 4-6 CallByObjectReferenceApp.cs

```
using System;
class Integer {
  public int i;
  public Integer(int i) {
    this.i = i;
  }
}
class CallByObjectReferenceApp {
  static void Swap(Integer x, Integer y) {
    int temp = x.i; x.i = y.i; y.i = temp;
    Console.WriteLine("  Swap: x = {0}, y = {1}",x.i,y.i);
  }
```

```
    public static void Main() {
        Integer x = new Integer(1);
        Integer y = new Integer(2);
        Console.WriteLine("Before: x = {0}, y = {1}",x.i,y.i);
        Swap(x, y);
        Console.WriteLine(" After: x = {0}, y = {1}",x.i,y.i);
    }
}
```

실행 결과

```
Before: x = 1, y = 2
  Swap: x = 2, y = 1
 After: x = 2, y = 1
```

4.3.4 매개변수 배열

형식 매개변수와 실 매개변수의 형과 개수는 항상 일치해야 하지만 어떤 특별한 경우에는 실 매개변수의 개수가 상황에 따라 가변적인 경우가 발생한다. 이런 경우 메소드를 정의할 때 형식 매개변수를 결정할 수 없는데 C#에서는 매개변수 배열(parameter array)을 통해서 처리할 수 있다.

매개변수 배열을 정의하는 방법은 매개변수 리스트에 지정어 params과 함께 배열형을 명시하는 것이다.

```
void ParameterArray1(params int[] args)  { /* ... */ }
void ParameterArray2(params object[] obj) { /* ... */ }
```

이와 같이 정의된 ParameterArray1() 메소드는 다음과 같이 다양한 형태로 호출할 수 있다.

```
ParameterArray1();
ParameterArray1(1);
ParameterArray1(1, 2, 3);
ParameterArray1(new int[] {1, 2, 3, 4});
```

예제 4-7 ParameterArrayApp.cs

```
using System;
class ParameterArrayApp {
   static void ParameterArray(params object[] obj) {
      for (int i = 0; i < obj.Length; i++)
         Console.WriteLine(obj[i]);
   }
   public static void Main() {
      ParameterArray(123, "Hello", true, 'A');
   }
}
```

실행 결과

```
123
Hello
True
A
```

4.3.5 Main() 메소드

C# 콘솔 애플리케이션은 프로그램의 시작점을 지정하기 위한 Main() 메소드가 반드시 있어야 한다. Main() 메소드의 반환형은 항상 void이며 public과 static의 속성을 갖는다.

```
public static void Main(string[] args) {
   // ...
}
```

Main() 메소드는 스트링 배열을 매개변수로 가질 수 있다. 이 매개변수는 시스템에 의해 명령어 라인에 입력한 내용을 프로그램에서 받기 위해서 사용된다. 따라서 프로그래머는 명령어 라인을 이용하여 Main() 메소드에 매개변수를 전달할 수 있다. 다음은 명령어 라인에서 전달받은 스트링을 그대로 출력하는 프로그램이다.

예제 4-8 CommandLineArgsApp.cs

```
using System;
class CommandLineArgsApp {
   public static void Main(string[] args) {
      for (int i = 0; i < args.Length; ++i)
         Console.WriteLine("Argument[{0}] = {1}", i, args[i]);
   }
}
```

실행 방법

```
C:\> CommandLineArgsApp 12 Medusa 5.26
```

실행 결과

```
Argument[0] = 12
Argument[1] = Medusa
Argument[2] = 5.26
```

[예제 4-8]에서 알 수 있듯이 명령어 라인에서 구분자는 공백(blank) 문자이다.

4.3.6 메소드 중복

모든 메소드는 시그네처(signature)를 가지고 있다. 시그네처란 메소드를 구별하는데 쓰이는 정보로 메소드의 이름, 매개변수의 개수, 그리고 매개변수의 자료형을 의미한다. 메소드를 정의할 때, 매개변수의 개수와 형이 서로 다르면 비록 이름이 같더라도 다른 메소드로 취급된다. 이와 같이 메소드 이름은 같은데 매개변수의 개수와 형이 다른 경우를 메소드가 중복(overloading) 되었다고 말한다. 예를 들어, 다음과 같은 경우를 살펴보자.

```
void SameNameMethod(int i) { /* ... */ }             // 첫 번째 형태
void SameNameMethod(int i, int j) { /* ... */ }      // 두 번째 형태
```

위 두 메소드는 매개변수의 개수가 다르기 때문에 다른 메소드로 취급된다. 메소드 호출 시에 실 매개변수의 개수를 이용하여 어느 메소드를 호출할 것인가를 구별할 수 있기 때문이다. 메소드가 중복되는 경우, 호출 시에 메소드의 구별은 컴파일러에 의해 행해진다.

즉, 하나의 실 매개변수로 SameNameMethod()를 호출하면 첫 번째 메소드가 불려지고 실 매개변수가 두 개인 경우에는 두 번째 메소드가 불려진다.

또한 메소드 중복에서, 매개변수의 개수가 같고 매개변수의 형이 다른 경우에는 컴파일러가 해당하는 메소드를 다음과 같이 찾아낸다. 먼저, 똑같은 매개변수 형을 가진 메소드가 있으면 그 메소드를 선택하고 그렇지 않으면 기본적인 형 변환에 의해 실 매개변수의 자료형을 형식 매개변수의 자료형으로 바꿀 수 있는 메소드를 선택한다. [예제 4-9]는 메소드 중복과 호출에 따른 메소드 선택의 방법을 잘 보여준다.

예제 4-9 MethodOverloadingApp.cs

```
using System;
class MethodOverloadingApp {
   void SomeThing() {
      Console.WriteLine("SomeThing() is called.");
   }
   void SomeThing(int i) {
      Console.WriteLine("SomeThing(int) is called.");
   }
   void SomeThing(int i, int j) {
      Console.WriteLine("SomeThing(int,int) is called.");
   }
   void SomeThing(double d) {
      Console.WriteLine("SomeThing(double) is called.");
   }
   public static void Main() {
      MethodOverloadingApp obj = new MethodOverloadingApp();
      obj.SomeThing();
      obj.SomeThing(526);
      obj.SomeThing(54, 526);
      obj.SomeThing(5.26);
   }
}
```

실행 결과

```
SomeThing() is called.
SomeThing(int) is called.
SomeThing(int,int) is called.
SomeThing(double) is called.
```

4.3.7 생성자

클래스 이름과 동일한 이름을 갖는 메소드를 생성자(constructor)라 부르며 객체가 생성될 때 자동으로 호출된다. 생성자의 이름은 항상 클래스 이름과 같으며 반환형을 명시하지 않는다. 다음은 분수의 초기 값을 배정하는 생성자의 예이다.

```
class Fraction {
   // ....
   public Fraction(int a, int b) {            // 생성자
      numerator = a;
      denominator = b;
   }
}
// ...
Fraction f = new Fraction(1, 2);
```

생성자는 new 연산자에 의해 객체가 생성될 때 호출되며 주로 객체를 초기화하는 작업에 사용된다. C#에서 모든 객체는 동적 기억장소인 힙(heap)에 저장된다.

생성자도 메소드 중복에 의해 여러 개가 있을 수 있다. [예제 4-10]은 분수 클래스에 대한 생성자를 매개변수 개수에 따라 그 의미에 맞도록 중복한 예를 보여준다.

예제 4-10 OverloadedConstructorApp.cs

```
using System;
class Fraction {
   int numerator;                        // 분자 필드
   int denominator;                      // 분모 필드
   public Fraction() {                   // 디폴트 생성자
```

```
        numerator = 0;
        denominator = 1;
    }
    public Fraction(int n) {                    // 생성자
        numerator = n;
        denominator = 1;
    }
    public Fraction(int n, int d) {             // 생성자
        numerator = n;
        denominator = d;
    }
    override public String ToString() {
        return (numerator + "/" + denominator);
    }
}
class OverloadedConstructorApp {
    public static void Main() {
        Fraction f1 = new Fraction(), f2 = new Fraction(2),
                f3 = new Fraction(1,2);
        Console.WriteLine("f1 = {0}, f2 = {1}, f3 = {2}",
                      f1, f2, f3);
    }
}
```

실행 결과

```
f1 = 0/1, f2 = 2/1, f3 = 1/2
```

정적 생성자(static constructor)란 지정어 **static**으로 선언된 생성자를 의미하며 주로 클래스의 정적 필드를 초기화하는데 사용된다. 정적 필드를 초기화하는 방법은 선언과 동시에 초기값을 주는 방법과 정적 생성자를 이용하는 방법이 있다.

정적 생성자는 매개변수와 접근 수정자를 가질 수 없으며 명시적으로 호출할 수도 없다. 이와 같은 이유는 정적 생성자가 클래스 로딩 시간에 실행되기 때문이다.

예제 4-11 StaticConstructorApp.cs

```
using System;
class StaticConstructor {
   static int staticWithInitializer = 100;
   static int staticWithNoInitializer;
   StaticConstructor() {    // 매개변수와 접근 수정자를 가질 수 없다.
      staticWithNoInitializer = staticWithInitializer + 100;
   }
   public static void PrintStaticVariable() {
      Console.WriteLine("field 1 = {0}, field 2 = {1}",
      staticWithInitializer, staticWithNoInitializer);
   }
}
class StaticConstructorApp {
   public static void Main() {
      StaticConstructor.PrintStaticVariable();
   }
}
```

실행 결과

```
field 1 = 100, field 2 = 200  -> field 1 = 100, field 2 = 0
```

4.3.8 소멸자

소멸자(destructor)란 클래스의 객체가 소멸될 때 필요한 행위를 기술하는 메소드로서 컴파일러에 의해 자동으로 불리어진다. 소멸자의 이름은 생성자의 이름과 같으나 앞에 ~(tilde)가 붙으며, 매개변수를 가질 수 없다.

예제 4-12 DestructorApp.cs

```
using System;
class Destructor {
   public Destructor() {                          // 생성자
       Console.WriteLine("In the constructor ...");
```

```
    }
    ~Destructor() {                          // 소멸자
        Console.WriteLine("In the destructor ...");
    }
}
class DestructorApp {
    public static void Main() {
        Console.WriteLine("Start of Main");
        Destructor d = new Destructor();
        Console.WriteLine("End of Main");
    }
}
```

실행 결과

```
Start of Main
In the constructor ...
End of Main
In the destructor ...
```

프로그래머가 소멸자를 작성하면, 컴파일러가 내부적으로 Finalize() 메소드로 변환해서 컴파일한다. 예를 들어 [예제 4-12]에서, 소멸자 ~Destructor()는 다음과 같은 형태로 변환된다.

```
override protected void Finalize() {
    try {
        Console.WriteLine("In the destructor ...");
    } finally {
        base.Finalize();
    }
}
```

하지만, 프로그래머가 직접 Finalize() 메소드를 재정의할 수 없으며 반드시 소멸자를 통해서만 가능하다. Finalize() 메소드는 객체가 더 이상 참조되지 않을 때 GC(Garbage Collector)에 의해 호출된다.

CLR에서 관리되지 않은 자원(resource)을 직접 해제할 때는 Dispose() 메소드를 사용하는 것이 바람직하다. Dispose()는 Finalize()와 다르게 자원이 스코프를 벗어나면 즉시 시스템에 의해 호출된다.

예제 4-13 DisposeApp.cs

```
using System;
class DisposeClass : IDisposable {
   // ...
   public void Dispose() {
       Console.WriteLine("In the Dispose ...");
       GC.SuppressFinalize(this);
   }
}
class DisposeApp {
   public static void Main() {
      Console.WriteLine("Start of Main");
      using (DisposeClass obj = new DisposeClass()) {
         // ...
      }
      Console.WriteLine("End of Main");
   }
}
```

실행 결과

```
Start of Main
In the Dispose ...
End of Main
```

using 문은 자원을 획득하여 사용한 후 즉시 해제하고자할 때 사용하는 문장이다. 여기서 자원의 의미는 클래스나 구조체를 말하며 System.IDisposable 인터페이스를 구현한 Dispose() 메소드를 반드시 갖고 있어야 한다.

4.4 프로퍼티

프로퍼티란 클래스의 private 필드를 형식적으로 다루는 일종의 메소드로 간주할 수 있다. 즉, 클래스의 private 필드는 정보 은닉(information hiding)을 위해 다른 클래스에서는 임의로 접근이 허용되지 않지만 대응되는 프로퍼티를 통하여 다른 클래스에서 형식적으로 접근할 수 있는 방법을 제공하는 것이다. 프로퍼티는 다음과 같은 형태로 정의한다.

```
[property-modifiers] returnType PropertyName {
   get {
      // get-accessor body
   }
   set {
      // set-accessor body
   }
}
```

프로퍼티 이름은 대문자로 시작하는 것이 바람직하다. 통상적으로, 대응되는 private 필드의 이름에서 소문자로 되어있는 첫 글자만 대문자로 바꾼 이름을 사용한다. 그리고 값을 지정하는 셋-접근자(set-accessor)와 값을 참조하는 겟-접근자(get-accessor)로 구성된다.

프로퍼티는 마치 필드처럼 참조할 수 있으며 배정문의 왼쪽에서 사용되면 셋-접근자가 호출되고 배정문의 오른쪽에서 사용되면 겟-접근자가 호출된다. 한마디로, 프로퍼티란 의미는 메소드이지만 필드처럼 사용되는 클래스 멤버이다. [예제 4-14]는 분수 클래스 내에서 프로퍼티를 사용한 예제이다.

예제 4-14 PropertyApp.cs

```
using System;
class Fraction {
   private int numerator;
   private int denominator;
   public int Numerator {
```

```
        get { return numerator; }
        set { numerator = value; }
    }
    public int Denominator {
        get { return denominator; }
        set { denominator = value; }
    }
    override public string ToString() {
        return (numerator + "/" + denominator);
    }
}
class PropertyApp {
    public static void Main() {
        Fraction f = new Fraction(); int i;
        f.Numerator = 1;      // invoke set-accessor in Numerator
        i = f.Numerator+1;    // invoke get-accessor in Numerator
        f.Denominator = i;    // invoke set-accessor in Denominator
        Console.WriteLine(f.ToString());
    }
}
```

실행 결과

```
1/2
```

셋-접근자에서 사용한 value라는 지정어는 마치 매개변수와 같은 역할을 하며 배정 연산의 우측식이 연산된 결과를 전달받게 된다. 예를 들어, [예제 4-14]에서 Numerator의 셋-접근자가 f.Numerator = 1; 문장에 의해 호출됐다면 우측의 값 1이 value에 전달되는 것이다.

프로퍼티의 수정자에는 접근 수정자, new와 static, virtual, sealed, override, abstract, extern이 있으며, 종류와 의미는 모두 메소드 수정자와 같다. 이는 프로퍼티가 메소드와 유사한 기능을 수행하기 때문이다.

프로퍼티 내에서 셋-접근자 없이 겟-접근자만을 정의할 수 있으며 반대로 겟-접근자 없이 셋-접근자만을 정의할 수 있다. 겟-접근자만 가진 프로퍼티는 배정문의 오른쪽에만 올 수 있으며, 셋-접근자만 가지고 있는 프로퍼티는 배정문의 왼쪽에만 올 수 있다. 따라서 셋-접근자 없이 겟-접근자만을 정의한 프로퍼티는 readonly 수정자를 가진 필드와 같은 의미를 갖게 된다.

[예제 4-15]는 겟-접근자만 있는 프로퍼티와 셋-접근자만 있는 프로퍼티를 정의하고 사용하는 예를 보여주고 있다. 만약 겟-접근자만 있는 프로퍼티가 배정 연산의 왼쪽에만 있거나, 셋-접근자만 있는 프로퍼티가 배정 연산의 오른쪽에 있는 경우에는 컴파일 에러가 발생한다.

예제 4-15 RWOnlyPropertyApp.cs

```
using System;
class RWOnlyPropertyApp {
   private int readOnlyField = 100;
   private int writeOnlyField;
   public int ReadOnlyProperty {
      get {
         Console.WriteLine("In the ReadOnlyProperty ...");
         return readOnlyField;
      }
   }
   public int WriteOnlyProperty {
      set {
         Console.WriteLine("In the WriteOnlyProperty ...");
         writeOnlyField = value;
      }
   }
  public static void Main() {
      RWOnlyPropertyApp obj = new RWOnlyPropertyApp();
      obj.WriteOnlyProperty = obj.ReadOnlyProperty;
      Console.WriteLine("value = " + obj.writeOnlyField);
   }
}
```

실행 결과

```
In the ReadOnlyProperty ...
In the WriteOnlyProperty ...
value = 100
```

프로퍼티는 일반적으로 하나의 필드와 짝을 이루어서 사용한다. 그러나 꼭 하나의 필드와 짝을 이루어야 하는 것은 아니며, 어떤 프로퍼티는 관련된 필드 없이도 사용할 수 있다. [예제 4-16]은 대응되는 필드 없이 정의한 프로퍼티의 예를 보여 주고 있다.

예제 4-16 PropertyWithoutFieldApp.cs

```
using System;
class PropertyWithoutFieldApp {
   public string Message {
      get { return Console.ReadLine(); }
      set { Console.WriteLine(value); }
   }
   public static void Main() {
      PropertyWithoutFieldApp obj = new PropertyWithoutFieldApp();
      obj.Message = obj.Message;
   }
}
```

입력 데이터

```
Hello
```

실행 결과

```
Hello
```

또한, 하나의 프로퍼티가 여러 필드를 사용할 수 있는데 [예제 4-17]은 이런 프로그램 예를 보여 준다.

예제 4-17 PropertyWithManyFieldsApp.cs

```
using System;
class PropertyWithManyFieldsApp {
   private string text = "Dept. of Computer Engineering";
   private bool isModified = false;
   public string Text {
```

```
        get { return text; }
        set { text = value; isModified = true; }
    }
    public void PrintStatus() {
        Console.WriteLine("text is \"" + text + "\", and "+
                    (isModified ? "is" : "not") + " modified.");
    }
    public static void Main() {
        PropertyWithManyFieldsApp obj = new PropertyWithManyFieldsApp();
        obj.PrintStatus();
        obj.Text = "Programming Language Lab";
        obj.PrintStatus();
    }
}
```

실행 결과

```
text is "Dept. of Computer Engineering", and not modified.
text is "Programming Language Lab", and is modified.
```

프로퍼티는 의미적으로 메소드와 유사하기 때문에 같은 기능을 수행하는 메소드 정의로 바꿀 수 있다.

```
type PropertyName {
  get { /* get-accessor body */ }
  set { /* set-accessor body */ }
}
```

다음은 앞의 프로퍼티를 동등한 의미를 가지는 메소드로 바꾼 예이다.

```
type GetPropertyName() { /* get-accessor body */ }
void SetPropertyName(type value) { /* set-accessor body */ }
```

4.5 인덱서

인덱서(indexer)란 배열 연산자인 '[]'를 통해서 객체를 다룰 수 있도록 해주는 특별한 형태의 프로퍼티이다. 인덱서를 정의하는 방법은 다음과 같으며 프로퍼티 이름 대신에 지정어 this를 사용하고, '[]' 안에 인덱스로 사용되는 매개 변수를 선언한다.

```
[indexer-modifiers] returnType this[parameterList] {
   set {
      // indexer body
   }
   get {
      // indexer body
   }
}
```

인덱서의 수정자에는 접근 수정자인 public, protected, internal, private와 new, virtual, override, abstract, sealed, extern이 있다. 특히, 수정자 static을 사용할 수 없으며 다른 수정자는 모두 메소드 수정자와 의미가 같다.

예제 4-18 IndexerApp.cs

```
using System;
class Color {
   private string[] color = new string[5];
   public string this[int index] {
      get { return color[index]; }
      set { color[index] = value; }
   }
}
class IndexerApp {
   public static void Main() {
      Color c = new Color();
      c[0] = "WHITE";
      c[1] = "RED";
      c[2] = "YELLOW";
      c[3] = "BLUE";
      c[4] = "BLACK";
      for(int i = 0 ; i < 5 ; i++)
         Console.WriteLine("Color is " + c[i]);
   }
}
```

실행 결과

```
Color is WHITE
Color is RED
Color is YELLOW
Color is BLUE
Color is BLACK
```

인덱서를 사용하면, 자료 구조에서 말하는 객체와 관련이 있는 연관 배열(associative array)을 만들 수 있으며 또한 다차원 배열 형식으로 정의할 수 있다. [예제 4-19]는 배열의 첨자로 서로 다른 자료형을 갖는 다차원 배열 형식으로 인덱서를 정의하고 사용하는 방법을 보여주고 있다.

예제 4-19 StringIndexerApp.cs

```
using System;
class StringIndexer {
   public char this[string str, int index] {
      get { return str[index]; }
   }
   public string this[string str, int index, int len] {
      get { return str.Substring(index, len); }
   }
}
class StringIndexerApp {
   public static void Main() {
      string str = "Hello";
      StringIndexer s = new StringIndexer();
      for (int i = 0; i < str.Length; i++)
      Console.WriteLine("{0}[{1}] = {2}",str,i,s[str,i]);
      Console.WriteLine("Substring of {0} is {1}",str,s[str,2,3]);
   }
}
```

실행 결과

```
Hello[0] = H
Hello[1] = e
Hello[2] = l
Hello[3] = l
Hello[4] = o
Substring of Hello is llo
```

첫 번째 인덱서는 스트링과 인덱스를 입력으로 받아 스트링의 인덱스 위치에 있는 문자를 반환하는 기능을 하며 두 번째 인덱서는 스트링, 인덱스, 길이를 입력으로 받아 서브스트링을 반환하는 기능을 한다.

4.6 델리게이트

델리게이트(delegate)는 메소드를 참조하기 위한 기법으로 이벤트와 스레드를 처리하는데 주로 사용된다. 델리게이트는 C/C++ 언어에서의 함수 포인터(function pointer)와 유사한 기능을 갖고 있지만 함수 포인터보다는 객체지향적이며 타입 안정적이다.

델리게이트가 객체지향적이라는 이유는 델리게이트가 정적 메소드뿐만 아니라, 인스턴스 메소드도 참조할 수 있기 때문이다. 인스턴스 메소드를 참조하기 위해 델리게이트는 내부적으로 인스턴스 메소드를 가진 객체의 참조도 함께 관리한다. 또한, 타입 안정적인 특징은 델리게이트의 형태와 참조할 메소드의 형태가 항상 일치해야 한다는 것이다.

모든 델리게이트는 묵시적으로 `System.Delegate` 클래스를 상속한 클래스형으로 간주되며 `Delegate` 클래스에서 정의된 멤버들을 통해 메소드 호출 이외에 다른 사용 방법을 갖게 된다. 이것은 배열형과 `System.Array` 클래스와의 관계와 유사하다.

델리게이트를 정의하고 델리게이트의 객체를 생성하는 것은 기본적으로 클래스를 정의하고 클래스의 객체를 만드는 것과 비슷하다. 다만, 델리게이트 객체를 통하여 메소드를 호출할 수 있다는 점이 특징적이다.

4.6.1 델리게이트의 정의

델리게이트를 정의하는 기본적인 형태는 다음과 같다. 처음에 수정자가 선택적으로 올 수 있으며, 다음에 지정어 delegate가 나오고 반환형과 함께 델리게이트 이름이 따라온다. 델리게이트 이름은 첫 글자를 대문자로 쓰는 것이 관례이다. 그리고 델리게이트의 매개변수가 존재하면 () 안에 기술한다.

```
[modifiers] delegate returnType DelegateName(parameterList);
```

델리게이트 수정자는 접근 수정자와 new가 될 수 있지만 클래스 밖에서 정의할 때에는 public과 internal만이 가능하다. 이 경우에 그 의미는 클래스와 마찬가지로 public으로 명시한 경우는 다른 프로그램에서도 참조할 수 있고 internal로 명시한 경우는 같은 프로그램 내에서만 참조할 수 있다. 그리고 클래스 멤버인 경우에 델리게이트 수정자의 의미는 모두 필드 수정자와 같다.

델리게이트란 한마디로 메소드 포인터이기 때문에 델리게이트를 정의하기 위해서는 먼저 델리게이트할 메소드의 형태를 알아야 한다. 메소드의 형태에 따라 델리게이트를 정의해야 하며, 메소드의 반환형, 매개변수의 개수와 형을 정확히 일치시켜야 한다.

```
delegate void SampleDelegate(int param);     // 델리게이트 정의
class DelegateClass {
   public void DelegateMethod(int param) {  // 델리게이트할 메소드
      // ...
   }
}
```

위의 예에서, SampleDelegate는 반환값이 없으며 정수형 매개변수를 한 개 갖는 델리게이트이다. 따라서 DelegateClass에 있는 DelegateMethod()와 같이 반환형이 void 형이고 정수형 매개변수를 하나 갖는 메소드가 정의된 델리게이트를 통해 연결될 수 있는 것이다.

4.6.2 델리게이트 객체 생성

델리게이트 할 메소드를 결정하고 델리게이트를 정의했다면, 델리게이트 객체를 생성하면서 메소드를 연결해야 한다. 이때, 해당 델리게이트의 매개변수로 메소드의 이름을 명시해

준다. 델리게이트 객체에 연결할 수 있는 메소드는 형태가 동일하면 인스턴스 메소드뿐만 아니라 정적 메소드도 가능하다. 다음은 델리게이트 객체를 생성하는 과정을 보여주는 예제이다.

```
DelegateClass obj = new DelegateClass();
SampleDelegate sd = new SampleDelegate(obj.DelegateMethod);
```

인스턴스 메소드인 경우에는 델리게이트할 메소드가 포함된 클래스의 객체를 먼저 생성한 후, 정의된 델리게이트 형식으로 델리게이트 객체를 생성할 수 있으며, 생성된 델리게이트 sd를 통하여 연결된 메소드의 호출이 가능하다.

델리게이트 객체를 생성할 때, 마치 클래스 객체를 생성한 듯이 분리해서 객체 참조를 먼저 선언하고 객체를 생성하는 방법으로 작성해도 괜찮다.

```
SampleDelegate sd;                              // 델리게이트 객체 참조 선언
sd = new SampleDelegate(obj.DelegateMethod);    // 델리게이트 객체 생성
```

4.6.3 델리게이트 객체 호출

델리게이트 객체의 호출은 일반 메소드의 호출과 그 형태가 같다. 만일, 델리게이트를 통하여 호출할 메소드가 매개변수를 갖는다면 델리게이트를 호출하면서 () 안에 매개변수를 기술해 준다. 다음은 델리게이트 객체 호출에 대한 예제이다.

예제 4-20 DelegateCallApp.cs

```
using System;
delegate void DelegateOne();          // delegate with no params
delegate void DelegateTwo(int i);  // delegate with 1 param
class DelegateClass {
   public void MethodA() {
      Console.WriteLine("In the DelegateClass.MethodA ...");
   }
   public void MethodB(int i){
      Console.WriteLine("DelegateClass.MethodB, i = " + i);
   }
}
```

```
class DelegateCallApp {
   public static void Main() {
      DelegateClass obj = new DelegateClass();
      DelegateOne d1 = new DelegateOne(obj.MethodA);
      DelegateTwo d2 = new DelegateTwo(obj.MethodB);
      d1();         // invoke MethodA() in DelegateClass
      d2(10);       // invoke MethodB(10) in DelegateClass
   }
}
```

실행 결과

```
In the DelegateClass.MethodA ...
DelegateClass.MethodB, i = 10
```

4.6.4 멀티캐스트

하나의 델리게이트 객체에 형태가 동일한 여러 개의 메소드를 연결할 수 있다. 이를 위해 C# 언어는 델리게이트를 위한 +와 - 연산자를 제공한다. + 연산자는 새로운 메소드를 추가하는 기능을 하고 - 연산자는 델리게이트 객체에서 메소드를 제거하는 기능을 한다.

델리게이트 연산을 통해 하나의 델리게이트 객체에 여러 개의 메소드가 연결되어 있는 경우, 델리게이트 호출을 통해 연결된 모든 메소드를 단번에 호출할 수 있다. 이러한 방법을 멀티캐스트 델리게이션(multicast delegation)이라 부른다.

예제 4-21 MultiCastApp.cs

```
using System;
delegate void MultiCastDelegate();
class Schedule {
   public void Now() {
      Console.WriteLine("Time : "+DateTime.Now.ToString());
   }
   public static void Today() {
      Console.WriteLine("Date : "+DateTime.Today.ToString());
```

```
    }
}
class MultiCastApp {
    public static void Main() {
        Schedule obj = new Schedule();
        MultiCastDelegate mcd = new MultiCastDelegate(obj.Now);
        mcd += new MultiCastDelegate(Schedule.Today);
        mcd();
    }
}
```

실행 결과

```
Time : 2015-06-11 오후 12:05:30
Date : 2015-06-11 오전 12:00:00
```

[예제 4-21]에서는 Schedule 클래스의 Now()와 Today()라는 메소드를 델리게이트 객체 mcd로 캡슐화 하였다. 인스턴스 메소드인 Now()와 정적 메소드인 Today()는 형태가 동일하기 때문에 델리게이트 MultiCastDelegate로 캡슐화가 가능하며 각각의 참조 형식은 obj.Now()와 Schedule.Today()가 된다.

델리게이트 연산은 좀 복잡하게 메소드를 추가하거나 제거할 수 있다. 다음은 다양한 델리게이트 연산을 보여주는 예제이다.

예제 4-22 DelegateOperationApp.cs

```
using System;
delegate void MultiDelegate();
class DelegateClass {
    public void MethodA() {
        Console.WriteLine("In the DelegateClass.MethodA ...");
    }
    public void MethodB() {
        Console.WriteLine("In the DelegateClass.MethodB ...");
    }
    public void MethodC() {
```

```
        Console.WriteLine("In the DelegateClass.MethodC ...");
    }
}
class DelegateOperation {
    public static void Main() {
        DelegateClass obj = new DelegateClass();         // 클래스 객체 생성
        MultiDelegate dg1, dg2, dg3;                     // 델리게이트 선언
        dg1 = new MultiDelegate(obj.MethodA);            // 델리게이트 객체 생성
        dg2 = new MultiDelegate(obj.MethodB);            // 델리게이트 객체 생성
        dg3 = new MultiDelegate(obj.MethodC);            // 델리게이트 객체 생성
        // ...
        dg1 = dg1 + dg2;                                 // 메소드 추가
        dg1 += dg3;                                      // 메소드 추가
        dg2 = dg1 - dg2;                                 // 메소드 제거
        dg1();
        Console.WriteLine("After dg1 call ...");
        dg2();
        Console.WriteLine("After dg2 call ...");
        dg3();
    }
}
```

실행 결과

```
In the DelegateClass.MethodA ...
In the DelegateClass.MethodB ...
In the DelegateClass.MethodC ...
After dg1 call ...
In the DelegateClass.MethodA ...
In the DelegateClass.MethodC ...
After dg2 call ...
In the DelegateClass.MethodC ...
```

[예제 4-22]에서 dg1은 MethodA(), MethodB(), MethodC()가 연결된 델리게이트 객체이고 dg2는 MethodB()를 제외한 메소드가 연결된 델리게이트 객체이다. 그리고 dg3은 MethodC()만이 연결된 델리게이트 객체이다. 하나의 델리게이트에 여러 개의 메소드가 연결된 경우, 델리게이트를 통하여 호출되는 순서는 등록된 순서와 동일하다.

4.7 이벤트

이벤트(event)란 사용자 행동에 의해 발생하는 사건을 의미하며 어떤 사건이 발생한 것을 알리기 위해 보내는 메시지로 간주할 수 있다. 특정 이벤트가 발생하면 그에 등록된 메소드를 통해 처리하는데 이것을 이벤트 처리기(event handler)라고 부른다. C#에서는 이벤트에 관한 개념을 프로그래밍 언어 수준에서 지원하고 있다.

이벤트와 이벤트 처리기를 통하여 객체에 발생한 사건을 다른 객체에 통지하고 그에 대한 행위를 처리하도록 시키는 구조를 갖는 프로그램을 작성할 수 있다. 이런 방식으로 프로그램을 작성하는 방식을 이벤트-주도 프로그래밍(event-driven programming)이라고 부르며, 프로그래머는 각 이벤트가 발생했을 때 처리해야 할 작업을 독립적으로 기술할 수 있으므로 체계적/구조적으로 프로그램을 작성할 수 있으며 따라서 프로그램의 복잡도를 줄일 수 있다.

4.7.1 이벤트 정의

C#에서 이벤트는 내부적으로 델리게이트를 이용하여 구현된다. 이벤트 자체는 필드 형식으로 정의되며, 그 형식은 다음과 같다.

```
[event-modifier] event DelegateType EventName;
```

처음에 수정자가 선택적으로 나올 수 있으며, 다음으로 지정어 event가 나오고 델리게이트형과 이벤트 이름이 나온다. 이벤트 이름은 첫 글자를 대문자로 쓰는 것이 관례이다. 형식에서 알 수 있듯이, 이벤트의 선언은 델리게이트 선언 앞에 지정어 event를 붙인 것과 같다.

이벤트 수정자에는 접근 수정자와 new, static, virtual, sealed, override, abstract, extern이 올 수 있으며, 각 수정자의 의미는 메소드 수정자와 모두 같다. 이벤트 수정자가 메소드 수정자와 종류/의미가 같은 이유는 이벤트를 처리하는 이벤트 처리기로 메소드를 배정하기 때문이다.

이벤트는 미리 정의된 델리게이트형으로 선언하기 때문에 먼저 이벤트를 처리하는 메소드와 형태가 일치하는 델리게이트를 정의해야 한다. 일단, 델리게이트가 정의되면 event 지정어를 사용하여 이벤트를 선언한 다음에 메소드를 이벤트에 등록한다. 이와 같은 과정을 순서적으로 설명하면 다음과 같다.

1. 이벤트 처리기에 해당하는 메소드 형태와 일치하는 델리게이트를 정의한다. 아니면, C#에서 기본적으로 제공하는 `System.EventHandler` 델리게이트를 사용한다. 만일, `System.EventHandler`를 사용한다면 이 과정을 생략한다.
2. 델리게이트를 이용하여 이벤트를 선언한다. 미리 정의된 이벤트(predefined event)인 경우에는 이 과정을 생략한다.
3. 이벤트가 발생했을 때 처리해 주는 메소드를 작성한다.
4. 이벤트에 이벤트 처리기를 등록한다.
5. 마지막으로 이벤트를 발생시킨다. 하지만, 미리 정의된 이벤트는 사용자 행동에 의해 이벤트가 발생하게 된다. 이벤트가 발생되면 등록된 메소드가 호출되어 이벤트를 처리하게 된다. 일반적으로 미리 정의된 이벤트 발생은 사용자의 행동에 의해서 발생되나 사용자 정의 이벤트인 경우에는 명시적으로 델리게이트 객체를 호출함으로써 이벤트 처리기를 작동시켜야 한다.

예제 4-23 EventHandlingApp.cs

```
using System;
public delegate void MyEventHandler();          // ① 이벤트를 위한 델리게이트 정의
class Button {
   public event MyEventHandler Push;            // ② 이벤트 선언
   public void OnPush() {
      if (Push != null)
         Push();                                // ⑤ 이벤트 발생
   }
}
class EventHandlerClass {
   public void MyMethod() {                     // ③ 이벤트 처리기 작성
      Console.WriteLine("In the EventHandlerClass.MyMethod ...");
   }
}
class EventHandlingApp {
   public static void Main() {
```

```
        Button button = new Button();
        EventHandlerClass obj = new EventHandlerClass();
        button.Push += new MyEventHandler(obj.MyMethod);        // ④ 등록
        button.OnPush();
    }
}
```

실행 결과

```
In the EventHandlerClass.MyMethod ...
```

[예제 4-23]에서는 EventHandler 형의 Push 이벤트를 정의하였으며, Push 이벤트를 발생시킬 수 있는 OnPush() 메소드를 작성하였다. 또한, Push 이벤트를 발생시키기에 앞서 Push 이벤트에 등록된 이벤트 처리기가 있는지를 확인하였다. 만약 이벤트가 null 값을 가지면 등록된 메소드가 없다는 것을 의미한다. 이와 같은 검사는 등록된 이벤트 처리기가 없어서 실행 시간에 발생하는 예외를 방지하기 위함이다.

이벤트에 이벤트 처리기를 등록하는 방법은 델리게이트 객체에 메소드를 추가/삭제하는 것과 같으며 델리게이트에서 사용 가능한 =, +, - 연산자를 모두 사용할 수 있다. = 연산자는 이벤트 처리기를 등록할 때 사용하고 + 연산자는 이벤트 처리기를 추가하는데 사용하며 - 연산자는 이벤트 처리기를 제거할 때 사용하는 연산자이다.

```
Event = new DelegateType(Method);    // 이벤트 처리기 등록
Event += new DelegateType(Method);   // 이벤트 처리기 추가
Event -= new DelegateType(Method);   // 이벤트 처리기 제거
```

다음은 이벤트와 이벤트 처리기를 등록하고 제거하는 과정을 보여주는 예제이다.

```
class EventHandlingApp {
   public void static Main() {
      Button bt = new Button();
      bt.Push = new EventHandler(Method1);     // Method1을 등록
      bt.Push += new EventHandler(Method2);    // Method2를 추가
      bt.Push();                               // Push() 이벤트를 발생
      bt.Push -= new EventHandler(Method2);    // Method2를 제거
      bt.Push();                               // Push() 이벤트를 발생
   }
}
```

이벤트 처리기는 정적 메소드나 인스턴스 메소드가 될 수 있다. 따라서 Method1과 Method2는 정적 메소드나 인스턴스 메소드가 될 수 있으며, 이벤트 Push()가 호출되면 Method1과 Method2가 차례로 실행된다.

4.7.2 이벤트의 활용

C# 프로그래밍 언어는 프로그래머가 임의의 형식으로 델리게이트를 정의하고 이벤트를 선언할 수 있도록 허용하고 있지만 .NET 프레임워크는 이미 정의된 System.EventHandler 델리게이트를 이벤트에 사용하는 것을 권고하고 있다. System.EventHandler 형태는 다음과 같으며 두 개의 매개변수를 갖는다.

```
delegate void EventHandler(object sender, EventArgs e);
```

첫 번째 매개변수는 이벤트를 발생시키는 객체를 나타내는 object 형의 매개변수이며, 두 번째 매개변수는 해당 이벤트에 대한 추가적인 정보를 주는 EventArgs 클래스의 객체이다. 실제 프로그래밍에서는 각 이벤트에 따라 필요한 별도의 정보를 가지는 EventArgs 클래스에서 파생한 클래스를 만들어 이를 매개변수로 사용한다.

이벤트는 7장 이후에서 살펴볼 윈폼 프로그래밍에서 사용자와의 상호 작용은 위해 사용된다. 특히, 윈도우 프로그래밍에서 사용하는 폼과 수많은 컴포넌트와 컨트롤에는 미리 정의된 다양한 종류의 이벤트가 존재하며 프로그래머는 이와 같은 이벤트들을 활용하기 위해 이벤트 처리기를 작성하고 등록하여 필요한 작업을 처리한다. 따라서 좋은 윈도우즈 프로그래밍을 하기 위해서는 이벤트에 대한 확실한 이해가 필요하다.

4.8 연산자 중복

연산자 중복(operator overloading)이란 시스템에서 제공한 연산자를 특정 클래스만을 위한 연산 의미를 갖도록 재정의하는 것이다. 클래스를 위한 연산자를 정의함으로써 자료 추상화를 이룰 수 있으며 프로그램의 유지보수가 매우 쉬워진다. 하지만 연산자 중복은 의미만을 재정의할 수 있을 뿐 연산 순위나 결합 법칙 등 문법적인 규칙은 변경할 수 없다.

프로그래밍 언어의 어휘 구조에서 이미 연산자로 존재하는 연산자 중 일부만 중복이 가능하다. C#에서 연산자 중복이 가능한 연산자는 [표 4-2]와 같으며, 그 외의 연산자는 중복이 불가능하다.

표 4-2 연산자 중복이 가능한 연산자

종류	연산자
단항	`+, -, !, ~, ++, --, true, false`
이항	`+, -, *, /, %, &, |, ^, <<, >>` `==, !=, <, >, <=, >=`
형 변환	변환하려는 자료형 이름

단항 연산자로 처리되는 true와 false는 연산자는 아니지만, 클래스의 객체를 조건식에 사용하는 경우 bool 형의 값을 얻기 위해서 중복한다. 그러나 []와 (), &&, ||, 조건 연산자(? :)는 재정의할 수 없으며 배정 연산자(=)도 재정의할 수 없다.

연산자 중복을 위한 형태는 다음과 같다. 수정자는 반드시 public static만이 올 수 있으며 그 다음에 반환형이 온다. 여기서, 반환형은 연산자가 계산된 결과의 자료형이다. 그리고 지정어 operator가 나오며 특수 문자로 된 연산자 기호가 온다. 그 다음에 매개변수가 기술되며 마지막으로 구현에 해당하는 몸체가 나온다. C# 이외의 언어로 구현할 경우에는 지정어 extern을 명시하며 몸체 대신에 ';'을 쓴다.

```
public static [extern] returnType operator op (parameter1 [, parameter2]) {
    // ... operator overloading body ...
}
```

단항 연산자는 매개변수의 개수가 1개이고 이항 연산자는 2개이다. 그리고 연산자 중복을 정의할 때 사용하는 매개변수의 형과 반환형은 연산자의 종류에 따라 고정되어 있으며 규칙은 다음과 같다.

1. 단항 +, -, !, ~ 연산자: 매개변수의 형은 자신의 클래스이어야 하며, 반환형은 자신의 클래스뿐만 아니라 모든 자료형이 가능하다.

2. ++/-- 연산자: 매개변수의 형은 자신의 클래스이고 반환형은 자신의 클래스이거나 파생 클래스이어야 한다.
3. true/false: 매개변수의 형은 자신의 클래스이고 반환형은 bool 형이어야 한다.
4. shift 연산자: 첫 번째 매개변수의 형은 클래스이고 두 번째 매개변수의 형은 int 형이어야 하며, 반환형은 모든 자료형이 가능하다.
5. 이항 연산자: shift 연산자를 제외한 이항 연산자인 경우에, 두 개의 매개변수 중 하나는 자신의 클래스이어야 하며, 반환형은 모든 자료형이 가능하다.

다음은 연산자 중복 선언 예이다.

```
public static Vector operator++(Vector v) { /* ... */ }
public static Fraction operator<<(Fraction f, int n) { /* ... */ }
public static Complex operator+(Complex x1, Complex x2) { /* ... */ }
```

다음은 이항 연산자 +를 복소수간의 덧셈 연산으로 중복하여 사용한 예이다. 두 개의 복소수를 입력으로 받아 덧셈을 수행한 후 하나의 복소수로 만들어 반환한다.

예제 4-24 OperatorOverloadingApp.cs

```
using System;
class Complex {
   private double realPart;                  // 실수부
   private double imagePart;                 // 허수부
   public Complex(double rVal, double iVal) {
      realPart = rVal;
      imagePart = iVal;
   }
   public static Complex operator+(Complex x1, Complex x2) {
      Complex x = new Complex(0, 0);
      x.realPart = x1.realPart + x2.realPart;
      x.imagePart = x1.imagePart + x2.imagePart;
      return x;
   }
   override public string ToString() {
```

```
            return "("+ realPart + "," + imagePart + "i)";
        }
    }
    class OperatorOverloadingApp {
        public static void Main() {
            Complex c, c1, c2;
            c1 = new Complex(1, 2);
            c2 = new Complex(3, 4);
            c = c1 + c2;
            Console.WriteLine(c1 + " + " + c2 + " = " + c);
        }
    }
```

실행 결과

```
(1,2i) + (3,4i) = (4,6i)
```

어떤 연산자는 중복할 때 대칭적 방식으로 정의해야 한다. 즉, 하나의 연산자를 중복하면 반드시 그와 대칭되는 연산자를 중복해야 한다. 예를 들어, true와 false, ==과 !=, <과 >, <=과 >=는 쌍으로 중복 정의하여야 한다.

다음으로, 연산자 중복을 이용하여 형 변환 연산자(type-conversion operator)를 정의할 수 있다. 형 변환 연산자는 클래스 객체나 구조체를 다른 클래스 객체나 구조체 또는 C# 기본 자료형으로 변환하는 기능을 하며 사용자 정의 형 변환(user-defined type conversion)을 정의함으로써 더욱 세련되고 직관적인 프로그램을 작성할 수 있다.

형 변환 연산자는 단항 연산자이기 때문에 매개변수의 개수는 항상 1개이며, 매개변수의 형은 변환될 형이어야 한다. 그리고 반드시 explicit 또는 implicit 중 하나로 정의되어야 하며 그 문법적인 구조는 다음과 같다.

```
public static [extern] explicit operator type-name(parameter1)
// 또는
public static [extern] implicit operator type-name(parameter1)
```

여기서, 형 이름(type name)은 기본 자료형을 나타내는 지정어이거나 클래스 이름이 되어야 한다. 그리고 지정어 explicit와 implicit의 사용은 각각 명시적 변환과 묵시적 변환을 의미한다. explicit로 선언된 형 변환 연산자는 명시적으로 캐스팅 연산자 형태로 호출된다.

```
public static explicit operator Xtype(Ytype x) { ... } // Ytype to Xtype
// ...
Xtype x;  Ytype y;
// ...
x = (Xtype) y;
```

그러나 형 변환 연산자를 implicit로 선언하고, 수식에서 형 변환이 요구되는 경우에 정의된 형 변환이 묵시적으로 행해진다. [예제 4-25]는 true/false 연산자 중복과 bool 형 변환 연산자 정의를 통해 각 연산자의 차이점을 보여주는 예제이다.

예제 4-25 XBoolApp.cs

```
using System;
class XBool {
   public bool b;
   // XBool 형을 bool 형으로 명시적으로 변환하는 연산자 중복
   public static explicit operator bool(XBool x) {
      Console.WriteLine("In the explicit operator bool ...");
      return x.b;
   }
   // XBool 형에 대한 true 연산자의 중복
   public static bool operator true(XBool x) {
      Console.WriteLine("In the operator true ...");
      return x.b ? true : false;
   }
   // XBool 형에 대한 false 연산자의 중복
   public static bool operator false(XBool x) {
      Console.WriteLine("In the operator false ...");
      return x.b ? false : true;
   }
}
class XBoolApp {
```

```
    public static void Main() {
        XBool xb = new XBool();
        xb.b = false;
        if (xb)                          // invoke operator true
            Console.WriteLine("True");
        else
            Console.WriteLine("False");
        Console.WriteLine((bool)xb); // invoke conversion-operator bool
    }
}
```

실행 결과

```
In the operator true ...
False
In the explicit operator bool ...
False
```

[예제 4-25]에서 형 변환 연산자 bool을 explicit로 선언했기 때문에 Main() 메소드 내에 있는 if 문장의 조건식에서 부울값을 얻기 위해 연산자 true를 호출한 것이다. 그러나 bool을 implicit로 선언하면 묵시적 변환이 적용되어 true 연산자 대신에 bool 연산자가 호출된다. 따라서 연산자 true/false를 재정의하는 것보다는 형 변환 연산자를 정의하는 것이 바람직하다. 이와 같은 관점에서 XBool 클래스를 다시 작성하면 다음과 같다.

```
class XBool {
    public bool b;
    public static implicit operator bool(XBool x) {
        Console.WriteLine("In the implicit operator bool ...");
        return x.b;
    }
}
```

그러면, 실행 결과는 다음과 같은 형태로 출력된다. 복잡한 경우에 대한 예제는 [연습문제 4.10]을 참고하기 바란다.

```
In the implicit operator bool ...
False
In the implicit operator bool ...
False
```

형 변환 연산자를 이용하여 단순히 자료형을 변환할 수 있지만 형 변환뿐만 아니라 부가적인 작업을 추가할 수 있다. 다음은 클래스 간의 형 변환 연산자를 사용하여 마일(mile)과 킬로미터(kilometer) 간의 거리를 환산하는 예제이다.

예제 4-26 UserDefinedTypeConversionApp.cs

```
using System;
class Mile {
   public double distance;
   public Mile(double distance) {
      this.distance = distance;
   }
   // Mile operator: double to Mile
   public static implicit operator Mile(double d) {
      Mile m = new Mile(d);
      return m;
   }
   // Kilometer operator: Mile to Kilometer
   public static explicit operator Kilometer(Mile m) {
      return m.distance * 1.609;
   }
}
class Kilometer {
   public double distance;
   public Kilometer(double distance) {
      this.distance = distance;
   }
   // Kilometer operator: double to Kilo
   public static implicit operator Kilometer(double d) {
      Kilometer k = new Kilometer(d);
      return k;
```

```
    }
    // Mile operator: Kilo to Mile
    public static explicit operator Mile(Kilometer k) {
        return k.distance / 1.609;
    }
}
class UserDefinedTypeConversionApp {
    public static void Main() {
        Kilometer k = new Kilometer(100.0);
        Mile m;
        m = (Mile) k;
        Console.WriteLine("{0} km = {1} mile",
                          k.distance, m.distance);
        m = 65.0;
        k = (Kilometer) m;
        Console.WriteLine("{0} mile = {1} km",
                          m.distance, k.distance);
    }
}
```

실행 결과

```
100 km = 62.1504039776259 mile
65 mile = 104.585 km
```

4.9 구조체

구조체(struct)는 클래스와 마찬가지로 객체의 구조(structure)와 행위(behavior)를 정의하는 방법이다. C# 언어에서 구조체와 클래스는 거의 동일하지만, 이들 사이에 가장 큰 차이점은 클래스는 참조형이고 구조체는 값형이라는 것이다. 구조체 형태는 클래스와 매우 유사하다.

```
[struct-modifiers] struct StructName {
   // member declarations
}
```

처음에 구조체 수정자가 선택적으로 나올 수 있으며, 다음에 지정어 struct가 나온다. 구조체 이름은 일반적으로 첫 문자를 대문자로 쓴다. 구조체 이름 다음에 {와 } 사이에 멤버 선언이 나온다. 구조체의 수정자는 접근 수정자인 public, protected, internal, private와 new만이 가능하다.

일반적으로 C#의 구조체는 여러 개의 필드로 구성된 자료구조를 표현하기 위해 사용하는 경우가 많다. 따라서 구조체 내부에 선언된 필드의 자격자는 public이 대부분이다. 다음은 구조체 선언에 대한 간단한 예제이다.

```
struct Point {          // 점 구조체
    public int x;       // x 좌표
    public int y;       // y 좌표
}
```

Point는 점을 위한 구조체이며 x 좌표와 y 좌표를 나타내기 위한 두 개의 필드를 갖고 있다. 이와 같이 필드로만 구성된 구조체에 대한 객체의 선언은 일반적인 변수의 선언 형태와 유사한 형태로 선언이 가능하다.

```
Point p;
p.x = 100;          // x 좌표
p.y = 200;          // y 좌표
```

예제 4-27 StructApp.cs

```
using System;
struct Point {
   public int x, y;                    // x, y 좌표
   public Point(int x, int y) {        // 생성자
      this.x = x;
      this.y = y;
   }
   override public string ToString() {   // 메소드
      return "(" + x + ", " + y + ")";
   }
}
class StructApp {
   public static void Main() {
```

```
        Point[] pts = new Point[3];
        pts[0] = new Point(100, 100);
        pts[1] = new Point(100, 200);
        pts[2] = new Point(200, 100);
        foreach (Point pt in pts)
           Console.WriteLine(pt.ToString());
    }
}
```

실행 결과

```
(100, 100)
(100, 200)
(200, 100)
```

C# 프로그래밍에서, 구조체와 클래스는 유사하지만 다음과 같은 차이점이 있다.

1. 클래스는 참조형이고 구조체는 값형이다.
2. 클래스 객체는 힙에 저장되고 구조체 객체는 스택에 저장된다.
3. 배정 연산에서 클래스는 참조가 복사되고 구조체는 내용이 복사된다.
4. 구조체는 상속이 불가능하다.
5. 구조체는 소멸자를 가질 수 없다.
6. 구조체의 멤버는 초기값을 가질 수 없다.

| 연습문제 |

4.1 다음 괄호 안에 적당한 용어를 쓰시오.

(1) 클래스는 객체의 구조와 (   )를 정의하는 방법으로 C# 프로그램의 기본 단위이다.

(2) 객체를 생성하는 방법은 (   ) 연산자를 사용하여 배정하는 형태로 기술한다.

(3) 지정어 (   )를 사용하여 선언된 필드는 값이 변할 수 없다는 속성을 갖는다.

(4) 필드에서, 접근 수정자가 생략된 경우는 (   )로 선언한 것과 동일하다.

(5) 메소드를 정의할 때 사용하는 매개변수를 (   )라 부르고 호출할 때 사용하는 매개변수를 (   )라 부른다.

(6) 매개변수 수정자(parameter modifier)에는 ( )와 ( )이 있다.

(7) 시그네처란 메소드를 구별하는 데 쓰이는 정보로 메소드의 이름, 매개변수의 (   ), 그리고 매개변수의 형을 의미한다.

(8) `using` 문에서, 자원(resource)의 의미는 클래스나 구조체를 말하며 (   ) 메소드를 반드시 갖고 있어야 한다.

(9) 프로퍼티란 의미는 (   )이지만 ( )처럼 사용되는 클래스 멤버이다.

(10) 프로퍼티는 값을 지정하는 (   )와 값을 참조하는 (   )로 구성된다.

(11) 셋-접근자에서 사용한 (   )라는 지정어는 마치 매개변수와 같은 역할을 하며 배정 연산의 우측식의 연산된 결과를 전달받게 된다.

(12) 셋-접근자 없이 겟-접근자만이 정의되어 있는 프로퍼티를 (   )라 부른다.

(13) 인덱서는 객체를 (   )을 통해서 다룰 수 있는 방법이다.

(14) 연산자 중복은 기존에 있던 연산자를 특정 클래스만을 위한 연산 의미를 가지도록 (   )하는 것이다.

(15) C#에서, 기본 자료형 중에 연산자 중복이 가능한 연산자의 개수는 ( )개이다.

(16) 단항 ++, -- 연산자는 매개변수 자료형은 ( )이고 반환형은 (   )이어야 한다.

(17) 연산자 중복 시 반드시 대칭적 방식으로 정의해야 하는 연산자는 ( )와 ( ), ( )와 ( ), ( )와 ( ), 그리고 ( )와 ( )가 있다.

(18) 델리게이트는 주로 이벤트와 스레드에 사용된다. 따라서 이들을 위해 미리 정의된 델리게이트가 있는데 이벤트를 위한 (   )가 있다.

(19) 델리게이트를 정의할 때, 연결될 메소드와 (   )가 정확히 일치해야 한다.

(20) 델리게이트를 클래스 밖에서 정의할 때, public으로 선언하면 다른 프로그램에서도 참조할 수 있으나 (　　　)로 선언하면 같은 프로그램 내에서만 참조할 수 있다.

(21) 리게이트에 메소드를 연결할 때 사용하는 연산자는 (　)이고 추가할 때 사용하는 연산자는 (　)이며 제거할 때 사용하는 연산자는 (　)이다.

(22) 이벤트란 사용자 (　)에 의해 발생하는 사건을 의미한다.

(23) 이벤트 수정자의 (　)와 (　)는 모두 메소드 수정자와 같다.

(24) 이벤트의 종류에는 크게 (　　　) 이벤트와 (　　　) 이벤트가 있다.

4.2 다음 객관식 문제를 푸시오.

(1) 클래스를 통하여 이룰 수 있는 객체지향 개념은?

① 자료 추상화　　② 상속성
③ 다형성　　④ 유지 보수성
⑤ 정보 은닉화

(2) 접근 수정자를 통하여 이룰 수 있는 장점은?

① 재사용성　　② 가독성
③ 이식성　　④ 정보 은닉화
⑤ 자료 추상화

(3) 클래스에서 사용할 수 있는 수정자(modifier)는?

① `extern`　　② `volatile`
③ `readonly`　　④ `virtual`
⑤ `static`

(4) 필드에서 사용할 수 있는 수정자(modifier)는?

① `extern`　　② `sealed`
③ `new`　　④ `virtual`
⑤ `abstract`

(5) 접근 수정자를 명시하지 않으면 다음 중 어느 것과 동등한가?

① `private`　　② `protected`
③ `internal`　　④ `protected internal`
⑤ `public`

(6) 동일 네임스페이스뿐만 아니라 파생 클래스에서도 사용할 수 있는 접근 수정자는?

① public　② protected internal

③ internal　④ protected

⑤ private

(7) 상수 멤버(constant member)와 읽기전용 필드에 대한 설명이 틀린 것은?

① 한번 값이 결정되면 모두 다 변경할 수 없다.

② 상수 멤버는 컴파일 시간에 값이 결정되고 읽기전용 필드는 실행시간에 값이 결정된다.

③ 상수 멤버의 자료형은 기본 자료형만 가능하고 읽기전용 필드의 자료형은 클래스형도 될 수 있다.

④ 읽기전용 필드가 상수 멤버보다 프로그램 실행상 더 효율적이다.

⑤ 상수 멤버는 const 지정어를 읽기전용 필드는 readonly 수정자를 사용한다.

(8) 메소드에서 사용할 수 없는 수정자(modifier)는?

① extern　② sealed

③ static　④ volatile

⑤ abstract

(9) 다음 중 인스턴스 객체의 필드와 메소드를 참조하는 형태로 바른 것은?

① objectName -> filedName

② fieldName -> objectName

③ objectName.fieldName

④ fieldName.objectName

⑤ ClassName.fieldName

(10) 메소드의 시그네처에 해당되지 않는 것은?

① 매개변수의 개수　② 매개변수의 형

③ 메소드의 이름　④ 메소드의 반환형

(11) 생성자와 소멸자에 대한 설명이 바른 것은?

① 생성자는 new에 의해 소멸자는 delete에 의해 호출된다.

② 생성자의 이름과 소멸자의 이름은 같다.

③ 생성자와 소멸자는 모두 매개변수를 가질 수 없다.

④ 생성자는 반환형을 가질 수 있으나 소멸자는 가질 수 없다.

⑤ 생성자와 소멸자는 모두 중복으로 정의될 수 있다.

(12) 멤버 수정자와 그에 해당하는 지정어 개수를 연결한 것이다. 틀린 것은?

① 클래스 수정자 — 8개　　② 필드 수정자 — 8개

③ 접근 수정자 — 5개　　④ 메소드 수정자 — 11개

⑤ 매개변수 수정자 — 2개

(13) 필드 수정자에 관한 설명 중 틀린 것은?

① readonly와 volatile은 함께 사용할 수 있다.

② static과 readonly는 함께 사용할 수 있다.

③ static과 volatile은 함께 사용할 수 있다.

④ private와 static은 함께 사용할 수 있다.

⑤ private와 readonly는 함께 사용할 수 있다.

(14) 정적 필드와 인스턴스 필드의 차이점은 무엇인가?

① 정적 필드는 static으로 선언한 필드이며 생성된 객체를 통하여 참조한다.

② 인스턴스 필드는 지정어 instance로 선언한 필드를 말하며 생성된 객체를 통하여 참조한다.

③ 정적 필드는 인스턴스 필드를 초기화하는데 사용할 수 없다.

④ 인스턴스 필드는 클래스 이름이나 객체를 통하여 참조할 수 있다.

⑤ 정적 필드는 클래스 단위로 존재하고 인스턴스 필드는 객체 단위로 존재한다.

(15) 매개변수 수정자에 대한 설명 중 바른 것은?

① 매개변수 수정자에는 ref, out, in 등이 있다.

② ref와 out의 차이점은 초기화뿐이다.

③ 매개변수 수정자가 생략되면 참조 호출이 된다.

④ in은 값을 전달하기 위해서 out는 주소를 전달하기 위해 사용된다.

⑤ C#에서 참조 호출을 할 수 있는 방법은 오직 객체를 사용하는 것이다.

(16) C# 언어에서 `Main()` 메소드의 매개변수의 자료형은?

① `int` ② `string`

③ `string[]` ④ `object`

⑤ `object[]`

(17) 다음 중 프로퍼티의 수정자가 될 수 없는 것은?

① `internal` ② `virtual`

③ `override` ④ `readonly`

⑤ `extern`

(18) 다음 중 프로퍼티에 대한 설명으로 맞는 것은?

① 프로퍼티는 반드시 대응되는 private 필드가 존재해야 한다.

② 프로퍼티의 의미는 필드이지만 참조는 메소드처럼 사용한다.

③ 프로퍼티는 반드시 겟-접근자와 셋-접근자를 갖고 있어야 한다.

④ 프로퍼티 수정자의 종류와 의미는 모두 메소드와 같다.

⑤ 프로퍼티의 참조는 항상 배정문의 오른쪽에서만 가능하다.

(19) 다음 중 인덱서의 수정자로 사용할 수 없는 것은?

① `static` ② `virtual`

③ `override` ④ `internal`

⑤ `extern`

(20) 다음 중 인덱서에 대한 설명으로 맞는 것은?

① 인덱서는 배열 연산자를 중복한 것이다.

② 인덱서는 상속이 불가능하다.

③ 인덱서는 프로퍼티의 특별한 형태이다.

④ 인덱서에서 매개변수의 형은 정수형만이 가능하다.

⑤ 인덱서에서 다차원 배열 형태는 사용할 수 없다.

(21) 연산자 중복에 대한 설명이 맞는 것은?

① 연산자 중복은 모든 연산자에 대해 중복이 가능하다.

② 단항 +, -, !, ~ 연산자는 매개변수의 반환형은 자신의 클래스만 가능하다.

③ 특정 자료형간의 형 변환은 연산자 중복이 불가능하다.

④ true/false 연산자 중복의 반환형은 bool 형이다.

⑤ <과 >=는 연산자 중복시 함께 정의하여야 한다.

(22) 연산자 중복에 대한 설명 중 틀린 것은?

① 연산자 중복은 연산자의 의미만을 재정의할 뿐 문법적 구조는 재정의할 수 없다.
② &&, || 연산자는 재정의할 수 없다.
③ 배정 연산자(=)는 연산자 중복으로 재정의할 수 없다.
④ 비교 연산자는 연산자 중복시 함께 정의하여야 한다.
⑤ 매개변수의 개수가 단항 연산자는 1개이고 이항 연산자는 2개이다.

(23) 연산자 중복에서 연산자에 따른 매개변수 형과 반환형에 대한 규칙이 바른 것은?

① ~ 연산자인 경우에, 매개변수 형은 자신의 클래스이고 반환형은 bool 형이어야 한다.
② ++ 연산자인 경우에, 매개변수 형은 자신의 클래스이고 반환형은 파생 클래스이어야 한다.
③ << 연산자인 경우에, 첫 번째 매개변수 형은 자신의 클래스이고 두 번째 매개변수 형은 int 형이어야 한다.
④ true/false 연산자인 경우에, 매개변수형도 반환형도 모두 bool 형이다.
⑤ + 연산자인 경우에, 두개의 매개변수형도 반환형도 자신의 클래스 형이어야 한다.

(24) 사용자 정의 형 변환(user-defined type conversion)에 관한 설명 중 맞는 것은?

① 형 변환 연산자의 이름은 특수 문자로 이루어져야 한다.
② 형 변환 연산자를 정의할 때, 형 변환 이외에 부가적인 작업을 할 수 있다.
③ implicit로 선언된 형 변환 연산자는 캐스팅 연산자로 사용할 수 없다.
④ 형 변환 연산자의 매개변수의 개수는 1개나 2개가 될 수 있다.
⑤ 형 변환 연산자의 이름은 자료형을 나타내는 지정어이어야 한다.

(25) 델리게이트 정의에 관한 설명 중 맞는 것은?

① 델리게이트의 수정자는 public과 internal만이 가능하다
② 연결될 메소드와 반환형, 매개변수의 개수와 형이 정확히 일치해야 한다.
③ 매개변수를 갖는 델리게이트는 정의할 수 없다.
④ 이벤트를 위한 델리게이트를 정의할 때 지정어 delegate 대신에 event를 사용한다.
⑤ 델리게이트는 메소드 형태에 따라 반드시 정의해서 사용해야 한다.

(26) 델리게이트 연산에 관한 설명 중 옳은 것은?

① 델리게이트에 메소드를 지정할 때 사용하는 연산자는 <<이다.

② 델리게이트에 메소드를 추가하는 연산자는 +=이다.

③ 델리게이트에 메소드를 추가할 수는 있지만 제거할 수는 없다.

④ 델리게이트에 메소드를 추가할 때는 반환형이 달라도 괜찮다.

⑤ 델리게이트에 메소드를 추가하면 먼저 연결된 메소드는 자동으로 삭제된다.

(27) 이벤트에 관한 설명 중 바른 것은?

① 이벤트 수정자의 종류는 10개이며 그 의미는 메소드와 같다.

② 미리 정의된 이벤트는 델리게이트를 통해 처리하지 않는다.

③ 이벤트 처리기는 정적 클래스 자신이 될 수 있다.

④ 이벤트 처리기의 유무를 검사할 때 `null` 검사를 해야 한다.

⑤ 미리 정의된 이벤트를 사용할 경우 형태를 일치시킬 필요가 없다.

(28) 이벤트가 주로 활용되는 프로그래밍은 무엇인가?

① 에러의 확률이 높은 프로그래밍

② 저장장소가 많이 요구되는 프로그래밍

③ 시간이 많이 소비되는 병렬 프로그래밍

④ 다양한 보고서가 출력되는 프로그래밍

⑤ 사용자 상호작용이 많이 요구되는 프로그래밍

(29) 클래스와 구조체에 관한 설명 중 틀린 것은?

① 클래스는 메소드를 가질 수 있지만 구조체는 메소드를 가질 수 없다.

② 클래스는 참조형이지만 구조체는 값형이다.

③ 클래스는 힙(heap)에 저장되고 구조체는 스택(stack)에 저장된다.

④ 클래스는 상속이 가능하지만 구조체는 상속할 수 없다.

⑤ 배정 연산의 경우 클래스는 참조가 복사되고 구조체는 내용이 복사된다.

4.3 다음 구문에 대한 문법적인 구조를 기술하시오.

(1) 클래스 선언의 기본 형태

(2) 필드의 선언 형태

(3) 메소드의 선언 형태

(4) 정적 메소드의 호출 형태

(5) 프로퍼티 정의 형태

(6) 인덱서의 정의 형태

(7) 연산자 중복의 정의 형태

4.4 다음 용어를 비교 설명하시오.

(1) public vs. private

(2) protected vs. protected internal

(3) instance variable vs. static variable

(4) call by value vs. call by reference

(5) ref vs. out

(6) property vs. method

(7) set-accessor vs. get-accessor

(8) operator overloading vs. method overloading

(9) delegate의 선언

(10) 이벤트 필드의 선언

(11) .NET 프레임워크에서 제공하는 EventHandler 델리게이트

(12) class vs. struct

4.5 다음을 간략히 설명하시오.

(1) C# 언어에서 제공한 접근 수정자에 따른 참조 범위를 각각 설명하시오.

(2) 메소드 중복에서, 매개변수의 개수가 같고 매개변수의 형이 다른 경우에 메소드를 구별하는 방법을 설명하시오.

(3) C# 언어의 프로퍼티에서 사용 가능한 접근 수정자를 설명하시오.

(4) C# 언어에서 연산자 중복하는 방법을 설명하시오.

(5) 사용자 정의 형 변환(user-defined type conversion)이란 무엇인가?

(6) 멀티캐스트 델리게이션에 대해 설명하시오.

(7) System.EventHandler 에 대해 설명하시오.

4.6 다음 C# 프로그램에는 에러가 있다. 그 이유를 밝히시오.

```
using System;
class Dummy {
    const int MIN = MAX - 100;
    const int MAX = MIN + 100;
```

```
    public static readonly int NORMAL;
    public int instanceVariable;
    static int staticVariable;
}
class ExerciseCh4_6 {
    public static void Main() {
        Dummy d = new Dummy();
        Dummy.NORMAL = 5;
        d.staticVariable = 10;
        Dummy.instanceVariable = 10;
        Dummy.staticVariable = 10;
    }
}
```

4.7 다음 프로그램의 실행 결과를 쓰시오.

(1)

```
using System;
class Exercise4_7_1 {
    static void Inc(ref int x, int y) {
        ++x; ++y;
        Console.WriteLine("   Inc: x = {0}, y = {1}", x, y);
    }
    public static void Main() {
        int x = 1, y = 1;
        Console.WriteLine("Before: x = {0}, y = {1}", x, y);
        Inc(ref x, y);
        Console.WriteLine(" After: x = {0}, y = {1}", x, y);
    }
}
```

(2)

```
using System;
   delegate void ExDelegator(string str);
   class Ex {
```

```
    public static void StaticMethod(string str) {
        Console.Write(str);
        Console.WriteLine("\tFramework");
    }
    public void InstanceMethod(string str) {
        Console.Write(str);
        Console.WriteLine("\tProgramming Language");
    }
}
class ExerciseCh4_7_2 {
    public static void Main() {
        Ex ex = new Ex();
        ExDelegator d1 = new ExDelegator(ex.InstanceMethod);
        ExDelegator d2 = new ExDelegator(Ex.StaticMethod);
        d1("C#");
        d2(".NET");
    }
}
```

4.8 다음과 같은 프로퍼티와 동등한 기능을 수행하는 메소드로 바꾸시오.

```
public int Numerator {
    get { return numerator; }
    set { numerator = value; }
}
```

4.9 다음을 C# 언어로 프로그래밍 하시오.

델리게이트를 통해서 메소드를 호출하는 예제 프로그램을 작성하시오. 델리게이트할 메소드의 내용은 다음과 같다.

```
public string MethodA(int i) {
    return string.Format("int value = {0}", i);
}
```

4.10 다음 프로그램을 실습해 보고 실행 결과를 분석하시오. 연산자 호출과 단축 연산(short-cut evaluation)의 관점에서 분석해 보시오.

```
using System;
class XBool {
   public bool b;
   public XBool(bool b) {
      this.b = b;
   }
   public static explicit operator bool(XBool x) {
      Console.WriteLine("In the explicit operator bool ...");
      return x.b;
   }
   public static bool operator true(XBool x) {
      Console.WriteLine("In the operator true ...");
      return x.b ? true : false;
   }
   public static bool operator false(XBool x) {
      Console.WriteLine("In the operator false ...");
      return x.b ? false : true;
   }
   public static XBool operator &(XBool x, XBool y) {
      Console.WriteLine("In the operator & ...");
      return new XBool(x.b && y.b);
   }
   public static XBool operator |(XBool x, XBool y) {
      Console.WriteLine("In the operator | ...");
      return new XBool(x.b || y.b);
   }
}
class XBoolApp {
     public static void Main() {
      XBool b1 = new XBool(true);
      XBool b2 = new XBool(false);
      if (b1 && b2) Console.WriteLine("b1 && b2 = True");
         else Console.WriteLine("b1 && b2 = False");
      if (b1 || b2) Console.WriteLine("b1 || b2 = True");
         else Console.WriteLine("b1 || b2 = False");
      if (b2 || b1) Console.WriteLine("b2 || b1 = True");
```

```
            else Console.WriteLine("b2 || b1 = False");
        Console.WriteLine((bool)b1);
    }
}
```

4.11 다음은 분수에 대한 클래스이다.

```
class Fraction {
    public int numerator;      // 분자
    public int denominator;    // 분모
}
```

(1) 한 개의 정수를 받아 초기화하는 생성자를 작성하시오.

(2) 두 개의 정수를 받아 초기화하는 생성자를 작성하시오.

(3) 하나의 분수를 분자/분모 형태로 변환하는 ToString() 메소드를 작성하시오.

(4) 최대 공약수를 구하는 메소드와 기약 분수로 만드는 메소드를 작성하시오.

(5) 분수에 대한 4칙 연산을 수행하는 메소드 AddFraction, SubFraction, MulFraction, 그리고 DivFraction을 작성하시오.

(6) 테스트 클래스를 만들어 테스트 하시오.

덧셈: $\frac{b}{a}+\frac{d}{c}=\frac{bc+ad}{ac}$

뺄셈: $\frac{b}{a}-\frac{d}{c}=\frac{bc-ad}{ac}$

곱셈: $\frac{b}{a}*\frac{d}{c}=\frac{bd}{ac}$

나눗셈: $\frac{b}{a}/\frac{d}{c}=\frac{bc}{ad}$

4.12 다음은 복소수(complex number)에 대한 클래스이다.

```
class Complex {
    public double real;     // 실수부
    public double image;    // 허수부
}
```

(1) 한 개의 실수를 받아 초기화하는 생성자를 작성하시오.

(2) 두 개의 실수를 받아 초기화하는 생성자를 작성하시오.

(3) 하나의 복소수를 (실수부, 허수부) 형태로 변환하는 ToString() 메소드를 작성하시오.

(4) 복소수에 대한 4칙 연산을 수행하는 메소드 AddComplex, SubComplex, MulComplex, 그리고 DivComplex를 작성하시오.

(5) 테스트 클래스를 만들어 테스트 하시오.

덧셈: $(a+bi)+(c+di)=(a+c)+(b+d)i$

뺄셈: $(a+bi)-(c+di)=(a-c)+(b-d)i$

곱셈: $(a+bi)*(c+di)=(ac-bd)+(ad+bc)i$

나눗셈: $(a+bi)/(c+di)=\frac{ac+bd}{c^2+d^2}+\frac{bc-ad}{c^2+d^2}i$

4.13 스택(stack)은 리스트의 한쪽 끝에서 자료의 삽입과 제거가 일어나는 자료구조이다. 보통 자료를 삽입하는 연산을 push, 제거하는 연산을 pop이라 한다. 또한, 연산이 일어나는 위치를 가리키는 포인터를 스택 포인터라 부르며 sp로 나타낸다. 정수를 저장할 수 있는 스택을 배열로 사용하여 다음과 같이 구현할 수 있다.

```
class Stack {
    private int[] stack;
    int sp = -1;
    public Stack(int size) {
        stack = new int[size];
    }
    public void Push(int data) {
        // ...
    }
    public int Pop() {
        // ...
    }
}
```

(1) 디폴트 생성자를 작성하시오. 이 경우에 스택의 크기는 100이다.

(2) 메소드 Push()와 Pop()을 작성하시오.

(3) 클래스 Stack을 이용하여 일련의 정수 입력(입력의 끝은 0)을 역순으로 출력하는 C# 프로그램을 작성하시오.

4.14 다음은 벡터를 위한 클래스이다. 여기에는 퀵 정렬(quick sort) 방법을 이용하여 벡터를 정렬하는 메소드가 포함되어 있다.

```
class Vector {
    public int[] v;
    public Vector() {
        v = new int[100];
    }
    static void Swap(ref int x, ref int y) {
        int temp = x;
        x = y;
        y = temp;
    }
    public void Qsort(int left, int right) {
        int pe;
        int i, last;

        if (left >= right) return;
        pe = (left+right)/2;          // pe = partition element
        Swap(ref v[left], ref v[pe]);
        last = left;
        for (i=left+1; i<=right; i++)
            if (v[i] < v[left]) Swap(ref v[++last], ref v[i]);
        Swap(ref v[left], ref v[last]);
        Qsort(left, last-1);
        Qsort(left+1, right);
    }
}
```

(1) 크기를 받아 초기화하는 생성자를 작성하시오.

(2) 벡터 클래스를 테스트하는 프로그램을 작성하시오. 즉, 일련의 데이터(입력 데이터의 끝은 0)를 읽어 정렬한 후 출력하는 프로그램을 작성하는 것이다.

※ 퀵 정렬은 정렬할 원소들 중 하나를 기준 값으로 선정하여 이 값보다 작은 원소들과 같거나 큰 원소들로 분리하여 이들 각각에 대해 순환적으로 퀵 정렬을 적용하여 크기순으로 정렬하는 알고리즘이다. 이때, 기준이 되는 값을 분할 원소(partition element)라 부른다.

4.15 다음은 분수에 대한 클래스이다.

```
class Fraction {
    public int numerator;           // 분자
    public int denominator;         // 분모
}
```

(1) 분수에 대한 4칙 연산(+, −, *, /)을 중복하여 정의하시오.

(2) 분수를 위한 **ToString()** 메소드를 [예제 4-11]에서 가져오시오.

(3) 테스트 클래스를 만들어 테스트 하시오.

참고: 분수에 대한 4칙 연산 방법은 [연습문제 4.11]을 참고하시오.

4.16 다음은 복소수에 대한 클래스이다.

```
class Complex {
    public double real;             // 실수부
    public double image;            // 허수부
}
```

(1) 복소수에 대한 4칙 연산(+, −, *, /)을 중복하여 정의하시오.

(2) 복소수를 위한 **ToString()** 메소드를 [예제 4-12]에서 가져오시오.

(3) 테스트 클래스를 만들어 테스트 하시오.

참고: 복소수에 대한 4칙 연산 방법은 [연습문제 4.12]를 참고하시오.

4.17 다음은 벡터에 대한 클래스이다.

```
class Vector {
    private int[] v;
}
```

(1) 크기를 매개변수로 받아 초기화하는 생성자를 작성하시오.

(2) 정수형 인덱스를 매개변수로 받아 처리하는 인덱서를 작성하시오.

(3) 벡터에 대한 ++와 -- 연산자를 중복하여 정의하시오. 벡터에 대한 ++ 연산자는 배열에 속한 모든 원소를 1씩 증가하는 의미이고 -- 연산자는 1씩 감소하는 의미이다.

(4) 테스트 클래스를 만들어 테스트 하시오.

4.18 다음은 날짜에 대한 클래스이다.

```
class Date {
   private int day, month, year;
   public Date(int mm, int dd, int yy) {          // 생성자
      day = dd;
      month = mm;
      year = yy;
   }
   public static Date operator+(Date d, int n) { /* ... */ }
   public static Date operator-(Date d, int n) { /* ... */ }
   override public string ToString() {            // mm/dd/yy
      return string.Format("{0:2}/{1:2}/{2:2}",month,day,year);
   }
}
```

(1) 날짜에 대한 ==(equal)과 !=(not equal) 연산자를 중복하시오.

(2) 날짜에 대한 >(greater than)과 <(less than) 연산자를 중복하시오.

(3) 날짜에 대한 ++와 -- 연산자를 중복하여 정의하시오. 날짜에 대한 ++ 연산자는 다음 날을 의미하고 -- 연산자는 전날을 의미한다.

(4) 날짜에 대한 +와 - 연산자를 중복하시오. 매개변수로 받은 n일 만큼 후의 날짜이거나 전의 날짜를 의미한다.

(5) 테스트 클래스를 만들어 테스트 하시오.

CHAPTER 05

파생 클래스와 인터페이스

C# Programming

contents

05 파생 클래스와 인터페이스

C#에서는 이미 존재하는 클래스에 정보를 추가하여 새로운 클래스를 선언할 수 있으며, 이렇게 만들어진 클래스를 파생클래스라고 한다. C# 클래스는 단일 상속만을 지원하기 때문에 클래스의 다중 상속이 필요한 경우에는 인터페이스를 통해 다중 상속을 사용할 수 있다. 또한 클래스와 인터페이스와 같은 여러 자료형을 묶어주는 네임스페이스에 대한 내용을 살펴볼 것이다.

5.1 파생 클래스

C#은 이미 존재하는 클래스에 정보를 추가하여 새로운 클래스를 만들 수 있다. 이때 기존의 클래스를 베이스 클래스(base class)라 부르며 새로 정의된 클래스를 파생 클래스(derived class)라 부른다.

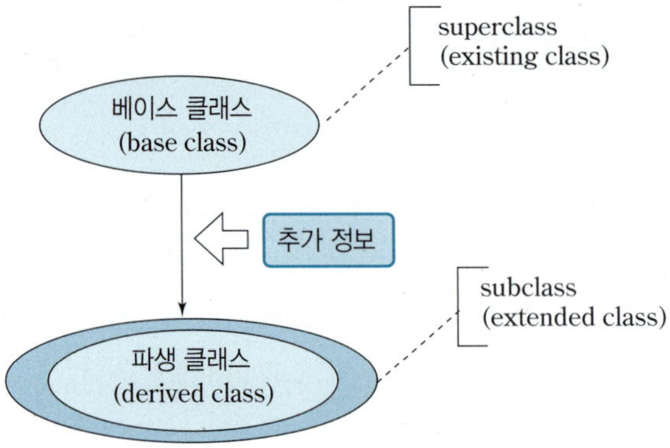

그림 5-1 클래스 상속

베이스 클래스의 모든 멤버들이 파생 클래스로 옮겨지는 특성을 상속(inheritance)이라 부른다. 일반적으로 객체지향 언어에서 프로그래밍의 기본 단위인 클래스를 정의하기 위한 방법은 다음과 같다. 먼저, 각 클래스에서 공통적으로 적용되는 멤버를 가지는 베이스 클래스를 정의하고 베이스 클래스로부터 파생 클래스를 확장하도록 설계하여 프로그램의 재사용성(reusability)을 높여준다. 이런 상속에는 베이스 클래스가 하나만 있는 단일 상속(single inheritance)과 여러 개가 있을 수 있는 다중 상속(multiple inheritance)이 있으나 C#에서는 베이스 클래스가 하나만 가능한 단일 상속만을 지원한다.

5.1.1 파생 클래스의 정의

베이스 클래스를 이용하여 파생 클래스를 정의하는 형태는 다음과 같다.

```
[class-modifiers] class DerivedClassName : BaseClassName {
    // member declarations
}
```

일반적인 클래스 정의 형태에 콜론(':') 옆에 베이스 클래스 이름을 명시해 준다. 그러면, 파생 클래스는 베이스 클래스의 모든 멤버를 상속받게 된다. 또한, 새로운 멤버를 추가할 수 있으며 베이스 클래스에서 정의된 멤버를 재정의할 수 있다.

(1) 파생 클래스의 필드

파생 클래스에서 필드를 선언하는 방법은 4장에서 설명한 클래스에서 필드를 선언하는 방법과 같다. 베이스 클래스로부터 필드를 상속받을 때, 파생 클래스 내에 같은 이름의 필드가 있으면 베이스 클래스의 필드는 숨겨진다. 하지만, 숨겨진 필드는 base라는 지정어와 함께 사용하면 참조할 수 있다. [예제 5-1]은 이와 같은 경우를 잘 보여준다.

예제 5-1 HiddenNameApp.cs

```
using System;
class BaseClass {
    protected int a = 1;
    protected int b = 2;
```

```
}
class DerivedClass : BaseClass {
    new int a = 3;
    new double b = 4.5;
    public void Output() {
        Console.WriteLine("BaseClass : a={0}, DerivedClass:a={1}",
                           base.a, a);
        Console.WriteLine("BaseClass : b={0}, DerivedClass:b={1}",
                           base.b, b);
    }
}
class HiddenNameApp {
    public static void Main() {
        DerivedClass obj = new DerivedClass();
        obj.Output();
    }
}
```

실행 결과

```
BaseClass : a=1, DerivedClass : a=3
BaseClass : b=2, DerivedClass : b=4.5
```

(2) 파생 클래스의 생성자

파생 클래스의 생성자도 그 형태와 의미는 모두 클래스의 생성자와 같다. 그러나 파생 클래스는 베이스 클래스의 모든 필드들을 갖고 있기 때문에 파생 클래스의 생성자에서는 먼저 베이스 클래스의 생성자를 호출하여야 한다. 만일, 파생 클래스에서 베이스 클래스의 생성자를 명시적으로 호출하지 않으면 베이스 클래스의 기본 생성자(default constructor)가 컴파일러에 의해 내부적으로 호출된다. [예제 5-2]는 이와 같은 상황을 잘 보여준다.

예제 5-2 DerivedConstructorApp.cs

```
using System;
class BaseClass {
   public BaseClass() {
      Console.WriteLine("BaseClass Constructor ...");
   }
}
class DerivedClass : BaseClass {
   public DerivedClass() {
      Console.WriteLine("DerivedClass Constructor ...");
   }
}
class DerivedConstructorApp {
   public static void Main() {
      DerivedClass obj = new DerivedClass();
      Console.WriteLine("In the main ...");
   }
}
```

실행 결과

```
BaseClass Constructor ...
DerivedClass Constructor ...
In the main ...
```

Main() 메소드 내에서 객체 obj를 생성하면서 DerivedClass 클래스의 생성자가 호출되고 DerivedClass() 생성자의 몸체가 실행되기 전에 다시 BaseClass 클래스의 생성자가 호출된다. 따라서 출력된 메시지는 역순이 된다. 이와 같은 실행 과정을 요약하면 다음과 같다.

1. 먼저, 필드를 초기화하는 부분이 실행된다.
2. 베이스 클래스의 생성자가 실행된다.
3. 파생 클래스의 생성자가 실행된다.

파생 클래스의 생성자에서 base()를 사용하여 베이스 클래스의 생성자를 명시적으로 호출할 수 있다. 또한, 매개변수를 갖는 base()는 베이스 클래스의 중복된 생성자를 구별하여 호출하는 역할을 한다. 다음은 베이스 클래스의 중복된 생성자를 호출하는 예제이다.

예제 5-3 BaseCallApp.cs

```
using System;
class BaseClass {
   public int a, b;
   public BaseClass() {
      a = 1; b = 1;
   }
   public BaseClass(int a, int b) {
      this.a = a; this.b = b;
   }
}
class DerivedClass : BaseClass {
   public int c;
   public DerivedClass() {
      c = 1;
   }
   public DerivedClass(int a, int b, int c) : base(a, b) {
      this.c = c;
   }
}
class BaseCallApp {
   public static void Main() {
      DerivedClass obj1 = new DerivedClass();
      DerivedClass obj2 = new DerivedClass(1, 2, 3);
      Console.WriteLine("a = {0}, b = {1}, c = {2}",
                        obj1.a, obj1.b, obj1.c);
      Console.WriteLine("a = {0}, b = {1}, c = {2}",
                        obj2.a, obj2.b, obj2.c);
   }
}
```

실행 결과

```
a = 1, b = 1, c = 1
a = 1, b = 2, c = 3
```

객체 obj1에 대한 생성자에서는 컴파일러에 의해 베이스 클래스의 생성자가 자동으로 호출되어 모든 필드들을 1로 배정하였고 obj2 객체에 대한 생성자에서는 명시적으로 base(int, int)를 호출하여 각 필드들을 지정된 값으로 초기화하였다.

5.1.2 메소드 재정의

베이스 클래스로부터 메소드를 상속받을 때, 파생 클래스 내에 같은 이름의 메소드가 있는 경우에 시그네처가 다르면 중복(overloading)이 되고 시그네처가 같으면 재정의(overriding)가 된다. 다시 말해서, 시그네처가 다른 메소드를 파생 클래스에서 정의하면 다른 메소드로 취급되지만 시그네처가 같은 경우에는 동일한 메소드가 되어 베이스 클래스에 있는 메소드를 대체하게 된다.

(1) 메소드 재정의

베이스 클래스에 정의된 메소드의 의미를 파생 클래스에서 바꿀 수 있다. 이 경우에 시그네처(메소드 이름/매개변수의 개수/매개변수의 형)가 같은 메소드를 파생 클래스에서 새로 정의하면, 베이스 클래스의 메소드는 파생 클래스에서 재정의된다. 메소드 재정의란 베이스 클래스에서 구현된 메소드를 파생 클래스에서 구현된 메소드로 대체시킨다는 의미이다.

이와 반면에 클래스 이름만 같고 매개변수의 개수 또는 매개변수의 형이 일치되지 않는 경우를 중복이라고 하는데 이것은 베이스 클래스의 메소드를 파생 클래스의 것으로 대체하지 않고 둘 다 사용할 수 있는 경우를 말한다. [예제 5-4]는 메소드 재정의(overriding)와 메소드 중복(overloading)과 차이점을 잘 보여주는 프로그램이다.

예제 5-4 OverridingAndOverloadingApp.cs

```
using System;
class BaseClass {
  public void MethodA() {
     Console.WriteLine("In the BaseClass ...");
  }
}
class DerivedClass : BaseClass {
 new public void MethodA() {          // Overriding
```

```
      Console.WriteLine("In DerivedClass ... Overriding !!!");
    }
    public void MethodA(int i) {            // Overloading
      Console.WriteLine("In DerivedClass ... Overloading !!!");
    }
}
class OverridingAndOverloadingApp {
    public static void Main() {
      BaseClass obj1 = new BaseClass();
      DerivedClass obj2 = new DerivedClass();
      obj1.MethodA();
      obj2.MethodA();
      obj2.MethodA(1);
    }
}
```

실행 결과

```
In the BaseClass ...
In DerivedClass ... Overriding !!!
In DerivedClass ... Overloading !!!
```

베이스 클래스에 선언된 메소드를 파생 클래스에서 완전하게 대체하여 재정의하고자 할 경우에는 new 수정자의 사용과 함께 반드시 메소드의 이름이 동일해야 하며 또한 메소드가 갖는 매개변수의 개수 및 형이 일치하여야 한다. 즉, 메소드의 시그네처가 반드시 일치해야 한다.

(2) 가상 메소드

지정어 virtual로 선언된 인스턴스 메소드를 가상 메소드(virtual method)라 부르며 파생 클래스에서 재정의해서 사용할 것임을 알려주는 역할을 한다.

가상 메소드는 파생 클래스에서 new나 override 수정자를 사용하여 재정의할 수 있으며 new인 경우에는 객체 형에 따라 호출되고 override인 경우에는 객체 참조가 가리키는 객체에 따라 호출된다. [예제 5-5]는 new와 override의 차이점을 잘 보여주는 프로그램이다.

예제 5-5 VirtualMethodApp.cs

```csharp
using System;
class BaseClass {
   virtual public void MethodA() {
      Console.WriteLine("Base MethodA");
   }
   virtual public void MethodB() {
      Console.WriteLine("Base MethodB");
   }
   virtual public void MethodC() {
      Console.WriteLine("Base MethodC");
   }
}
class DerivedClass : BaseClass {
   new public void MethodA() {
      Console.WriteLine("Derived MethodA");
   }
   override public void MethodB() {
      Console.WriteLine("Derived MethodB");
   }
   public void MethodC() {
      Console.WriteLine("Derived MethodC");
   }
}
class VirtualMethodApp {
   public static void Main() {
      BaseClass s = new DerivedClass();
      s.MethodA();
      s.MethodB();
      s.MethodC();
   }
}
```

실행 결과

```
Base MethodA
Derived MethodB
Base MethodC
```

객체 s의 형은 BaseClass이나 가리키는 것은 DerivedClass의 객체이다. 따라서 s를 통해 MethodA()를 호출하면 s의 형에 해당하는 BaseClass에 있는 MethodA()가 호출되는데 비해 MethodB()를 호출하면 s가 가리키는 형에 해당하는 DerivedClass에 있는 MethodB()가 호출된다. 메소드 수정자가 없이 재정의한 MethodC()에 대한 호출은 s의 형에 따라 BaseClass에 있는 MethodC()가 호출된다. 보다 자세한 사항은 5.1.5절의 다형성을 참조하기 바란다.

(3) 봉인 메소드

수정자 sealed로 선언된 메소드를 봉인 메소드(sealed method)라 부르며 파생 클래스에서 재정의하는 것을 허용하지 않는다. 예를 들어,

```
sealed void MethodA() {
   // ...
}
```

로 선언된 경우에 만약 파생 클래스에서 MethodA()를 재정의하면 컴파일러는 에러를 발생시킨다. 또한, 클래스도 sealed 수정자를 가질 수 있는데 이와 같은 클래스를 봉인 클래스(sealed class)라 부른다. 봉인 클래스 내에 있는 모든 메소드는 묵시적으로 봉인 메소드이다. 따라서 다음과 같은 예에서,

```
sealed class ClassA {
   void MethodA() { /* ... */ }
   void MethodB() { /* ... */ }
}
```

MethodA()와 MethodB()는 모두 봉인 메소드가 된다. 프로그래머가 자신이 정의한 클래스나 메소드가 파생 클래스에서 재정의되지 않기를 원한다면 sealed로 선언하는 것이 바람직하다.

(4) 추상 클래스

추상 클래스(abstract class)란 추상 메소드(abstract method)를 갖고 있는 클래스를 말한다. 또한, 추상 메소드란 실질적인 구현을 갖지 않고 메소드 선언만 있는 경우를 말한다. 추상 클래스를 선언하는 방법은 다음과 같다.

```
abstract class AbstractClass {
   public abstract void MethodA();
   void MethodB() {
      // ...
   }
}
```

여기서, MethodA()는 추상 메소드이고 MethodB()는 구현이 있는 메소드이다. 이와 같이 단 한 개라도 추상 메소드를 가지고 있으면 추상 클래스가 된다. 추상 클래스는 객체를 가질 수 없으며 반드시 파생 클래스에서 모든 추상 메소드를 구현한 후에 객체를 생성할 수 있다. 다시 말해서, 추상 클래스는 구현을 완료하지 않고 단지 외형만을 제공하므로 반드시 다른 클래스에 의해 상속된 후에 사용되어야 한다.

추상 클래스의 abstract 수정자는 virtual 수정자의 의미가 포함되어 있다. 따라서 추상 클래스를 상속받은 파생 클래스는 override 수정자를 사용하여 추상 메소드를 재정의할 수 있다. [예제 5-6]은 추상 클래스와 상속을 보여주는 프로그램이다.

예제 5-6 AbstractClassApp.cs

```
using System;
abstract class AbstractClass {
   public abstract void MethodA();
   public void MethodB() {
      Console.WriteLine("Implementation of MethodB()");
   }
}
class ImpClass : AbstractClass {
   override public void MethodA () {
      Console.WriteLine("Implementation of MethodA()");
   }
}
class AbstractClassApp {
   public static void Main() {
      ImpClass obj = new ImpClass();
      obj.MethodA();
      obj.MethodB();
   }
}
```

실행 결과

```
Implementation of MethodA()
Implementation of MethodB()
```

추상 메소드를 파생 클래스에서 구현할 때, 접근 수정자는 항상 일치해야 한다. 추상 클래스에서 MethodA()가 public으로 선언되었기 때문에 ImpClass에서 반드시 public 메소드로 구현해야 한다.

일반적으로 추상 클래스에서는 사용자 인터페이스로 추상 메소드만을 제공한다. 그리고 메소드에 실질적인 구현은 추상 클래스를 상속하는 파생 클래스에 따라 달라진다. 대개 이러한 기법은 다른 외부 클래스에서 메소드를 일관성 있게 다루기 위해 사용된다.

5.1.3 메소드 설계

메소드를 파생 클래스에서 재정의하여 사용할 수 있다는 것은 C# 프로그래밍에서 매우 유용한 기능이다. 또한, 베이스 클래스에 있는 메소드에 작업을 추가하여 새로운 기능을 갖는 메소드를 정의할 수 있다. 이런 경우에 베이스 클래스에 있는 메소드를 지정어 base를 사용하여 호출할 수 있다. [예제 5-7]은 파생 클래스에서 기능을 추가하여 재정의한 프로그램 예이다.

예제 5-7 AddendumApp.cs

```
using System;
class BaseClass {
   public void MethodA() {
      Console.WriteLine("do BaseClass Task.");
   }
}
class DerivedClass : BaseClass {
   new public void MethodA() {
      base.MethodA();
      Console.WriteLine("do DerivedClass Task.");
   }
}
```

```
class AddendumApp {
   public static void Main() {
      DerivedClass obj = new DerivedClass();
      obj.MethodA();
   }
}
```

실행 결과

```
do BaseClass Task.
do DerivedClass Task.
```

5.1.4 클래스형 변환

프로그래밍 언어론적인 관점에서 클래스란 하나의 사용자 정의형이기 때문에 상속 관계에 있는 클래스의 객체들 사이에는 기본형처럼 형 변환이 가능하다. 기본형에 대한 형 변환은 2장에서 자세히 설명했기 때문에 이 절에서는 객체 사이에 형 변환을 다루고자 한다.

일반적으로 파생 클래스형이 베이스 클래스형으로 자동 변환되지만 베이스 클래스형을 파생 클래스형으로 변환할 때에는 반드시 캐스트 연산자를 사용해야 한다. 예를 들어, [그림 5-2]와 같이 상속 관계를 갖는 클래스 계층을 고려해 보자.

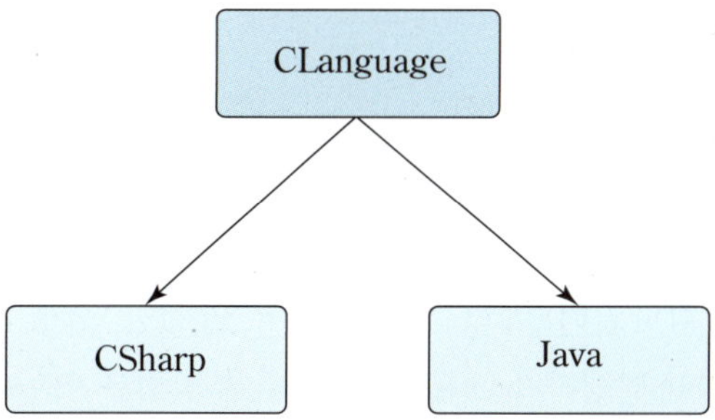

그림 5-2 클래스 계층

[그림 5-2]와 같은 계층 구조에서, CLanguage의 객체 참조를 이용하여 CSharp이나 Java의 객체를 가리킬 수 있다. 다시 말해서, CLanguage의 객체가 요구되는 곳에 CSharp이나 Java의 객체를 전달할 수 있다.

```
void Dummy(CLanguage obj) {
   // ...
}
// ...
CSharp cs = new CSharp();
Dummy(cs);        // OK
```

이와 같은 변환을 상향식 캐스트 또는 캐스팅-업(casting-up)이라 부르며 타당한 변환이 된다. 즉, 상향식 캐스트란 파생 클래스형의 객체가 베이스 클래스형으로 바뀌는 형 변환을 말한다.

그러나 CSharp이나 Java의 객체 참조를 이용하여 CLanguage의 객체를 가리킬 수 없다. 즉, CSharp이나 Java의 객체가 요구되는 곳에 CLanguage의 객체를 전달할 수 없다.

```
void Dummy(CSharp obj) {
   // ...
}
// ...
CLanguage c = new CLanguage();
Dummy(c);        // 에러
```

클래스 계층 구조에서 이와 같은 변환을 하향식 캐스트 또는 캐스팅-다운(casting-down)이라 부르며 모두 타당하지 않은 변환이 된다. 하향식 캐스트를 굳이 해야 되는 경우에는 캐스트 연산자를 이용하여 명시적으로 클래스형을 변환해야 한다. 따라서 다음과 같은 방법으로 호출해야 한다.

```
dummy((CSharp) c);        // 예외 발생
```

하지만, 이 경우에도 컴파일러 에러는 발생하지 않지만 실행 시간에 예외(System.InvalidCastException)가 발생하기 때문에 별로 좋은 방법은 아니다.

다음은 연산자 is를 이용하여 두 객체사이의 동등성(equality)을 검사하는 메소드를 구현한 것으로 파생 클래스의 객체가 베이스 클래스형으로 바뀌는 상향식 캐스트는 타당하고 베이스 클래스의 객체가 파생 클래스형으로 바뀌는 하향식 캐스트는 타당하지 않음을 보여주는 예제이다.

예제 5-8 ClassTypeConversionApp.cs

```
using System;
class CLanguage {
  public bool Equal(object obj) {
     if (obj is CLanguage) return true;
        else return false;
     }
}
class CSharp : CLanguage {
  new public bool Equal(object obj) {
     return (obj is CSharp) ? true : false;
  }
}
public class ClassTypeConversionApp {
  public static void Main() {
    CLanguage c = new CLanguage();
    CSharp cs = new CSharp();
    if (c.Equal(cs)) Console.WriteLine("casting up is valid.");
       else Console.WriteLine("casting up is not valid.");
    if (cs.Equal(c)) Console.WriteLine("casting down is valid.");
       else Console.WriteLine("casting down is not valid.");
  }
}
```

실행 결과

```
casting up is valid.
casting down is not valid.
```

5.1.5 다형성

적용하는 객체에 따라 메소드의 의미가 달라지는 것을 다형성(polymorphism)이라 부른다. C# 프로그래밍에서 다형성을 이루기 위해서는 virtual과 override의 조합으로 메소드를 선언해야 한다. 즉, 베이스 클래스에서 virtual로 선언하고 파생 클래스에서 override로 메소드를 재정의해야 한다.

예제 5-9 PolymorphismApp.cs

```
using System;
class BaseClass {
   public virtual void Output() {
      Console.WriteLine("In the Base class ...");
   }
}
class DerivedClass : BaseClass {
   public override void Output() {
      Console.WriteLine("In the Derived class ...");
   }
}
class PolymorphismApp {
   static void Print(BaseClass obj) {
      obj.Output();
   }
   public static void Main() {
      BaseClass obj1 = new BaseClass();
      DerivedClass obj2 = new DerivedClass();
      Print(obj1);
      Print(obj2);
   }
}
```

실행 결과

```
In the Base class ...
In the Derived class ...
```

상속 관계에 있는 클래스들 사이에 형 변환이 가능하기 때문에 객체의 형과 실제 가리키는 객체의 형은 다를 수가 있다. 이런 경우에 `virtual`과 `override`의 조합으로 메소드를 선언하면 메소드 호출은 객체의 형이 아니라 가리키고 있는 객체에 따라 이루어진다. 다음은 이와 같은 결과를 확인할 수 있는 예제이다.

예제 5-10 VirtualAndOverrideApp.cs

```
using System;
class CLanguage {
   virtual public void Print() {
      Console.WriteLine("In the Clanguage class ...");
   }
}
class Java : CLanguage {
   override public void Print() {
      Console.WriteLine("In the Java class ...");
   }
}
class VirtualAndOverrideApp {
   public static void Main() {
      CLanguage c = new Java();
      c.Print();
   }
}
```

실행 결과

```
In the Java class ...
```

[예제 5-10]에서 선언 CLanguage c = new Java();에서, 객체 c의 자료형은 CLanguage이지만 실질적으로 Java 클래스의 객체를 가리키고 있다. 따라서 c.Print();인 경우에 Java 클래스에 있는 Print() 메소드가 호출된다.

5.2 인터페이스

C#에서 인터페이스(interface)란 사용자 접속을 기술할 수 있는 프로그래밍 단위이다. 다시 말해서, 구현되지 않은 멤버들로 구성된 순수한 설계의 표현이다. C#에서 클래스는 단일 상속만 가능하기 때문에 다중 상속이 가능한 인터페이스를 지원하고 있다.

5.2.1 인터페이스 선언

인터페이스는 다음과 같은 문법적인 구조를 갖는다. 처음에 인터페이스 수정자와 지정어 partial이 순서대로 선택적으로 올 수 있다. 그리고 지정어 interface가 나오고 인터페이스 이름이 따라온다. 인터페이스 이름은 첫 글자를 대문자 I로 쓰는 것이 관례이다. 마지막으로 {} 안에 몸체를 기술한다. C#에서 인터페이스 몸체는 구현되지 않은 메소드, 프로퍼티, 인덱서, 이벤트가 될 수 있다.

```
[interface-modifiers] [partial] interface InterfaceName {
   // interface body
}
```

인터페이스의 수정자에는 접근 수정자인 public, protected, internal, private와 new 수정자가 될 수 있으며 각 수정자의 의미는 필드 수정자와 모두 같다. 다음은 메소드, 프로퍼티, 인덱서, 그리고 이벤트를 갖는 간단한 인터페이스 예이다.

```
interface IMethod {
   void Insert(string str);                    // 메소드
   int Count {get; set;}                       // 프로퍼티
   string this[int index] {get; set;}          // 인덱서
   event MyEventHandler Changed;               // 이벤트
}
```

인터페이스를 partial로 선언하면 서로 다른 소스 파일에서 선언된 같은 이름의 인터페이스는 멤버들을 합집합한 멤버들을 갖게 된다. 예를 들어, 서로 다른 소스 파일 1번과 2번에서 다음과 같이 각각 선언했다면,

```
// source file #1
partial interface IOperation {  // 멤버 개수 : 3개
   void Insert(string str);
   string Delete();
   bool Search(string str);
}
// source file #2
partial interface IOperation {  // 멤버 개수 : 2개
   string GetCurrentElt();
```

```
  int NumOfElements();
}
```

그리고 함께 컴파일하면, 인터페이스 IOperation은 5개의 멤버를 갖는 인터페이스([연습문제 5.9] 참고)가 된다. 부분 선언은 클래스, 구조체, 인터페이스 선언에 모두 적용되며 C# 프로그래밍시에 매우 도움이 되는 융통성을 얻을 수 있다.

인터페이스 몸체 내에서 선언된 모든 메소드는 묵시적으로 추상(abstract) 속성을 갖는다. 즉, 구현이 없으므로 내부적으로 추상 메소드가 된다. 따라서 인터페이스를 구현하는 클래스에서 모든 메소드를 구현하지 않을 경우에 반드시 추상 클래스로 선언해야 한다.

또한, 인터페이스에서 선언된 멤버들은 모두 public 속성을 갖는다. 그리고 static은 될 수 없다. 왜냐하면 static은 클래스 의존적인 속성이기 때문이다. 또한, 인터페이스는 생성자를 갖지 않는다.

일단, 인터페이스가 선언되면 인터페이스를 구현하는 클래스가 있어야 한다. 다시 말해서 인터페이스는 객체를 가질 수 없다. 따라서 반드시 클래스 구현을 통해서만 사용 가능하다. 추상 클래스와 달리 인터페이스의 멤버들을 구현하는 경우에는 override 수정자를 기술하지 않아도 된다. 이와 관련된 구체적인 내용은 5.2.3절을 참고하기 바란다.

5.2.2 인터페이스 확장

인터페이스를 선언할 때 이미 존재하는 인터페이스를 사용하여 확장할 수 있다. 이때, 기존의 인터페이스를 베이스 인터페이스(base interface)라 하며 새롭게 선언된 인터페이스를 파생 인터페이스(derived interface)라 부른다. 파생 인터페이스를 선언하는 형태는 다음과 같다.

```
[modifiers] interface InterfaceName : ListOfBaseInterfaces {
   // method declarations
   // property declarations
   // indexer declarations
   // event declarations
}
```

파생 인터페이스 형태는 기본적인 인터페이스 선언과 유사하며 : 다음에 베이스 인터페이스를 명시해 주는 것이 추가된 사항이다. 베이스 인터페이스가 여러 개일 때는 콤마로 구분한다. 다음은 파생 인터페이스를 선언하는 예를 보여주고 있다.

```
interface IEatable {              // base interface
   string Food { get; set; }      // 프로퍼티
   void PrintFood(string food);   // 메소드
}
interface IPrice : IEatable {     // derived interface
   int Price { get; set; }        // 프로퍼티
   void PrintPrice(int price)     // 메소드
}
```

이렇게 정의된 `IPrice`는 `IEatable` 인터페이스로부터 모든 멤버들을 상속받는다. 따라서 `IPrice` 인터페이스는 2개의 프로퍼티와 2개의 메소드를 갖게 된다.

파생 인터페이스는 여러 개의 베이스 인터페이스를 가질 수 있다. [그림 5-3]과 같이 여러 개의 인터페이스로부터 상속받는 것을 다중 상속(multiple inheritance)이라 부른다.

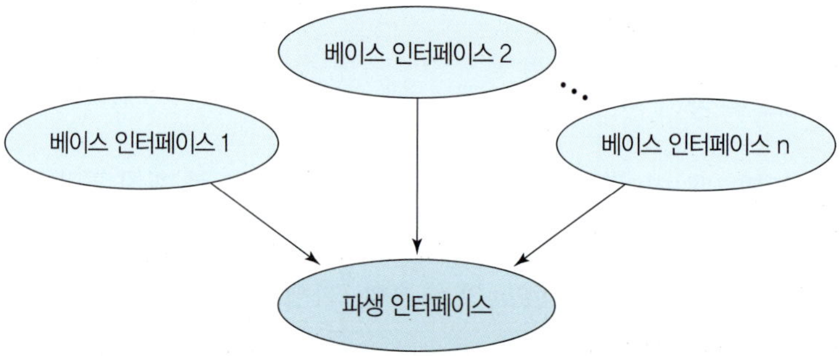

그림 5-3 인터페이스의 다중 상속

베이스 인터페이스로부터 멤버들을 상속받을 때, 파생된 인터페이스 내에 같은 이름의 멤버가 있는 경우에 베이스 인터페이스의 멤버는 숨겨진다. 이 경우에 `new` 지정어를 사용하여 재정의할 수 있다. 또한, 여러 개의 베이스 인터페이스로부터 중복된 이름의 멤버들을 상속받을 때, 베이스 인터페이스 이름과 함께 참조하면 베이스 인터페이스에 있는 멤버들을 사용할 수 있다. 다음은 인터페이스의 명시적 구현에 대한 예이다.

```
interface IRectangle {
   void Area(int width, int height);
}
interface ITriangle {
   void Area(int width, int height);
}
interface IDrawing : IRectangle, ITriangle {
   void IRectangle.Area(int width, int height);
   void ITriangle.Area(int width, int height);
}
```

5.2.3 인터페이스 구현

인터페이스는 메소드, 프로퍼티, 인덱서, 이벤트의 선언들로만 구성되기 때문에 반드시 클래스를 통하여 구현한 후 객체를 가질 수 있다. 인터페이스를 이용하여 클래스를 정의하는 기본적인 형태는 다음과 같다.

```
[class-modifiers] class ClassName : ListOfInterfaces {
   // member declarations
}
```

인터페이스를 상속받아 클래스를 구현할 때, 인터페이스에 있는 모든 멤버들이 묵시적으로 public이기 때문에 접근 수정자를 public으로 명시해야 하고 메소드들은 본질적으로 추상 메소드이기 때문에 모두 구현하지 않으면 그 클래스는 추상 클래스가 된다.

예제 5-11 ImplementingInterfaceApp.cs

```
using System;
interface IRectangle {
   void Area(int width, int height);
}
interface ITriangle {
   void Area(int width, int height);
}
class Shape : IRectangle, ITriangle {
```

```
    void IRectangle.Area(int width, int height) {
        Console.WriteLine("Rectangle Area : "+width*height);
    }
    void ITriangle.Area(int width, int height) {
        Console.WriteLine("Triangle Area : "+width*height/2);
    }
}
class ImplementingInterfaceApp {
    public static void Main() {
        Shape s = new Shape();
        // s.Area(10, 10);             // error - ambiguous !!!
        // s.IRectangle.Area(10, 10);  // error
        // s.ITriangle.Area(10, 10);   // error
        ((IRectangle)s).Area(20, 20);  // 캐스팅-업
        ((ITriangle)s).Area(20, 20);   // 캐스팅-업
        IRectangle r = s;              // 인터페이스로 캐스팅-업
        ITriangle t = s;               // 인터페이스로 캐스팅-업
        r.Area(30, 30);
        t.Area(30, 30);
    }
}
```

실행 결과

```
Rectangle Area = 400
Triangle Area = 200
Rectangle Area = 900
Triangle Area = 450
```

[예제 5-11]에서 IRectangle과 ITriangle 인터페이스는 동일한 이름의 메소드를 갖고 있다. 그리고 Shape 클래스는 IRectangle과 ITriangle 인터페이스를 다중 상속하여 구현한 클래스이다. 다중 상속시에 동일한 이름을 갖는 메소드를 상속받은 경우에는 애매모호(ambiguous)해지므로 단순히 메소드 이름만 사용하면 에러가 된다. 이 경우에는 메소드가 속해 있는 인터페이스를 구분해 주기 위해 메소드 이름 앞에 점 연산자(dot operator)를 사용하여 인터페이스 이름과 메소드 이름을 기술해 준다. 예를 들어, Shape 클래스에서 단순히 Area() 메소드를 구현하면 IRectangle 인터페이스의 메소드인지 ITriangle의

메소드인지 구분할 수 없다. 따라서 IRectangle.Area()와 ITriangle.Area()와 같이 기술하여 구현하여야 한다.

인터페이스에서 선언된 메소드들을 Shape 클래스에서 완전하게 구현하였기 때문에 Shape 클래스의 객체를 통해서 구현된 메소드를 호출할 수 있다. 인터페이스도 하나의 자료형으로 다룰 수 있기 때문에 인터페이스를 구현한 클래스 입장에서는 인터페이스가 베이스 클래스로 간주될 수 있다. 따라서 Shape 클래스의 객체가 인터페이스 형으로 캐스팅-업(casting-up)이 될 수 있는 것이다.

베이스 클래스를 확장하고 동시에 인터페이스를 구현하여 클래스를 만들 수 있다. 이런 경우 클래스와 인터페이스로부터 다중 상속이 이루어지며 그 형태는 다음과 같다.

```
[class-modifiers] class ClassName : BaseClass, ListOfInterfaces {
    // member declarations
}
```

다음과 같이 계층으로 선언된 예를 살펴보자.

```
interface IX { }
interface IY : IX { }
class A : IX { }
class B : A, IY { }
```

여기서 IY는 IX를 확장한 인터페이스이고 A는 IX를 구현한 클래스이다. 그리고 B는 A를 확장하고 동시에 IY를 구현하여 만든 클래스이다. 이와 같은 상속 관계를 다이아몬드 상속(diamond inheritance)이라 부르며 그림으로 표현하면 [그림 5-4]와 같으며, 원으로 표기된 것은 인터페이스를 나타낸다.

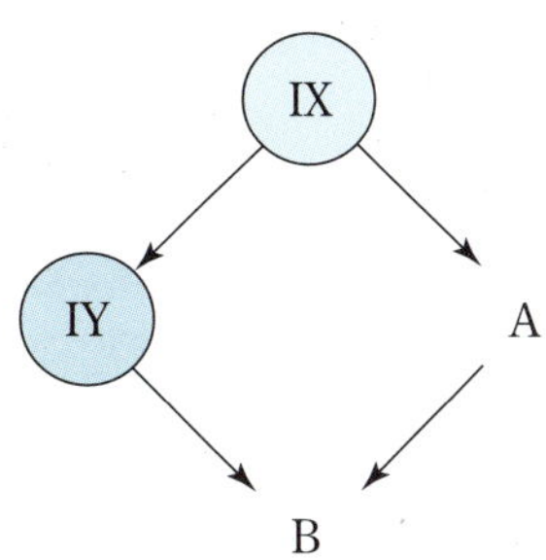

그림 5-4 다이아몬드 상속

예제 5-12 DiamondApp.cs

```
using System;
interface IX { void XMethod(int i); }
interface IY : IX { void YMethod(int i); }
class A : IX {
   private int a;
   public int PropertyA {
      get { return a; }   set { a = value; }
   }
   public void XMethod(int i) { a = i; }
}
class B : A, IY {
   private int b;
   public int PropertyB {
      get { return b; }   set { b = value; }
   }
   public void YMethod(int i) { b = i; }
}
class DiamondApp {
   public static void Main() {
      B obj = new B();
      obj.XMethod(5);   obj.YMethod(10);
      Console.WriteLine("a = {0}, b = {1}",
                        obj.PropertyA, obj.PropertyB);
   }
}
```

실행 결과

```
a = 5, b = 10
```

인터페이스는 클래스뿐만 아니라 구조체를 통하여 구현될 수 있다. 인터페이스를 이용하여 구조체를 정의하는 방법은 다음과 같다.

```
[struct-modifiers] struct StructName : ListOfInterfaces {
   // member declarations
}
```

기본적인 구조체 정의 형태와 유사하며 ':' 다음에 인터페이스를 명시해 주는 것이 추가된 항목이다.

예제 5-13 StructImpApp.cs

```
using System;
interface IVector {
   void Insert(int n);      // 배열에 원소를 삽입한다.
   void ScalarSum(int n);  // 배열의 각 원소에 스칼라 값을 더한다.
   void PrintVector();      // 배열에 있는 모든 원소를 출력한다.
}
struct Vector : IVector {
   private int[] v;
   private int index, size;
   public Vector(int size) {  // 생성자
      v = new int[size];
      this.size = size;
      index = 0;
   }
   public void Insert(int n) {
      if (index >= size)
         Console.WriteLine("Error : array overflow");
      else
         v[index++] = n;
   }
   public void ScalarSum(int n) {
      for (int i=0; i<index; i++)
         v[i] += n;
   }
   public void PrintVector() {
      Console.Write("Contents:");
      for (int i=0; i<index; i++)
         Console.Write(" " + v[i]);
      Console.WriteLine();
   }
}
class StructImpApp {
   public static void Main() {
```

```
        Vector a = new Vector(100);
        int n;
        while (true) {        // 0이 입력될 때까지 반복한다.
            n = Console.Read() - '0';
            if (n == 0) break;
            a.Insert(n);
        }
        a.PrintVector();
        a.ScalarSum(10);
        a.PrintVector();
    }
}
```

입력 데이터

```
123450
```

실행 결과

```
Contents: 1 2 3 4 5
Contents: 11 12 13 14 15
```

C# 프로그래밍 언어에서 제공하는 인터페이스와 추상 클래스는 모두 객체를 가질 수 없다는 특징을 갖지만 다음과 같은 차이점이 있다.

1. 인터페이스는 다중 상속을 지원하나 추상 클래스는 단일 상속만 가능하다.
2. 추상 클래스에서는 메소드의 부분적인 구현이 가능하지만 인터페이스에서는 오직 메소드 선언만 있을 수 있다.
3. 인터페이스의 메소드를 구현할 때 override 지정어를 사용하지 않지만, 추상 클래스에서는 override를 사용하여 재정의한다.

5.3 네임스페이스

네임스페이스(namespace)란 서로 연관된 클래스나 인터페이스, 구조체, 열거형, 델리게이트, 하위 네임스페이스(subnamespace)를 하나의 단위로 묶어 주는 것이다. 이러한 네임스페이스는 다음과 같은 이유 때문에 유용하다. 첫째, 여러 개의 클래스와 인터페이스, 구조체, 열거형, 델리게이트 등을 하나의 그룹으로 다루는 수단을 제공한다. 둘째, 클래스의 이름을 지정할 때 발생되는 문제인 클래스 이름 사이의 충돌 문제를 해결할 수 있다. 즉, 서로 다른 네임스페이스에서 동일한 이름의 클래스를 정의할 수 있다.

5.3.1 네임스페이스 선언

프로그래머가 일련의 클래스나 인터페이스를 가지는 네임스페이스를 정의하기 위해서는 다음과 같이 포함할 항목을 {와 } 사이에 넣는 형태로 정의해야 한다.

```
namespace NamespaceName {
   // 네임스페이스에 포함할 항목을 정의...
}
```

여기서, 네임스페이스 이름은 일반적으로 System.IO와 같이 계층적인 구조를 가진다. 다음은 네임스페이스 선언에 대한 예제 프로그램이다.

예제 5-14 Shape.cs

```
namespace Shape {
   public class Rectangle {
      public int height;
      public int width;
      override public string ToString () {
         return string.Format("Width: {0}, Height: {1}",width,height);
      }
   }
}
```

실행 결과

```
C:\> csc /target:library /out:Shape.dll Shape.cs
```

[예제 5-14]는 Rectangle이라는 클래스를 포함하는 네임스페이스 Shape를 정의한 것이다. 프로그램의 진입점인 Main() 메소드가 없기 때문에 실행 가능한 어셈블리(*.exe)를 만들 수 없으며, 실행할 수 없는 어셈블리(*.dll)인 라이브러리 형태로 컴파일해야 한다. 즉, 컴파일할 때 /target 또는 /t 옵션으로 결과 파일이 library 형태임을 컴파일러에게 알려주고, /out 옵션으로 생성될 결과 파일 이름을 명시해야 한다.

```
csc /target:library /out:Shape.dll Shape.cs
```

또는

```
csc /t:library /out:Shape.dll Shape.cs
```

위와 같이 컴파일하면, Shape.dll이라는 라이브러리 형태의 어셈블리 파일이 생성된다. Rectangle 클래스는 네임스페이스 Shape에 속하며 Shape.dll 어셈블리의 일부가 된다.

5.3.2 네임스페이스 사용

C#에서 제공하는 클래스나 구조체 등을 사용하기 위해서는 이를 포함하고 있는 네임스페이스를 using 문을 사용하여 포함해야 한다. 다음은 [예제 5-14]에서 작성한 Shape 네임스페이스를 사용하는 예제이다.

예제 5-15 NamespaceApp.cs

```
using System;
using Shape;            // 사용하고자 하는 네임스페이스 명시
public class NamespaceApp {
    public static void Main() {
        Rectangle rect = new Rectangle();
        rect.width = 10;
```

```
        rect.height = 20;
        Console.WriteLine("rect : " + rect);
    }
}
```

실행 방법

```
C:\> csc /reference:Shape.dll NamespaceApp.cs
C:\> NamespaceApp
```

실행 결과

```
rect : Width: 10, Height: 20
```

[예제 5-15]는 using 문을 사용하여 Shape 네임스페이스를 포함하였고 컴파일 과정에서 /reference 옵션을 사용하여 Shape.dll의 위치를 명시하였다.

using 문을 사용하지 않은 경우에는 Shape.Rectangle과 같이 네임스페이스 이름과 멤버 이름을 결합하여 사용한다. 다음은 using 문을 사용하는 경우와 사용하지 않는 경우에 Rectangle 클래스의 이용하는 방법을 설명하고 있다.

1. using 문을 사용하는 경우

```
using Shape;
// ...
Rectangle rec = new Rectangle();
```

2. using 문을 사용하지 않은 경우

```
Shape.Rectangle rec = new Shape.Rectangle();
```

요약해서 정리하면, using 문을 사용하여 클래스를 포함하고 있는 네임스페이스를 명시적으로 알려주지 않은 경우에는 클래스를 포함하고 있는 네임스페이스 이름과 클래스 이름이 결합된 형태로 사용해야 한다.

연습문제

5.1 다음 괄호 안에 적당한 용어를 쓰시오.

(1) 클래스를 확장하여 새로운 클래스를 만들 수 있는 기능은 프로그램의 (   )을 높일 수 있다.

(2) 이미 존재하는 클래스에 정보를 추가하여 새로운 클래스를 만들 수 있다. 이때 기존의 클래스를 (   )라 부르고 새로 정의한 클래스를 (   )라 부른다.

(3) 베이스 클래스로부터 필드를 상속받을 때, 파생 클래스에 같은 이름의 필드가 있으면 베이스 클래스의 필드는 숨겨진다. 이 경우에 (   ) 라는 지정어와 함께 사용하면 베이스 클래스에 있는 필드를 참조할 수 있다.

(4) 베이스 클래스로부터 메소드를 상속받을 때, 파생 클래스 내에 같은 이름의 메소드가 있는 경우에 시그네처가 다르면 (   )이 되고 시그네처가 같으면 (   )이 된다.

(5) 지정어 `virtual`로 선언된 (   ) 메소드를 가상 메소드라 부른다.

(6) 메소드 몸체(body)를 갖지 않는 메소드는 (   )와 (   )이다.

(7) 실질적인 구현을 갖지 않고 메소드 선언만 있는 메소드를 (   )라 말한다.

(8) 파생 클래스형의 객체가 베이스 클래스형으로 바뀌는 형 변환을 (   )라 말한다.

(9) 메소드의 의미가 적용하는 객체에 따라 달라지는 것을 (   )이라 부른다.

(10) 프로그래머가 자신이 정의한 클래스나 메소드가 파생 클래스에서 재정의되지 않기를 원한다면 (   )으로 선언하는 것이 바람직하다.

(11) C#에서, (   )는 메소드, 프로퍼티, 인덱서, 이벤트의 선언부만 갖고 있는 순수한 설계의 표현이다.

(12) Main() 메소드가 없는 어셈블리는 실행할 수 없고 (   ) 형태가 된다.

(13) 컴파일 과정에서 DLL를 명시하는 옵션은 (   )이다.

5.2 다음 객관식 문제를 푸시오.

(1) 파생 클래스를 통하여 이룰 수 있는 객체지향 개념은?

① 자료 추상화　　② 상속성
③ 다형성　　④ 유지 보수성
⑤ 정보 은닉화

(2) 클래스의 상속을 통하여 이룰 수 있는 객체지향 개념은?

① 재사용성　　② 상속성
③ 다형성　　④ 정보 은닉화
⑤ 자료 추상화

(3) 파생 클래스의 생성자가 실행되는 순서는?

① 필드 초기화 → 베이스 클래스 생성자 → 파생 클래스 생성자
② 파생 클래스 생성자 → 필드 초기화 → 베이스 클래스 생성자
③ 베이스 클래스 생성자 → 필드 초기화 → 파생 클래스 생성자
④ 베이스 클래스 생성자 → 파생 클래스 생성자 → 필드 초기화
⑤ 필드 초기화 → 파생 클래스 생성자 → 베이스 클래스 생성자

(4) 수정자로 올 수 있는 지정어의 개수가 5개(접근 수정자와 `new`)가 아닌 것은?

① 구조체(struct) 수정자　　② 인터페이스(interface) 수정자
③ 델리게이트(delegate) 수정자　　④ 생성자(constructor) 수정자
⑤ 열거형(enum) 수정자

(5) 프로그래머가 자신이 정의한 클래스나 메소드가 파생 클래스에서 재정의되지 못하게 할 때 사용하는 지정어는?

① `static`　　② `public`
③ `private`　　④ `sealed`
⑤ `readonly`

(6) 메소드 수정자에 관한 설명 중 맞는 것은?

① `static`, `virtual`, 그리고 `override`는 함께 사용할 수 있다.
② `new`와 `override`는 함께 사용할 수 있다.
③ 메소드가 `abstract`로 선언되면, `static`, `virtual`, `sealed` 또는 `extern` 등과 함께 사용할 수 있다.
④ 메소드가 `private`로 선언되면, `virtual`, `override`, 또는 `abstract` 등과 함께 사용할 수 있다.
⑤ `sealed`와 `override`는 함께 사용할 수 있다.

(7) 메소드 수정자에 관한 설명 중 틀린 것은?

① static으로 선언하면, 반드시 클래스 이름을 통해서만 참조할 수 있다.
② extern으로 선언하면, C# 이외의 언어로 구현해야 한다.
③ virtual로 선언하면, 반드시 new로 재정의해야 한다.
④ abstract로 선언하면, 메소드 몸체를 정의할 수 없다.
⑤ sealed로 선언하면, 파생 클래스에서 재정의할 수 없다.

(8) 메소드 수정자의 의미에 관한 설명 중 맞는 것은?

① 메소드가 virtual로 선언되면, 파생 클래스에서 반드시 new 수정자를 사용하여 재정의해야만 한다.
② 메소드가 abstract로 선언되면, 파생 클래스에서 반드시 new 수정자를 사용하여 재정의해야만 한다.
③ 메소드가 virtual로 선언되면, 파생 클래스에서 반드시 override 수정자를 사용하여 재정의해야만 한다.
④ 메소드가 abstract로 선언되면, 파생 클래스에서 반드시 override 수정자를 사용하여 재정의해야만 한다.
⑤ 메소드가 sealed로 선언되면, 파생 클래스에서 반드시 override 수정자를 사용하여 재정의해야만 한다.

(9) 재정의할 수 있는 메소드는?

① 정적 메소드 ② 가상 메소드
③ 봉인 메소드 ④ 외부 메소드(external method)

(10) C#에서 인터페이스 몸체가 될 수 없는 것은?

① 메소드 선언 ② 프로퍼티 선언
③ 인덱서 선언 ④ 이벤트 선언
⑤ 델리게이트 선언

(11) C#에서 인터페이스 수정자(interface modifier)가 될 수 없는 것은?

① public ② protected
③ internal ④ private
⑤ static

(12) C#에서 부분 선언이 가능하지 않은 프로그래밍 단위는 무엇인가?

① 클래스 ② 구조체

③ 인터페이스 ④ 모듈

(13) C#에서 부분 선언으로 얻을 수 있는 장점은 무엇인가?

① 재사용성 ② 융통성

③ 추상화 ④ 효율성

⑤ 다형성

(14) 인터페이스 멤버에 관한 설명 중 틀린 것은?

① 메소드, 프로퍼티, 인덱서, 이벤트가 될 수 있다.

② 인터페이스 메소드는 모두 추상 메소드가 된다.

③ 선언으로만 구성되고 구현을 가질 수 없다.

④ 접근 수정자는 묵시적으로 `internal`이 된다.

⑤ 인터페이스는 생성자를 가질 수 없다.

(15) C# 프로그래밍에서 다중 상속이 가능한 프로그래밍 단위는?

① 클래스 ② 구조체

③ 인터페이스 ④ 네임스페이스

⑤ 어셈블리

(16) 인터페이스와 추상 클래스의 설명 중 맞는 것은?

① 인터페이스는 다중 상속을 지원하나 추상 클래스는 단일 상속만 가능하다.

② 인터페이스는 객체를 가질 수 없지만 추상 클래스는 객체를 가질 수 있다.

③ 인터페이스는 메소드 선언만 있을 수 있고 추상 클래스는 오직 추상 메소드만 가질 수 있다.

④ 인터페이스는 메소드 정의를 가질 수 있지만 추상 클래스는 오직 메소드 선언만 있을 수 있다.

⑤ 인터페이스의 최상위 인터페이스는 `System.Interface`이고 추상 클래스의 최상위 클래스는 `System.Object`이다.

(17) C# 프로그래밍에서 다형성을 이루려면?

① 베이스 클래스에서는 virtual로 선언하고 파생 클래스에서는 override로 재정의해야 한다.

② 베이스 클래스에서는 virtual로 선언하고 파생 클래스에서는 new로 재정의해야 한다.

③ 베이스 클래스에서는 static으로 선언하고 파생 클래스에서는 override로 재정의하다 한다.

④ 베이스 클래스에서는 static으로 선언하고 파생 클래스에서는 new로 재정의하다 한다.

⑤ 베이스 클래스에서는 abstract로 선언하고 파생 클래스에서는 메소드 수정자 없이 재정의하다 한다.

(18) 메소드의 몸체를 가질 수 없는 메소드는 어느 것인가?

① 정적 메소드와 봉인 메소드

② 가상 메소드와 봉인 메소드

③ 가상 메소드와 외부 메소드

④ 추상 메소드와 가상 메소드

⑤ 추상 메소드와 외부 메소드

(19) 클래스형 변환에 대한 내용중 바른 것은?

① 베이스 클래스형은 파생 클래스형으로 묵시적으로 변환된다.

② 베이스 클래스형은 파생 클래스형으로 명시적으로 변환해야 한다.

③ 파생 클래스형은 베이스형으로 묵시적으로 변환된다.

④ 파생 클래스형은 베이스형으로 명시적으로 변환해야 한다.

⑤ 파생 클래스형 객체 참조가 베이스형 객체를 가리킬 수 있다.

(20) 클래스의 계층적 구조에서 다음 중 올바른 내용을 모두 찾으시오.

① 상위 계층에 있는 클래스일수록 특정한 응용에 적합한 클래스이다.

② 상위 계층으로 갈수록 추상 클래스가 많다.

③ 상위 계층에 있는 메소드가 하위 계층에 있는 메소드를 재정의한다.

④ 하위 계층으로 갈수록 좀더 일반적인 클래스이다.

⑤ 하위 계층의 형을 상위 계층의 형으로 변환할 수 있다.

(21) 다음 중 네임스페이스에 대한 설명 중 틀린 것은?

① 서로 연관된 클래스나 인터페이스, 구조체, 열거형, 델리게이트, 그리고 서브 네임스페이스를 하나의 단위로 묶는 방법이다.

② 네임스페이스를 포함하기 위해서는 지정어 namespace를 사용한다.

③ 클래스 이름 사이의 충돌 문제를 해결할 수 있다.

④ System 네임스페이스는 using 문을 사용하여 포함시킨다.

⑤ using 문을 사용하지 않으면 전체 이름을 써야 한다.

5.3 다음 구문에 대한 문법적인 구조를 기술하시오.

(1) 파생 클래스의 정의 형태

(2) 추상 클래스의 선언 형태

(3) 파생 인터페이스의 선언 형태

(4) 네임스페이스의 선언

(5) 네임스페이스의 사용

5.4 다음 용어를 비교 설명하시오.

(1) interface vs. abstract class

(2) abstract method vs. virtual method

(3) this vs. base

(4) method overloading vs. method overriding

(5) new vs. override

5.5 다음을 간략히 설명하시오.

(1) C# 언어에서 다중 상속을 구현하기 위한 방법을 설명하시오.

(2) 파생 클래스에서 기능을 추가하여 베이스 클래스의 메소드를 재정의하는 방법을 설명하시오.

(3) 정의된 네임스페이스를 다른 소스 파일에서 사용하기 위한 방법을 설명하시오.

(4) C# 소스 파일 Shape.cs를 Shape.dll로 컴파일하기 위한 방법을 설명하시오.

5.6 다음 프로그램의 실행 결과를 쓰시오.

(1)

```
using System;
class BaseClass { public static int supNum = 100; }
```

```
class DerivedClass:BaseClass {public static int subNum=200;}
public class Exercise5_6_1 {
   public static void Main() {
      Console.Write(BaseClass.supNum+", "+DerivedClass.supNum);
      Console.WriteLine(", " + DerivedClass.subNum);
   }
}
```

(2)

```
using System;
class BaseClass {
    public bool Equal(object obj) {
        if (GetType() == obj.GetType()) return true;
        else return false;
    }
}
class DerivedClass : BaseClass {}
class Exercise5_6_2 {
    public static void Main() {
        BaseClass b1 = new BaseClass();
        BaseClass b2 = new BaseClass();
        DerivedClass d1 = new DerivedClass();
        DerivedClass d2 = new DerivedClass();
        if (b1.Equal(d1))
            Console.WriteLine("Derived equals Base.");
        if (d1.Equal(b1))
            Console.WriteLine("Base equals Derived.");
        if (b1.Equal(b2))
            Console.WriteLine("Base equals Base.");
        if (d1.Equal(d2))
            Console.WriteLine("Derived equals Derived.");
    }
}
```

(3)

```
using System;
using System.IO;
class ExerciseCh5_6_3 {
    public static void Main() {
        using (TextWriter w = File.CreateText("log.txt")) {
            w.WriteLine("This is line one");
            w.WriteLine("This is line two");
        }
        using (TextReader r = File.OpenText("log.txt")) {
            int c;
            while ((c = r.Read()) != -1) {
                Console.Write((char)c);
            }
        }
    }
}
```

5.7 다음과 같은 클래스 형태가 주어졌을 때 물음에 답하시오.

```
class Temperature {
     double degree;
     public Temperature(double degree) { // 생성자
          this.degree = degree;
     }
     public double Degree {              // 프로퍼티
          get { return degree; }
     }
}
class Celsius : Temperature {
     public Celsius(double t): base(t) {   }
     // ...
}
class Fahrenheit : Temperature {
     public Fahrenheit(double t): base(t) {   }
     // ...
}
```

(1) 클래스 Celsius에서,

① double을 Celsius로 변환하는 형 변환 연산자를 정의하시오.

② Fahrenheit를 Celsius로 변환하는 형 변환 연산자를 정의하시오.

③ Celsius를 double로 변환하는 형 변환 연산자를 정의하시오.

(2) 클래스 Fahrenheit에서,

① double을 Fahrenheit로 변환하는 형 변환 연산자를 정의하시오.

② Celsius를 Fahrenheit로 변환하는 형 변환 연산자를 정의하시오.

③ Fahrenheit를 double로 변환하는 형 변환 연산자를 정의하시오.

$$Fahrenheit = \frac{9}{5} * Celsius + 32$$

(3) 테스트 클래스를 만들어 테스트 하시오.

5.8 다음과 같은 추상 클래스를 이용하여 사각형과 원에 대한 클래스를 각각 정의하고 테스트하는 프로그램을 작성하시오.

```
abstract class Figure {
    abstract void Area();      // 넓이를 구하는 메소드
    abstract void Girth();     // 둘레를 구하는 메소드
    abstract void Draw();      // 도형을 그리는 메소드
}
```

5.9 다음 인터페이스를 보고 물음에 답하시오.

```
interface IOperation {
    void Insert(string str);
    string Delete();
    bool Search(string str);
    string GetCurrentElt();
    int NumOfElements();
}
```

(1) 인터페이스 IOperation을 이용하여 Stack 클래스를 구현하시오. 부가적으로 스택에 관련된 저장장소를 확보하고 삽입(insert), 삭제(delete), 검색(search), 그리고 스택에 있는 원소 개수를 반환하는 메소드를 구현하시오.

① Insert(): 매개변수로 받은 str을 스택에 푸시한다.
② Delete(): 스택에서 팝한 후 반환한다.
③ Search(): 스택에서 주어진 원소의 존재여부를 반환한다.
④ GetCurrentElt(): 현재 스택 탑에 있는 원소를 반환한다.
⑤ NumOfElements(): 스택에 존재하는 원소의 개수를 반환한다.

(2) 인터페이스 IOperation을 이용하여 Queue 클래스를 구현하시오. 부가적으로 큐에 관련된 저장장소를 확보하고 삽입(insert), 삭제(delete), 검색(search), 그리고 큐에 있는 원소 개수를 반환하는 메소드를 구현하시오.
① Insert(): 매개변수로 받은 str을 큐의 rear에 삽입한다.
② Delete(): 큐의 front에서 제거한 후 반환한다.
③ Search(): 큐에서 주어진 원소의 존재여부를 반환한다.
④ GetCurrentElt(): 현재 큐의 front에 있는 원소를 반환한다.
⑤ NumOfElements(): 큐에 존재하는 원소의 개수를 반환한다.

(3) 스택과 큐를 테스트하는 주프로그램을 작성하시오.

5.10 다음과 같은 구조에서 인터페이스 멤버를 올바르게 참조할 수 있도록 고치시오.

```
interface IPropertyCounter {
   int Count { get; set; }
}
interface IMethodCounter {
   int Count(int i);
}
interface ICounter: IPropertyCounter, IMethodCounter {  }
// ...
Class InterfaceParameter {
   void Test(ICounter x) {
      x.Count(1);   // error - invoke IMethodCounter.Count
      x.Count = 1; // error - invoke IPropertyCounter.Count.set
}
```

5.11 다음과 같은 인터페이스를 이용하여 사각형과 원에 대한 클래스를 각각 정의하고 테스트하는 프로그램을 작성하시오.

```
public interface IFigure {
    void Area();        // 넓이를 구하는 메소드
    void Girth();       // 둘레를 구하는 메소드
    void Draw();        // 도형을 그리는 메소드
}
```

CHAPTER 06

고급 프로그래밍 기법

C# Programming

contents

06 고급 프로그래밍 기법

C# 언어는 응용 프로그램을 보다 짜임새 있고 원론적으로 작성할 수 있도록 다양한 기능을 제공하고 있다. 제네릭과 애트리뷰트, 예외 처리, 스레드가 이런 기능에 속하며 응용 프로그램을 고급스럽게 작성할 수 있게 해준다. 다시 말해서, 이와 같은 고급스런 기법들은 프로그래머가 프로그래밍 원리를 적용해서 응용 프로그램을 작성하는 것을 가능하게 해준다.

제네릭(generic)은 클래스나 메소드에 자료형을 매개변수 형식으로 사용할 수 있는 기능이다. 따라서 자료형과 무관하게 알고리즘을 기술할 수 있어 알고리즘의 재사용성을 높일 수 있을 뿐 아니라 자료형에 따른 프로그램의 중복을 줄일 수 있다. 그러므로 제네릭은 프로그램의 구조를 단순하게 만들 수 있다. 애트리뷰트(attribute)란 프로그래밍 단위(어셈블리, 클래스, 메소드 등)에 줄 수 있는 추가적인 정보를 의미하며 C#에서는 이를 실행 시간에 다양하게 활용할 수 있는 방법을 지원해 주고 있다. 예외(exception)란 실행 중에 발생하는 에러를 의미하며 C#에서는 이런 에러를 체계적으로 처리할 수 있는 방법을 제공해 주고 있다. 마지막으로 스레드(thread)는 시작, 실행, 종료의 실행 순서를 가지는 제어의 단일 순차 흐름을 나타내며, C#은 이런 스레드를 여러 개 존재할 수 있는 멀티스레딩과 동기화를 언어 차원에서 지원하고 있다.

이 장에서는 이런 기법을 사용하여 응용 프로그램을 작성할 수 있는 고급 프로그래밍 기법에 관해 설명한다.

6.1 제네릭

일반적으로 프로그램을 작성할 때 기술하는 알고리즘은 자료형과 상관없이 동일하다. 그러나 C#과 같이 컴파일 시에 자료형 검사를 철저히 하는 언어(strongly typed-language)에서는 자료형 불일치에 따른 컴파일 에러를 방지하기 위해서 동일한 의미의 코드를 자료형에 따라 중복해서 작성해야하는 번거로움이 있다.

이와 같은 문제점을 해결하기 위해 제네릭(generic)을 도입하였으며 자료형과 상관없이 알고리즘을 기술할 수 있게 되었다. 또한 각 자료형별로 알고리즘을 구현할 필요가 없으므로, 예전에 작성한 알고리즘을 쉽게 재사용할 수 있게 되었다.

6.1.1 제네릭 클래스

제네릭 클래스(generic class)는 형 매개변수(type parameter)를 가지는 클래스를 말한다. 형 매개변수는 객체 생성 시에 전달받으며 클래스 내에 필드나 메소드를 선언할 때 자료형으로 사용한다.

제네릭 클래스를 정의하는 일반적인 형태는 다음과 같다.

```
[modifiers] class ClassName<TypeParameters> {
   // ... class body
}
```

여기서, `<TypeParameters>`는 형 매개변수를 의미하며, '<'과 '>' 사이에 형 매개변수의 이름이 온다. 또한 `<T1, T2, T3, ..., Tn>`와 같이 ','로 구분하여 여러 개의 형 매개변수가 나올 수도 있다.

[예제 6-1]은 형 매개변수를 가지는 제네릭 클래스를 정의하고 이를 사용하는 과정을 보여준다. `SimpleGeneric` 클래스는 `T`라는 형 매개변수를 가지고 있으며, `values` 필드와 지역변수를 선언하는데 형 매개변수로 정의된 `T`를 사용하고 있다.

예제 6-1 GenericClassApp.cs

```
using System;
class SimpleGeneric<T> {
   private T[] values;
   private int index;
   public SimpleGeneric(int len) { // Constructor
      values = new T[len];
      index = 0;
   }
   public void Add(params T[] args) {
      foreach (T e in args)
         values[index++] = e;
   }
   public void Print() {
      foreach (T e in values)
         Console.Write(e + " ");
      Console.WriteLine();
   }
}
public class GenericClassApp {
   public static void Main() {
      SimpleGeneric<Int32> gInteger = new SimpleGeneric<Int32>(10);
      SimpleGeneric<Double> gDouble = new SimpleGeneric<Double>(10);
      gInteger.Add(1, 2);
      gInteger.Add(1, 2, 3, 4, 5, 6, 7);
      gInteger.Add(0);
      gInteger.Print();
      gDouble.Add(10.0, 20.0, 30.0);
      gDouble.Print();
   }
}
```

실행 결과

```
1 2 1 2 3 4 5 6 7 0
10 20 30 0 0 0 0 0 0 0
```

제네릭 클래스를 선언할 때 사용한 형 매개변수를 형식 매개변수 형(formal parameter type)이라 하고 제네릭 클래스에 대한 객체를 생성할 때 주는 자료형을 실제 형 인자(actual type argument)라고 부른다. 또한 형 매개변수를 갖는 제네릭 클래스를 매개변수화 된 형(parameterized type)이라고 한다.

6.1.2 제네릭 인터페이스

인터페이스에서도 클래스와 마찬가지로 형 매개변수를 가지는 제네릭 인터페이스(generic interface)를 선언할 수 있다. 제네릭 인터페이스를 정의하기 위한 일반적인 형태는 다음과 같다.

```
[modifiers] interface IName<TypeParameters> {
   // ... interface body
}
```

제네릭 인터페이스를 구현하는 과정은 형 매개변수를 선언하는 부분이 추가된 것을 제외하면, 일반 인터페이스를 구현하는 과정과 동일하다. [예제 6-2]는 제네릭 인터페이스를 구현하여 사용하는 방법을 보여주는 간단한 예제이다.

예제 6-2 GenericInterfaceApp.cs

```
using System;
interface IGenericInterface<T> {
   void SetValue(T x);
   string GetValueType();
}
class GenericClass<T> : IGenericInterface<T> {
   private T value;
   public void SetValue(T x) {
      value = x;
   }
   public String GetValueType() {
      return value.GetType().ToString();
   }
}
```

```
public class GenericInterfaceApp {
   public static void Main() {
      GenericClass<Int32> gInteger = new GenericClass<Int32>();
      GenericClass<String> gString = new GenericClass<String>();
      gInteger.SetValue(10);
      gString.SetValue("Text");
      Console.WriteLine(gInteger.GetValueType());
      Console.WriteLine(gString.GetValueType());
   }
}
```

실행 결과

```
System.Int32
System.String
```

[예제 6-2]는 GenericInterface<T> 인터페이스를 구현하는 제네릭 클래스 GenericClass<T>를 정의하고 동일한 형 매개변수인 T를 사용하는 과정을 보여주고 있다. GenericClass에 실제 형 인자인 Int32와 String을 전달하여 T형의 필드에 값을 설정하고 필드의 클래스 형 정보를 출력하였다.

6.1.3 제네릭 메소드

형 매개변수(type parameter)를 갖는 메소드를 제네릭 메소드(generic method)라 부르며 다음과 같이 메소드 이름 옆에 '<>'를 사용하여 형 매개변수를 기술한다. 명시된 형 매개변수는 반환형, 매개변수 리스트, 메소드 몸체에서 사용할 수 있다.

```
void Swap<DataType>(DataType x, DataType y) {
 DataType temp = x;
 x = y;
 y = temp;
}
```

이와 같은 구조로 정의된 제네릭 메소드는 다음과 같은 방법으로 호출할 수 있다. 이때 실질적인 자료형을 '<>' 안에 명시해 준다.

```
Swap<int>(a, b);           // a, b: 정수형
Swap<double>(c, d);        // c, d: 실수형
```

다음은 두 변수의 값을 바꾸는 메소드를 제네릭 메소드로 정의한 후 정수형 변수와 실수형 변수를 적용하여 호출하는 방법을 보여주는 예제이다.

예제 6-3 GenericMethodApp.cs

```
using System;
class GenericMethodApp {
   static void Swap<DataType>(ref DataType x, ref DataType y) {
      DataType temp;
      temp = x; x = y; y = temp;
   }
   public static void Main() {
      int a = 1, b = 2; double c = 1.5, d = 2.5;
      Console.WriteLine("Before: a = {0}, b = {1}", a, b);
      Swap<int>(ref a, ref b);        // 정수형 변수로 호출
      Console.WriteLine(" After: a = {0}, b = {1}", a, b);
      Console.WriteLine("Before: c = {0}, d = {1}", c, d);
      Swap<double>(ref c, ref d);  // 실수형 변수로 호출
      Console.WriteLine(" After: c = {0}, d = {1}", c, d);
   }
}
```

실행 결과

```
Before: a = 1, b = 2
 After: a = 2, b = 1
Before: c = 1.5, d = 2.5
 After: c = 2.5, d = 1.5
```

6.1.4 형 매개변수의 제한

제네릭은 자료형에 독립적인 프로그램을 작성할 수 있는 기능을 제공하고 있지만 어떤 경우에는 프로그램의 신뢰성을 증진하기 위해 제네릭에 전달 가능한 자료형의 범위를 제한

할 필요가 있다.

C#에서는 제네릭 클래스를 작성할 때 형 매개변수에 `where` 키워드를 사용하여 제네릭 형의 범위를 프로그래머가 제한할 수 있다. 이 키워드를 사용하면 형 매개변수가 어떤 클래스의 서브클래스만 올 수 있게 된다.

`where T: S` – S 형의 서브클래스형으로 제한한다.

또한, 형 매개변수를 줄 때도 실제 형 인자의 범위를 프로그래머가 [표 6-1]과 같이 제한할 수 있다.

표 6-1 제네릭 형 매개변수 제한 조건

제한 조건	설명
`where T : struct`	T는 값형이어야 함
`where T : class`	T는 참조형이어야 함
`where T : new()`	T는 매개변수가 없는 생성자가 있어야 함
`where T : MyClass`	T는 `MyClass`의 파생 클래스이어야 함
`where T : IMyInterface`	T는 `IMyInterface`를 구현한 클래스이어야 함
`where T : U`	T는 U로부터 파생된 클래스이어야 함

[예제 6-4]는 제네릭 클래스의 선언과 사용에서 제한된 형 매개변수를 이용하는 과정을 보여주고 있다.

예제 6-4 BoundedGenericApp.cs

```
using System;
class GenericType<T> where T : SystemException {
   private T value;
   public GenericType(T v) {
      value = v;
   }
   override public String ToString() {
      return "Type is " + value.GetType();
```

```
    }
}
public class BoundedGenericApp {
    public static void Main() {
        GenericType<NullReferenceException> gNullEx =
            new GenericType<NullReferenceException>(new NullReferenceException());
        GenericType<IndexOutOfRangeException> gIndexEx =
            new GenericType<IndexOutOfRangeException>(new IndexOutOfRangeException());
        // GenericType<String> gString = new GenericType<String>("Error"); // 에러
        Console.WriteLine(gNullEx.ToString());
        Console.WriteLine(gIndexEx.ToString());
    }
}
```

실행 결과

```
Type is System.NullReferenceException
Type is System.IndexOutOfRangeException
```

여기서, GenericType의 형 매개변수로는 SystemException 클래스의 서브클래스형만을 전달할 수 있게 정의하였다. 그러므로 GenericType<String>와 같이 SystemException의 서브클래스형이 아닌 다른 클래스형을 사용하면 컴파일 에러가 발생한다. SystemException 클래스는 예외에서 설명할 것이다.

6.2 애트리뷰트

애트리뷰트(attribute)는 어셈블리나 클래스, 필드, 메소드, 프로퍼티 등과 같은 프로그래밍 단위에 다양한 종류의 속성 정보를 추가하기 위해서 사용된다. 이런 정보는 어셈블리에 메타데이터(metadata) 형식으로 저장된다. 저장된 정보는 어셈블리를 참조하는 .NET 프레임워크나 C# 또는 다른 언어의 컴파일러에 의해 다양한 용도로 사용할 수 있다. 애트리뷰트를 통해 어셈블리에 저장된 정보는 .NET 프레임워크에서 제공하는 리플렉션(reflection)을 통하여 얻을 수 있고 다양한 용도로 사용된다.

애트리뷰트는 프로그래밍 단위 앞에 기술하며 기본적인 형태는 다음과 같다. '[]' 사이에 애트리뷰트 이름과 그에 따른 매개변수를 명시한다. 먼저 위치적 매개변수가 나오고 그 다음에 이름을 갖는 매개변수가 순서적으로 나온다.

```
[attribute AttributeName ("positional_parameter", named_parameter = value,...)]
```

positional_parameter는 필수적인 정보로서 생성자 매개변수에 해당하며 " "를 사용하여 값을 입력한다. named_parameter는 선택적인 정보로서 속성에 해당하며 =를 사용하여 매개변수의 이름과 값을 나타낸다.

애트리뷰트는 크게 .NET 프레임워크에서 제공하는 표준 애트리뷰트(standard attribute)와 사용자 정의 애트리뷰트(custom attribute)로 구분할 수 있다.

6.2.1 표준 애트리뷰트

표준 애트리뷰트는 .NET 프레임워크에서 제공하는 애트리뷰트로 특정한 용도가 이미 정해져 있다. 여기에는 Conditional 애트리뷰트, Obsolete 애트리뷰트 외에 많은 애트리뷰트들이 속해 있다.

(1) Conditional 애트리뷰트

Conditional 애트리뷰트는 조건부 메소드를 작성할 때 사용된다. C/C++ 언어에서 사용했던 전처리기 지시어를 이용하여 명칭을 정의하며 사용된 명칭의 정의 유/무에 따라 컴파일 되거나 삭제된다. 일종의 조건부 컴파일(conditional compilation)과 같은 역할을 한다. 이 애트리뷰트를 사용하기 위해서는 반드시 System.Diagnostics 네임스페이스를 포함해야 한다.

예제 6-5 ConditionalAttrApp.cs

```
#define CSHARP
using System;
using System.Diagnostics;
class ConditionalAttrApp {
   [Conditional("CSHARP")]
```

```
    public static void CsharpMethod() {
        Console.WriteLine("In the CSharp Method ...");
    }
    [Conditional("JAVA")]
    public static void JavaMethod() {
        Console.WriteLine("In the Java Method ...");
    }
    public static void Main() {
        ConditionalAttrApp.CsharpMethod();
        ConditionalAttrApp.JavaMethod();
    }
}
```

실행 결과

```
In the CSharp Method ...
```

Conditional 애트리뷰트는 #define으로 정의된 문자를 사용하였을 경우 메소드를 실행시키지만 정의되지 않은 문자를 사용하여 정의하면 메소드는 호출되지 않는다.

(2) Obsolete 애트리뷰트

Obsolete 애트리뷰트는 앞으로 사용되지 않을 메소드를 표시하기 위해서 사용되는 애트리뷰트이다. 이 애트리뷰트를 가진 메소드를 호출할 경우 컴파일러는 컴파일 과정에서 애트리뷰트에 설정한 내용이 출력하는 경고를 발생시킨다. Obsolete 애트리뷰트에 대한 예제는 다음과 같다.

예제 6-6 ObsoleteAttrApp.cs

```
using System;
class ObsoleteAttrApp {
    [Obsolete("경고, Obsolete Method입니다.")]
    public static void OldMethod() {
        Console.WriteLine("In the Old Method ...");
    }
    public static void NormalMethod() {
```

```
            Console.WriteLine("In the Normal Method ...");
        }
        public static void Main() {
            ObsoleteAttrApp.OldMethod();
            ObsoleteAttrApp.NormalMethod();
        }
    }
```

실행 방법

```
C:\> csc ObsoleteAttrApp.cs
  ObsoleteAttrApp.cs(11,13): warning CS0618: 'ObsoleteAttrApp.OldMethod()'은(는) 사용되
  지 않습니다. '경고, Obsolete Method입니다.'
```

실행 결과

```
In the Old Method ...
In the Normal Method ...
```

6.2.2 사용자 정의 애트리뷰트

사용자 정의 애트리뷰트는 프로그래머에 의해서 정의된 애트리뷰트를 말한다. 이런 애트리뷰트를 정의하기 위해서는 애트리뷰트를 나타내는 클래스가 필요하다. 이 클래스는 System.Attribute 클래스에서 파생해야 하며, 이름은 항상 XxxxAttribute 형태를 가져야 한다. 정의한 애트리뷰트를 사용할 때는 이름에서 Attribute가 제외된 부분만을 사용한다. 다음은 사용자 정의 애트리뷰트를 정의하고 사용하는 과정을 간략하게 정리한 것이다.

```
// 사용자 정의 애트리뷰트를 정의한 예
public class AttributeNameAttribute: Attribute {
    // 생성자 정의
}
// ...
// 사용자 정의 애트리뷰트를 사용한 예
[AttributeName()]
```

또한 사용자 정의 애트리뷰트나 표준 애트리뷰트를 사용하기 위해서는 .NET 프레임워크가 제공하는 리플렉션 기능을 사용해야 한다. [예제 6-7]은 사용자 정의 애트리뷰트를 정의하고 사용하는 과정을 보여주고 있다.

예제 6-7 MyAttributeApp.cs

```
using System;
public class MyAttrAttribute: Attribute {                // 속성 클래스
   public MyAttrAttribute(string message) {              // 생성자
      this.message = message;
   }
   private string message;
   public string Message {                                // 프로퍼티
      get { return message; }
   }
}
[MyAttr("This is Attribute test.")]
class MyAttributeApp {
   public static void Main() {
      Type type = typeof(MyAttributeApp);
      object[] arr = type.GetCustomAttributes(typeof(MyAttrAttribute), true);
      if (arr.Length == 0)
         Console.WriteLine("This class has no custom attrs.");
      else {
         MyAttrAttribute ma = (MyAttrAttribute) arr[0];
         Console.WriteLine(ma.Message);
      }
   }
}
```

실행 결과

```
This is Attribute test.
```

6.3 예외

프로그램이 실행되는 동안에 다양한 종류의 에러가 일어날 수 있다. 이와 같이 실행시간에 발생하는 에러를 예외(exception)라 부른다. 예외는 메소드의 호출과 실행, 부정확한 데이터, 그리고 시스템 에러 등 다양한 상황에 의해 야기된다. 이러한 예외는 검사(checking)되고 적절히 처리되어야 한다. 그렇지 않으면, 프로그램의 비정상적인 종료뿐만 아니라 잘못된 실행결과를 낳을 수 있다. 또한, 더 나아가 컴퓨터 시스템의 파괴 등과 같은 심각한 문제를 일으킬 수 있다.

C#은 예외를 체계적으로 검사하고 처리할 수 있는 방법을 제공해 준다. 예외 처리의 방법은 기대되지 않은 상황에 대해 해당하는 예외를 발생시키고, 야기된 예외를 적절히 처리할 수 있는 예외 처리기(exception handler)를 프로그래머가 직접 작성하는 것이다. 이와 같이 예외 처리를 위한 방법을 언어 시스템에서 제공함으로써 얻을 수 있는 장점은 다음과 같다. 첫째, 응용프로그램의 신뢰성(reliability)을 높일 수 있고, 둘째 예외 검사와 처리를 위한 프로그램 코드를 소스에 깔끔하게 삽입할 수 있다는 것이다.

6.3.1 예외 정의

C#에서 예외도 하나의 객체로 취급된다. 따라서 예외 객체를 만들기 위해선 먼저 예외 클래스를 정의하여야 한다. 일반적으로 프로그래머는 `Exception` 클래스의 파생 클래스인 `ApplicationException` 클래스를 상속받은 새로운 예외 클래스를 정의한다. 다음은 `ApplicationException` 클래스를 상속받아 새로운 예외 클래스를 정의하는 것을 보여주는 예이다.

```
class UserErrException : ApplicationException { }
class UserClass {
   UserErrException e = new UserErrException();
   // ...
   if (val < 1) throw e;
}
```

여기서, `throw` 문은 명시적으로 예외를 일으키는 데 사용하는 문장이다. 그런데 위 프로그램이 정상적으로 작동하기 위해서는 반드시 예외처리기가 있어야 한다.

새로운 예외 클래스를 생성할 때, 다음과 같이 예외에 관련된 메시지를 스트링 형태로 예외 객체에 담아 전달할 수 있다.

```
class UserErrException : ApplicationException {
   public UserErrException(String s) : base(s) {}
}
class UserClass {
   // ...
   if (val < 0)
      throw new UserErrException("user exception message");
}
```

[예제 6-8]에서, 예외 객체를 생성함과 동시에 예외를 발생시켰다. 그리고 예외 처리기(catch 블록)에서 발생된 예외를 처리하였으며, 이 경우에 예외 객체에 담긴 메시지를 Message 프로퍼티를 이용하여 가져다 출력하였다.

예제 6-8 UserExceptionApp.cs

```
using System;
class UserErrException : ApplicationException {
   public UserErrException(string s) : base(s) {}
}
class UserException {
   public static void Main() {
      try {
         throw new UserErrException("throw a exception with a message");
      }
      catch (UserErrException e) {
         Console.WriteLine(e.Message);
      }
   }
}
```

실행 결과

```
throw a exception with a message
```

[그림 6-1]은 Exception 클래스의 계층적 구조를 나타낸다. Object 클래스의 파생 클래스로 Exception 클래스가 존재하고 그 하위에 SystemException과 ApplicationException 클래스가 파생 클래스로 존재한다. Exception 클래스에는 예외가 일어난 상황을 설명하는 출력 메시지들을 포함하고 있다.

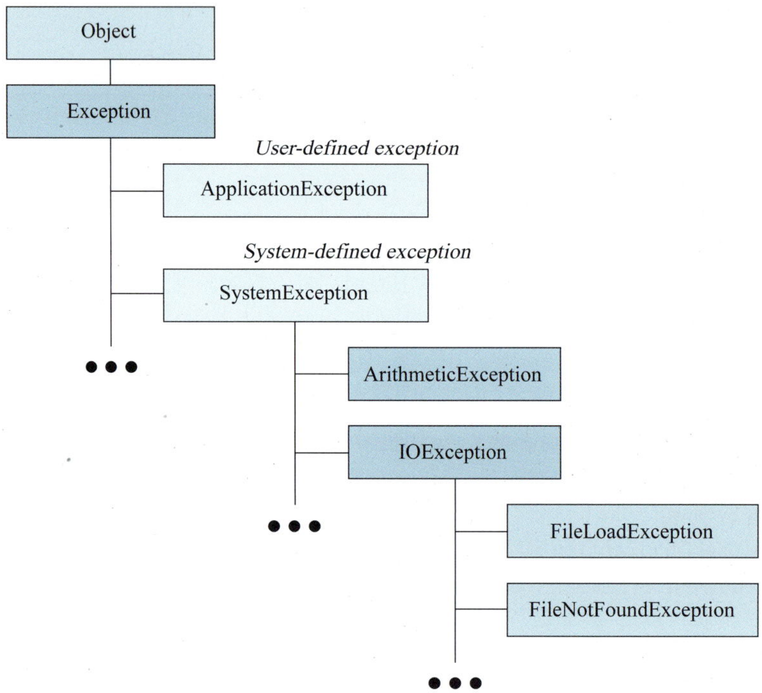

그림 6-1 Exceptoin 클래스의 계층 구조

그림에서는 네임스페이스의 이름을 생략하였다. 예외 클래스는 예외 클래스를 발생시킬 수 있는 클래스가 포함된 모든 네임스페이스에 정의되어 있기 때문에 예외에 대한 별도의 네임스페이스는 없다. 기본적으로 IOException을 제외한 모든 예외 클래스는 System 네임스페이스에 포함되며, IOException과 IOException으로부터 파생된 클래스는 System.IO 네임스페이스에 포함되어 있다. Exception 클래스는 정상적인 응용 프로그램의 실행에서 발생 가능한 예외를 의미하며 필요에 따라 프로그래머에 의해 처리될 수 있다.

예외의 종류에는 프로그램의 부당한 실행으로 인하여 시스템에 의해 묵시적으로 일어나는 시스템 정의 예외(system-defined exception 또는 predefined exception)와 프로그래머에 의해 의도적으로 야기되는 프로그래머 정의 예외(programmer-defined exception)가 있다. 프로그래머 정의 예외는 발생한 예외에 대한 예외 처리기가 존재하는지 컴파일러에 의해 검사된다. 그러나 시스템 정의 예외는 검사되지 않는다. 이러한 의미에서 프로그래머 정의 예외는 검사된 예외(checked exception)라 부르고 시스템 정의 예외는 검사되지 않은 예외(unchecked exception)라 말하기도 한다.

시스템 정의 예외는 프로그램의 잘못으로 인하여 더 이상 프로그램의 실행을 지속할 수 없을 때, CLR에 의해 자동적으로 생성되며 `SystemException`과 `IOException` 클래스로부터 확장된 예외가 여기에 속한다. `Exception` 클래스의 파생 클래스인 `SystemException`과 `IOException`은 이미 정의되어 있는 시스템 정의 예외로 프로그램이 정상적으로 실행되는 동안 발생할 수 있는 예외이다.

다음은 "0으로 나누기 예외"를 고의적으로 발생시킨 프로그램이다. 다시 말해서, 어떤 값을 0으로 나누어 더 이상 프로그램의 실행을 계속할 수 없는 상황을 간단히 구현하여 본 것이다.

예제 6-9 DivByZeroExceptionApp.cs

```
using System;
class DivByZeroExceptionApp {
   public static void Main() {
      int i = 1, j = 0, k;
      k = i/j;
   }
}
```

실행 결과

```
처리되지 않은 예외: System.DivideByZeroException: 0으로 나누려 했습니다.
   at DivByZeroExcepApp.Main()System.DivideByZeroException:
```

실행 결과에서 볼 수 있듯이 `ArithmeticException`의 한 종류인 `DivideByZeroException`이 발생하였음을 알 수 있다. `ArithmeticException`은 시스템 정의 예외의 한 종류로 예외적인 계산 상황이 일어났을 때 발생하는 예외이다. C#에서는 이와 같은 예외 상황을 프로그래머가 직접 처리할 수 있는 방법을 제공해 준다. 예외처리를 지원하지 않는 프로그래밍 언어에서는 시스템 정의 예외가 발생하게 되면 대부분은 비정상적으로 프로그램이 종료된다.

ArithmeticException 외에도 다수의 시스템 정의 예외가 존재한다. 이 중에서 중요한 몇 가지를 살펴보도록 하자.

- IndexOutOfRangeException: 배열, 스트링, 벡터 등과 같이 인덱스를 사용하는 객체에서 인덱스의 범위가 벗어날 때 발생하는 예외이다.
- ArrayTypeMismatchException: 배열의 원소에 잘못된 형의 객체를 배정하였을 때 발생하는 예외이다.
- InvalidCastException: 명시적 형 변환이 실패할 때 발생하는 예외이다.
- NullReferenceException: null을 사용하여 객체를 참조할 때 발생하는 예외이다.
- OutOfMemoryException: 메모리 할당(new)이 실패하였을 때 발생하는 예외이다.

프로그래머 정의 예외가 검사된 예외가 되기 위해서는 반드시 ApplicationException 클래스로부터 상속을 받아야 한다. 그리고 반드시 그에 해당하는 예외 처리기를 가져야 한다. 프로그래머가 ApplicationException 클래스를 상속받아 예외를 정의하게 되면 컴파일러는 그것의 예외 처리기가 존재하는지 검사하여 없는 경우에는 컴파일 에러(compile error)를 낸다.

6.3.2 예외 발생

예외 발생이란 예외가 일어나는 것을 의미한다. 예외가 발생하는 경우는 시스템에 의해 묵시적으로 일어나는 경우와 프로그래머에 의해 명시적으로 일으키는 방법이 있다.

프로그래머에 의해 의도적으로 예외를 발생시킬 때는 throw 문을 사용하며 그의 형태는 다음과 같다.

```
throw ApplicationExceptionObject;
```

여기서, ApplicationExceptionObject는 ApplicationException 클래스나 그의 파생 클래스의 객체를 의미한다. 다음은 사용자 정의 예외를 위한 클래스를 정의한 후 throw 문을 이용하여 예외를 발생시킨 예제이다.

예제 6-10 UserExThrowApp.cs

```
using System;
class UserException : ApplicationException { }
class UserExThrowApp {
   static void Method() {
      throw new UserException();
   }
   public static void Main() {
      try {
         Console.WriteLine("Here: 1");
         Method();
         Console.WriteLine("Here: 2");
      } catch (UserException) {
         Console.WriteLine("User-defined Exception");
      }
   }
}
```

실행 결과

```
Here: 1
User-defined Exception
```

C#에서는 throw 문을 사용하여 프로그래머가 정의한 예외뿐만 아니라 시스템 정의 예외도 발생시킬 수 있다. 다음은 throw 문을 사용하여 시스템 정의 예외를 일으킨 경우이다.

예제 6-11 SystemExThrowApp.cs

```
using System;
class SystemExThrowApp {
   public static void Exp(int ptr) {
      if (ptr == 0)
         throw new NullReferenceException();
   }
   public static void Main() {
      int i = 0;
```

```
        SystemExThrowApp.Exp(i);
    }
}
```

실행 결과

```
처리되지 않은 예외: System.NullReferenceException: 개체 참조가 개체의 인스턴스로 설정되지 않았습니다.
at SystemExThrowApp.Main()
```

시스템 정의 예외는 CLR에 의해 묵시적으로 발생한다. 시스템 정의 예외는 그 특성상 프로그램 어디에서나 야기될 수 있다. 예를 들어, 배열의 인덱스가 지정된 범위를 벗어나면 `IndexOutOfRangeException` 예외가 시스템에 의해 발생된다.

예제 6-12 IndexOutOfRangeApp.cs

```
using System;
class IndexOutOfRangeApp {
    public static void Main() {
        int[] vector = {1, 2, 3};
        vector[4] = 4;
    }
}
```

실행 결과

```
처리되지 않은 예외: System.IndexOutOfRangeException: 인덱스가 배열 범위를 벗어났습니다.
   at IndexOutOfRangeApp.Main()
```

6.3.3 예외 처리

일단, 예외가 발생하면 처리되어야 한다. C#에서 예외를 검사(checking)하고 처리(handling)하는데 사용하는 구문은 `try-catch-finally`이며 그 형태는 다음과 같다.

```
try {
   // ...             "try 블록"
} catch (ExceptionType identifier) {
   // ...             "catch 블록"
} catch (ExceptionType identifier) {
   // ...             "catch 블록"
} finally {
   // ...             "finally 블록"
}
```

여기서, try 블록 안에서 예외가 검사된다. 만약 예외가 발생하면 해당하는 catch 블록에서 예외가 처리된다. 따라서 catch 블록을 예외 처리기(exception handler)라 부른다. 그리고 finally 블록은 선택적으로 나올 수 있는 부분으로 존재한다면 반드시 실행되는 부분이다.

프로그래머 정의 예외는 생성된 메소드 내부에 예외를 처리하는 코드 부분인 예외 처리기를 두어 직접 처리해야 한다. 어떤 처리도 하지 않는다면 컴파일러에 의해 에러로 처리된다. 따라서 프로그래머 정의 예외는 반드시 그에 해당하는 예외 처리기를 가져야 한다.

예제 6-13 UserHandlerApp.cs

```
using System;
class UserExceptionOne : ApplicationException { }
class UserExceptionTwo : ApplicationException { }
class ExceptionHandlerApp {
   static void Method(int i) {
      if (i == 1)
         throw new UserExceptionOne();
      else
         throw new UserExceptionTwo();
   }
   public static void Main() {
      try {
         Console.WriteLine("Here: 1");
         Method(2);
         Console.WriteLine("Here: 2");
```

```
        } catch (UserExceptionOne) {
            Console.WriteLine("UserExceptionOne is occurred!!!");
        } catch (UserExceptionTwo) {
            Console.WriteLine("UserExceptionTwo is occurred!!!");
        }
        Console.WriteLine("Here: 3");
    }
}
```

실행 결과

```
Here: 1
UserExceptionTwo is occurred!!!
Here: 3
```

시스템 정의 예외는 그 특성상 프로그램 어디에서나 야기될 수 있다. 프로그래머는 다양한 종류의 시스템 정의 예외를 처리하기 위해 모든 메소드 내에 예외 처리기를 두는 것은 불가능하다. 따라서 시스템 정의 예외의 처리는 프로그래머의 필요에 따라 예외 처리기를 둘 수 있다. 시스템 정의 예외가 발생됐는데도 불구하고 프로그래머가 처리하지 않는다면, 그 예외는 디폴트 예외 처리기(default exception handler)에 의해 처리된다. 디폴트 예외 처리기는 단순히 에러에 대한 메시지를 출력하고 프로그램을 종료하는 기능을 한다.

예제 6-14 SystemHandlerApp.cs

```
using System;
class SystemHandlerApp {
    public static void Main() {
        int[] vector = {1, 2, 3};
        try {
            Console.WriteLine("Here: 1");
            vector[4] = 4;
            Console.WriteLine("Here: 2");
        } catch (IndexOutOfRangeException) {
            Console.WriteLine("System Exception is occurred!!!");
```

```
        }
        Console.WriteLine("Here: 3");
    }
}
```

실행 결과

```
Here: 1
System Exception is occurred!!!
Here: 3
```

마지막으로 finally 절이 try 구문에 나타났다면, try 블록이 처리된 다음 실행된다. try 블록이 처리되었다는 것이 try 블록 내에 있는 모든 문장의 실행을 의미하는 것은 아니다. try 블록 내에 예외를 발생시킨 문장이 포함되어 있다면 그 문장 이후의 문장들은 실행되지 않고 try 블록을 빠져 나오게 된다. 이러한 경우조차도 finally 절은 실행된다. 다시 말해서, finally 블록은 예외가 발생하였는지 또는 발생한 예외를 catch 블록에서 처리하였는가에 무관하게 실행되는 문장이다.

finally 절은 예외 상황이 존재하지 않는 경우에도 유용하게 사용할 수 있다. 왜냐하면 finally 블록은 발생한 사건과 무관하게 실행되는 부분이기 때문이다. 따라서 어떤 경우에도 실행되어야 하는 코드 부분이 있다면 finally 블록을 이용하는 것이 편리하다.

예제 6-15 FinallyClauseApp.cs

```
using System;
class FinallyClauseApp {
    static int count = 0;
    public static void Main() {
        while (true) {
            try {
                if (++count == 1) throw new Exception();
                if (count == 3) break;
                Console.WriteLine(count + ") No exception");
            } catch (Exception) {
                Console.WriteLine(count + ") Exception thrown");
```

```
            } finally {
                Console.WriteLine(count + ") in finally clause");
            }
        } // end while
        Console.WriteLine("Main program ends");
    }
}
```

실행 결과

```
1) Exception thrown
1) in finally clause
2) No exception
2) in finally clause
3) in finally clause
Main program ends
```

예제에서 count가 1인 경우는 예외가 발생한 경우이며, 2인 경우는 정상적으로 try 블록이 실행된 경우이다. 또한, 3인 경우는 break 문을 사용하여 while 문의 외부로 분기가 일어난 경우이다. 이 모든 경우에 finally 절이 실행됨을 알 수 있다. 결론적으로 어떤 종류의 분기 상황(예외의 발생, continue, break, return)에서도 finally 절은 반드시 실행된다.

예외가 발생하면 예외의 형에 해당하는 예외 처리기를 찾기 위해 catch 구문에 나열된 순서대로 검사된다. 따라서 그에 대응하는 가장 먼저 나타난 catch 블록에 의해 처리된다. 그러므로 예외 처리기를 기술하는 순서는 매우 중요하다. 특히, 서로 상속 관계에 있는 예외의 형에 대한 예외 처리기인 경우에는 반드시 서브클래스에 대한 예외 처리기를 먼저 기술해 주어야 한다. 반대인 경우, 컴파일러는 에러를 발생한다.

모든 예외가 발생한 메소드의 내부에서 처리된다면 프로그래머가 예외 처리를 위해 행하는 작업의 양은 줄지 않는다. 그러나 호출한 메소드로 예외를 전파(propagation)하여 특정 메소드에서 함께 모아 처리한다면 예외 처리 코드의 분산을 막아 예외 처리 코드의 양을 줄일 수 있으며 또한 반환 값의 무수한 검사로 인하여 제어의 주 흐름이 불분명해지는 현상을 막을 수 있다. 예외에 대한 처리를 예외상황이 발생한 메소드 내부에서 처리할 것인지 아니면 호출 메소드로 예외를 전파할 것인지에 대한 결정은 프로그래머가 프로그램의 구조를 파악하여 결정할 사항이다. 예외의 전파 과정에 대한 구체적인 설명과 방법은 6.3.4절에서 다룬다.

6.3.4 예외 전파

발생한 예외는 해당 메소드 내에서 처리되거나 또는 그 메소드를 직접 또는 간접으로 호출한 메소드에서 처리될 수 있다. 일반적으로 예외 처리는 해당 메소드보다 그 메소드를 호출한 부분에서 더욱 적절하게 처리할 수 있다. 또한, 예외가 발생한 코드 부분에서 완전한 예외 처리가 가능하더라도 예외를 전파시켜 특정 메소드에서 예외를 모아 처리한다면 예외 처리 코드의 분산을 막을 수 있는 장점을 가진다. 따라서 예외를 해당 메소드에서 처리할 것인가 아니면 전파시킬 것인가 하는 문제는 신중히 고려되어야할 중요한 문제이다.

만약 발생한 예외를 처리하는 `catch` 블록이 존재하지 않는다면, 그 예외는 외부로 전파되어야 한다. 이 경우에 제어의 흐름은 예외가 발생한 곳을 떠나 그 메소드를 호출한 프로그램으로 되돌아가게 된다. 그 다음, 다시 그에 대응하는 `catch` 블록을 찾으려 시도한다. 이 경우에도 대응하는 예외를 발견하지 못한다면 다시 이 메소드를 호출한 프로그램으로 제

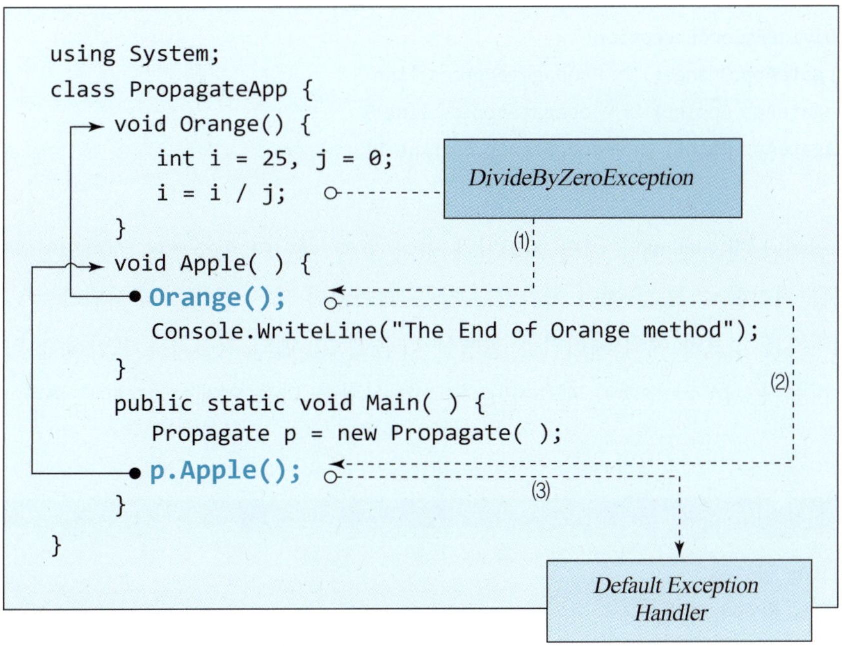

그림 6-2 예외의 전파

어를 돌려보낸다. 이러한 과정은 메소드 호출 체인을 따라 프로그램의 시작 지점까지 계속 된다.

프로그램의 진입점에 도달할 때까지 발생한 예외에 대응되는 예외 처리기를 발견하지 못하면 프로그램의 실행은 에러 메시지를 출력하고 종료된다. 프로그램 진입점에 단지 에러 메시지를 출력하고 프로그램을 종료하는 디폴트 예외 처리기가 존재한다고 생각하면 된다. [그림 6-2]는 예외가 발생한 루틴에서 이를 처리하지 않은 경우에 예외의 전파 과정을 보여주는 그림이다.

여기서, 실선은 메소드의 호출 체인(call chain)이며 점선은 예외의 전파 경로이다. `Orange()` 메소드에서 `i`와 `j`의 자료형이 정수형이고 0으로 나누어 산술 예외인 `DivideByZeroException`이 발생된다. 이때, CLR은 `Orange()` 메소드 내부에서 발생된 예외를 처리할 수 있는 `catch` 블록을 찾는다. 그러나 `Orange()` 메소드에는 `DivideByZeroException`을 처리할 수 있는 `catch` 블록이 존재하지 않으므로 발생된 예외는 그의 호출자인 `Apple()` 메소드로 (1)과 같이 전파된다. `Apple()` 메소드에서도 역시 해당하는 예외 처리기가 존재하지 않으므로 발생된 예외는 (2)와 같이 `Main()`으로 또 다시 전파된다. 마찬가지로 `Main()`에서도 예외 처리기를 찾을 수 없으므로 (3)과 같이 디폴트 예외 처리기로 전파되어 다음과 같은 에러 메시지를 출력한다.

```
System.DivideByZeroException:
at PropagateApp.Orange() in PropagateApp.cs:line 5
at PropagateApp.Apple() in PropagateApp.cs:line 8
at PropagateApp.Main() in PropagateApp.cs:line 12
```

예외가 일어난 장소에 해당 예외 처리기가 없어 호출 체인의 역순으로 전파되었다면 발생한 예외를 처리할 수 있는 예외 처리기를 찾을 때까지의 모든 실행은 무시된다. 즉, 발생된 예외 처리기를 찾으면 예외 처리기를 실행한 다음에 그 예외 처리기를 포함하고 있는 `try` 구문의 다음 문장부터 수행이 계속된다. 이러한 상황을 다음 예제는 잘 보여 준다.

예제 6-16 PropagateApp.cs

```
using System;
class PropagateApp {
   void Orange() {
```

```
        int i = 25, j = 0;
        i = i / j;
        Console.WriteLine("End of Orange method");
    }
    void Apple() {
        Orange();
        Console.WriteLine("End of Apple method");
    }
    public static void Main() {
        PropagateApp p = new PropagateApp();
        try {
            p.Apple();
        } catch (ArithmeticException) {
            Console.WriteLine("ArithmeticException is processed");
        }
        Console.WriteLine("End of Main");
    }
}
```

실행 결과

```
ArithmeticException is processed
End of Main
```

앞 예제의 실행 결과에서 "End of Orange method"와 "End of Apple method"가 출력되지 않은 것으로 보아 예외가 처리되고 난 후에 실행되는 곳은 해당 예외를 처리한 try 구문 바로 다음에 나오는 문장임을 알 수 있다.

예외는 크게 SystemException 클래스에 정의되어 있는 것과 IOException 클래스 안에 정의되어 있는 것이 있다. (이와 같은 예외의 부류는 버전에 따라 약간 차이가 있을 수 있다.)

▶ SystemException:
ArgumentException
UnauthorizedAccessException
StackOverflowException
OverflowException

▶ IOException:
  System.IO.IOException
  System.IO.FileLoadException
  System.IO.FileNotFoundException
  System.IO.DirectoryNotFoundException
  System.IO.EndOfStreamException

프로그래머가 발생시킨 프로그래머 정의 예외는 해당 메소드에서 처리하지 않을 경우 이 메소드에서 발생할 수 있는 예외의 종류를 반드시 외부 세계에 알려야 한다. 이는 정상적인 메소드의 실행 종료로 인한 제어의 반환 대신에, 어떤 예외가 돌아올 수 있다는 사실을 해당 메소드의 호출자에게 알려 주기 위함이다. 그러한 메소드를 호출하는 프로그래머는 해당 예외를 처리하거나 호출 체인을 따라 예외를 다시 전파하여야 한다.

다음은 예외가 발생한 메소드에서 예외 처리를 행하지 않고 호출자에게 예외를 전파하는 전형적인 프로그램의 구조이다.

```
using System;
class MyException : ApplicationException { }
class ClassA {
   // ...
   public void MethodA() {
      // ...
      if (SomeErrCondition()) throw new MyException();
      // ...
   }
   // ...
}
```

어떤 예외의 경우는 발생한 예외에 대해 부분적인 처리만 행하고 다시 예외를 재 발생시켜 그 메소드의 호출자에게 알릴 필요가 있는 경우가 있다. 다음과 같이 그 예외를 재 발생시켜 이러한 목적을 달성할 수 있다.

```
public void MethodB() {
   // ...
   try {
      a.MethodA();          // ClassA a = new ClassA();
   } catch (MyException e) {
```

```
        // ...         // 본 메소드에서 가능한 예외 처리
        throw e;       // 예외의 재발생
    }
}
```

예외가 발생할 때 필요한 정보를 예외 처리기에 전달할 수 있다. 이 때 전달된 예외는 마치 예외 처리기의 매개변수처럼 작동한다. [예제 6-17]은 예외에 어떤 정보를 담아 호출자에게 전파하여 처리한 예이다.

예제 6-17 MsgExceptionApp.cs

```
using System;
class MyException : ApplicationException {
    public int value;
    public MyException() { }
    public MyException(string msg, int i) : base(msg) {
        value = i;
    }
}
class MsgExceptionApp {
    static void F(int k) {
        if (k < 70 || k > 100)
            throw new MyException();
    }
    static void G(int k) {
        if (k > 200)
            throw new MyException("Too Many", k);
        if (k < 50)
            throw new MyException("Too Less", k);
    }
    public static void Main() {
        try {
            F(50);
        } catch (MyException e) {
            Console.WriteLine(e.StackTrace);
        }
        try {
```

```
            G(250);
        } catch (MyException e) {
            Console.WriteLine(e.Message);
            Console.WriteLine(e.StackTrace);
            Console.WriteLine("Data value is {0}.", e.value);
        }
    }
}
```

실행 결과

```
   at MsgExceptionApp.F(Int32 k)
   at MsgExceptionApp.Main()
Too Many
   at MsgExceptionApp.G(Int32 k)
   at MsgExceptionApp.Main()
Data value is 250.
```

Exception 클래스의 StackTrace 속성은 예외 객체의 세부적인 에러 메시지와 호출 체인을 표준 에러 스트림으로 출력하는 기능을 한다. 또한, Message는 에러의 상황을 묘사하는 메시지를 얻는데 사용할 수 있는 속성이다.

예외는 에러를 처리하기 위한 별개의 통로를 제공하여 더욱 안전한 프로그램을 작성하는데 목적이 있다. 일반적으로 예외는 다음과 같은 다양한 상황을 다루기 위해 사용된다.

1. 예외를 처리한 후, 예외를 발생시킨 메소드의 재 호출이 필요한 경우
2. 예외를 처리한 후, 메소드를 재 호출하지 않고 실행을 계속하는 경우
3. 메소드가 그의 실행 결과를 포기하는 대신에 대안적인 결과가 필요한 경우
4. 발생한 예외를 적절히 처리한 후, 호출자에게 동일 예외 또는 다른 예외를 재 발생시킬 필요가 있는 경우
5. 예외가 일어났을 때 프로그램을 종료하려는 경우

잘못된 예외의 사용은 프로그램을 더욱 복잡하고 어렵게 만들 수 있다. 또한 어떤 경우에는 반환 값 또는 전역 변수를 사용하는 기존의 에러 처리 방법이 더욱 바람직한 경우도 있

다. 따라서 프로그래머는 프로그램의 구조에 따라 예외의 사용 여부와 예외 처리의 위치를 결정해야 한다. 이는 반복된 연습에 의해 이루어질 수 있는 고급 기술이다. C# 프로그램을 개발할 때, 예외를 잘 처리하기 위한 장시간의 투자는 프로그램의 테스팅 시간을 단축하고 유지 보수를 쉽게 할 수 있도록 돕는다는 이유에서 투자의 가치는 충분하다고 생각된다.

6.4 스레드

모든 프로그래머는 순차 프로그램(sequential program)을 작성하는데 친숙하다. 여러분은 아마도 "Hello World!"를 출력하는 프로그램이나 소수를 계산하는 프로그램 또는 정렬 프로그램을 작성해 보았을 것이다. 이러한 순차 프로그램들은 각각 프로그램의 시작, 순차적 실행 그리고 종료를 가진다. 또한 프로그램의 실행 과정에서 특정 시점을 관찰하여 보면 오직 하나의 실행 점(execution point)을 갖고 있음을 알 수 있다.

하나의 스레드는 순차 프로그램과 유사하게 시작, 실행, 종료의 순서를 가지며, 스레드가 실행되는 동안에 한 시점에서 단일 실행 점을 갖는다. 그러나 스레드 그 자체는 프로그램이 아니므로 홀로 실행될 수 없으며, 프로그램 내에서만 실행 가능하다. 스레드는 프로그램 내부에 있는 제어의 단일 순차 흐름(single sequential flow of control)으로 생각할 수 있다. 따라서 단일 스레드 개념은 순차 프로그램과 유사하다.

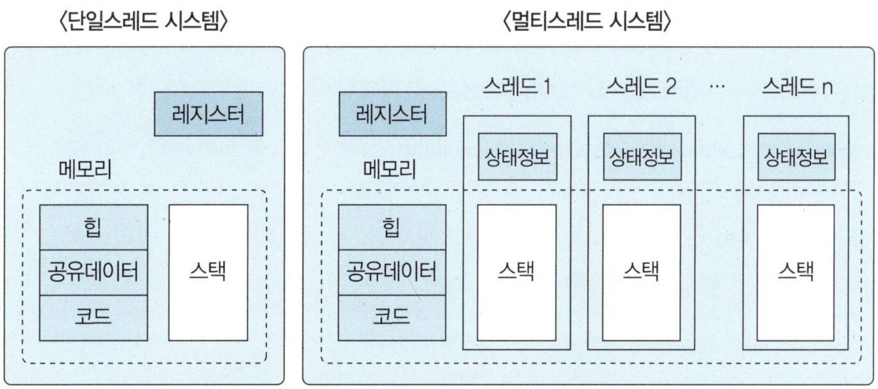

그림 6-3 단일스레드 시스템과 멀티스레드 시스템

멀티스레드(multithread) 시스템이란 스레드가 하나의 프로그램 내에 여러 개 존재할 수 있는 시스템이다. 멀티스레드 시스템의 장점은 [그림 6-3]과 같이 공유 힙(shared heap)과 공유 데이터(shared data), 그리고 코드를 공유함으로써 적은 부담을 갖는 문맥 전환(context switching)이 행해진다는 것이다. 그러나 한 개의 프로그램 내에서 동일 시점에 각각 다른 작업을 수행하는 여러 개의 스레드가 존재하는 멀티스레드 환경에서는 복잡한 문제들이 야기될 수 있다.

C#은 스레드를 언어 수준에서 지원하고 있다. 스레드를 생성하고 실행시키고 제어하는 방법을 제공해 주고 있다. 또한, 동시에 실행됨으로써 발생할 수 있는 다양한 문제점들을 해결할 수 있는 방법을 지원해 주고 있다.

6.4.1 스레드 프로그래밍

C#에서 스레드는 객체이며 스레드가 실행하는 단위는 메소드이다. 스레드 객체를 위해 `Thread` 클래스를 제공하고 있으며 메소드 연결을 위해 `ThreadStart` 델리게이트를 제공해 주고 있다. 이와 관련된 클래스 라이브러리는 `System.Threading` 네임스페이스에 들어 있다. 따라서 스레드 프로그래밍 시에는 반드시 포함시켜야 한다.

스레드 프로그래밍의 순서는 다음과 같다.

1. 스레드 몸체에 해당하는 메소드를 작성한다. 이것이 스레드가 실행할 부분이며 동시에 실행되는 프로그램이다.

   ```
   void ThreadBody() { /* ... */ };
   ```

2. 작성된 메소드를 `ThreadStart` 델리게이트에 연결한다.

   ```
   ThreadStart ts = new ThreadStart(ThreadBody);
   ```

3. 생성된 델리게이트를 이용하여 스레드 객체를 생성한다. 이때 델리게이트 객체는 `Thread` 클래스 생성자의 매개변수가 된다.

   ```
   Thread worker = new Thread(ts);
   ```

4. 스레드의 실행을 시작한다. 이를 위해, `Start()` 메소드를 호출한다. `Start()` 메소드는 독립된 스레드를 생성하고 그 스레드를 활성화하는 기능을 한다.

```
worker.Start();
```

이런 과정을 거쳐 생성된 스레드는 독립적으로 작동하여 연결된 메소드를 실행한다. 다음은 스레드를 생성하고 실행시키는 예제이다.

예제 6-18 SimpleThreadApp.cs

```
using System;
using System.Threading;                                  // 반드시 포함 !!!
class SimpleThreadApp {
   static void ThreadBody() {                            // --- ①
      for (int i = 0; i < 5; i++) {
         Console.WriteLine(DateTime.Now.Second + " : " + i);
         Thread.Sleep(1000);
      }
   }
   public static void Main() {
      ThreadStart ts = new ThreadStart(ThreadBody);      // --- ②
      Thread t = new Thread(ts);                         // --- ③
      Console.WriteLine("*** Start of Main");
      t.Start();                                         // --- ④
      Console.WriteLine("*** End of Main");
   }
}
```

실행 결과

```
*** Start of Main
15 : 0
*** End of Main
16 : 1
17 : 2
18 : 3
19 : 4
```

스레드 몸체에서 사용한 Thread.Sleep() 메소드는 지정한 시간 동안 스레드의 실행을 멈추고 대기 상태로 만든다. 설정된 시간이 경과하면 다시 실행 상태가 된다. 따라서, 1초에 한번씩 초를 출력한 결과이기 때문에 시각에 따라 다른 결과가 나올 수 있다.

Thread 클래스에는 멀티스레딩 프로그램을 효과적으로 작성하기 위한 다양한 프로퍼티를 제공하고 있다. [표 6-2]는 이러한 프로퍼티를 요약해서 설명한 표이다.

표 6-2 스레드 클래스의 프로퍼티

프로퍼티	설명
Thread.CurrentThread	현재 실행 중인 스레드 객체를 반환한다.
Thread.IsAlive	스레드의 실행 여부를 반환한다.
Thread.Name	스레드의 이름을 지정하거나 반환한다.
Thread.IsBackground	스레드가 백그라운드 스레드인지의 여부를 반환한다.
Thread.ThreadState	스레드의 상태를 반환한다.
Thread.Priority	해당 스레드의 우선순위를 지정하거나 반환한다.

이러한 프로퍼티를 통하여 스레드의 설정 상태를 확인할 수 있을 뿐 아니라 지정해 줄 수 있다. 특히, 현재 실행되고 있는 자신의 스레드 객체를 반환하는 Thread.CurrentThread와 스레드를 구별하기 위하여 사용되는 Thread.Name은 매우 유용하게 사용하는 프로퍼티이다.

예제 6-19 ThreadPropertyApp.cs

```
using System;
using System.Threading;
class ThreadProperty {
   public void ThreadBody() {
      Thread myself = Thread.CurrentThread;
      for (int i = 1; i <= 3; i++) {
         Console.WriteLine("{0} is activated => {1}",
                        myself.Name, i);
         Thread.Sleep(1000);
      }
   }
}
```

```
class ThreadPropertyApp {
   public static void Main() {
      ThreadProperty obj = new ThreadProperty();
      ThreadStart ts = new ThreadStart(obj.ThreadBody);
      Thread t1 = new Thread(ts);
      Thread t2 = new Thread(ts);
      t1.Name = "Apple"; t2.Name = "Orange";
      t1.Start(); t2.Start();
   }
}
```

실행 결과

```
Apple is activated => 1
Orange is activated => 1
Orange is activated => 2
Apple is activated => 2
Apple is activated => 3
Orange is activated => 3
```

6.4.2 스레드의 상태

하나의 스레드가 생성되어 실행되고 종료되는 과정을 생존 주기(life cycle)라 부르며 [그림 6-4]는 생존 주기 동안 변화하는 스레드의 상태를 나타낸 그림이다. 또한 이 그림은 한 상태에서 다른 상태로의 전이를 발생시키는 메소드들을 함께 나타내고 있다. 완전한 유한 상

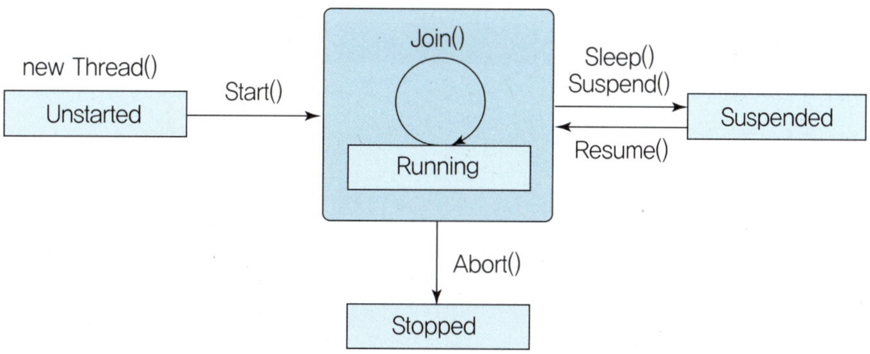

그림 6-4 스레드의 상태

태도(finite state diagram)는 아니지만 스레드의 생존 주기에 관한 일반적인 상태 전이를 보여주고 있다.

그림에서 알 수 있듯이 C#에서 스레드는 Unstarted, Running, Suspended, Stopped와 같은 4개의 상태를 갖는다. 처음에 스레드 객체가 생성되면, 스레드는 Unstarted 상태가 된다. 그 후에 `Start()` 메소드에 의해 Running 상태가 되며 해당 메소드가 종료되거나 `Abort()` 메소드가 실행되면 Stopped 상태가 된다. 실행 도중에 블록킹 상황이 발생하면 Suspended 상태가 되며, 그 상황이 해결되면 다시 Running 상태로 되어 실행이 계속된다.

스레드의 상태를 변경하기 위하여 `Thread` 클래스에 정의된 메소드들은 [표 6-3]과 같다.

표 6-3 스레드의 상태를 변경하는 메소드

메소드	기능
`Thread.Start()`	해당 스레드를 실행한다.
`Thread.Abort()`	해당 스레드를 종료시킨다.
`Thread.Join()`	해당 스레드의 실행이 종료될 때까지 기다린다.
`Thread.Suspend()`	해당 스레드를 대기 상태로 만든다.
`Thread.Resume()`	대기 상태 스레드를 실행 상태로 만든다.
`Thread.Sleep()`	지정한 시간 동안 실행을 멈추고 대기 상태로 간다.

스레드의 상태를 변경하는 메소드를 적용한 후, `ThreadState` 프로퍼티를 통하여 스레드의 상태를 확인할 수 있다. 다음 예제는 단계별로 스레드의 상태를 출력하는 프로그램이다.

예제 6-20 ThreadStateApp.cs

```
using System;
using System.Threading;
class ThreadState {
   public void ThreadBody() {
      while (true) {
         // ... infinite loop ...
      }
   }
```

```
}
class ThreadStateApp {
   public static void Main() {
      ThreadState obj = new ThreadState();
      ThreadStart ts = new ThreadStart(obj.ThreadBody);
      Thread t = new Thread(ts);
      Console.WriteLine("Step 1: " + t.ThreadState);
      t.Start();
      Thread.Sleep(100);
      Console.WriteLine("Step 2: " + t.ThreadState);
      t.Suspend();
      Thread.Sleep(100);
      Console.WriteLine("Step 3: " + t.ThreadState);
      t.Resume();
      Thread.Sleep(100);
      Console.WriteLine("Step 4: " + t.ThreadState);
      t.Abort();
      Thread.Sleep(100);
      Console.WriteLine("Step 5: " + t.ThreadState);
   }
}
```

실행 결과

```
Step 1: Unstarted
Step 2: Running
Step 3: Suspended
Step 4: Running
Step 5: Aborted
```

Thread.Join() 메소드는 특정한 스레드가 실행을 종료할 때까지 기다리는 역할을 담당한다. 어떤 스레드에게 계산을 시켜놓고 계산한 결과 값을 얻는 작업을 프로그래밍할 때 유용하게 사용할 수 있는 메소드이다. 다음은 주어진 수보다 큰 완전수(perfect number: 자신을 제외한 약수의 합과 같은 수)를 구하는 메소드를 스레드로 만들어 계산하는 예제 프로그램이다.

예제 6-21 ThreadJoinApp.cs

```
using System;
using System.Threading;
class ThreadJoin {
    public int start;
    public int perfectNumber;
    public void ThreadBody() {
        int sum;
        for (int i = start; ; i++) {
            sum = 0;
            for (int j = 1; j <= i/2; j++)
                if (i % j == 0)
                    sum += j;
            if (i == sum) {
                perfectNumber = i;
                break;
            }
        }
    }
}
class ThreadJoinApp {
    public static void Main() {
        ThreadJoin obj = new ThreadJoin();
        ThreadStart ts = new ThreadStart(obj.ThreadBody);
        Thread t = new Thread(ts);
        Console.Write("Enter a number : ");
        obj.start = int.Parse(Console.ReadLine());
        t.Start();
        t.Join();
        Console.WriteLine("The perfect number over {0} is {1}.",
                                obj.start, obj.perfectNumber);
    }
}
```

입력 데이터

```
Enter a number : 100
```

실행 결과

```
The perfect number over 100 is 496.
```

6.4.3 스레드의 스케줄링

개념상 스레드는 병행으로 실행된다고 가정한다. 그러나 대부분의 컴퓨터는 단일 프로세서를 갖고 있기 때문에 외견상으로는 병행성을 제공하나 실제로는 한 시점에서 하나의 스레드만이 실행된다. 실행 가능한 상태에 있는 여러 스레드의 실행 순서를 제어하는 것을 스케줄링(scheduling)이라 한다. 스레드의 스케줄링에 따라 스레드의 작업 순서가 달라지며, 스레드의 우선순위(priority)에 따라 실행 순서가 결정된다.

스레드가 생성될 때 그 스레드를 만든 스레드의 우선순위가 상속되며 `Thread.Priority` 프로퍼티를 통해서 참조하거나 변경할 수 있다. C#에서 스레드의 우선순위는 `ThreadPriority` 열거형에 정의된 값으로 표현되며 그 내용은 [표 6-4]와 같다.

표 6-4 ThreadPriority 열거형 원소

멤버	설명
`Highest`	가장 높은 우선순위를 나타낸다
`AboveNormal`	높은 우선순위를 나타낸다.
`Normal`	표준 우선순위를 나타낸다.
`BelowNormal`	낮은 우선순위를 나타낸다.
`Lowest`	가장 낮은 우선순위를 나타낸다.

예제 6-22 ThreadPriorityApp.cs

```
using System;
using System.Threading;
class ThreadPriorityApp {
   static void ThreadBody() {
      Thread.Sleep(1000);
   }
   public static void Main() {
      Thread t = new Thread(new ThreadStart(ThreadBody));
```

```
            t.Start();
            Console.WriteLine("Current Priority : " + t.Priority);
            ++t.Priority;
            Console.WriteLine("Higher Priority : " + t.Priority);
        }
    }
```

실행 결과

```
Current Priority : Normal
Higher Priority : AboveNormal
```

어떤 주어진 시간에 다중의 스레드가 실행을 위해 기다리고 있을 때, 이들 중에서 가장 높은 우선순위를 갖는 스레드에게 실행의 권한을 준다. 실행의 권한을 부여받은 스레드가 종료되거나 또는 다른 어떠한 이유로 인하여 Suspended 상태로 되었을 때, 다음 우선순위를 갖는 스레드가 실행을 시작하게 된다. 그리고 동일 우선순위를 갖는 두 스레드가 실행되기를 기다리고 있다면 스케줄러는 라운드 로빈(round-robin) 형태로 스레드들 중에 하나를 선택할 것이며, 선택된 스레드는 다음 조건 중에 하나가 참이 될 때까지 실행된다.

- 시 분할(time sharing) 시스템에서, 스레드에 할당된 시간이 만료된 경우
- 더 높은 우선순위의 스레드가 실행 가능하게 될 경우
- 선택된 스레드가 종료된 경우

시 분할 시스템에서는 해당 스레드에 할당된 시간이 만료되면 다음 스레드가 실행된다. 각 스레드에 할당된 크기에 따라 다소 차이가 있지만 대부분 공평하게 실행되도록 하는 것이 스케줄러의 목표이다.

예제 6-23 SchedulerApp.cs

```
using System;
using System.Threading;
class SchedulerApp {
    static int interval;
```

```
    static void ThreadBody() {
      Thread myself = Thread.CurrentThread;
      Console.WriteLine("Starting Thread : " + myself.Name);
      for (int i = 1 ; i <= 3 * interval ; i++) {
         if( i % interval == 0)
           Console.WriteLine(myself.Name + " : " + i);
      }
      Console.WriteLine("Ending Thread : " + myself.Name);
    }
    public static void Main() {
      Console.Write("Interval value : ");
      interval = int.Parse(Console.ReadLine());
      Thread.CurrentThread.Name = "Main Thread";
      // Thread.CurrentThread.Priority=ThreadPriority.Highest;
      Thread worker = new Thread(new ThreadStart(ThreadBody));
      worker.Name = "Worker Thread";
      worker.Start();
      ThreadBody();
    }
  }
```

입력 데이터

```
Interval value : 100
```

실행 결과

```
Starting Thread : Worker Thread
Starting Thread : Main Thread
Main Thread : 100
Worker Thread : 100
Worker Thread : 200
Main Thread : 200
Main Thread : 300
Worker Thread : 300
Ending Thread : Worker Thread
Ending Thread : Main Thread
```

실행 결과를 살펴보면 두 개의 스레드가 병행 처리되지 않은 것처럼 보인다. 그 이유는 두 번째 스레드를 시작하기 위한 준비작업 과정에서 첫 번째 스레드가 종료했기 때문이다. 따라서 다음과 같이 사용자가 interval의 값을 크게 입력할 경우 두 개의 스레드가 병렬로 처리되는 것을 확인할 수 있다.

입력 데이터

```
Interval value : 1000000
```

실행 결과

```
Starting Thread : Worker Thread
Starting Thread : Main Thread
Main Thread : 1000000
Worker Thread : 1000000
Worker Thread : 2000000
Main Thread : 2000000
Main Thread : 3000000
Worker Thread : 3000000
Ending Thread : Worker Thread
Ending Thread : Main Thread
```

어느 시점에서든 가장 높은 우선순위의 스레드가 실행된다. 그러나 이와 같은 규칙이 반드시 보장되는 것은 아니다. 스케줄러가 실행의 효율을 높이기 위해 더 낮은 우선순위의 스레드를 실행 상태로 선택할 수 있다. 따라서 프로그래머는 병렬성을 높이기 위해서 Thread.Priority와 같은 속성을 사용하여 프로그래밍하는 것이 바람직하다. 즉, 알고리즘의 정확성을 위해 스레드 정책에 의존해서는 안 된다는 것이다.

일반적으로 응용 프로그램 중에서 지속적으로 실행되는 스레드는 사용자 입력과 같은 이벤트를 처리하는 스레드에 비해 더 낮은 우선순위가 부여되어야 한다. 예를 들어, 사용자가 응용 프로그램이 중지하기를 원하여 중지 버튼을 누른다고 가정하여 보자. 디스플레이 갱신과 사용자 입력이 동일한 우선순위를 갖고 있다면, 사용자 입력 스레드에서 중지 버튼을 처리하기 전에 디스플레이를 갱신하는 스레드가 실행될 수 있으므로 사용자의 요구에 대한 즉각적인 처리가 불가능할 수 있다.

이와 같은 경우에 사용자 입력 스레드의 우선순위를 높여줌으로써 해결할 수 있다. 사용자 입력 스레드의 우선순위가 높기 때문에 사용자의 입력을 위해 대부분 블록 상태에 있게 된다. 따라서 낮은 우선순위의 디스플레이 스레드가 대부분의 시간에 실행될 것이다. 사용자 입력이 발생하면 더 높은 우선순위의 사용자 입력 스레드는 사용자의 요구에 반응하기 위해 디스플레이 스레드를 선점하여 사용자의 요구를 즉각적으로 처리할 것이다. 결론적으로 지속적인 작업을 행하는 스레드의 우선순위는 `Lowest`로 설정되는 것이 바람직하다. 이렇게 함으로써 다른 긴급한 처리 작업을 즉각적으로 처리할 수 있게 된다.

앞의 예제에서 `Main()` 메소드에 있는 주석을 제거하면 `Main Thread`에 대한 우선순위가 `Highest`로 되어 다음과 같은 실행 결과를 출력한다.

입력 데이터

```
Interval value : 1000000
```

실행 결과

```
Starting Thread : Worker Thread
Starting Thread : Main Thread
Main Thread : 1000000
Main Thread : 2000000
Main Thread : 3000000
Ending Thread : Main Thread
Worker Thread : 1000000
Worker Thread : 2000000
Worker Thread : 3000000
Ending Thread : Worker Thread
```

실행 결과를 통해 알 수 있듯이 `Interval`의 값을 1000000으로 입력했음에도 불구하고 `Main Thread`의 실행이 종료된 후에 `Worker Thread`가 실행되는 것을 확인할 수 있다. 이처럼 스레드의 우선순위를 통하여 스레드의 스케줄링이 가능하다.

6.4.4 동기화

지금까지는 독립적이고 비동기적인 스레드의 예를 살펴보았다. 즉, 각각의 스레드는 그의 실행에 필요한 모든 자료와 메소드를 포함하고 있으며 외부의 자원 또는 메소드를 요구하지 않았다. 또한 이들 스레드는 병행으로 실행 중인 다른 스레드의 상태 또는 행위에 관계되지 않는 자신만의 공간에서 실행되었다. 그러나 모든 멀티스레드 프로그램이 각각의 스레드가 독립적으로 실행되며 자신만의 공간을 갖는 것은 아니다. 어떤 응용 프로그램에서는 동시에 실행되는 스레드들이 자료를 공유하며, 다른 스레드의 상태와 행위를 고려해야 한다.

예를 들어, 은행의 상황을 고려하여 보자. 은행 업무는 한 시점에 하나 이상의 일이 일어난다. 즉, 여러 명의 직원이 독립적으로 은행 계정을 갱신할 수 있다. 우선 은행 직원은 동일한 장부 서류함을 사용하고 있으며 어떤 누군가가 계좌에 돈을 입금하기 위해 은행 직원에게 다가가고 있고 거의 같은 시간에 두 번째 손님이 또 다른 직원에게 동일 계좌로 예금을 처리해줄 것을 요구한다고 가정하여 보자. 각 직원은 잔고 정보를 얻기 위해 장부 서류함으로 가서 동일한 정보를 얻는다. 그 다음 그들은 책상으로 돌아와 예금액을 더한 후 각자의 결과를 기록하기 위해 장부 서류함으로 다시 간다. 이와 같은 처리는 단지 맨 마지막에 등록된 예금만이 잔액에 실제로 영향을 주며, 바로 전의 거래는 결과적으로 예금의 잔액에 반영되지 않는다.

실제로 어떠한 상황이 발생하는지를 알아보기 위해, [그림 6-5]와 같이 약간의 시간적인 차이를 두고 두 사람이 동일 계좌 A로부터 잔액을 조회하고 예금액을 더하여 계산된 총액을 계좌 A에 기록한다는 가정을 세워 보자.

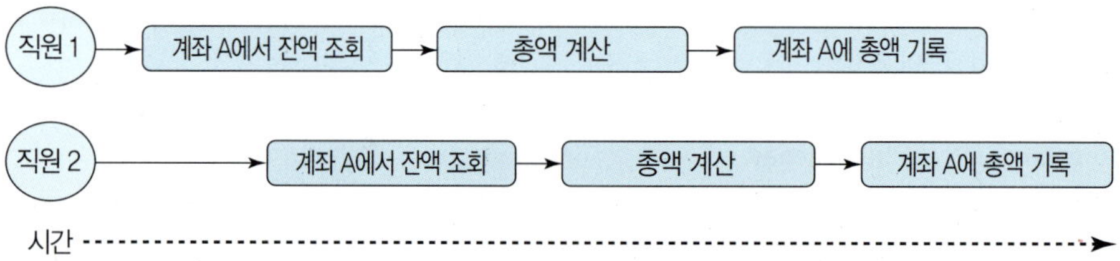

그림 6-5 같은 시간에 동일 계좌로의 예금

계좌 A에 잔액이 1,000,000원이 있고, 거의 비슷한 시간에 두 손님이 동일 계좌 A에 각각 100,000원과 200,000원을 입금한다고 가정하여 보자. 직원1과 직원2가 순서적으로 계좌 A를 검색하였다면 직원1과 직원2는 모두 계좌 A의 잔액이 1,000,000원이라는 사실을 얻게 된다. 직원1은 처음 손님으로부터 100,000원의 예금을 받아 총액을 1,100,000원으로 계산한다. 직원2는 두 번째 손님으로부터 200,000원의 예금을 받아 총액을 1,200,000원으로 계산한다. 직원1과 직원2는 차례로 계정 A에 1,100,000과 1,200,000을 기입한다. 결과적으로, 계정 A에는 직원2가 기입한 1,200,000원 만이 남으며, 첫 번째 손님이 예금한 100,000원은 처리되었지만 상실되는 문제를 낳는다.

은행에서의 이러한 문제는 두 직원이 동시에 같은 서류함에 있는 장부를 사용함으로서 발생된 문제이다. 이 문제는 은행에서 서류함을 어떤 직원이 사용하고 있는 동안 다른 직원이 사용할 수 없도록 하는 방안이 있다면 해결될 수 있을 것이다. 이는 멀티스레드 환경에서 여러 스레드가 동시에 동일 자료를 접근하는 경우, 은행의 경우와 똑같은 문제가 발생할 수 있다. 이러한 문제는 은행 직원이 서류함을 사용하는 동안 다른 직원이 사용할 수 없도록 열쇠로 잠근(lock)다면 해결할 수 있는 것과 마찬가지로 해당 객체를 잠가 다른 스레드가 접근하여 연산을 행함으로써 발생되는 문제를 막을 수 있다. 이와 같은 문제를 해결하기 위해서 C#에서는 `lock` 문장과 `Monitor` 클래스를 제공하고 있다.

(1) lock 문

C#에서는 특정 객체를 동시에 참조할 때 발생할 수 있는 동기화 문제를 해결하기 위해서 `lock` 문을 제공하고 있다. `lock` 문의 기능은 동일한 객체에 대하여 여러 스레드의 중첩 실행을 방지한다. 즉, 동일한 객체에 대하여 한 스레드가 `lock` 문을 실행하고 있으면, 다른 스레드는 그 문장을 실행할 수 없다는 의미이다. 따라서 `lock` 문은 아토믹 루틴(atomic routine)이 되어 실행 순서를 제어할 수 있다. `lock` 문의 형태는 다음과 같다.

```
lock (object obj)
   <문장>
```

여기서, `obj`는 잠그고자 하는 객체(즉, 객체의 참조)를 나타내며, <문장>은 `obj`를 동기화 방법으로 다루는 문장이며 보통 블록으로 구성된다. 다음 예제의 `ThreadBody()`에 `lock` 문을 추가한 후 그에 따른 실행 결과이다.

예제 6-24 LockStApp.cs

```
public void ThreadBody() {
   Thread myself = Thread.CurrentThread;
   lock (this) {
      for (int i = 1; i <= 3; i++) {
```

```
            Console.WriteLine("{0} is activated => {1}",
                        myself.Name, i);
            Thread.Sleep(1000);
        }
    }
}
```

실행 결과

```
Apple is activated => 1
Apple is activated => 2
Apple is activated => 3
Orange is activated => 1
Orange is activated => 2
Orange is activated => 3
```

실행 결과에서도 알 수 있듯이 하나의 스레드가 시작하면 스레드가 종료될 때까지 실행된다. 그 이유는 lock 문은 한번 시작하면 실행 컨트롤을 다른 스레드에게 빼앗기지 않고 계속 실행되기 때문이다.

(2) Monitor 클래스

Monitor 클래스는 임의의 객체에 대한 특정 작업을 동기화를 하기 위해 사용되는 클래스이다. 동기화가 필요한 작업을 시작할 때 Monitor.Enter() 메소드를 호출하고, 동기화 작업이 끝났을 때 Monitor.Exit() 메소드를 호출하면 두 메소드 사이에 실행되는 모든 작업은 동기적으로 실행된다. 이 두 메소드는 Monitor 클래스의 대표적인 정적 메소드로서 각각의 기능은 [표 6-5]와 같다.

표 6-5 Monitor 클래스의 메소드

메소드	기능
Enter(Object obj)	매개변수로 전달된 스레드 객체가 특정 문장을 선점할 수 있도록 지정한다.
Exit(Object obj)	Enter() 메소드를 통하여 특정 문장의 실행을 선점한 스레드를 다른 스레드가 접근할 수 있도록 해지한다.

다음은 lock 문의 예제와 같은 작업을 Monitor 클래스를 통해서 작성한 예제이다. 따라서 실행 결과가 lock 문의 예제와 동일하게 나온다.

예제 6-25 MonitorApp.cs

```
public void ThreadBody() {
   Thread myself = Thread.CurrentThread;
   Monitor.Enter(this);
   for (int i = 1; i <= 3; i++) {
      Console.WriteLine("{0} is activated => {1}",
                     myself.Name, i);
      Thread.Sleep(1000);
   }
   Monitor.Exit(this);
}
```

Monitor 클래스를 사용한 동기화는 lock 문을 사용한 동기화와 기능상으로 유사하다. 그러나 동기화 범위를 나타내는 방법이 다르다. lock 문은 블록 구조 형태로 범위를 표시하지만 Monitor 클래스는 Monitor.Enter()와 Monitor.Exit() 사이가 동기화되는 부분이며 동기화 시작과 끝을 나타내는 두 메소드의 호출이 꼭 같은 메소드 내에 있을 필요는 없다.

연습문제

6.1 다음 괄호 안에 적당한 용어를 쓰시오.

(1) C#에서 제네릭 프로그램의 단위에는 클래스와 (   ), 그리고 메소드가 있다.

(2) 제네릭은 프로그램의 신뢰성을 높이고 (   )의 일관적인 사용을 가능하게 한다.

(3) 형 매개변수는 (   )와 (   ) 사이에 명칭을 결합하여 사용한다.

(4) 제네릭 메소드는 (   )과 (   ) 사이에 형 매개변수를 삽입함으로 정의된다.

(5) 어셈블리나 클래스, 메소드, 속성 등의 요소에 추가 정보를 제공하는데 사용되는 (   )는 (   )을 통하여 추출할 수 있다.

(6) 애트리뷰트 클래스 이름은 항상 (   ) 형태를 가져야 하며 사용할 때는 이름에서 (   )가 제외된 부분만을 사용한다.

(7) `Obsolete` 애트리뷰트에서 지정해준 메시지는 (   ) 시간에 알려준다.

(8) 예외 처리의 방법은 예상되지 않은 상황에 대해 해당하는 예외를 발생시키고 야기된 예외를 적절히 처리할 수 있는 (   )를 프로그래머가 직접 작성하는 것이다.

(9) 예외의 종류에는 프로그램의 부당한 실행으로 인하여 시스템에 의해 묵시적으로 발생되는 (   )와 프로그래머에 의해 의도적으로 야기되는 (   )가 있다.

(10) 예외가 발생하는 경우는 (   )에 의해 묵시적으로 일어나는 경우와 (   )에 의해 명시적으로 일으키는 방법이 있다.

(11) C# 에서 예외를 검사하고 처리하는데 사용하는 구문은 (   )이다.

(12) 시스템 정의 예외가 발생됐는데도 불구하고 발생한 예외를 프로그래머가 처리하지 않는다면 그 예외는 (   )에 의해 처리된다.

(13) 발생된 예외 처리기를 찾으면 예외 처리기를 실행한 다음에 그 예외 처리기를 포함하고 있는 (   ) 블록의 다음 문장부터 실행이 계속된다.

(14) 발생한 예외를 해당 메소드에서 처리하지 않고 이 메소드를 호출한 메소드로 보내어 처리하도록 하는 행위를 예외의 (   )라 한다.

(15) 예외가 발생할 때 필요한 정보를 마치 매개변수처럼 (   )에 전달할 수 있다.

(16) 한 프로세스 내에 다수의 스레드가 존재할 수 있는 시스템을 (   )라 부른다.

(17) 현재 실행되고 있는 자신의 스레드 객체를 반환하는 (   )와 스레드를 구별하기 위하여 사용되는 (   )은 매우 유용하게 사용할 수 있는 프로퍼티이다.

(18) C#에서 스레드는 Unstarted, (　　　), (　　　), Stopped와 같은 4개의 상태를 갖는다. 처음에 스레드 객체가 생성되면, 스레드는 Unstarted 상태가 된다. 그 후에 Start() 메소드에 의해 (　　　) 상태가 되며 해당 메소드가 종료되거나 Abort() 메소드가 실행되면 Stopped 상태가 된다. 실행 도중에 블록킹 상황이 발생하면 (　　　) 상태가 되며, 그 상황이 해결되면 다시 (　　　) 상태로 되어 실행이 계속된다.

(19) 동일한 (　　)에 대해 한 스레드가 lock 문을 실행하면 다른 스레드는 기다려야 한다.

(20) (　　　) 메소드는 특정한 스레드가 실행을 종료할 때까지 기다리는 역할을 담당한다.

(21) 실행 가능한 상태에 있는 여러 스레드의 실행 순서를 제어하는 것을 (　　　)이라 한다.

(22) 스레드의 우선순위를 나타내는 상수를 정의하고 있는 열거형은 (　　　　)이다.

(23) lock 문을 사용한 동기화와 Monitor 클래스를 사용한 동기화는 기능상으로 유사하지만 (　　　)를 나타내는 방법이 다르다.

6.2 다음 객관식 문제를 푸시오.

(1) 제네릭에 관한 설명 중 옳지 않은 것은?

① 자료형과 무관하게 알고리즘을 기술할 수 있는 기능이다.
② 제네릭 프로그램의 단위에는 클래스, 인터페이스 그리고 메소드가 있다.
③ 제네릭에 관한 형 검사는 컴파일 시간에 이루어진다.
④ 형 매개변수를 정의할 때 base 키워드를 사용하여 제한할 수 있다.
⑤ 제네릭 클래스는 클래스 생성 시에 형 매개변수를 전달받는다.

(2) 다음 중 제네릭을 사용하여 얻을 수 있는 장점은?

① 프로그램의 이식성　　② 프로그램의 일반화
③ 프로그램의 효율성　　④ 프로그램의 재사용성
⑤ 프로그램의 상속성

(3) 다음 중 제네릭 메소드를 정의하는 형태로 맞는 것은?

① public <T> void genericMethod(T arg) { }
② public void <T> genericMethod(T arg) { }
③ public void genericMethod(<T> arg) { }
④ public void genericMethod(T arg)<T> { }
⑤ public void genericMethod<T>(T arg) { }

(4) C#에서 지원하는 개념과 설명이 잘못 연결된 것은?

① delegate — 메소드에 대한 관리를 체계적으로 처리하기 위해서

② attribute — 프로그래밍 단위에 추가적인 정보를 주기 위해서

③ thread — 병행 처리 프로그램을 구현하기 위해서

④ exception handling — 실행 시간 에러를 언어 수준에서 처리하기 위해서

⑤ indexer — 배열을 객체로 처리하기 위해서

(5) 다음 중 예외에 대한 설명 중 틀린 것은?

① C#은 예외 처리를 위한 방법을 언어 시스템에서 제공함으로써 응용 프로그램의 신뢰성을 높일 수 있다.

② 예외의 종류에는 시스템 정의 예외와 프로그래머 정의 예외가 있다.

③ `IndexOutOfRangeException`, `ArrayTypeMismatchException` 등은 프로그래머 정의 예외이다.

④ 프로그래머에 의해 의도적으로 예외를 발생시킬 때 `throw` 문을 사용한다.

⑤ 발생한 예외를 처리하는 과정에서 다시 예외를 발생시킬 수 있다.

(6) C#에서 예외를 인위적으로 일으킬 때 사용하는 지정어는 무엇인가?

① `throw` ② `finally`

③ `raise` ④ `call`

⑤ `invoke`

(7) 스레드 프로그래밍에 관련된 사항 중 틀린 것은?

① 스레드 몸체를 지정하기 위해 반드시 `ThreadStart` 델리게이트를 이용해야 한다.

② `System.Threading` 네임스페이스를 반드시 포함시켜야 한다.

③ `Running` 상태가 되기 위해서는 반드시 `Thread.Start()` 메소드를 호출해야 한다.

④ 스레드 몸체에 해당하는 메소드는 반환값과 매개변수를 가질 수 있다.

⑤ 스레드는 반드시 `Thread` 클래스의 객체이어야 한다.

(8) `Running` 상태에 있는 스레드가 `Suspended` 상태로 전이가 일어나는 상황이 아닌 것은?

① `Thread.Sleep()` 메소드를 호출하였을 때

② `Thread.Suspend()` 메소드를 호출하였을 때

③ `Thread.Join()` 메소드를 호출하였을 때

④ 입출력을 위해 블록이 되었을 때

6.3 다음 구문에 대한 문법적인 구조를 기술하시오.

(1) 제네릭 클래스의 선언 형태

(2) 제네릭 인터페이스의 선언 형태

(3) 제네릭 메소드의 선언 형태

(4) try-catch-finally 구문

(5) throw 문

6.4 다음을 간략히 설명하시오.

(1) 제네릭 형과 로우형의 유사점과 차이점을 설명하시오.

(2) 제네릭 형이 컴파일 시간에 검사됨으로써 얻게 되는 장점은 무엇인가?

(3) 기존 에러 처리 방법과 예외 처리 방법의 차이점에 대해 설명하시오.

(4) 발생한 예외는 해당 메소드에서 처리할 수 있으며 또한 외부 세계로 전파할 수도 있다. 각각에 적합한 응용 분야를 찾아 그 이유를 설명하시오.

(5) 단일 스레드 프로그램과 다중 스레드 프로그램의 차이점에 대해 논하시오.

(6) 다음 lock 문장을 Monitor 클래스를 이용하여 동등하게 바꾸시오.

```
lock (largeArray) {
    for (int i = 0; i < largeArray.Length; i++) {
        largeArray[i] = 0;
    }
}
```

6.5 다음과 같은 제네릭 프로그램 단위에서 형 매개변수가 명시되는 위치를 말하고 언제 어떤 방법으로 형 매개변수의 자료형이 결정되는지 설명하시오.

(1) 제네릭 클래스

(2) 제네릭 인터페이스

(3) 제네릭 메소드

6.6 다음은 더하기 연산을 위해 정의된 메소드이다. int 형과 double 형에서 올바르게 동작하도록 오류를 수정하고, Object 자료형을 사용하여 정의한 메소드와 형 매개변수를 사용하여 정의한 범용 메소드의 차이점을 설명하시오. 특히, 호출하는 방법과 호출 시 실행되는 과정을 비교 설명하시오.

```
int i, j; double x, y;

// object 자료형을 사용하여 정의한 메소드
static Object Add(object x, object y) {
    return x + y;   // 오류 발생
}
// 형 매개변수를 사용하여 정의한 범용 메소드
static <DataType> Add<DataType>(DataType x, DataType y) {
    return x + y;
}
```

6.7 다음은 Exception 클래스에 있는 프로퍼티이다. 용도를 간단히 설명하시오.

(1) StackTrace

(2) Message

6.8 다음은 Thread 클래스에 있는 메소드와 프로퍼티이다. 용도를 간단히 설명하시오.

(1) Thread.Start()
(2) Thread.Suspended()
(3) Thread.Sleep()
(4) Thread.IsAlive
(5) Thread.Name
(6) Thread.ThreadState

6.9 다음 스레드 상태 변화에 따른 알맞은 메소드 이름을 쓰시오.

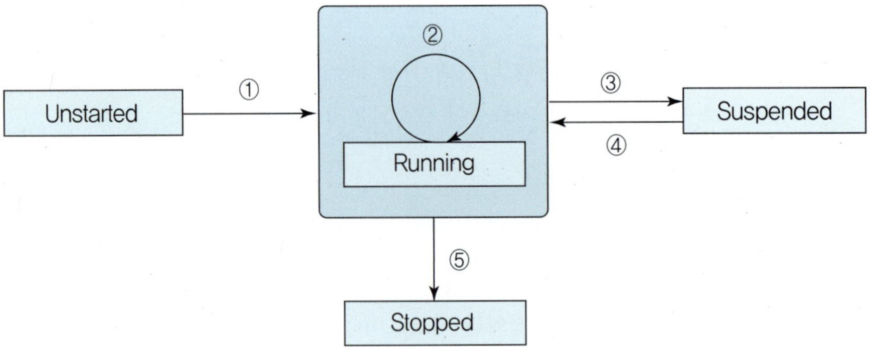

6.10 다음 프로그램의 실행 결과를 보이시오.

(1)

```
using System;
using System.Collections.Generic;
class GClass<T> {
  private List<T> list;
  public GClass() {
      list = new List<T>();
  }
  public String getValue() {
      String str = "";
      foreach (T e in list) str += (e.ToString() + " ");
      return str;
  }
  public void setValue(params T[] args) {
      foreach (T e in args) list.Add(e);
  }
}
public class ExerciseCh6_10_1 {
  public static void Main(String[] args) {
      GClass<int> gInteger = new GClass<int>();
      gInteger.setValue(10, 20, 30);
      Console.WriteLine(gInteger.getValue());
  }
}
```

(2)

```
using System;
class Ex : Exception {}
class ExerciseCh6_10_2 {
   public static void Main() {
      Console.WriteLine("Entering first try block");
      try {
         Console.WriteLine("Entering second try block");
         try {
            throw new Ex();
```

```
        } finally {
           Console.WriteLine("finally in 2nd try block");
        }
     } catch(Ex e) {
        Console.WriteLine("Caught Ex in first try block");
     } finally {
        Console.WriteLine("finally in 1st try block");
     }
  }
}
```

(3)

```
using System;
class FinallyClause {
    public void MethodA() {
        try {
            Console.WriteLine("1");
        } catch (Exception e) {
            Console.WriteLine("2");
        }
    }
    public void MethodB() {
        try {
            Console.WriteLine("3");
        }
        finally {
            Console.WriteLine("4");
        }
    }
}
class ExerciseCh6_10_3 {
    public static void Main() {
        FinallyClause fc = new FinallyClause();
        fc.MethodA();
```

```
            fc.MethodB();
        }
}
```

(4)

```
using System;
using System.Threading;
class SimpleThread {
    public void SimpleMethod() {
        Random randomNumber = new Random();
        for (int i = 0 ; i < 3 ; i++) {
            Console.WriteLine(i+" "+Thread.CurrentThread.Name);
            Thread.Sleep(randomNumber.Next(1, 5) * 1000);
        }
        Console.WriteLine("DONE! "+Thread.CurrentThread.Name);
    }
}
class ExerciseCh6_10_4 {
    public static void Main() {
        SimpleThread obj = new SimpleThread();
        ThreadStart ts = new ThreadStart(obj.SimpleMethod);
        Thread worker1 = new Thread(ts);
        Thread worker2 = new Thread(ts);
        worker1.Name = "Apple"; worker2.Name = "Orange";
        worker1.Start();        worker2.Start();
    }
}
```

6.11 다음 프로그램을 제네릭 클래스를 사용하여 다시 작성하시오.

```
class ISwap {
    public int x, y;
    public void swap() {
        int temp;
        temp = x; x = y; y = temp;
    }
}

class DSwap {
    public double x, y;
    public void swap() {
        double temp;
        temp = x; x = y; y = temp;
    }
}

public class ExerciseCh6_11 {
    public static void Main(String[] args) {
        ISwap i = new ISwap();
        i.x = 1; i.y = 2;
        Console.WriteLine("x: " + i.x + " y: " + i.y);
        i.swap();
        Console.WriteLine("x: " + i.x + " y: " + i.y);
        DSwap d = new DSwap();
        d.x = 1.0; d.y = 2.0;
        Console.WriteLine("x: " + d.x + " y: " + d.y);
        d.swap();
        Console.WriteLine("x: " + d.x + " y: " + d.y);
    }
}
```

6.12 다음 인터페이스를 보고 물음에 답하시오.

```
interface SimpleList {
    void insert(Object obj);
    void delete(Object obj);
    Object find(Object obj);
    int currentCount();
}
```

(1) 위의 인터페이스를 제네릭을 이용하여 다양한 형에서 동작이 가능하도록 삽입(insert), 삭제(delete), 검색(find), 그리고 원소개수(currentCount) 반환 기능을 가진 클래스를 구현하시오.

(2) 구현된 클래스의 기능을 확인할 수 있도록 주프로그램을 작성하시오.

6.13 다음 프로그램은 명령어 라인 매개변수의 값에 따라 다른 형태의 결과를 갖는다. 명령어 라인 매개변수로 1부터 5까지 각각의 값에 따른 결과를 예측하여 보시오.

```
using System;
class ExerciseCh6_13 : ApplicationException {
    public static void Main(string[] args) {
        int mysteriousState = int.Parse(args[0]);
        while (true) {
            Console.Write("Who ");
            try {
                Console.Write("is ");
                if (mysteriousState == 1)  return;
                Console.Write("that ");
                if (mysteriousState == 2)  break;
                Console.Write("strange ");
                if (mysteriousState == 3)  continue;
                Console.Write("but kindly ");
                if (mysteriousState == 4)
                    throw new ExerciseCh6_9();
                Console.Write("not at all ");
            } finally {
```

```
                Console.Write("amusing ");
            }
            Console.Write("yet compelling ");
            break;
        }
        Console.Write("man?");
    }
}
```

6.14 다음을 C# 언어로 프로그래밍 하시오.

(1) 파일을 오픈하려 하였으나 해당 파일이 존재하지 않는 경우 이를 사용자에게 알리고 파일 이름을 다시 입력하는 프로그램을 작성하려고 한다. 예외 처리기를 두어 해결하시오.

(2) 다음은 lock 문을 사용하여 은행 예금 문제를 해결한 클래스이다. Main() 메소드가 있는 테스트 클래스를 작성하여 프로그램을 완성하시오.

```
using System;
using System.Threading;
class Account {                                    // 계정 클래스
   private double balance;
   public Account(double initialDeposit) {         // 생성자
      balance = initialDeposit;
   }
   public double Balance {                         // 프로퍼티
      get { return balance; }                      // 잔액 조회
      // set { balence = value; }
   }
   public void Deposit(double amount) {            // 총액 계산 및 기록
      lock (this) {
          balance += amount;
      }
   }
}
```

```
class Teller {                                          // 은행원 클래스
    string name;                                        // 은행원 이름
    Account account;                                    // 처리할 계정
    double amount;                                      // 예금액
    public Teller(string name, Account account, double amount) {
        this.name = name;
        this.account = account;
        this amount = amount;
    }
    public void TellerTask() {
        account.Deposit(amount);
        Console.WriteLine(name + " : " + account.Balance);
    }
}
```

CHAPTER 07

폼

C# Programming

contents

07 폼

윈폼 애플리케이션(WinForm application)이란 윈도우즈 폼 애플리케이션(windows forms application)의 약어로 .NET 프레임워크에서 제공하는 클래스 라이브러리로 만들어진 윈도우 GUI(Graphic User Interface) 응용 프로그램을 말한다.

이 장에서는 통합 개발환경인 Visual Studio에서 C# 언어로 윈폼 애플리케이션을 작성하는 과정을 설명한다. 또한 윈폼 애플리케이션에서 핵심적인 클래스인 폼 클래스와 컨트롤 클래스에 관한 내용을 학습한다.

7.1 윈폼 애플리케이션

C# 언어로 작성된 응용 프로그램은 크게 콘솔 애플리케이션(console application)과 윈폼 애플리케이션(winform application)으로 나눌 수 있다. 전자는 문자 기반의 명령 프롬프트 환경에서 실행되는 콘솔 응용 프로그램을 의미하며, 이 형태의 프로그램은 키보드를 통해 데이터를 입력하고, 실행 결과를 화면에 문자로 출력한다. 그에 비해 후자는 윈도우 폼 애플리케이션(windows forms application)의 약어이며 일반적인 윈도우 응용 프로그램과 같이 그래픽 사용자 인터페이스(GUI: Graphical User Interface)를 통해서 입출력을 수행하며 이벤트 처리 방식을 통해 실행되는 윈도우 폼 응용 프로그램이다.

윈폼 애플리케이션은 컨트롤을 사용하여 프로그래머가 원하는 화면을 구성하고 이벤트가 발생했을 때 처리하고자 하는 작업을 이벤트 처리기에 기술하는 방식으로 프로그래밍 한다. 다시 말해서, 윈도우 폼에 컨트롤 또는 컴포넌트를 배치하고 이벤트 처리기를 등록하여 사용자의 다양한 요구를 입력으로 받아 처리한 후 실행 결과를 응답해 주는 방식으로 한다는 것이다. 윈폼 애플리케이션은 폼 클래스를 베이스 클래스로 가지며 [그림 7-1]과 같은 형태의 윈도우 폼이 형성된다.

그림 7-1 윈도우 폼

윈도우 폼을 단순히 폼이라 부르며 운영체제에서 제공하는 기본적인 화면 단위인 창을 말하는 개념이다. 일반적으로 사각형 모양의 작은 화면 영역을 의미하며 이를 통해 사용자에게 정보를 제공하고 사용자가 입력하는 자료를 받아들일 수 있다.

윈폼 애플리케이션에서 사용하는 핵심 클래스는 폼 클래스이며 `System.Windows.Forms` 네임스페이스에 속해 있다. 또한, 폼(`Form`) 클래스 외에 컴포넌트(`Component`) 클래스와 컨트롤(`Control`) 클래스를 많이 사용한다. 컴포넌트 클래스는 컨트롤 클래스의 베이스 클래스이며 화면에 직접적으로 나타나지 않으나 개념적인 부분을 나타낸다. 그에 비해, 컨트롤 클래스는 폼에 직접 표시되는 컨트롤을 위한 클래스이다.

윈폼 애플리케이션은 .NET 프레임워크에서 제공하는 클래스 라이브러리만 있으면 작동한다. 그러므로 .NET 프레임워크와 C# 소스코드를 편집할 수 있는 일반적인 텍스트 편집기만 있으면 개발할 수 있다. 그러나 Visual Studio과 같이 .NET 프레임워크를 지원하는 통합 개발환경을 사용하면 훨씬 편리하게 개발할 수 있다.

통합 개발환경을 사용하여 윈폼 애플리케이션을 개발하면, 윈도우 폼과 폼에 추가되는 여러 구성요소들의 상태를 직접 변경할 수 있다. 또한 프로그램을 컴파일하고 실행하는 과정 없이 변경된 상태를 즉시 확인할 수 있기 때문에 개발 시간을 단축하고 프로그래머의 실수를 줄일 수 있다. 이와 같은 장점으로 인하여 7장부터는 .NET 프레임워크를 지원하는 대표적인 통합 개발환경인 Visual Studio(이후 통합 개발환경이라고 함)을 기준으로 내용을 설명할 예정이며 설치과정과 기본적인 사용 방법, 새 프로젝트 생성, 디자이너 사용법은 [부록 A]를 참고하기 바란다.

7.1.1 윈폼 애플리케이션 생성하기

생성된 기본 윈폼 프로젝트에는 C# 소스파일뿐만 아니라 다른 종류의 파일도 존재한다. 각 파일의 내용은 다음과 같다.

- `Program.cs`: 윈폼 응용 프로그램의 시작점을 포함하는 C# 소스파일
- `Form1.cs`: 윈폼 응용 프로그램의 C# 소스파일
- `Form1.Designer.cs`: 윈폼 응용 프로그램 폼 디자인 정의를 포함하는 C# 소스파일
- `WindowsApplication1.csproj`: 윈폼 응용프로그램 프로젝트 파일
- `Properties/AssemblyInfo.cs`: 프로젝트가 생성하는 어셈블리를 설명하고 버전 관리 정보를 지정하는 데 사용하며, 애트리뷰트 정의를 포함하는 C# 소스파일
- `Properties/Resources.Designer.cs`: 윈폼 응용 프로그램의 자원에 대한 C# 정의를 포함하는 C# 소스파일
- `Properties/Resources.resx`: 윈폼 응용 프로그램의 자원 파일
- `Properties/Settings.Designer.cs`: 프로젝트 설정에 대한 C# 정의를 포함하는 C# 소스파일
- `Properties/Settings.settings`: 프로젝트에 대한 설정 파일

소스파일 `Program.cs`에는 윈폼 응용 프로그램의 시작점이 정의되어 있고, 통합 개발환경에서 생성한 소스코드의 핵심이 되는 `Form1` 클래스는 부분 클래스로 `Form1.cs`와 `Form1.Designer.cs`에 나누어 정의되어 있다. `Form1.Designer.cs` 파일 내용은 현재 편집중인 폼에 새로운 컴포넌트를 추가하거나 삭제할 때, 그리고 폼에 있는 컴포넌트의 프로퍼티나 이벤트의 값을 변경하면 변경과 관련된 소스코드가 통합 개발환경에 의해 자동으로 추가되거나 삭제된다. 그러므로 이 메소드의 내용을 프로그래머가 직접 수정하지 않고 통합 개발환경의 속성 브라우저를 통해 변경하는 것이 바람직하다.

다음은 주요 파일인 `Program.cs`, `Form1.cs`에서 중요한 부분만을 발췌한 것이다.

Program.cs

```
static class Program
{
    /// <summary>
    /// 해당 응용 프로그램의 주 진입점입니다.
    /// </summary>
    [STAThread]
    static void Main()
    {
        Application.EnableVisualStyles();
        Application.SetCompatibleTextRenderingDefault(false);
        Application.Run(new Form1());               // --- ①
    }
}
```

Form1.cs

```
public partial class Form1 : Form
{
    public Form1()                                  // --- ②
    {
        InitializeComponent();
    }
}
```

소스코드에서 알 수 있듯이 위의 파일들에는 다음과 같은 중요한 메소드가 정의되어 있다. ① 응용 프로그램이 실행될 때 처음으로 호출되는 시작점(entry point)인 `Main()` 메소드, ② 객체가 생성될 때 멤버 초기화를 위한 생성자

`Main()` 메소드(①)는 응용 프로그램의 시작점이며 `Application` 클래스의 정적 메소드인 `Run()` 메소드를 호출하여 응용 프로그램을 실행시킨다. 이때 `Run()` 메소드의 매개변수는 `Main()` 메소드가 속해있는 클래스의 객체이다.

생성자(②)는 폼에서 사용하는 각종 컴포넌트와 클래스의 멤버를 위한 초기화 작업을 수행한다. 컴포넌트의 초기화 작업은 `InitializeComponent()` 메소드를 호출하여 처리하고 그 이외의 멤버를 위한 초기화 코드는 여기에 직접 작성한다.

7.1.2 윈폼 애플리케이션 작성하기

이제까지 기본으로 생성된 소스코드를 간략히 살펴보았다. 통합 개발환경에서 기본적으로 생성하는 윈폼 애플리케이션은 아무 작업도 하지 않고, 단지 화면에 하나의 빈 폼만을 표시한다.

프로그래머가 실질적인 윈폼 애플리케이션을 작성하기 위해서는 기본적인 윈폼 애플리케이션에 필요한 작업을 추가해야 한다. 예를 들어, 다양한 컨트롤/컴포넌트를 폼에 추가하거나 필요한 자료를 다루기 위한 클래스 멤버를 정의하기도 한다. 또한 애플리케이션에서 발생하는 이벤트를 처리하기 위해 폼이나 컨트롤/컴포넌트의 이벤트에 처리기를 등록하기도 한다.

이와 같은 윈폼 애플리케이션 작성 과정은 근본적으로 비슷하기 때문에 예제마다 모든 단계를 설명한다는 것은 중복된 일이다. 그러므로 윈폼 애플리케이션의 예제에서는 생성된 기본 애플리케이션에서 변경된 부분만을 [예제 7-1]과 같은 방법으로 작성할 것이며, 통합 개발환경에서의 사용법은 [부록 A]를 참고하기 바란다.

예제 7-1 DisplayStartDateApp

1) 디자인

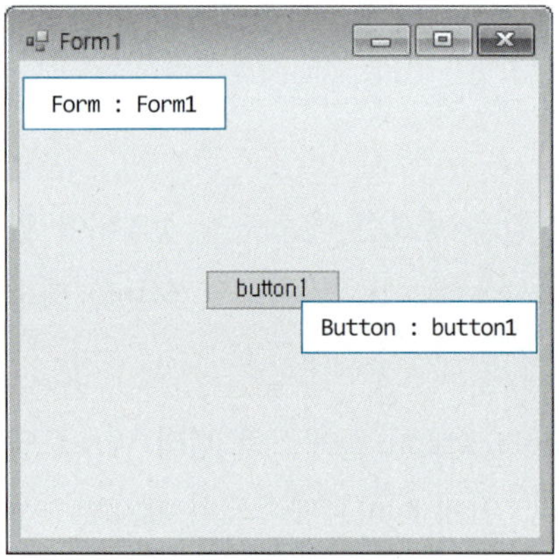

컨트롤 : (Name)	프로퍼티	값
Form : Form1	Text	DisplayStartDateApp
Button : button1	Text	Display

컨트롤 : (Name)	이벤트	메소드명
Button : button1	Click	button1_Click()

2) 코드

```
public Form1() {
   // 원래 Form1 클래스의 생성자 내용
   // ...

   startDateTime = DateTime.Now; // 추가된 내용
}
DateTime startDateTime;
public DateTime GetStartDateTime() {
   return startDateTime;
}
private void button1_Click(object sender, EventArgs e) {
   MessageBox.Show(GetStartDateTime().ToString());
}
```

실행 방법

애플리케이션을 실행한 후, 폼에 있는 "Display" 버튼을 클릭한다.

실행 결과

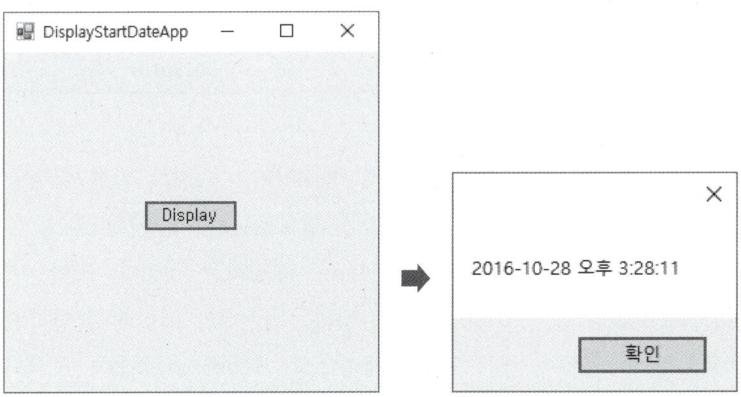

[예제 7-1]은 디자인과 코드 순으로 구성되어 있다. 만약 폼에 컴포넌트가 있는 경우에는 컴포넌트 목록이 컨트롤 다음에 나타난다. 앞으로 모든 예제는 [예제 7-1]과 같은 형태로 작성되며 각 단계에 대한 설명을 구체적으로 할 예정이다. 따라서 앞으로 예제 작성에서 중복적으로 나타나는 설명은 생략된다.

(1) 디자인

디자인은 폼에 컨트롤을 배치한 모습과 컴포넌트, 프로퍼티, 이벤트 목록과 설정값을 보여준다. 폼에 배치되는 컨트롤의 종류와 배치된 컨트롤의 이름과 위치를 그림 형태로 나타내고 있다. 이 그림에서 파란색 텍스트 상자는 "ClassType : Name" 형식으로 표시되며 폼에 배치된 컨트롤의 종류(클래스 이름)와 이름(객체 이름)을 나타낸다.

폼에서 컴포넌트를 사용하는 경우, 컴포넌트가 폼에 표시되지 않기 때문에 사용한 컴포넌트의 목록을 다음과 같은 표로 보여준다. 컴포넌트와 컨트롤의 차이는 7.3절에서 설명할 것이다.

컴포넌트 : (Name)	프로퍼티	값
Timer : timer1		

폼에 추가된 컨트롤과 컴포넌트의 프로퍼티 값을 디폴트값으로부터 변경하고자 할 때, 변경될 값을 다음과 같은 표로 보여준다.

컨트롤 : (Name)	프로퍼티	값
Form : Form1	Text	DisplayStartDateApp
Button : button1	Text	Display

표의 첫 번째 열은 클래스 이름과 그에 해당하는 객체의 이름이며, 두 번째 열은 설정할 프로퍼티의 이름이다. 그리고 세 번째 열은 배정하고자 하는 새로운 값이다. 예를 들어, 폼 객체인 Form1의 Text 프로퍼티 값을 DisplayStartDateApp로 배정하는 것이다. 또한, 버튼 객체인 button1의 Text 프로퍼티 값을 Display로 지정하는 것이다. 이렇게 설정하면 [예제 7-1]의 실행 결과에서 볼 수 있듯이 제목 표시줄에 DisplayStartDateApp가 표시되며 버튼의 이름이 Display가 된다.

이벤트 처리기 부분에서는 다음과 같은 도표 형태로 클래스와 객체 이름, 이벤트, 메소드명을 기술한다. 여기서 메소드는 이벤트 처리기이며 그에 해당하는 소스코드를 작성한다.

컨트롤 : (Name)	이벤트	메소드명
Button : button1	Click	button1_Click()

통합 개발환경에서 자동으로 생성하는 이벤트 처리기는 다음과 같은 형식의 이름을 갖는다.

```
<이벤트 처리기를 등록하려는 객체의 이름>_<이벤트 이름>
```

예를 들어, button1의 Click 이벤트에 대한 이벤트 처리기의 이름은 button1_Click이다.

(2) 코드

코드 부분은 컴포넌트와 컨트롤을 제외한 클래스 멤버에 대한 선언과 초기화, 이벤트 처리기 등을 소스코드로 작성하는 곳이다.

먼저, 멤버 선언이나 메소드 등의 소스코드는 폼 클래스 내에 적당한 곳에 삽입한다. 다음으로, 생성자에 초기화 부분을 추가하고자 하면 생성자 내부의 InitializeComponent() 메소드 다음에 작성하면 된다. 예를 들어, [예제 7-1]에서 생성자 내에 있는 소스코드를 입력하면 다음과 같다.

```
public Form1()
{
  InitializeComponent();

  startDateTime = DateTime.Now;
}
```

이벤트 처리기의 코드 부분은 통합 개발환경이 생성한 메소드 원형에 실제 실행할 내용을 다음과 같이 작성한다.

```
private void button1_Click(object sender, EventArgs e) {
   MessageBox(GetStartDateTime().ToString());
}
```

일반적으로 이벤트 처리기의 매개변수는 2개이다. 첫 번째 매개변수는 이벤트를 발생시킨 객체이며 두 번째 매개변수는 이벤트에 관련된 정보를 갖고 있는 객체이다. 두 번째 매개변수의 형은 EventArgs이거나 그로부터 파생된 클래스형이다. EventArgs는 발생한 이벤트의 기본적인 정보만을 제공해 주며 추가 자료가 없는 경우에 사용된다. 그러나 두 번째 매개변수의 형이 EventArgs에서 파생된 클래스형인 경우에는 그 이벤트 처리기에서 꼭 필요한 정보를 기본적인 정보에 추가해 준다.

7.2 폼 클래스

폼 클래스란 Form 클래스를 의미하며 폼의 외형을 설정하는 프로퍼티, 폼의 동작을 정의하는 메소드, 그리고 사용자와 상호작용을 처리하는 이벤트 등이 정의되어 있는 클래스이다. 이것은 윈도우 폼을 다루는 핵심 클래스로 윈도우 폼을 사용하는 모든 클래스의 베이스 클래스이다.

윈폼 애플리케이션에서 새로운 폼은 System.Windows.Forms.Form 클래스에서 파생된 새로운 클래스를 정의하여 만든다.

```
using System.Windows.Forms;
public class UserDefinedForm : Form {
    // 새 클래스 멤버 정의
    // Form 클래스의 멤버 재정의
}
```

7.2.1 폼 클래스의 계층도

폼 클래스는 윈도우 폼을 사용하는 모든 클래스의 베이스 클래스이다. 이것은 System.Windows.Forms 네임스페이스에 포함되어 있으며, 상속 계층관계는 [그림 7-2]와 같다.

상속 계층도에서 알 수 있듯이, Form 클래스는 Component 클래스와 Control 클래스, ScrollableControl 클래스, ContainerControl 클래스에서 파생된 클래스이다.

Component 클래스는 .NET 프레임워크에서 컴포넌트 기반 프로그래밍 기법에서의 컴포넌트 개념을 지원하는 클래스이다. 이 클래스는 System.ComponentModel 네임스페이스에 포함되어 있으며, 윈폼 애플리케이션뿐만 아니라 컴포넌트 개념이 필요한 다른 곳에서도 사용된다. 윈폼 애플리케이션에서는 Component 클래스를 통해 윈폼에서 제공하는 화면을

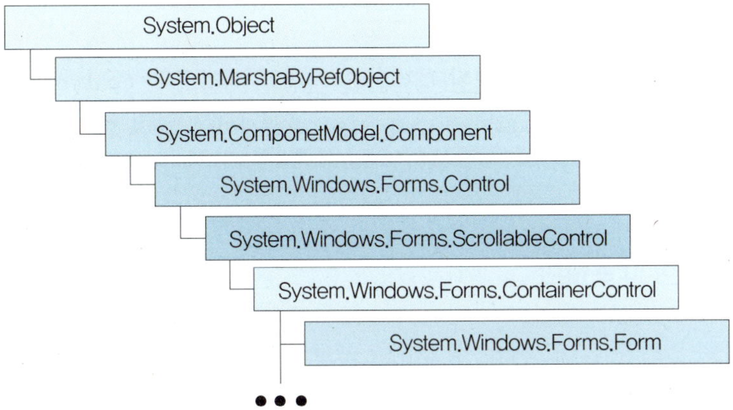

그림 7-2 Form 클래스 상속 계층도

구성하는 여러 요소뿐만 아니라 화면에 표시되지 않는 요소도 컴포넌트 단위로 사용하고 있다. `Component` 클래스에서 파생된 중요한 클래스는 `Control` 클래스이며, 기타 여러 클래스들이 직접적 또는 간접적으로 파생되었다.

`Control` 클래스는 윈폼 애플리케이션에서 화면에 표시되는 구성요소를 나타내기 위해서 사용되는 컨트롤들의 베이스 클래스이다. 폼과 폼에 배치되는 여러 요소에서 공통적으로 필요한 멤버를 정의하고 있으며, 윈폼 애플리케이션에서 `Graphics` 클래스와 함께 주로 사용되는 클래스이다. `Control` 클래스는 다음 절에서 좀 더 자세히 살펴볼 것이다.

`ScrollableControl` 클래스는 일반적으로 직접적으로 사용되지는 않고, 스크롤 개념이 필요한 컨트롤을 정의하기 위해서 사용되는 베이스 클래스이다.

`ContainerControl` 클래스는 여러 컨트롤이나 컴포넌트를 포함할 수 있는 컨트롤에서의 포커스 관리를 하기 위한 베이스 클래스이다.

`Form` 클래스에는 폼에 있는 각종 컴포넌트들을 초기화하는 `InitializeComponent()` 메소드가 있다. 이 메소드는 통합 개발환경이 관리하는 메소드이다. 폼 디자이너에서 컨트롤을 추가하거나 프로퍼티 편집기를 통하여 폼에 추가된 컨트롤 또는 컴포넌트의 프로퍼티를 변경하면 통합 개발환경은 `InitializeComponent()` 메소드의 내용을 자동으로 수정한다.

`Form` 클래스는 윈폼 애플리케이션을 작성하는데 중요한 프로퍼티와 메소드, 그리고 이벤트를 갖고 있다. `Form` 클래스의 멤버에는 자체 정의된 것도 있지만, 많은 부분은 상위 클래

스인 Control 클래스에 정의되어 있다.

이 절에서는 Form 클래스에서 정의된 멤버만을 설명할 예정이며, Control 클래스에 정의되어 있는 멤버는 7.3절을 참고하기 바란다. 또한 대화상자와 관련 있는 멤버는 9장을 참고하기 바란다.

7.2.2 폼 클래스의 프로퍼티

폼 클래스에는 컨트롤 클래스에서 상속받은 프로퍼티뿐만 아니라 자체에서 정의된 많은 프로퍼티가 있다. 여기에서는 폼 클래스에서 정의된 프로퍼티 중 [표 7-1]에 있는 프로퍼티만을 설명하고자 한다.

표 7-1 폼 클래스의 주요 프로퍼티

프로퍼티 이름	자료형	속성	설명
FormBorderStyle	FormBorderStyle	get/set	폼의 테두리 모양을 설정하거나 참조
StartPosition	FormStartPosition	get/set	폼이 처음 나타나는 위치를 설정하거나 참조

첫 번째 열은 프로퍼티 이름, 두 번째 열은 프로퍼티의 자료형은 프로퍼티가 가질 수 있는 값을 나타낸다. 세 번째 열의 get과 set은 프로퍼티가 읽기 가능한지 쓰기 가능한지를 알려준다. 만약 get만 있는 프로퍼티인 경우에는 읽기 전용 프로퍼티이다. 마지막 열은 프로퍼티에 대한 설명이다.

(1) FormBorderStyle 프로퍼티

FormBorderStyle 프로퍼티는 폼의 테두리 모양을 설정하는 프로퍼티로 다음과 같은 형식으로 정의되어 있다.

폼의 테두리 모양은 폼의 특성을 나타내며, [표 7-2]에 정의되어 있는 FormBorderStyle 열거형을 사용하여 결정한다. 예를 들어, 프로퍼티의 값이 None이면 폼의 테두리가 없다는 의미이며, FixedDialog이면 폼의 크기를 변경할 수 없는 대화상자 형태가 된다는 의미이다. FormBorderStyle 프로퍼티의 디폴트값은 Sizable이며, 이것은 폼의 크기를 변경할 수 있다는 의미이다.

표 7-2 FormBorderStyle 열거형

기호 상수	설명
None	테두리가 없음
FixedSingle	고정된 단일선 테두리
Fixed3D	고정된 3차원 테두리
FixedDialog	고정된 대화상자 스타일의 굵은 테두리
Sizable	크기를 조정할 수 있는 테두리(디폴트 값)
FixedToolWindow	크기를 조정할 수 없는 도구 창 테두리
SizableToolWindow	크기를 조정할 수 있는 도구 창 테두리

도구 창(tool window)이란 주로 추가 정보를 표시할 때 사용하는 독립된 창으로 사용자가 <Alt>+<Tab>을 누르더라도 작업 표시줄에 나타나지 않는 특징을 갖는다.

(2) StartPosition 프로퍼티

StartPosition 프로퍼티는 윈도우 폼 응용 프로그램이 실행될 때 처음 나타나는 폼의 위치를 결정하는 프로퍼티이다.

폼의 위치는 [표 7-3]에 정의되어 있는 FormStartPosition 열거형을 사용하여 결정한다.

표 7-3 FormStartPosition 열거형

기호 상수	설명
CenterParent	폼이 해당 부모 폼의 범위 내에서 가운데에 맞춰진다.
CenterScreen	폼이 현재 디스플레이의 가운데에 맞춰지며 크기는 해당 폼의 크기 내에서 지정된다.
Manual	폼의 위치는 Location 프로퍼티에 의해 결정된다.
WindowsDefaultLocation	폼의 위치는 윈도우 운영 체제가 결정한다.
WindowsDefaultBounds	폼의 위치와 크기는 윈도우 운영 체제가 결정한다.

7.2.3 폼 클래스의 메소드

폼 클래스에 정의되어 있는 주요 메소드는 [표 7-4]와 같으며, 이와 같은 메소드는 폼의 활성화와 닫기, 다른 폼과의 관계 설정, 그리고 위치와 크기 설정 등과 관련된 기능을 제공한다.

표 7-4 폼 클래스의 주요 메소드

메소드 이름	설명
Close()	폼을 닫는다.
Activate()	폼을 활성화 한다.
AddOwnedForm()	다른 폼을 현재 폼에 소유시킨다.
RemoveOwnedForm()	현재 폼에 소유된 폼을 제거한다.
SetDesktopBounds()	바탕화면에서 폼의 범위를 설정한다.
SetDesktopLocation()	바탕화면에서 폼의 위치를 설정한다.

(1) Close() 메소드

Close() 메소드는 화면에 있는 폼을 닫기 위해서 사용되며 다음과 같은 형식을 가진다.

```
public void Close();
```

만약 윈폼 애플리케이션에서 메인 폼(main form)이 닫히는 경우에는 애플리케이션이 종료되며 자식 폼(child form)이 닫히는 경우는 폼이 화면에서 사라진다. 그리고 Close() 메소드는 FormClosing 이벤트와 FormClosed 이벤트를 발생시킨다. 이와 관련된 내용은 [예제 7-3]을 참고하기 바란다.

(2) Activate() 메소드

Activate() 메소드는 폼을 활성화하고 포커스를 주기 위해서 사용되며 다음과 같은 형식을 가진다. 예를 들어, MyForm.Activate();와 같은 형태로 호출한다.

```
public void Activate();
```

(3) SetDesktopBounds()/SetDesktopLocation() 메소드

SetDesktopBounds() 메소드는 바탕화면에서 폼이 나타날 수 있는 범위를 설정할 때 사용하고 SetDesktopLocation() 메소드는 바탕화면에서 폼의 위치를 정하기 위해서 사용되며 각각 다음과 같은 형식을 가진다.

```
void SetDesktopBounds(int x, int y, int width, int height);
void SetDesktopLocation(int x, int y);
```

여기서, x와 y는 픽셀 단위의 시작점이며 width는 폭을 나타내고 height는 높이를 나타낸다.

(4) AddOwnedForm()/RemoveOwnedForm() 메소드

AddOwnedForm() 메소드와 RemoveOwnedForm() 메소드는 다른 폼을 소유하거나 소유된 폼을 제거할 때 사용하는 메소드이며 다음과 같은 형식을 가진다.

```
public void AddOwnedForm(Form ownedForm);
public void RemoveOwnedForm(Form ownedForm);
```

만약 폼 Form1이 폼 Form2를 소유(Form1.AddOwnedForm(Form2))하고 있는 경우에, Form1을 최소화하거나 닫는 경우에는 Form2도 같이 최소화되거나 닫힌다.

7.2.4 폼 클래스의 이벤트

폼 클래스에는 많은 이벤트가 정의되어 있지만 주요 이벤트는 [표 7-5]와 같으며, 이와 같은 이벤트는 폼이 활성화될 때, 폼이 로드될 때, 그리고 폼이 종료될 때 발생한다.

표 7-5 폼 클래스의 주요 이벤트

이벤트	설명
Activated	폼이 활성화될 때 발생한다.
FormClosed	폼이 종료된 후 발행한다.
FormClosing	폼의 종료 과정 중에 발생한다.
Deactivate	폼이 비활성화될 때 발생한다.
Load	폼이 로드될 때 발생한다.

(1) Load/FormClosed 이벤트

Load 이벤트는 폼이 메모리로 로딩될 때 발생하는 이벤트이며, 주로 폼에서 사용하는 자원을 할당하고 내부 구성요소를 동적으로 초기화하는데 사용된다. 그에 비해 FormClosed 이벤트는 폼이 닫히면 발생하는 이벤트이며 FormClosing 이벤트의 FormClosingEventArgs 객체의 Cancel 프로퍼티([표 7-6] 참조)의 값이 거짓일 때만 발생한다.

다음은 폼의 Load 이벤트와 FormClosed 이벤트가 발생하는 시점을 알아보기 위한 예제이다.

예제 7-2 LoadClosedEventApp

1) 디자인

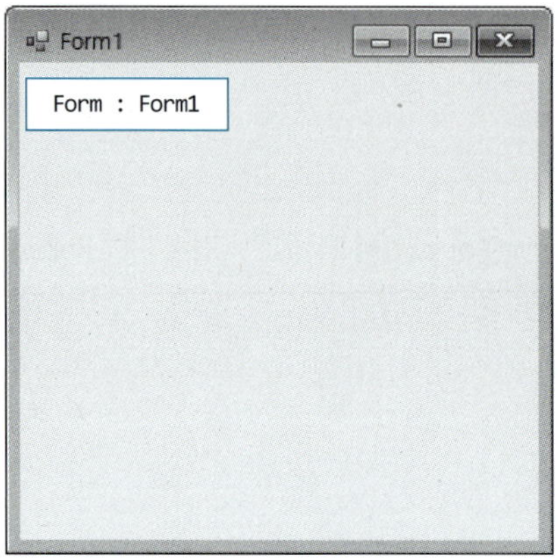

컨트롤 : (Name)	프로퍼티	값
Form : Form1	Text	LoadClosedEventApp

컨트롤 : (Name)	이벤트	메소드명
Form : Form1	Load	Form1_Load()
	FormClosed	Form1_FormClosed()

2) 코드

```
private void Form1_Load(object sender, EventArgs e) {
   MessageBox.Show("This form is loaded");
}
private void Form1_FormClosed(object sender, FormClosedEventArgs e) {
   MessageBox.Show("This form is closed");
}
```

실행 방법

폼을 종료하면 폼의 종료를 알리는 메시지 상자가 나타난다.

실행 결과

[예제 7-2]에서 알 수 있듯이, `Load` 이벤트는 메인 폼이 그려지기 전에 발생하며 `FormClosed` 이벤트는 메인 폼이 사라진 후에 발생한다.

(2) FormClosing 이벤트

`FormClosing` 이벤트는 폼이 닫히는 도중에 발생하며 이벤트 처리기의 두 번째 매개변수는 `FormClosingEventArgs` 형을 갖는다. 여기에는 기본적인 정보 외에 [표 7-6]에서 정의된 프로퍼티를 추가로 제공한다.

표 7-6 FormClosingEventArgs 클래스의 프로퍼티

프로퍼티	설명
`Cancel`	닫기 작업의 취소 여부를 설정

`Cancel` 프로퍼티는 닫기 작업의 취소 여부를 결정하기 위해 사용된다. 예를 들어, 문서편집기에서 작업 중인 문서를 저장하지 않고 종료하려는 경우에, 현재 작업 중인 문서를 저장하고 종료할지, 저장하지 않고 종료할지, 또는 종료 작업을 취소할지 여부를 사용자에게 물어보는 대화상자를 표시한다. 대화상자에서 종료 작업에 대한 취소를 선택하면 프로그램 종료 작업은 취소된다. 이런 경우에 `FormClosing` 이벤트와 `Cancel` 프로퍼티를 사용하여 처리할 수 있다.

예제 7-3 PromptCloseApp

1) 디자인

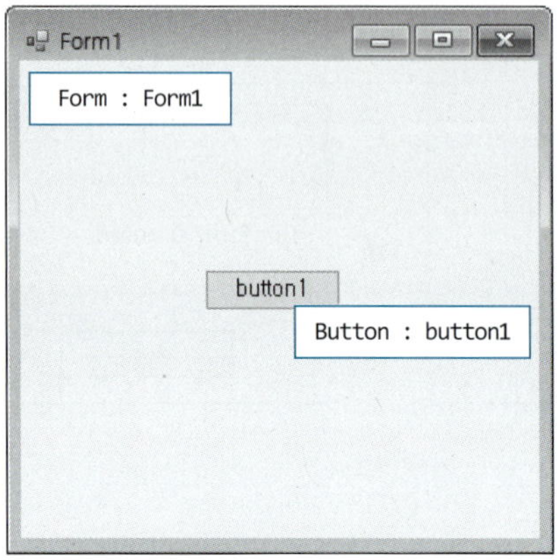

컨트롤 : (Name)	프로퍼티	값
Form : Form1	Text	PromptCloseApp
Button : button1	Dock	Fill
	Text	Close

컨트롤 : (Name)	이벤트	메소드명
Form : Form1	FormClosing	Form1_FormClosing()
Button : button1	Click	button1_Click()

2) 코드

```
private void Form1_FormClosing(object sender, FormClosingEventArgs e) {
  if (MessageBox.Show("Do you want to close?", "Prompt",
                MessageBoxButtons.YesNo,
                MessageBoxIcon.Question)
     == DialogResult.Yes)
     e.Cancel = false;
  else
     e.Cancel = true;
}
private void button1_Click(object sender, EventArgs e) {
  Close();
}
```

실행 방법

폼의 바탕에 있는 버튼을 누르면, 폼의 닫기 여부를 물어보는 대화상자가 나타난다.

실행 결과

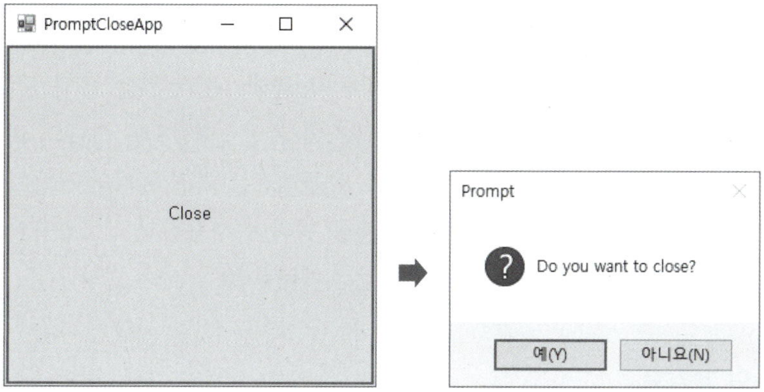

[예제 7-3]에서 [Close] 버튼을 누르면, 폼의 닫기 여부를 물어보는 대화상자가 나타난다. 이 때 [예(Y)]를 선택하면 폼은 닫히고, [아니요(N)]를 선택하면 폼의 닫는 과정이 취소된다.

(3) Activated/Deactivate 이벤트

Activated 이벤트는 폼이 활성화된 직후 발생하며, Deactivate 이벤트는 폼이 비활성화될 때 발생한다. 이것들은 모두 EventArgs 형의 매개변수를 가진다.

7.3 컨트롤 클래스

컨트롤 클래스는 Control 클래스를 의미하며 윈폼 애플리케이션에서 화면에 표시되어 사용자와 상호작용을 수행하는 컨트롤들을 위한 베이스 클래스이다. 여기에는 폼과 폼에 배치되는 여러 컨트롤에서 공통적으로 필요한 멤버들이 정의되어 있다.

윈폼 애플리케이션은 컴포넌트로 구성되어 있다. 컴포넌트는 화면에 표시 여부에 따라 화면에 자신을 그릴 수 있는 컴포넌트와 자신을 그리지 않는 컴포넌트로 나눌 수 있다. 화면에 그릴 수 있는 컴포넌트를 컨트롤이라 하며 버튼과 레이블, 체크박스 등이 있다. 그리고 자신을 그리지 않는 컴포넌트 종류에는 이미지 리스트나 타이머 등이 있다. 폼에 표시되는 컴포넌트인 컨트롤은 Control 클래스에서 파생된 클래스로 정의되며 폼에 표시되지 않는 컴포넌트는 Component 클래스에서 파생된 클래스이다. 그러므로 윈폼 애플리케이션에서 화면에 무엇인가를 표시하는 성질을 가진 클래스는 Control 클래스를 상속하여 정의하여야 한다.

프로그래밍 언어적인 측면에서, 컨트롤은 하나의 객체이며 그 클래스는 컨트롤 클래스를 상속받고 있다. 예를 들어, Button 클래스는 컨트롤 클래스에서 상속되었으며 하나의 버튼은 Button 클래스의 객체이다. 따라서 기본적으로 컨트롤 클래스는 화면 표시와 사용자 입력 등에 관련된 프로퍼티들을 가지고 있기 때문에 버튼을 통하여 사용자와 상호작용이 가능하다. 이런 이유 때문에 컨트롤 클래스에 정의되어 있는 멤버를 잘 알아야 한다.

7.3.1 컨트롤 클래스의 계층도

컨트롤 클래스는 System.Windows.Forms 네임스페이스에 있으며 전체 클래스 상속 관계는 [그림 7-3]과 같다.

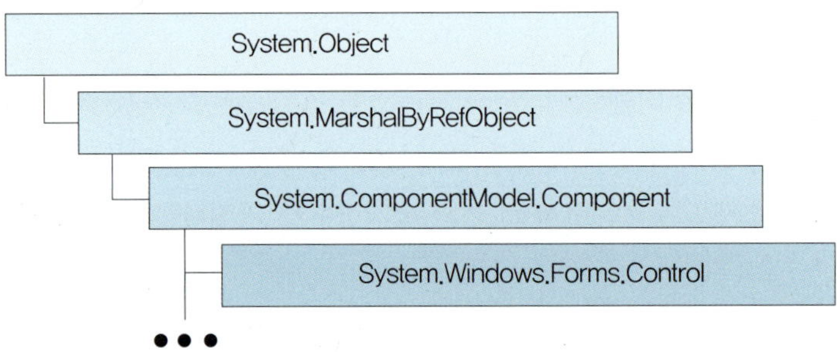

그림 7-3 Control 클래스의 상속관계

컨트롤 클래스는 여러 컨트롤에서 공통적으로 필요한 다양한 멤버를 가지고 있다. 이 절에서는 컨트롤 클래스의 프로퍼티, 메소드, 그리고 이벤트 중에서 많이 사용되는 것만 발췌해서 설명한다. 그리고 마우스와 키보드에 관련된 멤버는 10장에서 자세히 설명한다.

7.3.2 컨트롤 클래스의 프로퍼티

컨트롤 클래스는 폼과 컨트롤들의 베이스 클래스의 역할을 수행한다. 그러므로 컨트롤 클래스에서 정의된 프로퍼티는 폼과 컨트롤에서 같은 의미로 사용된다. 구체적인 작동 방식은 컨트롤마다 조금씩 다를 수도 있지만, 의미상으로 같은 의미를 가지고 있다.

표 7-7 컨트롤 클래스의 주요 프로퍼티

프로퍼티	자료형	속성	설명
Name	string	get/set	컨트롤의 이름으로 소스파일에서 참조할 때 사용
Text	string	get/set	컨트롤에 표시되는 문자열을 설정하거나 참조
Font	Font	get/set	컨트롤에 표시되는 문자열의 글꼴을 설정
ForeColor	Color	get/set	컨트롤에 표시되는 문자열의 글자색을 설정
BackColor	Color	get/set	컨트롤의 배경색을 설정
BackgroundImage	Image	get/set	컨트롤의 배경 이미지를 설정
Visible	bool	get/set	컨트롤의 화면 표시 여부를 설정하거나 참조
Enabled	bool	get/set	컨트롤의 활성화 여부를 설정하거나 참조
Size	Size	get/set	컨트롤의 크기를 설정하거나 참조
ClientSize	Size	get/set	컨트롤에서 클라이언트 영역의 크기
ClientRectangle	Rectangle	get/set	컨트롤에서 클라이언트 영역의 위치와 크기
Dock	DockStyle	get/set	상위 컨트롤 내에서 컨트롤의 크기와 위치를 설정
Width	int	get/set	컨트롤의 폭을 설정하거나 참조
Height	int	get/set	컨트롤의 높이를 설정하거나 참조
Location	Point	get/set	컨트롤의 위치를 설정하거나 참조
Right	int	set	컨트롤의 오른쪽 좌표(읽기 전용 프로퍼티)
Left	int	get/set	컨트롤의 왼쪽 좌표를 설정하거나 참조
Top	int	get/set	컨트롤의 위쪽 좌표를 설정하거나 참조
Bottom	int	set	컨트롤의 아래쪽 좌표(읽기 전용 프로퍼티)
TabIndex	int	get/set	탭 키에 의한 포커스 이동 순서를 설정
TabStop	bool	get/set	탭 키에 의한 포커스 설정 가능 여부를 설정
Parent	Control	get/set	현재 컨트롤이 포함된 상위 컨트롤
Tag	object	get/set	컨트롤에 연관된 객체를 설정하거나 참조
Cursor	Cursor	get/set	컨트롤에서 사용하는 커서를 설정하거나 참조
ContextMenu	ContextMenu	get/set	컨트롤에 해당하는 상황 메뉴를 설정

(1) Name 프로퍼티

Name 프로퍼티는 컨트롤의 이름을 나타내는 프로퍼티로서 다음과 같이 정의되어 있다. 이것은 소스코드에서 참조할 때 사용하는 명칭의 이름이다. 예를 들어, button1.Text = "Good";에서 button1이 컨트롤의 이름이다.

(2) Text 프로퍼티

Text 프로퍼티는 컨트롤에 표시되는 문자열을 설정하고자 할 때 사용하는 프로퍼티이다.

Form 클래스인 경우에 Text 프로퍼티의 값은 윈도우 폼의 제목 표시줄에 나타나며, Button 클래스인 경우에는 버튼 위에 값이 표시된다. 이와 같이 프로퍼티를 가지고 있는 클래스에 따라 다양한 방식으로 문자열이 표시되어 진다.

(3) Enabled/Visible 프로퍼티

Enabled 프로퍼티는 컨트롤의 활성화 여부를 나타내는 프로퍼티이다. 일반적으로 컨트롤이 비활성화되면, 컨트롤은 회색으로 변환되며 키보드와 마우스의 입력에 반응하지 않는다.

Visible 프로퍼티는 컨트롤을 화면에 표시할지를 결정하는 프로퍼티이다. 이 프로퍼티가 거짓으로 설정되면, 해당 컨트롤은 화면상에서 사라진다.

(4) Parent 프로퍼티

컨트롤이 다른 컨트롤에 포함되는 경우, 자신을 포함하고 있는 컨트롤을 나타내는 프로퍼티이다.

(5) Left/Right/Top/Bottom/Width/Height/Location 프로퍼티

컨트롤의 크기와 위치를 나타내기 위해서 사용되는 프로퍼티들이다.

각 프로퍼티의 값은 컨트롤이 다른 컨트롤에 포함되는 경우, 컨트롤을 포함하고 있는 상위 컨트롤 내에서의 상대적인 위치 값이다. 하지만 컨트롤이 다른 컨트롤에 속하지 않는다면 전체 화면에서의 상대 좌표를 의미한다.

그리고 Right 프로퍼티의 값은 Left 프로퍼티와 Width 프로퍼티의 값을 더한 값이며, Bottom 프로퍼티의 값은 Top 프로퍼티와 Height 프로퍼티의 값을 더한 값이다. 또한 Location 프로퍼티의 X 값은 Left 프로퍼티 값과 같고, Y 값은 Top 프로퍼티의 값과 같다.

(6) Size/ClientSize 프로퍼티

Size 프로퍼티는 컨트롤의 크기를 나타내는 프로퍼티이며 ClientSize 프로퍼티는 클라이언트 영역의 크기를 나타내는 프로퍼티이다.

클라이언트 영역이란 컨트롤 자신을 꾸미는데 필요한 영역을 제외한 나머지 영역을 의미한다. 예를 들어, 폼 클래스에서 Size 프로퍼티는 윈도우 폼의 전체 크기이지만 ClientSize 프로퍼티는 제목 표시줄을 제외한 순수한 클라이언트 영역에 대한 크기이다.

다음은 Size 프로퍼티와 ClientSize 프로퍼티가 Form 클래스에서 어떻게 다른지를 보여주는 예제이다. 앞에서 설명한 바와 같이 Form 클래스도 Control 클래스에서 파생된 클래스이고 폼의 모양에 따라 Size 프로퍼티와 ClientSize 프로퍼티의 값의 차이를 쉽게 볼 수 있기 때문이다.

예제 7-4 SizeVsClientSizeApp

1) 디자인

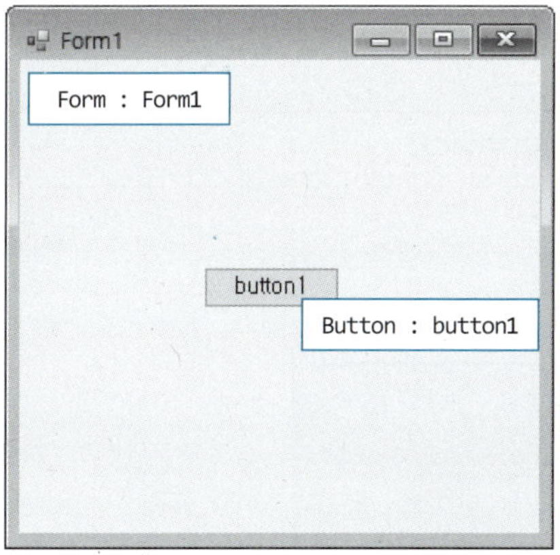

컨트롤 : (Name)	프로퍼티	값
Form : Form1	Text	SizeVsClientSizeApp
Button : button1	Dock	Fill

컨트롤 : (Name)	이벤트	메소드 명
Form : Form1	Load	Form1_Load()
Button : button1	Click	button1_Click()

2) 코드

```
private void SetButtonText() {
  button1.Text =
     "Form.FormBorderStyle = " + FormBorderStyle.ToString() + "\n" +
     "Form.Size = " + Size.ToString() + "\n" +
     "Form.ClientSize = " + ClientSize.ToString();
}
private void Form1_Load(object Sender, EventArgs e) {
  SetButtonText();
}
private void button1_Click(object Sender, EventArgs e) {
  if (FormBorderStyle == FormBorderStyle.SizableToolWindow)
     FormBorderStyle = FormBorderStyle.None;
  else
     FormBorderStyle++;
  SetButtonText();
}
```

실행 방법

폼의 바탕에 있는 버튼을 누르면, FormBorderStyle이 순서대로 변한다.

실행 결과

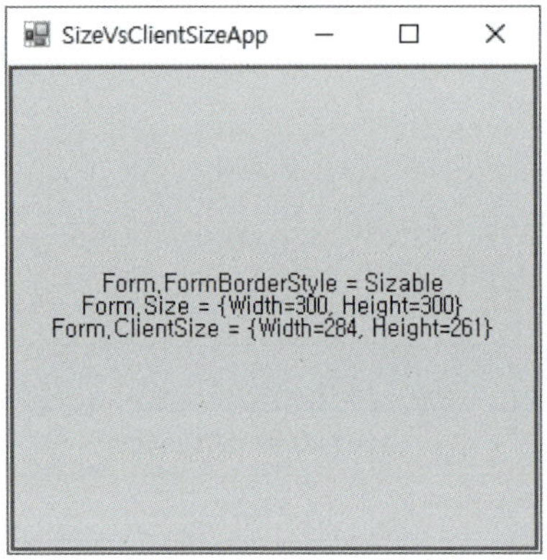

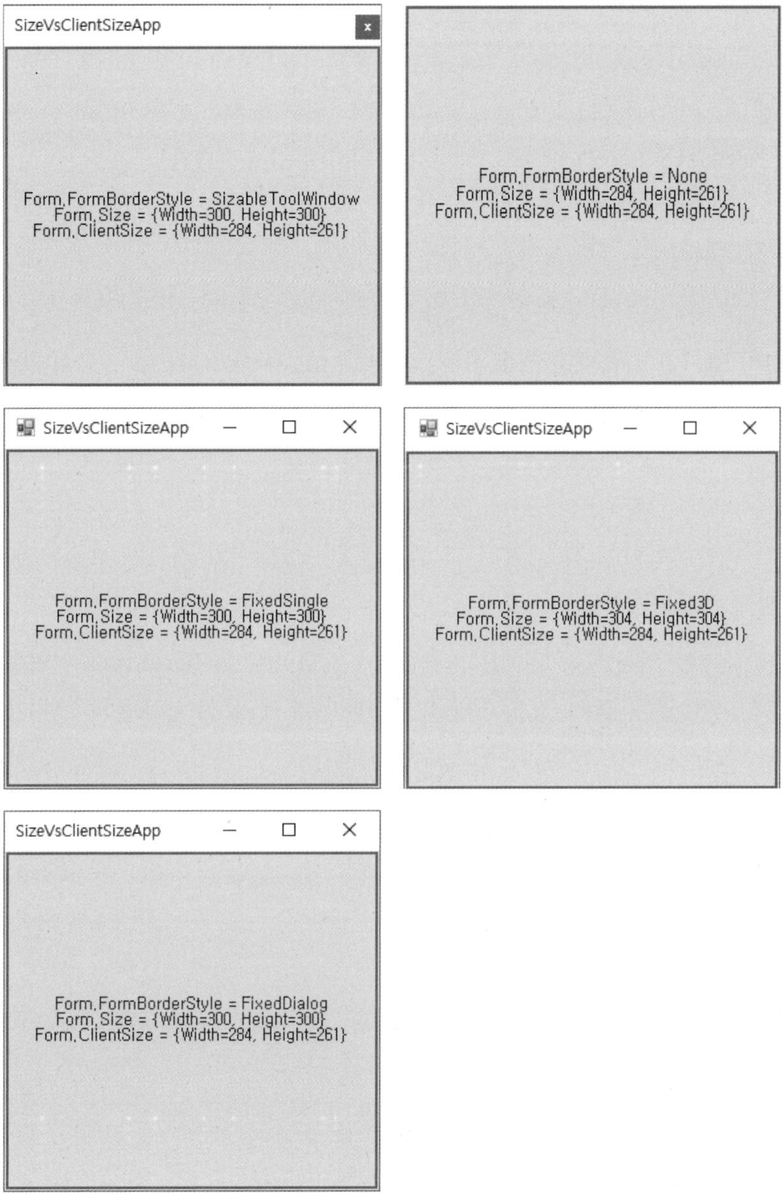

[예제 7-4]에서 폼의 모양에 따라 `Size` 프로퍼티와 `ClientSize` 프로퍼티의 값이 변경이 되는 것을 알 수 있다. 또한 `Resize` 이벤트를 통해, 폼의 크기가 변경이 될 때마다 폼의 새 크기를 버튼의 텍스트를 통해서 표시를 하였다.

여러 이벤트 처리기에서 공통적으로 작업해야 하는 일이 있으면, 이를 메소드로 만들어 각 이벤트 처리기에서 공통의 일을 처리하는 메소드를 호출하는 것이 바람직하다. [예제 7-4]에서는 `Load` 이벤트 처리기와 `Click` 이벤트 처리기에서 버튼의 텍스트를 변경하는 동일한 작업을 하므로, `SetButtonText()` 메소드를 새로 정의하여 사용하였다.

(7) ClientRectangle 프로퍼티

`ClientRectangle` 프로퍼티는 클라이언트 영역의 위치와 크기를 나타내는 프로퍼티이다.

`ClientSize` 프로퍼티가 크기만 나타내는 프로퍼티인데 비해 `ClientRectangle` 프로퍼티는 위치와 크기를 나타낸다. 또한, 이것은 읽기 전용 프로퍼티이다.

(8) Dock 프로퍼티

`Dock` 프로퍼티는 컨트롤을 포함하고 있는 상위 컨트롤 내에서 상대적인 위치와 크기로 설정하기 위해서 사용되는 프로퍼티이다.

상위 컨트롤 내에서 상대적인 위치(도킹 위치)를 나타내는 기호 상수는 `DockStyle` 열거형([표 7-8] 참조)에 정의되어 있다. `Dock` 프로퍼티를 지정한 경우에 상위 컨트롤의 크기가 변경되면 설정된 값에 따라 자신의 크기도 자동으로 변경된다.

표 7-8 DockStyle 열거형

기호 상수	설명
None	컨트롤의 위치와 크기를 정하지 않음
Top	컨트롤의 위치를 상위 컨트롤 내의 위쪽에 배치
Bottom	컨트롤의 위치를 상위 컨트롤 내의 아래쪽에 배치
Left	컨트롤의 위치를 상위 컨트롤 내의 왼쪽에 배치
Right	컨트롤의 위치를 상위 컨트롤 내의 오른쪽에 배치
Fill	컨트롤의 위치를 상위 컨트롤 내의 나머지 공간에 배치

(9) Cursor 프로퍼티

`Cursor` 프로퍼티는 마우스의 커서 모양을 설정하는 프로퍼티이다.

`Cursor` 클래스는 커서를 표현하기 위해서 사용되며, 시스템에서 미리 정의된 커서를 사용하기 위해 `Cursors` 클래스의 프로퍼티를 이용하면 된다. `Cursors` 클래스에서 제공하는 프

로퍼티와 그에 따른 커서의 모양은 [그림 7-4]와 같다.

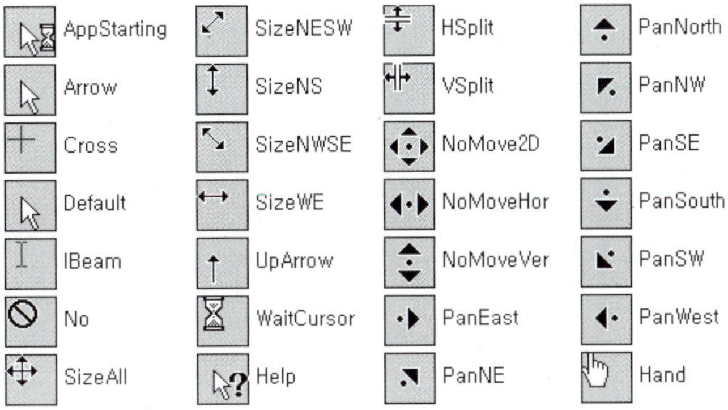

그림 7-4 Cursors 클래스의 프로퍼티

(10) Font 프로퍼티

Font 프로퍼티는 컨트롤에서 사용하는 글꼴을 설정하는 프로퍼티이다.

통합 개발환경에서 Font 프로퍼티를 설정할 때는 글꼴 대화상자를 통하여 결정하게 된다.

(11) BackColor/ForeColor 프로퍼티

BackColor 프로퍼티와 ForeColor 프로퍼티는 컨트롤에서 사용하는 배경색과 전경색을 나타내는 프로퍼티이다.

통합 개발환경에서는 프로퍼티의 자료형이 Color 클래스인 BackColor 프로퍼티나 ForeColor 프로퍼티의 설정된 값을 속성 브라우저에서 쉽게 확인하고 변경하기 위한 방법을 제공하고 있다.

(12) BackgroundImage 프로퍼티

BackgroundImage 프로퍼티는 컨트롤의 배경을 나타내는 프로퍼티이다.

일반적으로 선택한 이미지의 크기가 컨트롤의 크기보다 크다면 이미지의 일부분만이 표시되며, 반대로 이미지의 크기가 컨트롤의 크기보다 작다면 바둑판 형식으로 반복되어 이미지가 표시된다. [그림 7-5]는 Control 클래스에서 파생된 Form 클래스의 BackgroundImage 프로퍼티 값을 임의의 이미지 파일로 설정하였을 때 나타나는 모습이다.

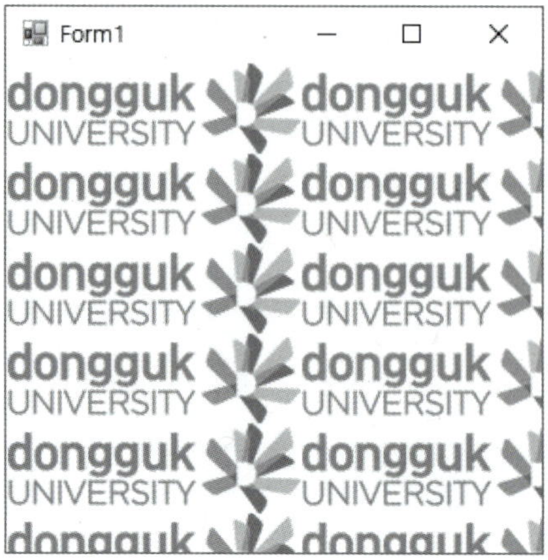

그림 7-5 BackgroundImage 프로퍼티를 설정한 예

(13) ContextMenu 프로퍼티

ContextMenu 프로퍼티는 컨트롤에서 마우스 오른쪽 버튼을 누를 때 나타나는 메뉴인 팝업 메뉴(상황 메뉴)를 설정하는 프로퍼티이다.

상황 메뉴를 정의한 후 이 프로퍼티에 배정하면, 팝업 메뉴로 작동한다. 상황 메뉴에 대한 자세한 설명은 10.1절을 참고하기 바란다.

(14) TabIndex/TabStop 프로퍼티

폼에 여러 개의 컨트롤이 있는 경우, 각 컨트롤간의 포커스 이동은 마우스로 선택하거나 키보드의 방향키나 탭키를 이용하여 이루어진다.

컨트롤 사이에 탭키를 통해 포커스를 이동할 때 포커스가 이동되는 순서를 프로그래머가 결정할 수 있다. TabIndex 프로퍼티는 이와 같은 포커스의 이동 순서를 설정하기 위해서 사용되는 프로퍼티이다.

탭키를 통한 포커스의 이동은 TabIndex 프로퍼티의 값이 작은 컨트롤에서 큰 컨트롤로 이동한다.

또한 탭키를 통해 포커스를 이동하는 경우 어떤 컨트롤의 경우에는 포커스를 얻을 필요가 없는 경우도 있다. TabStop 프로퍼티는 이와 같이 탭키에 의해 포커스 이동이 필요 없을 때 값을 설정하는 프로퍼티다.

TabStop 프로퍼티의 값이 참인 경우에는 탭키를 통한 포커스 이동시 컨트롤이 포커스를 가질 수 있지만 거짓인 경우에는 컨트롤이 포커스를 얻지 못한다.

(15) Tag 프로퍼티

Tag 프로퍼티는 컨트롤에 필요한 값을 저장한 후 참조하기 위해서 사용되는 프로퍼티이다.

Tag 프로퍼티의 자료형이 System.Object 클래스형이기 때문에, .NET 프레임워크에서 사용하는 모든 값을 이 프로퍼티에 연결해 두었다가 필요할 때 사용할 수 있다.

7.3.3 컨트롤 클래스의 메소드

컨트롤 클래스의 메소드는 프로퍼티처럼 컨트롤마다 실제 작동 방식은 조금씩 다를 수 있지만 의미상으로는 동일한 의미를 가지고 있다. 그러므로 컨트롤 클래스에서 제공하는 메소드의 의미를 잘 익히면, 컨트롤 클래스를 상속받은 새로운 컨트롤 클래스를 접하더라도 쉽게 익숙해질 수 있는 장점이 있다.

표 7-9 컨트롤 클래스의 주요 메소드

메소드	설명
Show()	컨트롤을 화면에 표시한다.
Hide()	컨트롤을 화면에 표시하지 않는다.
Invalidate()	컨트롤의 영역을 무효화하여 다시 그려지도록 한다.
BringToFront()	컨트롤의 화면 표시 순서를 가장 앞으로 변경한다.
SendToBack()	컨트롤의 화면 표시 순서를 가장 뒤로 변경한다.
PointToClient()	화면상의 좌표를 컨트롤 내부의 상대 좌표로 변환한다.
PointToScreen()	컨트롤 내부의 좌표를 화면상의 좌표로 변환한다.
RectangleToClient()	사각형의 좌표를 컨트롤 내부의 상대 좌표로 변환한다.
RectangleToScreen()	사각형의 좌표를 전체 화면상의 좌표로 변환한다.
ResetXxx()	Xxx 이름을 가진 프로퍼티의 값을 초기값으로 설정한다.

(1) Show()/Hide() 메소드

Show() 메소드는 컨트롤을 화면에 보이게 만드는 메소드이며, Hide() 메소드는 컨트롤을 화면에서 사라지게 만드는 메소드이다. 각 메소드의 정의는 다음과 같다.

```
public void Show();
public void Hide();
```

Show() 메소드는 컨트롤의 Visible 프로퍼티의 값을 참으로 배정하여 보이게 만들고 Hide() 메소드는 Visible 프로퍼티의 값을 거짓으로 배정하여 컨트롤을 사라지게 만든다.

(2) Invalidate() 메소드

Invalidate() 메소드는 컨트롤의 영역을 무효화하여, 다시 화면에 그려지도록 만드는 메소드이며 메소드의 정의는 다음과 같다.

```
public void Invalidate();
```

Invalidate() 메소드를 프로그래머가 호출하면, .NET 프레임워크는 Paint 이벤트를 자동으로 발생시킨다. 이렇게 발생된 Paint 이벤트의 처리기에서는 폼이나 컨트롤에 새로운 내용을 그리는 작업을 하게 된다. 자세한 설명은 Paint 이벤트를 참고하기 바란다.

(3) BringToFront()/SendToBack() 메소드

BringToFront() 메소드는 해당 컨트롤을 맨 앞으로 이동시키는 메소드이며, SendToBack() 메소드는 해당 컨트롤을 맨 뒤로 이동시키는 메소드이다.

```
public void BringToFront();
public void SendToBack();
```

(4) PointToClient()/PointToScreen() 메소드

PointToClient() 메소드는 전체 화면상의 좌표로 되어있는 한 점을 컨트롤의 Location 프로퍼티와의 상대 좌표로 변환하는 메소드이다. 즉, 클라이언트 영역의 상대 좌표로 변환하는 것이다. 역으로, PointToScreen() 메소드는 컨트롤 영역 안에 있는 한 점의 좌표를 전체 화면상의 좌표로 변환하는 메소드이다. 각 메소드의 정의는 다음과 같다.

```
public Point PointToClient(Point p);
public Point PointToScreen(Point p);
```

(5) RectangleToClient()/RectangleToScreen() 메소드

RectangleToClient() 메소드는 전체 화면상의 영역을 이루는 사각형의 좌표를 컨트롤의 Location 프로퍼티와의 상대 좌표로 변환하는 메소드이다. 즉, 클라이언트 영역의 상대 좌표로 변환하는 것이다. 역으로, RectangleToScreen() 메소드는 클라이언트 영역의 상대 좌표로 되어있는 사각형을 전체 화면상의 좌표로 변환하는 메소드이다. 각 메소드의 정의는 다음과 같다.

```
public Rectangle RectagleToClient(Rectangle r);
public Rectangle RectagleToScreen(Rectangle r);
```

(6) ResetXxx() 메소드

.NET 프레임워크에는 ResetXxx()과 같은 형식의 이름을 가지는 메소드가 여러 개 있다. 이런 형식의 이름을 가지는 메소드는 일반적으로 Xxx와 일치하는 이름을 가진 프로퍼티의 값을 초기값으로 되돌리는 일을 하며 다음과 같은 형식으로 정의가 된다.

```
public void ResetXxx();
```

컨트롤 클래스에서 Xxx 위치에 올 수 있는 프로퍼티에는 BackColor, Bindings, Cursor, Font, ForeColor, ImeMode, RightToLeft, Text가 있다.

7.3.4 컨트롤 클래스의 이벤트

컨트롤 클래스에 속한 주요 이벤트는 [표 7-10]과 같이 요약될 수 있으며 이것은 마우스로 컨트롤을 클릭하거나, 또는 컨트롤의 위치나 크기가 변경되거나, 또는 다시 그려야 하는 경우에 발생한다.

표 7-10 컨트롤 클래스의 주요 이벤트

이벤트	설명
Click	컨트롤을 마우스로 클릭할 때 발생한다.
Move	컨트롤의 위치가 변경되었을 때 발생한다.
Paint	컨트롤을 다시 그려야 할 때 발생한다.
Resize	컨트롤의 크기가 변경되었을 때 발생한다.
XxxChanged	Xxx 이름을 가진 프로퍼티가 변경되었을 때 발생한다.

(1) Paint 이벤트

Paint 이벤트는 컨트롤을 다시 그려야 하는 경우에 발생하는 이벤트로서 이벤트 처리기의 두 번째 매개변수의 형은 PaintEventArgs 클래스형이다. 이 클래스에는 이벤트에 관련된 기본적인 정보이외에 [표 7-11]과 같은 프로퍼티가 추가로 정의되어 있다.

표 7-11 PaintEventArgs 클래스의 프로퍼티

프로퍼티	설명
ClipRectangle	새로 그려야 하는 영역
Graphics	컨트롤을 그리는데 사용하는 Graphics 객체

프로그램에서 새로 내용을 그려야 하는 경우, **Invalidate()** 메소드를 호출한다. 그러면 **Invalidate()** 메소드에 의해 **Paint** 이벤트가 발생하고 이벤트의 매개변수를 통해 전달되는 **Graphics** 클래스의 객체를 통해 새로운 내용을 화면에 그리게 된다. **Graphics** 클래스를 통한 그리기는 12장을 참고하기 바란다.

예제 7-5 PaintEventApp

1) 디자인

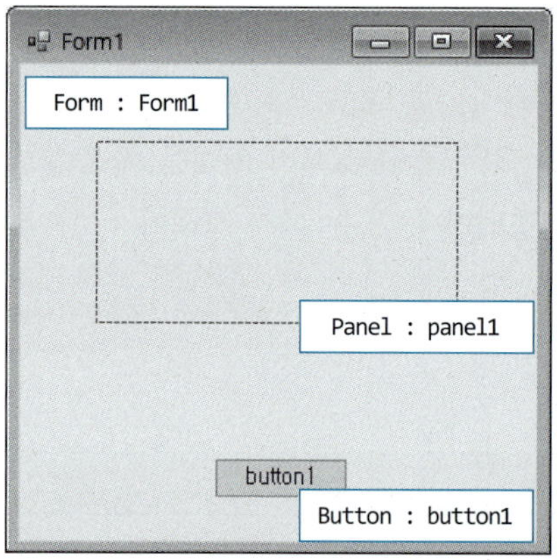

컨트롤 : (Name)	프로퍼티	값
Form : Form1	Text	PaintEventApp
Button : button1	Dock	Bottom
	Text	Invalidate
Panel : panel1	Dock	Fill

컨트롤 : (Name)	이벤트	메소드 명
Button : button1	Click	button1_Click()
Panel : panel1	Paint	panel1_Paint()

2) 코드

```
private void button1_Click(object Sender, EventArgs e) {
  panel1.Invalidate();
}
private void panel1_Paint(object sender, PaintEventArgs e) {
  Graphics g = e.Graphics;
  Random r = new Random();
  Color c = Color.FromArgb(r.Next(256), r.Next(256), r.Next(256));
  g.FillRectangle(new SolidBrush(c), e.ClipRectangle);
}
```

실행 방법

폼의 하단에 있는 "Invalidate" 버튼을 누르면, 폼에 있는 판넬의 색이 변한다.

실행 결과

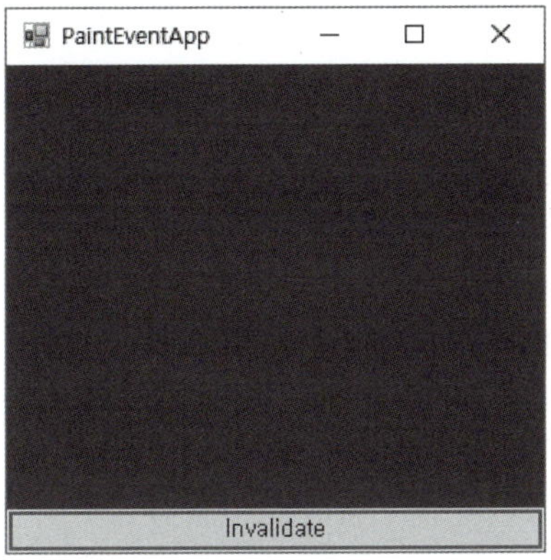

[Invalidate] 버튼을 클릭하면, Invalidate() 메소드를 호출하여 Paint 이벤트를 발생시키고 이벤트 처리기에서는 난수(random number)를 이용하여 하나의 색을 만든다. 그리고 이 색으로 새로 그려야 하는 영역을 채운다.

(2) Move/Resize 이벤트

Move 이벤트는 컨트롤의 위치가 변경되면 발생하는 이벤트이고, Resize 이벤트는 컨트롤의 크기가 변경이 되면 발생하는 이벤트이다.

예제 7-6 MoveResizeApp

1) 디자인

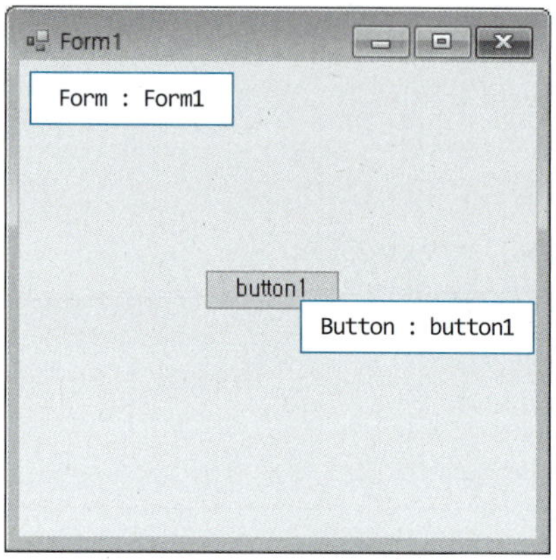

컨트롤 : (Name)	프로퍼티	값
Form : Form1	Text	MoveResizeApp
Button : button1	Dock	Fill

컨트롤	이벤트	메소드명
Form : Form1	Load	Form1_Load()
	Move	Form1_Move()
	Rsize	Form1_Resize()

2) 코드

```
private void SetButtonText() {
  button1.Text =
    "Location = " + Location + "\n" +
    "Left/Right/Width = " + Left + ", " + Right + ", " + Width + "\n" +
    "Top/Bottom/Height = " + Top + ", " + Bottom + ", " + Height;
}
private void Form1_Load(object Sender, EventArgs e) {
  SetButtonText();
}
private void Form1_Move(object Sender, EventArgs e) {
```

```
        SetButtonText();
    }
    private void Form1_Resize(object Sender, EventArgs e) {
        SetButtonText();
    }
```

실행 방법

마우스를 이용하여 폼의 위치와 크기를 변경시킨다.

실행 결과

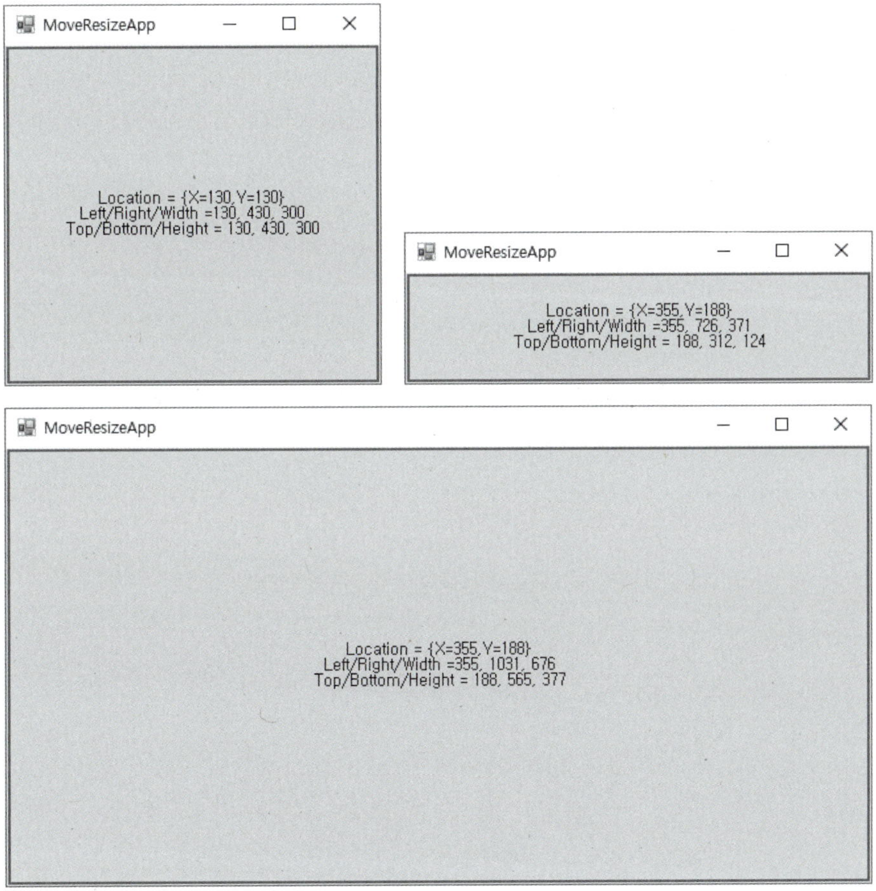

실행 결과의 첫 번째 그림은 초기에 실행된 프로퍼티의 값을 보여주고 있다. 두 번째 그림은 폼의 위치를 이동시킨 경우를 보여주고 있고, 세 번째 그림은 폼의 크기를 변경시킨 경우를 보여주고 있다. 폼의 위치가 이동되었을 때는 `Move` 이벤트가 발생하고, 폼의 크기가 변경되었을 때는 `Resize` 이벤트가 발생한다.

(3) XxxChanged 이벤트

.NET 프레임워크에서 `XxxChanged`와 같은 형식의 이름을 가지는 이벤트는 여러 개 존재한다. 이런 형식의 이름을 가지는 이벤트는 `Xxx`와 일치하는 이름을 가진 프로퍼티의 값이 변경되는 경우에 해당하는 이벤트가 발생한다.

| 연습문제 |

7.1 다음 괄호 안에 적당한 용어를 쓰시오

(1) 닷넷 프레임워크에서 제공하는 클래스 라이브러리로 만들어진 윈도우 GUI 응용 프로그램을 ( )라 부른다.

(2) 윈도우 폼 애플리케이션을 간략히 ( )이라 부르며 일반적인 윈도우 응용 프로그램과 같이 ( )를 통해서 입출력을 수행한다.

(3) 윈폼 애플리케이션은 ( ) 클래스를 베이스 클래스로 가지며 이것은 ( ) 네임스페이스에 속해 있다.

(4) 윈폼 애플리케이션에서 주로 사용하는 클래스는 폼을 구성하는데 사용하는 ( ) 클래스와 화면에 직접적으로 나타나지 않으나 개념적인 부분을 나타내는 ( ) 클래스가 있다.

(5) 이벤트 처리기의 두 번째 매개변수 형은 ( )이거나 그로부터 파생된 클래스형이다.

(6) `Form` 클래스에는 폼의 외형을 설정하는 ( ), 폼의 동작을 정의하는 ( ), 그리고 사용자와 상호작용을 처리하는 ( ) 등이 정의되어 있다.

(7) 통합 개발환경에서 새 윈폼 애플리케이션 프로젝트를 시작하면, 자동으로 `Form` 클래스를 베이스 클래스로 하고, ( ) 메소드를 호출하는 생성자를 가진 새로운 클래스가 만들어진다.

(8) 프로그램은 `Main()` 메소드에서 ( ) 클래스의 `Run()` 메소드를 호출하여 시작한다.

(9) ( )은 윈도우 운영체제에서 제공하는 기본적인 화면 단위인 창을 말하는 개념이다.

(10) 폼을 닫을 때는 ( ) 이벤트와 ( ) 이벤트가 차례로 발생한다.

(11) 윈폼 애플리케이션에서 ( )이 닫히는 경우에는 애플리케이션이 종료되며 자식 폼(child form)이 닫히는 경우는 폼이 화면에서 사라진다.

(12) 폼에 관련된 이벤트 중에 ( ) 이벤트는 메인 폼이 그려지기 전에 발생하며 ( ) 이벤트는 메인 폼이 사라진 후에 발생한다.

(13) `Form` 클래스인 경우에 `Text` 프로퍼티의 값은 윈도우 폼의 ( )에 표시된다.

(14) 탭키를 통한 포커스의 이동은 ( ) 프로퍼티의 값이 작은 컨트롤에서 큰 컨트롤로 이동한다.

(15) 나중에 사용할 목적으로 컨트롤에 필요한 값을 연결할 때 사용하는 프로퍼티는 (　　) 프로퍼티이다.

(16) Show() 메소드는 컨트롤의 (　　) 프로퍼티의 값을 참으로 배정하여 보이게 만든다.

(17) 컨트롤 클래스에 있는 ResetXxx() 메소드에서 Xxx 위치에 올 수 있는 프로퍼티의 개수는 (　)개이다.

(18) PointToClient() 메소드는 화면상의 한 점의 좌표를 컨트롤의 (　　) 프로퍼티와의 상대 좌표로 변환하는 메소드이다.

(19) 폼이나 컨트롤에서 화면에 필요한 내용을 직접 그리기 위해서는 (　　　) 클래스를 이용해야 한다.

(20) 폼의 위치가 이동되었을 때 (　　) 이벤트가 발생하고, 폼의 크기가 변경되었을 때는 (　　) 이벤트가 발생한다.

(21) 닷넷 프레임워크에서 XxxChanged와 같은 형식의 이름을 가지는 이벤트는 Xxx와 일치하는 이름을 가진 (　　)의 값이 변경되는 경우에 해당하는 이벤트가 발생한다.

7.2 다음 객관식 문제를 푸시오.

(1) 윈폼 애플리케이션을 작성하는데 필요한 클래스가 아닌 것은?

① 폼(Form) 클래스
② 컨트롤(Control) 클래스
③ 컴포넌트(Component) 클래스
④ 프레임(Frame) 클래스
⑤ 그래픽(Graphics) 클래스

(2) 다음 중 WinForm 애플리케이션에 관련된 설명이 아닌 것은?

① 반드시 Form 클래스를 상속받아야 한다.
② Visual Studio.NET으로만 개발이 가능하다.
③ WinForm 클래스의 객체를 생성한 후 실행시키기 위해 Run() 메소드를 사용한다.
④ System.Windows.Forms 네임스페이스를 using해야 한다.
⑤ 주로 그래픽 사용자 인터페이스를 위한 응용 프로그램에 적합하다.

(3) 통합 개발환경에서 자동으로 생성하는 이벤트 처리기 이름은 형식은 무엇인가?

① 〈폼의 이름〉_〈이벤트 이름〉
② 〈이벤트 처리기를 등록하려는 객체의 이름〉_〈이벤트 이름〉
③ 〈이벤트 이름〉_〈이벤트 처리기를 등록하려는 객체의 이름〉
④ 〈클래스의 이름〉_〈이벤트 이름〉
⑤ 〈이벤트 이름〉_〈클래스 이름〉

(4) 통합 개발환경에서 생성한 소스코드 중에 `Form1` 클래스에 정의되어 있는 메소드가 아닌 것은?

① `Main()` 메소드 ② `Form1()` 생성자

③ `InitializeComponent()` 메소드 ④ `ToString()` 메소드

⑤ `Dispose()` 메소드

(5) 상속 계층도에서 `Form` 클래스의 상위 클래스가 아닌 것은?

① `ContainerControl` 클래스 ② `ScrollableControl` 클래스

③ `Control` 클래스 ④ `Component` 클래스

⑤ `Button` 클래스

(6) 폼의 테두리를 설정하는 `FormBorderStyle` 프로퍼티의 디폴트값은 무엇인가?

① `None` ② `Sizable`

③ `FixedSingle` ④ `FixedToolWindow`

⑤ `SizableToolWindow`

(7) 이벤트 처리기의 두 번째 매개변수의 형이 `EventArgs` 형이 아닌 이벤트는?

① `Load` 이벤트 ② `Closing` 이벤트

③ `Closed` 이벤트 ④ `Activated` 이벤트

⑤ `Deactivate` 이벤트

(8) `Control` 클래스의 베이스 클래스는 누구인가?

① `Object` 클래스 ② `Form` 클래스

③ `Component` 클래스 ④ `ContainerControl` 클래스

⑤ `ScrollableControl` 클래스

(9) 컨트롤의 배경 이미지를 지정하는 프로퍼티는 무엇인가?

① `BackColor` 프로퍼티 ② `ForeColor` 프로퍼티

③ `Back` 프로퍼티 ④ `BackImage` 프로퍼티

⑤ `BackgroundImage` 프로퍼티

(10) 다음 프로퍼티 중 읽기 전용인 프로퍼티는 무엇인가?

① Top 프로퍼티　② Height 프로퍼티　③ Bottom 프로퍼티　④ Width 프로퍼티　⑤ Location 프로퍼티

(11) Location 프로퍼티의 Y 값은 누구와 같은가?

① Left 프로퍼티　② Right 프로퍼티　③ Height 프로퍼티　④ Top 프로퍼티　⑤ Bottom 프로퍼티

(12) 자료형이 object인 프로퍼티는 어느 것인가?

① Tag 프로퍼티　② ContextMenu 프로퍼티　③ Cursor 프로퍼티　④ Dock 프로퍼티　⑤ ClientRectangle 프로퍼티

(13) 상위 컨트롤의 영역에서 컨트롤의 위치를 지정하는 자료형은 무엇인가?

① Dock　② DockStyle　③ Location　④ LocationStyle　⑤ Point

(14) 컨트롤을 비활성화 시킬 때 사용하는 멤버는 무엇인가?

① Enabled 프로퍼티　② Visible 프로퍼티　③ Show() 메소드　④ Hide() 메소드　⑤ TabStop 프로퍼티

(15) Invalidate() 메소드에 의해 발생하는 이벤트는 무엇인가?

① Resize 이벤트　② Closed 이벤트　③ Paint 이벤트　④ XxxChanged 이벤트　⑤ Deactivate 이벤트

7.3 다음 명칭을 보고 물음에 답하시오.

① Visible　② ClientRectangle　③ Location　④ Show　⑤ Activate　⑥ Activated

⑦ Paint　　⑧ Closing　　⑨ Invalidate
⑩ StartPosition　　⑪ Dock　　⑫ PointToScreen

(1) 프로퍼티, 메소드, 이벤트인가를 구분하시오.
(2) 어느 클래스에 속해있는지를 밝히시오.
(3) 용도를 간단히 설명하시오.

7.4 다음을 간략히 설명하시오.

(1) C#의 Console 애플리케이션과 WinForm 애플리케이션의 차이점을 설명하시오.
(2) 1부터 100까지 더하는 Console 애플리케이션과 WinForm 애플리케이션을 각각 작성하고, 수행상의 차이를 설명하시오.
(3) InitializeComponent() 메소드에 대해서 설명하시오.
(4) Invalidate 메소드와 Paint 이벤트의 관계에 대해 설명하시오.

7.5 다음을 비교 설명하시오.

(1) 컴포넌트 vs. 컨트롤
(2) Closing 이벤트 vs. Closed 이벤트
(3) SetDesktopBounds() 메소드 vs. SetDesktopLocation() 메소드
(4) Name 프로퍼티 vs. Text 프로퍼티
(5) Size 프로퍼티 vs. ClientSize 프로퍼티
(6) ClientSize 프로퍼티 vs. ClientRectangle 프로퍼티
(7) PointToClient() 메소드 vs. PointToScreen() 메소드

7.6 다음과 같은 윈폼 애플리케이션을 작성하시오.

(1) 폼의 크기가 폭은 300에서 500이고, 높이는 300에서 700 사이만 가능한 프로그램을 작성하시오.
(2) 다음과 같은 형태로 버튼을 배치하고 [BringToFront] 버튼을 클릭하면 "button2"를 맨 위 옮기고, [SendToBack] 버튼을 클릭하면 "button2"를 맨 뒤로 옮기는 프로그램을 작성하시오.

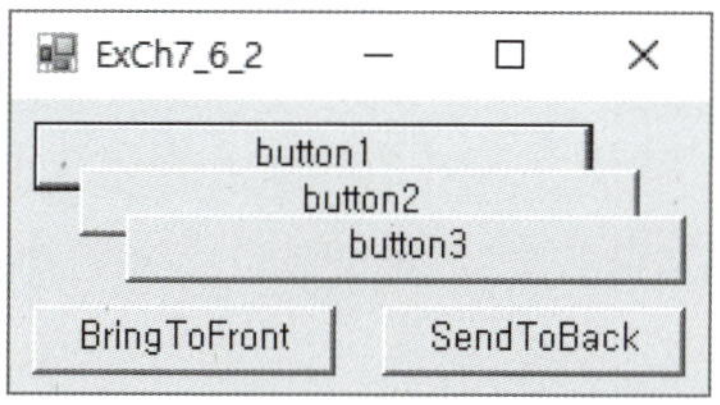

(3) 다음과 같이 3개의 버튼을 배치하고 [Enable] 버튼을 클릭하면, "Test" 버튼을 활성화 시키고 [Disable] 버튼을 클릭하면 "Test" 버튼을 비활성시키는 프로그램을 작성하시오.

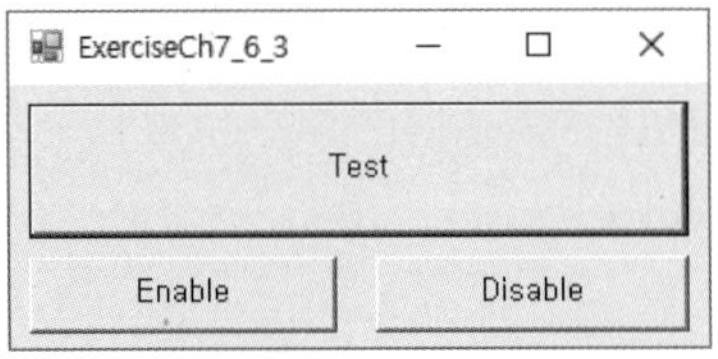

(4) 다음과 같이 버튼을 배치하고 [Show] 버튼을 클릭하면, "Test" 버튼을 보이도록 만들고 [Hide] 버튼을 클릭하면 "Test" 버튼이 사라지도록 만드는 프로그램을 Show() 메소드와 Hide() 메소드를 사용하여 작성하시오.

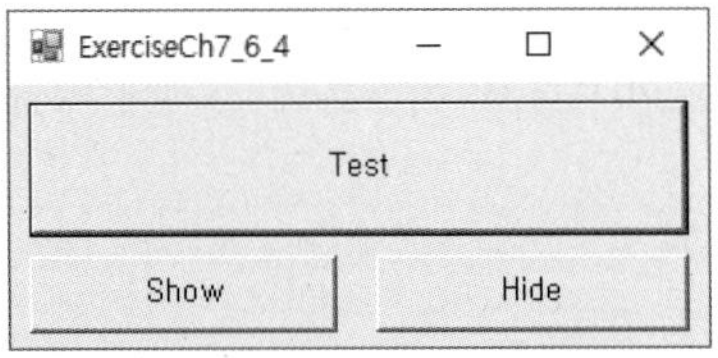

(5) (4)의 프로그램을 Visible 프로퍼티를 사용하여 작성하시오.

(6) 윈도우 폼을 작성하고 Click 이벤트가 발생할 경우 현재의 날짜와 시간을 폼에 출력하는 프로그램을 작성하시오(DateTime.Now.ToString()).

CHAPTER 08

컨트롤

C# Programming

contents

08 컨트롤

일반적으로 컨트롤이란 화면에 표시되어 사용자와 상호작용을 수행하는 컴포넌트를 의미하며 그의 종류에는 버튼, 레이블, 텍스트, 리스트 등이 있다. 컨트롤은 통합 개발환경의 도구 상자를 통해서 쉽게 작성할 수 있으며 기본적으로 폼 위에서 동작이 이루어진다. 대표적인 컨트롤의 종류를 요약하면 다음과 같다.

- 컨트롤의 종류
  - 버튼 기반 컨트롤 : 버튼, 체크 상자, 라디오 버튼
  - 레이블 컨트롤 : 레이블, 링크 레이블
  - 텍스트 컨트롤 : 텍스트 상자
  - 리스트 컨트롤 : 리스트 상자, 콤보 상자, 체크리스트 상자

프로그래밍 언어적인 측면에서, 컨트롤은 하나의 객체이며 그 클래스는 `Control` 클래스를 상속받고 있다. 예를 들어, `Button` 클래스는 `Control` 클래스에서 상속되었으며 하나의 버튼은 `Button` 클래스의 객체이다. 따라서 기본적으로 `Control` 클래스는 화면 표시와 사용자 입력 등에 관련된 프로퍼티들을 가지고 있기 때문에 버튼을 통하여 사용자 상호작용이 가능하다. 이런 이유 때문에 `Control` 클래스에 정의되어 있는 멤버(7.3절 참조)를 잘 알아야 한다.

8.1 버튼 기반 컨트롤

버튼 기반 컨트롤은 `ButtonBase` 추상 클래스를 상속받은 컨트롤을 의미한다. 여기에 속하는 컨트롤의 종류에는 버튼, 체크 상자, 라디오 버튼이 있으며 통합 개발환경의 도구 상자

를 통해 간단히 폼에 추가할 수 있다. 버튼 기반 컨트롤의 기본적인 형태는 [그림 8-1]과 같다.

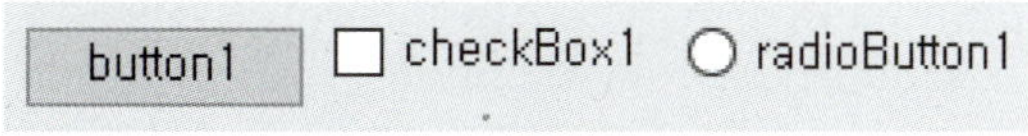

그림 8-1 버튼 기반 컨트롤

8.1.1 버튼

버튼(button)은 사용자 입력을 받는 가장 간단한 방법으로 버튼을 클릭함으로써 이벤트를 발생시킨다. 버튼을 사용하면 사용자가 버튼을 클릭했을 때 특정 동작이 수행되도록 작성할 수 있으며 버튼을 눌렀다 놓은 것처럼 화면에 표시할 수 있다.

버튼의 프로퍼티에는 이름과 글자색 등을 설정할 수 있는 다양한 종류가 있다. 그 중에서 중요한 프로퍼티를 [표 8-1]에서 소개하고 있으며 대부분 `Control` 클래스에서 상속받은 것이다.

표 8-1 버튼의 프로퍼티

프로퍼티	자료형	속성	설명
Text	string	get/set	버튼 이름을 설정
Font	Font	get/set	버튼 이름에 해당하는 문자열의 글꼴을 설정
ForeColor	Color	get/set	버튼 이름에 해당하는 문자열의 색상을 설정
TextAlign	ContentAlignment	get/set	버튼 이름에 해당하는 문자열을 정렬
FlatStyle	FlatStyle	get/set	버튼의 스타일(모양)을 설정
Size	Size	get/set	버튼의 크기(픽셀 단위)를 설정
BackColor	Color	get/set	버튼의 배경색을 설정
BackgroundImage	Image	get/set	버튼의 배경 이미지를 설정
Image	Image	get/set	버튼 형태 위에 이미지를 설정
ImageAlign	ContentAlignment	get/set	버튼 형태 위에 이미지를 정렬

버튼의 이름을 지정할 때 `Text` 프로퍼티를 사용한다. 버튼의 이름은 문자열로 이루어져 있으며 문자열의 길이가 버튼의 폭을 초과할 경우 다음 줄로 넘어가게 된다. 또한, 문자의

크기가 버튼보다 클 경우 문자열은 일부분만 표시된다.

버튼의 스타일을 설정하기 위해서는 `FlatStyle` 프로퍼티를 지정해야 한다. 버튼의 스타일에는 모두 4가지 종류가 있으며 `System.Windows.Forms` 네임스페이스에 포함되어 있는 `FlatStyle` 열거형([표 8–2] 참조)을 통해 결정할 수 있다.

표 8–2 FlatStyle 열거형

기호 상수	버튼 모양	설명
`Flat`		버튼의 모양을 평면으로 표시한다.
`Standard`		버튼의 모양을 입체적으로 표시한다.
`Popup`	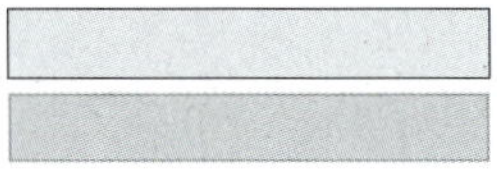	버튼의 모양이 처음에는 평면으로 표시되었다가 마우스 포인터가 버튼 위로 이동하면 입체적으로 변경한다.
`System`		버튼의 모양을 시스템이 결정한다. 일반적으로 System으로 지정한 버튼의 모양은 Standard로 지정한 것과 같다.

버튼을 클릭하면 `Click` 이벤트가 발생한다. 프로그래머는 `Click` 이벤트를 처리하는 처리기를 작성함으로써 버튼에 대한 작업을 처리할 수 있다.

[예제 8–1]은 하나의 폼에 각기 다른 `FlatStyle` 프로퍼티를 적용하여 4개의 버튼을 추가한 예제이다.

예제 8–1 ButtonApp

1) 디자인

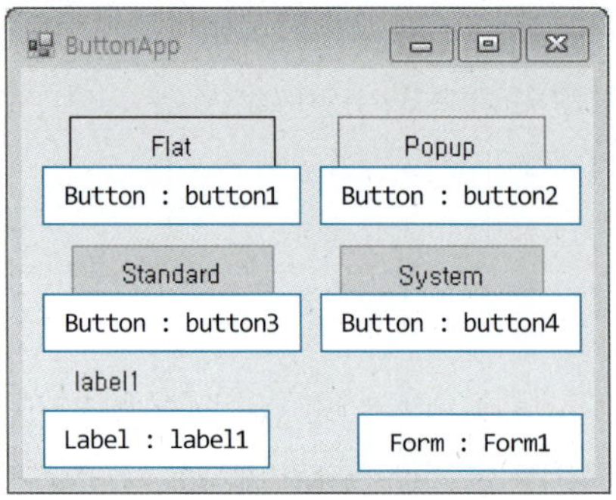

컨트롤 : (Name)	프로퍼티	값
Form : Form1	Text	ButtonApp
Button : button1	FlatStyle	Flat
	Text	Flat
Button : button2	FlatStyle	Popup
	Text	Popup
Button : button3	FlatStyle	Standard
	Text	Standard
Button : button4	FlatStyle	System
	Text	System

컨트롤 : (Name)	이벤트	메소드명
Button : button1	Click	button1_Click()
Button : button2	Click	button2_Click()
Button : button3	Click	button3_Click()
Button : button4	Click	button4_Click()

2) 코드

```
private void button1_Click(object sender, EventArgs e) {
    label1.Text = FlatStyle.Flat.ToString();
}
private void button2_Click(object sender, EventArgs e) {
    label1.Text = FlatStyle.Popup.ToString();
}
private void button3_Click(object sender, EventArgs e) {
    label1.Text = FlatStyle.Standard.ToString();
}
private void button4_Click(object sender, EventArgs e) {
    label1.Text = FlatStyle.System.ToString();
}
```

실행 방법

각각의 버튼을 클릭한다.

실행 결과

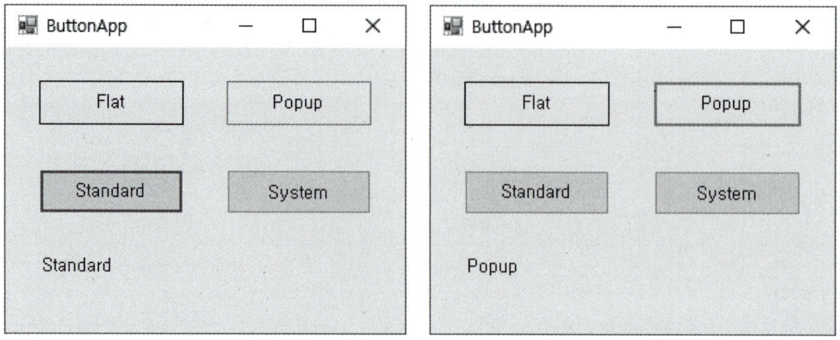

[예제 8-1]에서 알 수 있듯이 `FlatStyle` 프로퍼티를 `System`으로 지정한 버튼의 모양은 `Standard`로 지정한 것과 같다. 또한, 버튼을 눌러서 `Click` 이벤트가 발생하는 경우 해당하는 `FlatStyle`의 기호 상수 이름을 폼의 하단에 출력하도록 작성하였다.

8.1.2 체크 상자

체크 상자(check box)는 주어진 항목들 중에서 선택할 수 있는 컨트롤이다. 체크 상자의 형태는 [그림 8-2]와 같으며 작은 네모 부분을 클릭해서 항목을 선택한다. 체크 상자의 특징은 주어진 항목을 복수로 선택할 수 있다는 것이다.

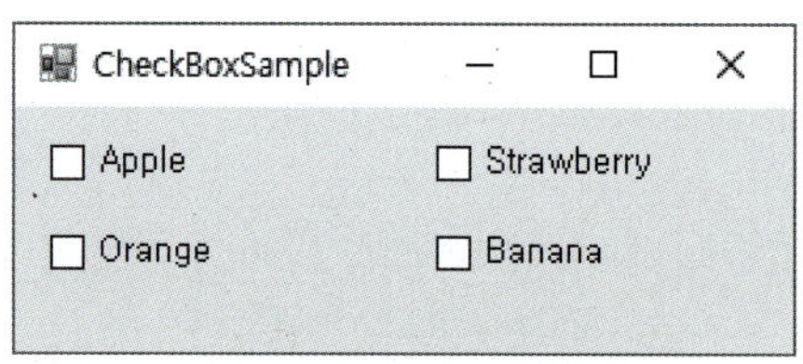

그림 8-2 체크 상자

체크 상자도 버튼과 마찬가지로 `Control` 클래스를 상속받은 컨트롤이기 때문에 대부분의 프로퍼티가 버튼과 동일하다. 다만 체크 상자의 체크 상태를 나타내는 `Checked` 프로퍼티가 추가로 제공된다.

`Chekced` 프로퍼티를 참으로 설정하면 네모 부분에 '✓'가 표시되며, 또한, `Checked` 프로퍼

티의 값이 변경될 때마다 CheckedChanged라는 이벤트가 발생하게 된다. Checked 프로퍼티와 CheckedChanged 이벤트를 이용하면 항목이 체크되었는지 확인할 수 있다.

다음은 4개의 항목을 갖는 체크 상자를 만들고 선택된 항목의 이름을 출력하는 예제이다. 초기에 Apple 항목만 선택된 상태이다.

예제 8-2 CheckBoxApp

1) 디자인

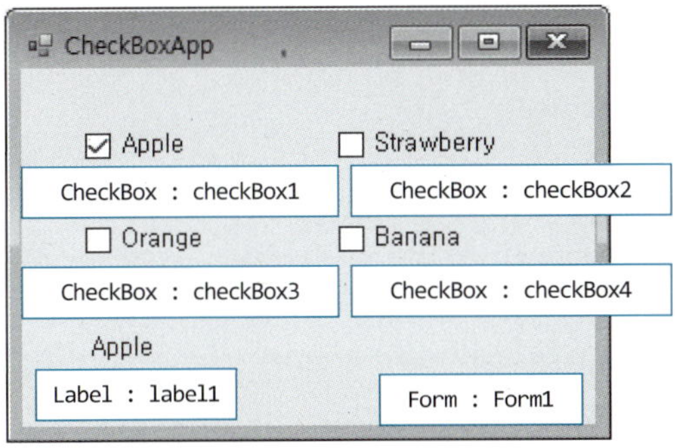

컨트롤 : (Name)	프로퍼티	값
Form : Form1	Text	CheckBoxApp
CheckBox : checkBox1	Text	Apple
	Checked	True
CheckBox : checkBox2	Text	Strawberry
	Checked	False
CheckBox : checkBox3	Text	Orange
	Checked	False
CheckBox : checkBox4	Text	Banana
	Checked	False
Label : label1	Text	Apple

컨트롤 : (Name)	이벤트	메소드명
CheckBox : checkBox1	CheckedChanged	checkBox1_CheckedChanged()
CheckBox : checkBox2	CheckedChanged	checkBox2_CheckedChanged()
CheckBox : checkBox3	CheckedChanged	checkBox3_CheckedChanged()
CheckBox : checkBox4	CheckedChanged	checkBox4_CheckedChanged()

2) 코드

```
private void UpdateLabel(string s, bool b) {
  if (b) {
    label1.Text += s; // label1의 Text 프로퍼티에 문자열 추가
  } else {
    string strTemp = label1.Text;
    int i = strTemp.IndexOf(s);
    label1.Text = strTemp.Remove(i, s.Length);
  }
}
private void checkBox1_CheckedChanged(object sender, EventArgs e) {
   UpdateLabel(checkBox1.Text, checkBox1.Checked);
}
private void checkBox2_CheckedChanged(object sender, EventArgs e) {
   UpdateLabel(checkBox2.Text, checkBox2.Checked);
}
private void checkBox3_CheckedChanged(object sender, EventArgs e) {
   UpdateLabel(checkBox3.Text, checkBox3.Checked);
}
private void checkBox4_CheckedChanged(object sender, EventArgs e) {
   UpdateLabel(checkBox4.Text, checkBox4.Checked);
}
```

실행 방법

체크 상자를 클릭하여 선택하거나 해제한다.

실행 결과

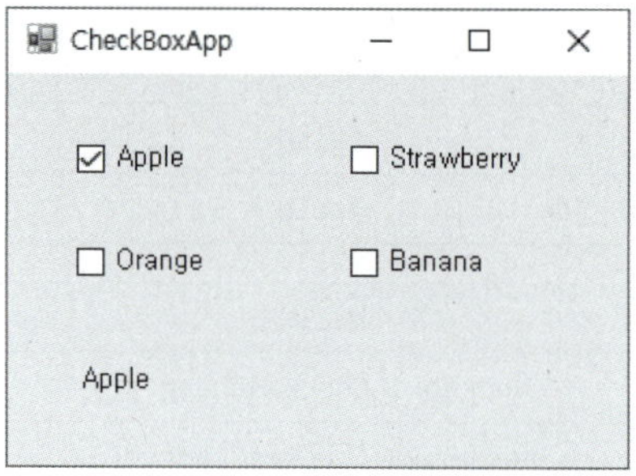

실행화면에서, 체크 상자의 네모 부분을 클릭하면 '✓'가 표시되며 해당하는 CheckedChanged 이벤트가 발생하게 된다. 각 이벤트 처리기에서는 UpdateLabel() 메소드를 호출한다. 이 메소드에 대한 첫 번째 매개변수는 체크 상자의 Text 프로퍼티(체크 항목의 이름)이며, 두 번째 매개변수는 Checked 프로퍼티이다.

UpdateLabel() 메소드는 먼저 두 번째 매개변수인 부울형 b의 값을 검사하여 만일 참인 경우(즉 Checked 프로퍼티가 참인 경우)는 첫 번째 매개변수로 넘어온 문자열을 label1의 Text 프로퍼티에 추가한다. 반대로 b의 값이 거짓인 경우에는 해당 문자열을 label1의 Text 프로퍼티에서 삭제한다.

8.1.3 라디오 버튼

라디오 버튼(radio button)도 역시 체크 상자와 마찬가지로 주어진 항목들 중에서 선택할 수 있는 컨트롤이다. 라디오 버튼의 형태는 [그림 8-3]과 같으며 작은 원을 클릭해서 항목을 선택한다.

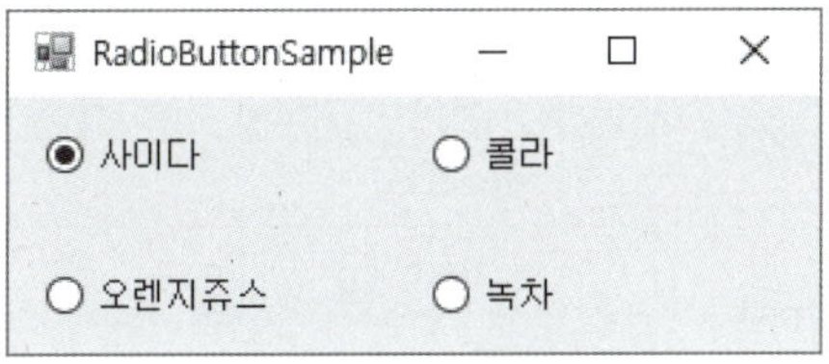

그림 8-3 라디오버튼

라디오 버튼의 모든 특성은 체크 상자와 같으나 주어진 항목들 중에서 오직 한 개만을 선택할 수 있다는 것이 다른 점이다. 라디오 버튼도 Checked 프로퍼티를 통해 특정한 항목이 선택되었는지 검사할 수 있다.

다음은 [예제 8-2]의 체크 상자를 라디오 버튼으로 대체한 예제이며 라디오 버튼은 오직 하나만 선택할 수 있기 때문에 매우 간결해진 것을 확인할 수 있다.

예제 8-3 RadioButtonApp

1) 디자인

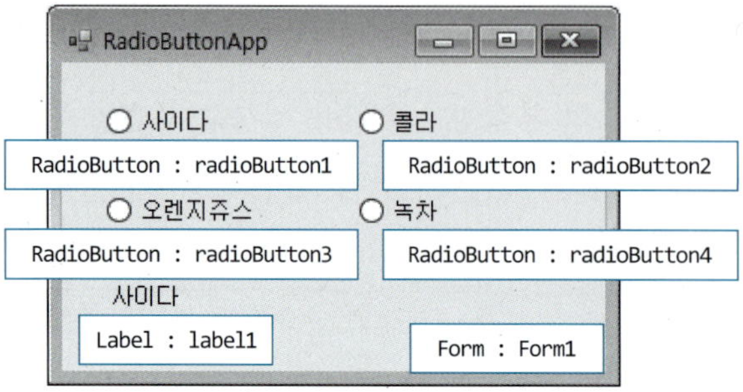

컨트롤 : (Name)	프로퍼티	값
Form : Form1	Text	RadioButtonApp
RadioButton : radioButton1	Text	사이다
	Checked	True
RadioButton : radioButton2	Text	콜라
	Checked	False
RadioButton : radioButton3	Text	오렌지쥬스
	Checked	False
RadioButton : radioButton4	Text	녹차
	Checked	False
Label : label1	Text	사이다

컨트롤 : (Name)	이벤트	메소드명
RadioButton : radioButton1	CheckedChanged	radioButton1_CheckedChanged()
RadioButton : radioButton2	CheckedChanged	radioButton2_CheckedChanged()
RadioButton : radioButton3	CheckedChanged	radioButton3_CheckedChanged()
RadioButton : radioButton4	CheckedChanged	radioButton4_CheckedChanged()

2) 코드

```
private void radioButton1_CheckedChanged(object sender, EventArgs e) {
    label1.Text = radioButton1.Text;
}
private void radioButton2_CheckedChanged(object sender, EventArgs e) {
    label1.Text = radioButton2.Text;
}
private void radioButton3_CheckedChanged(object sender, EventArgs e) {
    label1.Text = radioButton3.Text;
}
private void radioButton4_CheckedChanged(object sender, EventArgs e) {
    label1.Text = radioButton4.Text;
}
```

실행 방법

라디오버튼을 클릭하여 선택

실행 결과

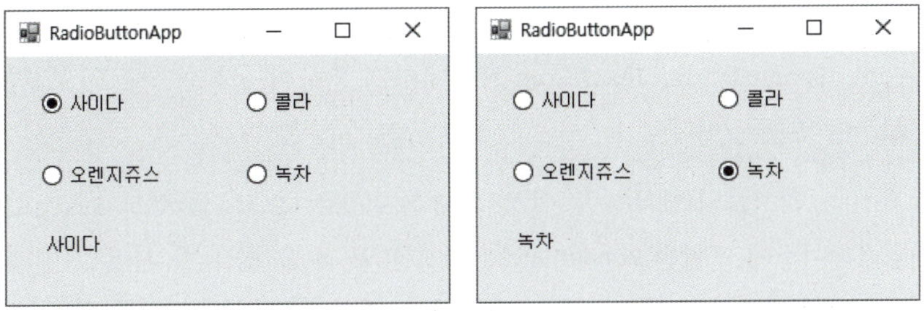

8.2 레이블과 링크 레이블

8.2.1 레이블

레이블(label)은 각종 정보를 폼에 표시할 때 사용하는 컨트롤로서 주로 텍스트 상자와 함께 사용되며 텍스트 상자의 입력을 가이드해 주는 프롬프트 역할을 담당한다. 이외에도 레이블의 역할은 다음과 같다.

① 폼에 있는 컨트롤을 식별하는 정보를 표시
② 애플리케이션의 실행에 대한 응답 정보를 표시
③ 특정 컨트롤을 클릭했을 때 실행되는 작업을 설명하는 메시지를 표시

레이블은 윈폼 애플리케이션에서 가장 많이 쓰이는 컨트롤이지만 그 기능은 매우 간단하다. [그림 8-4]와 같이 화면에 문자열을 표시하는 기능이 전부이며 일반적으로 이벤트를 사용해서 프로그래밍 하지 않는다. 단지 해당 응용 프로그램의 상태를 나타내기 위해서 문자열을 바꾸는 정도의 작업을 수행한다.

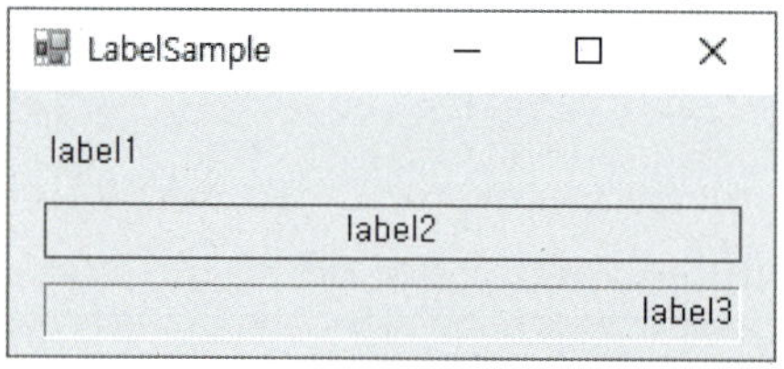

그림 8-4 레이블의 형태

레이블은 표시되는 문자열의 글꼴과 테두리, 그리고 정렬방식을 지정할 수 있는 프로퍼티를 갖고 있다. 즉, `Font`, `BorderStyle`, `TextAlign` 프로퍼티를 통하여 글꼴과 테두리, 그리고 정렬방식을 설정할 수 있는 것이다.

BorderStyle 프로퍼티는 레이블의 테두리를 설정할 때 사용하는 프로퍼티로서 `System.Windows.Forms` 네임스페이스에 포함된 `BorderStyle` 열거형([표 8-3] 참조)을 사용하여 지정할 수 있다. 각 기호 상수에 따른 테두리 모양은 [예제 8-4]의 실행 결과에서 확인할 수 있다.

표 8-3 BorderStyle 열거형

기호 상수	순서 값	설명
None	0	테두리가 없음
FixedSingle	1	단일 선 테두리
Fixed3D	2	3차원 테두리

TextAlign 프로퍼티는 레이블과 같은 컨트롤에 표시되는 문자열에 대한 정렬을 위해 사용하는 프로퍼티로서 System.Drawing 네임스페이스에 포함된 ContentAlignment 열거형([표 8-4] 참조)을 사용하여 지정할 수 있다.

표 8-4 ContentAlignment 열거형

기호 상수	순서 값	설명
TopLeft	0x0001	좌측 상단 정렬
TopCenter	0x0002	가운데 상단 정렬
TopRight	0x0004	우측 상단 정렬
MiddleLeft	0x0010	좌측 중앙 정렬
MiddleCenter	0x0020	가운데 중앙 정렬
MiddleRight	0x0040	우측 중앙 정렬
BottomLeft	0x0100	좌측 하단 정렬
BottomCenter	0x0200	가운데 하단 정렬
BottomRight	0x0400	우측 하단 정렬

다음은 3개의 레이블을 테두리 형태와 정렬 방법에 따라 보여주는 예제이다. 특히, BorderStyle 열거형에 속한 기호 상수에 따른 테두리의 모양을 확인할 수 있다.

예제 8-4 LabelApp

1) 디자인

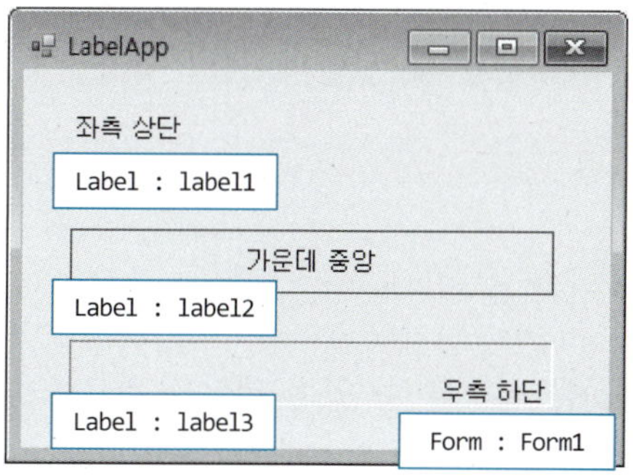

컨트롤 : (Name)	프로퍼티	값
Form : Form1	Text	LabelApp
Label : label1	Text	좌측 상단
	BorderStyle	None
	TextAlign	TopLeft
Label : label2	Text	가운데 중앙
	BorderStyle	FixedSingle
	TextAlign	MiddleCenter
Label : label3	Text	우측 하단
	BorderStyle	Fixed3D
	TextAlign	BottomRight

실행 결과

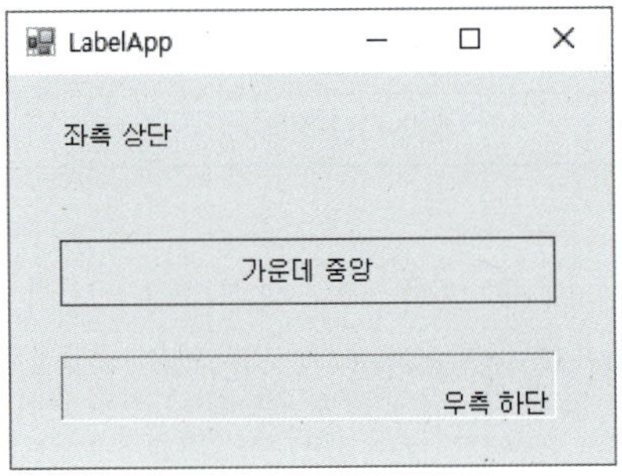

첫 번째 레이블은 테두리가 없고 좌측 상단에 정렬된 형태이며 두 번째 레이블은 단일선 테두리를 갖고 있으며 가운데 중앙에 정렬된 형태이다. 그리고 세 번째 레이블은 3차원 테두리를 갖으며 우측 하단에 정렬된 형태이다.

8.2.2 링크 레이블

링크 레이블(link label)이란 하이퍼링크(hyper link)를 설정할 수 있는 레이블 컨트롤을 말한다. 즉, 링크 레이블의 텍스트에 하이퍼링크를 부착할 수 있으며 이를 통하여 다른 작업을 수행할 수 있도록 설정할 수 있다. 예를 들어, 링크 레이블의 하이퍼링크를 적용하여 웹 사이트에 접속하거나 다른 애플리케이션 파일을 열 수 있다.

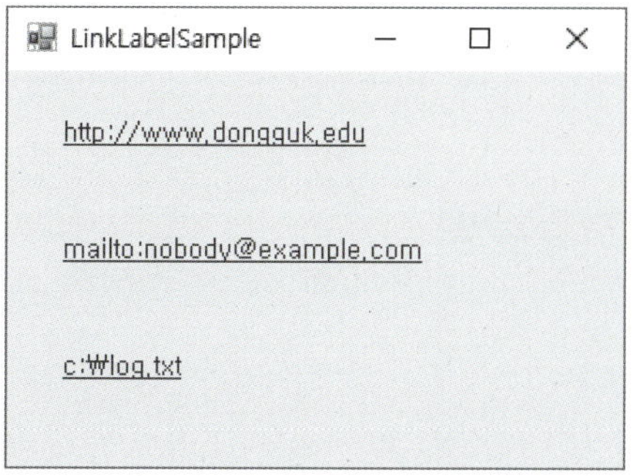

그림 8-5 링크 레이블

링크 레이블은 레이블 컨트롤을 상속받았기 때문에 레이블의 기본적인 기능을 모두 가지고 있다. [그림 8-5]와 같이 링크 레이블을 작성한 후 각 링크 레이블을 클릭하였을 때 해당하는 작업을 처리하도록 지정할 수 있다. 이럴 경우에, 링크 레이블의 컨트롤을 클릭했을 때 발생하는 `LinkClicked` 이벤트에 대한 이벤트 처리기를 작성해야만 한다.

링크 레이블을 클릭했을 때 특정한 작업을 수행하기 위해서 `Process` 클래스(`System.Diagnostics` 네임스페이스에 포함되어 있음)의 정적 메소드인 `Start()` 메소드를 사용하며 기본적인 형식은 다음과 같다.

```
Process.Start("http://plac.dongguk.ac.kr");
Process.Start("mailto:s4064@dongguk.edu");
Process.Start("Notepad.exe", "C:\log.txt");
```

첫 번째 형태는 웹 브라우저를 실행하여 "plac.dongguk.ac.kr" 사이트를 접속하라는 예제이며 두 번째 형태는 시스템에 설치된 이메일 클라이언트 프로그램을 실행시켜 새로운 메일 보내기 창을 띄우는 예제이다. 그리고 세 번째 형태는 메모장 프로그램을 실행시켜서 "C:\log.txt" 파일을 편집하려는 예제이다. 만일 편집하려는 파일이 존재하지 않으면 오류가 발생한다.

예제 8-5 LinkLabelApp

1) 디자인

컨트롤 : (Name)	프로퍼티	값
Form : Form1	Text	LinkLabelApp
LinkLabel : linkLabel1	Text	http://plac.dongguk.ac.kr
LinkLabel : linkLabel2	Text	mailto:s4064@dongguk.edu
LinkLabel : linkLabel3	Text	C:\log.txt

컨트롤 : (Name)	이벤트	메소드명
LinkLabel : linkLabel1	LinkClicked	linkLabel1_LinkClicked()
LinkLabel : linkLabel2	LinkClicked	linkLabel2_LinkClicked()
LinkLabel : linkLabel3	LinkClicked	linkLabel3_LinkClicked()

2) 코드

```
private void linkLabel1_LinkClicked(object sender,
                LinkLabelLinkClickedEventArgs e) {
    Process.Start(linkLabel1.Text);
}
private void linkLabel2_LinkClicked(object sender,
                LinkLabelLinkClickedEventArgs e) {
    Process.Start(linkLabel2.Text);
}
private void linkLabel3_LinkClicked(object sender,
                LinkLabelLinkClickedEventArgs e) {
    Process.Start("Notepad.exe", linkLabel3.Text);
}
```

실행 방법

각각의 링크를 클릭

실행 결과

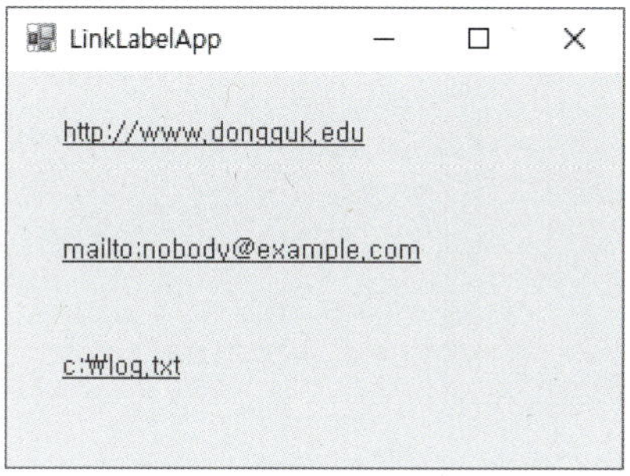

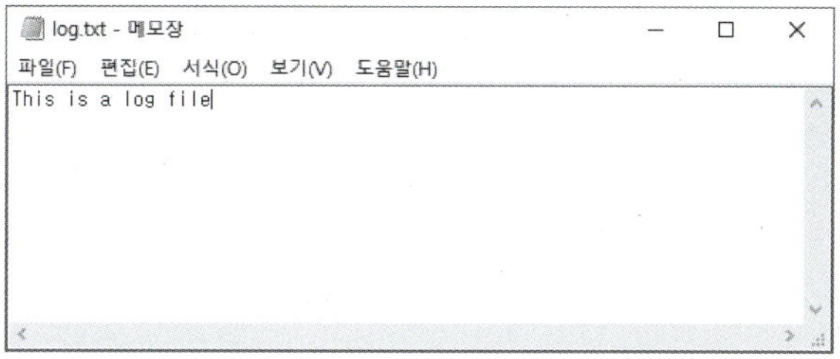

[예제 8-5]의 실행 결과는 3번째 링크를 클릭하였을 때의 화면 상태를 나타내고 있다. 여기서, `LinkClicked` 이벤트 처리기의 형태는 `LinkLabelLinkClickedEventHandler` 델리게이트형이고 두 번째 매개변수로 `LinkLabelLinkClickedEventArgs` 클래스의 객체가 사용되었다. `LinkLabelLinkClickedEventArgs` 클래스는 `EventArgs` 클래스를 상속받았으며 `EventArgs` 클래스의 멤버 이외에 `Link` 프로퍼티를 별도로 제공한다.

8.3 텍스트 상자

텍스트 상자(text box)는 사용자가 직접 텍스트를 입력할 수 있는 기본적인 컨트롤로서 사용자로부터 값을 입력 받거나 애플리케이션의 실행 결과를 출력하고자 할 때 유용하게 사용할 수 있다. 텍스트 상자의 형태는 [그림 8-6]에서 볼 수 있듯이 한 줄을 입력할 수 있는 형태와 여러 줄을 입력할 수 있는 형태가 있다.

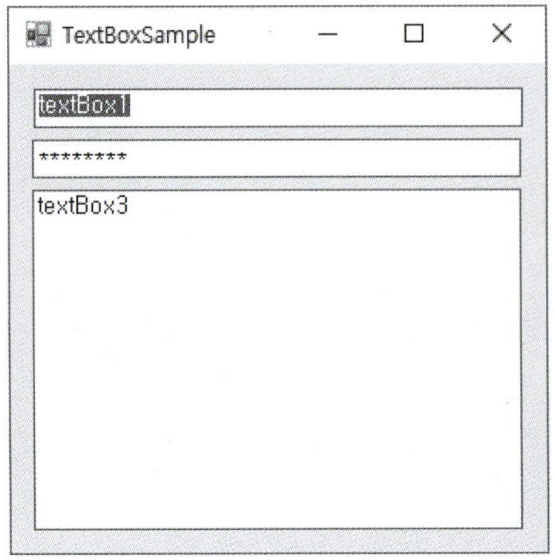

그림 8-6 텍스트 상자

텍스트 상자의 프로퍼티는 텍스트의 입력과 출력에 관련된 다양한 종류가 있으나 대표적인 것은 [표 8-5]와 같다. 이 중에서 Multiline 프로퍼티는 여러 줄을 입력받을 수 있는 형태의 텍스트 상자를 생성하는데 이용된다. 또한, PasswordChar 프로퍼티를 '*'로 지정하면, 입력된 문자 대신에 '*'가 표시된다.

표 8-5 텍스트 상자의 프로퍼티

프로퍼티	설명
MaxLength	텍스트 상자에 입력할 수 있는 최대 문자 수를 설정
Multiline	텍스트 상자의 영역을 여러 줄로 설정
PasswordChar	텍스트 상자의 암호 입력에 사용할 문자를 설정
ReadOnly	텍스트 상자의 텍스트를 변경하지 못하도록 설정
WordWrap	텍스트 상자의 텍스트가 영역을 초과할 경우 자동으로 줄을 바꾸도록 설정
ScrollBars	Multiline 프로퍼티가 참인 경우 텍스트 상자에 스크롤 바를 설정(None | Horizontal | Vertical | Both)

텍스트 상자의 프로퍼티를 이용하면 다양한 형태와 기능을 가지는 텍스트 상자를 생성할 수 있다. 예를 들어, Multiline 프로퍼티를 참으로 설정하면 여러 줄을 입력받을 수 있는 텍스트 상자를 만들 수 있다.

예제 8-6 TextBoxApp

1) 디자인

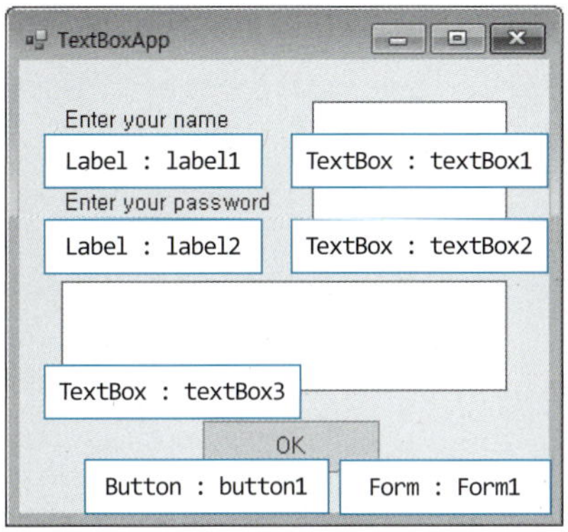

컨트롤 : (Name)	프로퍼티	값
Form : Form1	Text	TextBoxApp
Label : label1	Text	Enter your name
Label : label2	Text	Enter your password
TextBox : textBox1	Text	
TextBox : textBox2	Text	
	PasswordChar	*
TextBox : textBox3	Text	
	Multiline	True
Button : button1	Text	OK

컨트롤 : (Name)	이벤트	메소드명
Button : button1	Click	button1_Click()

2) 코드

```
private void button1_Click(object sender, EventArgs e) {
   textBox3.Text = "Name : " + textBox1.Text +
               "\r\nPassword : " + textBox2.Text;
}
```

실행 방법

```
textBox1과 textBox2에 이름과 비밀번호를 입력한 후, OK 버튼을 클릭한다.
```

실행 결과

8.4 리스트

리스트 기반 컨트롤은 ListControl 클래스를 상속받은 컨트롤을 말한다. 이러한 컨트롤의 종류에는 리스트 상자와 콤보 상자가 있다. ListControl 클래스는 추상 클래스로 리스트 상자와 콤보 상자에 대한 공통적인 요소를 구현하고 있다.

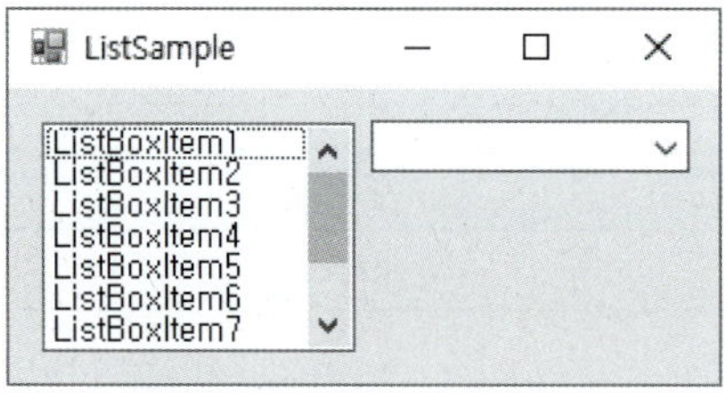

그림 8-7 리스트 기반 컨트롤

[그림 8-7]에서, 첫 번째 상자가 리스트 상자이며 두 번째 상자가 콤보 상자이다. 리스트 상자는 항상 목록이 보이지만 콤보 상자는 상자를 클릭한 경우에만 목록을 볼 수 있다. 또한, 리스트 상자는 목록에서 하나 이상의 항목을 선택할 수 있는 반면에 콤보 상자는 단 하나만을 선택할 수 있다.

8.4.1 리스트 상자

리스트 상자(list box)는 사용자가 선택할 수 있는 항목들의 목록을 표시해 주는 컨트롤로서 그 형태는 텍스트 상자와 유사하나 기능은 체크 상자와 유사한 컨트롤이다. 체크 상자와 마찬가지로 사용자로부터 선택한 항목을 입력받기 위해 주로 사용된다.

리스트 상자의 프로퍼티는 목록의 형태나 속성에 관련된 다양한 종류가 있으나 대표적인 것은 [표 8-6]과 같다. 이 중에서 `MultiColumn` 프로퍼티는 목록을 여러 열로 나타낼 수 있는 형태의 리스트 상자를 생성하는데 이용된다.

표 8-6 리스트 상자의 프로퍼티

프로퍼티	설명
`Items`	리스트 상자의 항목을 설정
`MultiColumn`	리스트 상자가 여러 열을 표시할 수 있도록 설정
`ScrollAlwaysVisible`	항상 세로 스크롤바가 표시되도록 설정
`SelectionMode`	리스트 상자에서 항목을 선택하는 방법을 설정
`SelectedIndex`	리스트 상자에서 현재 선택된 아이템의 인덱스를 반환(0부터 시작)
`SelectedItem`	리스트 상자에서 현재 선택된 아이템을 반환

전체 항목의 개수가 리스트 상자의 크기를 초과할 경우 [그림 8-8]와 같이 스크롤바가 생성된다. 첫 번째 형태는 세로방향에 대한 스크롤바가 생성되었으며 두 번째 형태는 가로방향에 대한 스크롤바가 생성되고 전체 항목이 두 개의 열로 표시되었다. 이와 같은 이유는 두 번째 리스트 상자의 `MultiColumn` 프로퍼티를 참으로 설정하였기 때문이다.

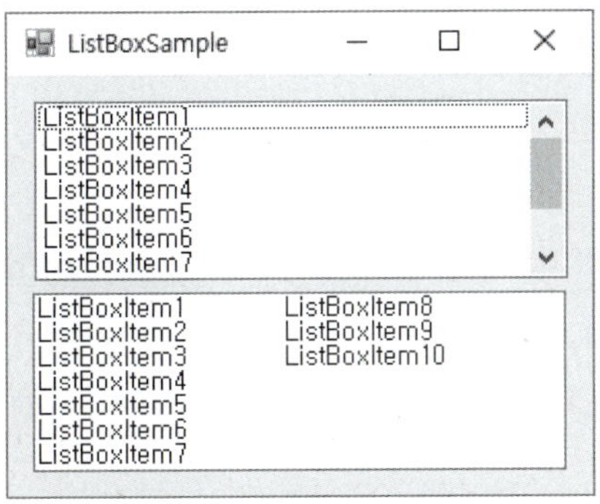

그림 8-8 리스트 상자

리스트 상자의 항목을 선택하는 방법은 SelectionMode 프로퍼티의 값에 따라 변경될 수 있다. [표 8-7]은 SelectionMode 프로퍼티에 배정할 수 있는 SelectionMode 열거형을 나열한 것이다.

표 8-7 SelectionMode 열거형

기호 상수	설명
None	항목을 선택할 수 없음
One	하나의 항목만 선택할 수 있음
MultiSimple	여러 항목을 선택할 수 있음
MultiExtended	여러 항목을 선택할 수 있으며, 〈Shift〉, 〈Ctrl〉, 마우스 포인터를 이용해 선택할 수 있음

리스트 상자의 항목은 Items 프로퍼티를 통하여 추가 및 삭제가 가능하다. ObjectCollection 클래스의 메소드를 통하여 Items 프로퍼티에 설정된 항목들을 추가, 수정, 삭제할 수 있다. ObjectCollection 클래스에서 제공하는 메소드는 [표 8-8]과 같으며 이를 이용하여 리스트 상자의 항목을 편집할 수 있다.

표 8-8 ObjectCollection 클래스의 메소드

메소드	설명
Add(object item)	리스트 상자에 항목을 추가한다.
Clear()	리스트 상자의 모든 항목을 제거한다.
FindString(string s, int index)	리스트 상자의 항목 중 지정된 인덱스 다음부터 지정된 문자열로 시작하는 항목의 인덱스를 반환한다.
IndexOf(object item)	지정한 항목의 인덱스를 반환한다.
Insert(int index, object item)	지정된 인덱스에 항목을 추가한다.
Remove(object item)	지정된 항목을 제거한다.
RemoveAt(int index)	지정된 인덱스의 항목을 제거한다.

[예제 8-7]은 텍스트 상자를 통해 입력받은 텍스트를 ObjectCollection 클래스의 메소드를 사용하여 리스트 상자에 추가하고 리스트 상자에서 선택된 항목을 삭제하는 예제이다.

예제 8-7 ListBoxApp

1) 디자인

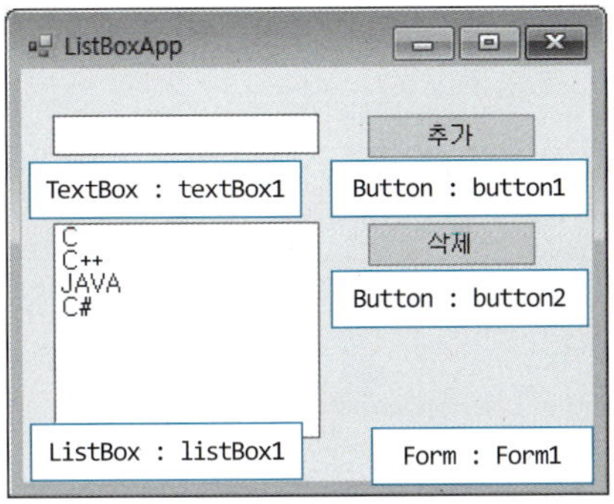

컨트롤 : (Name)	프로퍼티	값
Form : Form1	Text	ListBoxApp
TextBox : textBox1	Text	
ListBox : listBox1	Items	C C++ JAVA C#
Button : button1	Text	추가
Button : button2	Text	삭제

컨트롤 : (Name)	이벤트	메소드명
Button : button1	Click	button1_Click()
Button : button2	Click	button2_Click()

2) 코드

```
private void button1_Click(object sender, EventArgs e) {
   if (textBox1.Text != "") {   // 리스트 상자 추가
      listBox1.Items.Add(textBox1.Text);
      textBox1.Text = "";
   }
}
private void button2_Click(object sender, EventArgs e) {
   if (listBox1.SelectedIndex > -1)
      listBox1.Items.RemoveAt(listBox1.SelectedIndex);
      // 리스트 상자의 선택된 항목을 제거
}
```

실행 방법

① 텍스트 상자에 문자열을 입력한 후, 추가 버튼을 클릭한다.
② 리스트 상자의 항목을 선택한 후, 삭제 버튼을 클릭한다.

실행 결과

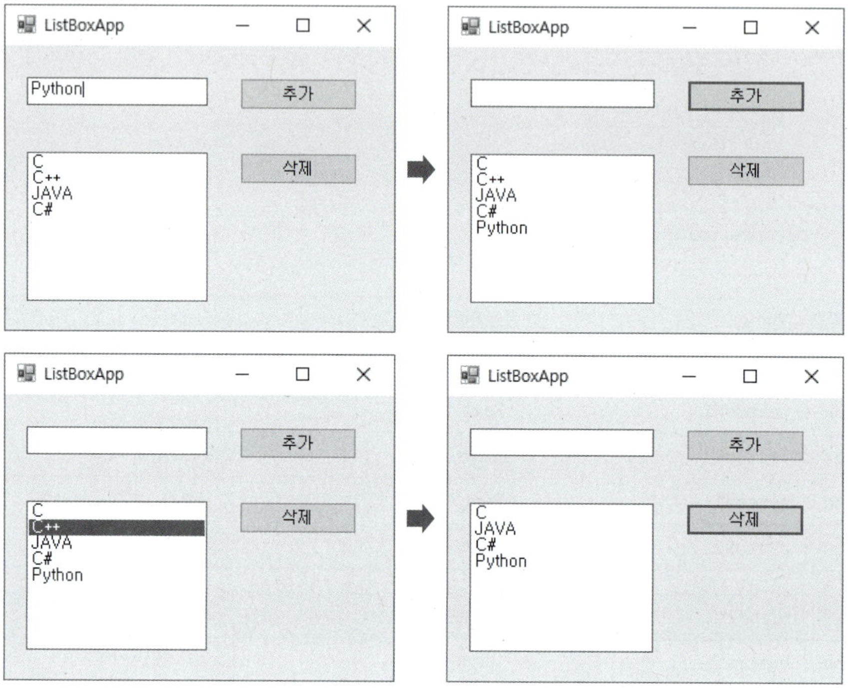

[예제 8-7]은 텍스트 상자에 입력된 문자열을 리스트 상자의 항목에 추가하고 리스트 상자의 선택된 항목을 삭제하는 예제이다. 텍스트 상자의 내용이 없거나 리스트 상자에 선택된 항목이 없을 경우에는 추가 및 삭제가 되지 않도록 작성하였다.

8.4.2 콤보 상자

콤보 상자는 사용자가 상자를 클릭하면 목록이 나타나는 드롭다운(drop-down) 형식의 컨트롤이다. 어떤 항목을 선택하기 위해서는 라디오 버튼을 이용하기도 하지만 화면의 공간을 너무 많이 차지한다는 단점이 있다. 이에 비해 콤보 상자는 [그림 8-9]와 같이 클릭한 경우에만 목록이 나타나므로 폼 공간을 효율적으로 사용할 수 있다.

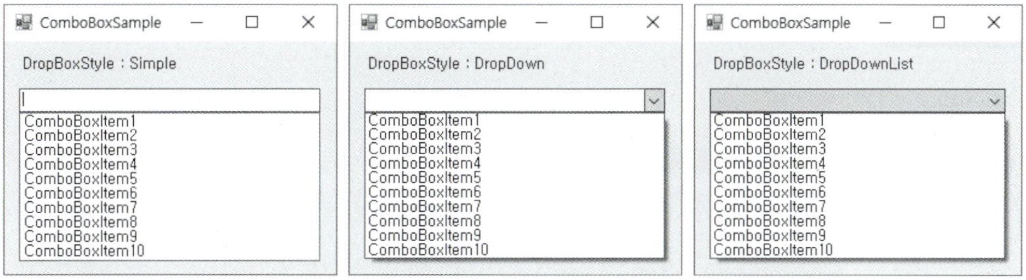

그림 8-9 콤보 상자의 형태

콤보 상자의 프로퍼티 중 DropDownStyle 프로퍼티를 설정하면 [그림 8-9]와 같은 3가지 형태의 콤보 상자를 만들 수 있다. 이 중에서 세 번째 그림의 콤보 상자 화살표 단추를 클릭했을 때 콤보 상자의 항목이 드롭다운 된 상태를 나타낸 것이다. `DropDownStyle` 프로퍼티는 `ComboBoxStyle` 열거형을 값으로 가지며 `ComboBoxStyle` 열거형의 내용은 [표 8-9]와 같다.

표 8-9 ComboBoxStyle 열거형

기호 상수	설명
`Simple`	선택 항목을 항상 볼 수 있음
`DropDown`	화살표 버튼을 클릭해야 선택 항목을 볼 수 있음
`DropDownList`	화살표 버튼뿐만 아니라 텍스트 부분을 클릭하여도 선택 항목을 볼 수 있음

콤보 상자는 리스트 상자와 마찬가지로 `Items` 프로퍼티를 통해 콤보 상자의 항목을 추가하거나 삭제할 수 있다. 콤보 상자는 `Items` 프로퍼티 뿐만 아니라 `ObjectCollection` 클래스의 메소드를 사용하여 항목을 추가하거나 삭제할 수 있다. `ObjectCollection` 클래스의 대표적인 메소드는 리스트 상자에서 설명한 [표 8-8]의 내용과 동일하다.

다음은 리스트 상자와 콤보 상자를 폼에 배치한 후 두 개의 버튼을 이용하여 리스트 상자와 콤보 상자 사이에 항목을 주고받을 수 있도록 작성한 예제이다. 리스트 상자에서 항목을 선택하고 [>>] 버튼을 누르면, 선택된 항목이 콤보 상자로 이동하고 콤보 상자에서 항목을 선택하고 [<<] 버튼을 누르면, 선택된 항목이 리스트 상자로 이동한다.

예제 8-8 ComboBoxApp

1) 디자인

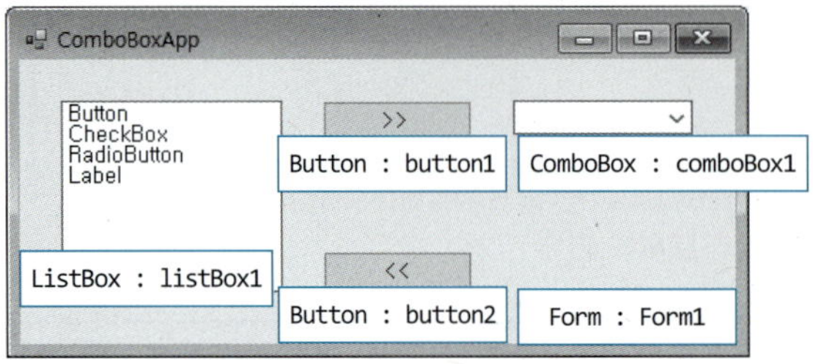

컨트롤 : (Name)	프로퍼티	값
Form : Form1	Text	ComboBoxApp
ListBox : listBox1	Items	Button CheckBox RadioButton Label
ComboBox : comboBox1	Items	LinkedLabel TextBox ListBox ComboBox
Button : button1	Text	>>
Button : button2	Text	<<

컨트롤 : (Name)	이벤트	메소드명
Button : button1	Click	button1_Click()
Button : button2	Click	button2_Click()

2) 코드

```
private void button1_Click(object sender, EventArgs e) {
    if (listBox1.SelectedItem != null) {
        // 리스트 상자의 선택 항목을 콤보 상자에 추가
        comboBox1.Items.Add(listBox1.SelectedItem);
        // 리스트 상자에서 선택 항목을 삭제
        listBox1.Items.Remove(listBox1.SelectedItem);
```

```
    }
}
private void button2_Click(object sender, EventArgs e) {
  if (comboBox1.SelectedItem != null) {
      // 리스트 상자의 선택 항목을 콤보 상자에 추가
      listBox1.Items.Add(comboBox1.SelectedItem);
      // 리스트 상자의 선택 항목을 삭제
      comboBox1.Items.Remove(comboBox1.SelectedItem);
  }
}
```

실행 방법

① 리스트 상자의 항목을 선택한 후, >> 버튼을 클릭한다.
② 콤보 상자의 항목을 선택한 후, << 버튼을 클릭한다.

실행 결과

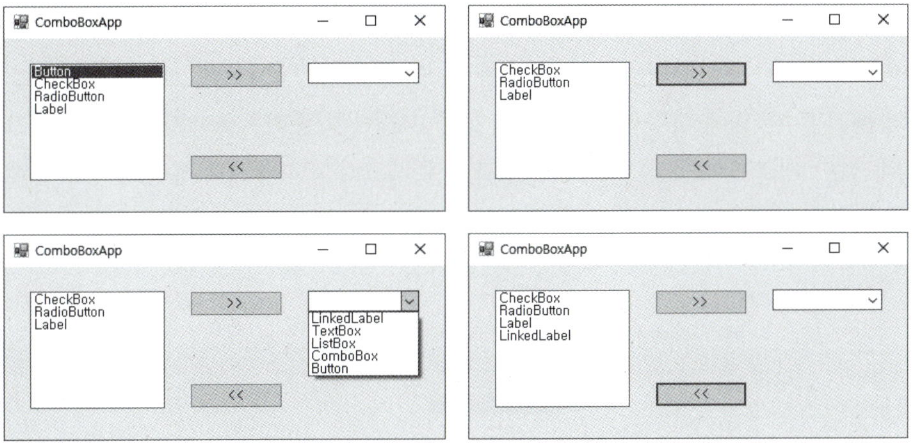

8.4.3 체크리스트 상자

체크리스트 상자는 리스트 상자의 항목에 체크 상자를 추가한 형태의 컨트롤을 말한다. 체크리스트 상자와 리스트 상자는 항목을 표시하는 방식과 항목이 선택되었을 때 표시하는 형태를 제외하면 대부분이 동일하다. [그림 8-10]은 체크리스트 상자와 리스트 상자의 기본적인 형태와 항목이 선택되었을 때의 표시 형태를 비교하여 나타낸 것이다.

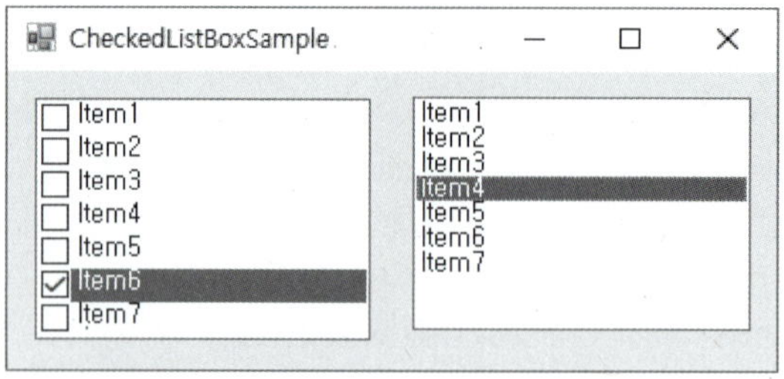

그림 8-10 체크리스트 상자와 리스트 상자

체크리스트 상자의 프로퍼티는 리스트 상자와 대부분 동일하지만 CheckOnClick 프로퍼티가 추가되었고, SelectionMode 프로퍼티만이 약간 다른 의미를 갖는다.

CheckOnClick 프로퍼티는 항목을 클릭했을 때 체크 상자에 '✓' 표시가 나타나도록 설정하는 프로퍼티이다. 만약 이것이 참으로 설정되어 있다면 항목을 단 한번만 클릭하여도 체크 상자에 '✓' 표시가 나타난다. 그러나 거짓으로 설정되어 있을 경우는 더블 클릭을 해야만 '✓' 표시가 나타난다. 체크 상자에 '✓' 표시가 있어야지만 최종적으로 선택이 된 것이다.

체크리스트 상자의 SelectionMode 프로퍼티는 [표 8-7]의 SelectionMode 열거형을 사용하여 설정할 수 있다. 그러나 기호 상수 None과 One만을 사용할 수 있다. 따라서 체크리스트 상자의 항목은 한 번에 하나씩 선택할 수 있다. 그러나 최종적으로 선택된 항목은 [그림 8-11]과 같이 체크 상자를 통해 확인하기 때문에 체크리스트 상자도 여러 항목을 차례로 선택할 수 있는 것이다.

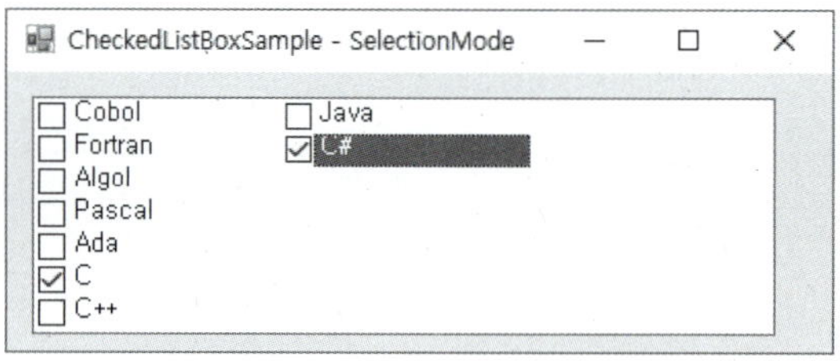

그림 8-11 체크리스트 상자의 항목 선택

다음은 취미에 관련된 다양한 항목을 예시해 준 후, 클릭하여 선택하면 CheckedItems 프로퍼티를 이용하여 선택된 항목들을 출력하는 예제이다.

예제 8-9 CheckedListBoxApp

1) 디자인

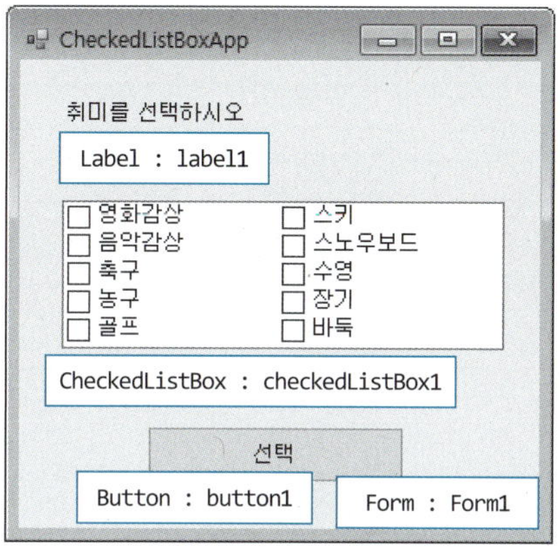

컨트롤 : (Name)	프로퍼티	값
Form : Form1	Text	CheckedListBoxApp
Label : label1	Text	취미를 선택하시오
CheckedListBox : checkedlistBox1	Items	영화감상 스키 음악감상 스노우보드 축구 수영 농구 장기 골프 바둑
	MultiColumn	True
Button : button1	Text	선택

컨트롤 : (Name)	이벤트	메소드명
Button : button1	Click	button1_Click()

2) 코드

```
private void button1_Click(object sender, EventArgs e) {
   string strTemp = "";
   foreach(object obj in checkedListBox1.CheckedItems) {
      strTemp += obj.ToString();
      strTemp += " ";
```

```
    }
    MessageBox.Show("당신의 취미는 " + strTemp + "입니다.");
}
```

실행 방법

체크리스트 상자의 항목을 선택한 후, 선택 버튼을 클릭한다.

실행 결과

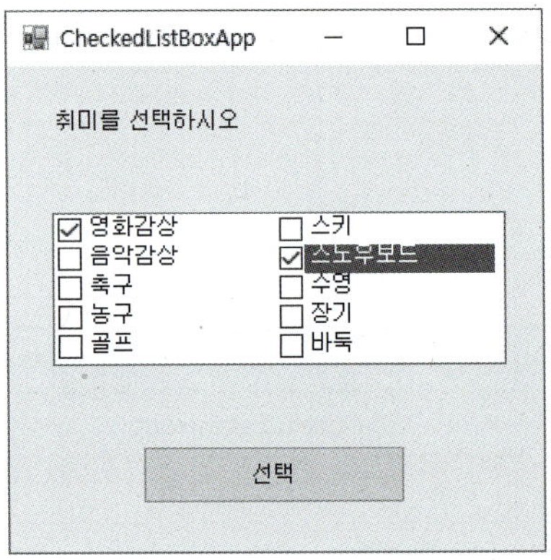

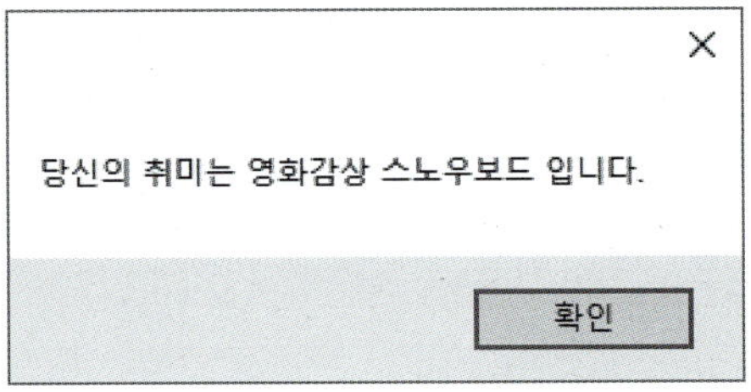

연습문제

8.1 다음 괄호 안에 적당한 용어를 쓰시오.

(1) 통합 개발환경에 있는 도구 상자를 살펴보면, 윈폼 애플리케이션을 위한 각종 컨트롤들을 볼 수 있다. 이러한 컨트롤들은 대부분 (　　) 클래스로부터 상속되었다.

(2) 버튼 기반 컨트롤의 종류에는 버튼, 체크 상자, (　　)이 있다.

(3) 버튼의 이름을 설정할 때 사용하는 프로퍼티는 (　　)이다.

(4) 버튼의 스타일을 `System`으로 지정한 버튼의 모양은 (　　)로 지정한 것과 같다.

(5) 체크 상자에서 `Checked` 프로퍼티와 (　　) 이벤트를 이용하면 항목이 체크되었는지 확인할 수 있다.

(6) (　　)은 동그란 원을 클릭해서 선택하는 컨트롤로서 사용자의 선택을 위해 사용된다. 그러나 사용자는 오직 하나의 항목만 선택할 수 있다.

(7) 입력을 가이드해 주는 프롬프트 역할을 담당하는 컨트롤은 (　　)이다.

(8) `BorderStyle` 열거형의 개수는 (　　)개이고 `ContentAlignment` 열거형의 개수는 (　　)개이다.

(9) 링크 레이블이란 (　　)를 설정할 수 있는 레이블 컨트롤을 의미한다.

(10) 여러 줄을 입력받을 수 있는 형태의 텍스트 상자를 생성하려면 (　　) 프로퍼티를 참으로 설정해야 한다.

(11) 리스트 기반 컨트롤의 종류에는 리스트 상자와 (　　)가 있다.

(12) 전체 항목의 개수가 리스트 상자의 크기를 초과할 경우 (　　)가 생성된다.

(13) 리스트 상자의 형태는 텍스트 상자와 유사하나 기능은 (　　)와 유사한 컨트롤이다.

(14) (　　)는 사용자가 상자를 클릭하면 목록이 나타나는 드롭다운(drop-down) 형식의 컨트롤이다.

(15) 체크리스트 상자에 포함된 체크 상자의 모양은 (　　) 프로퍼티를 통해 설정할 수 있다.

8.2 다음 객관식 문제를 푸시오.

(1) 버튼 이름의 글자색을 설정할 때 사용하는 프로퍼티는 무엇인가?

① `BackColor`　　② `ForeColor`

③ `CharColor`　　④ `FontColor`

⑤ `TextColor`

(2) 버튼의 스타일을 설정하는 `FlatStyle` 열거형의 기호 상수가 아닌 것은?

① `Flat` ② `Standard`

③ `Popup` ④ `ButtonStyle`

⑤ `System`

(3) 주어진 항목들 중에서 선택할 수 있는 컨트롤이 아닌 것은?

① 체크 상자 ② 콤보 상자

③ 리스트 상자 ④ 체크리스트 상자

⑤ 텍스트 상자

(4) 컨트롤과 컨트롤의 용도가 잘못 연결된 것은?

① 라디오 버튼 — 필요한 항목을 다중으로 선택

② 링크 레이블 — 하이퍼링크를 설정

③ 리스트 상자 — 주어진 목록에서 항목을 선택

④ 레이블 — 실행 결과에 대한 정보를 표시

⑤ 텍스트 상자 — 필요한 자료를 입력

(5) 레이블의 용도가 아닌 것은?

① 텍스트 상자의 입력을 가이드해 주는 프롬프트를 표시

② 애플리케이션의 실행에 대한 응답 정보를 표시

③ 목록에 있는 전체 항목을 표시

④ 폼에 있는 컨트롤을 식별하는 정보를 표시

⑤ 특정 컨트롤을 클릭했을 때 실행되는 작업을 설명하는 메시지를 표시

(6) 링크 레이블의 컨트롤을 클릭했을 때 발생하는 이벤트는 무엇인가?

① `Click` 이벤트 ② `Clicked` 이벤트

③ `LinkClick` 이벤트 ④ `LinkClicked` 이벤트

⑤ `MouseClick` 이벤트

(7) 사용자로부터 값을 입력받거나 애플리케이션의 실행 결과를 출력하고자 할 때 유용하게 사용할 수 있는 컨트롤은 무엇인가?

① 링크 레이블 ② 텍스트 상자

③ 리스트 상자 ④ 콤보 상자

⑤ 체크리스트 상자

(8) 통합 개발환경에서 리스트의 목록을 작성할 때 사용하는 편집기는 무엇인가?

① 소스 편집기 ② 노트패드 편집기
③ 텍스트 편집기 ④ 솔루션 편집기
⑤ 문자열 컬렉션 편집기

(9) 리스트의 `Items` 프로퍼티에 설정된 항목들을 추가, 수정, 삭제하는 메소드를 갖고 있는 클래스는 누구인가?

① `Control` 클래스 ② `ListControl` 클래스
③ `Form` 클래스 ④ `Component` 클래스
⑤ `ObjectCollection` 클래스

(10) 콤보 상자와 동등한 역할을 수행하는 컨트롤은 무엇인가?

① 링크 레이블 ② 텍스트 상자
③ 리스트 상자 ④ 체크 상자
⑤ 라디오 버튼

(11) 목록을 항상 볼 수 있도록 콤보 상자를 생성하기 위해서는 `DropDownStyle` 프로퍼티의 값을 무엇으로 설정해야 하는가?

① `DropDown` ② `DropDownList`
③ `ComboBoxStyle` ④ `Simple`
⑤ `DropList`

(12) 자료형이 부울형인 프로퍼티는 어느 것인가?

① `ThreeDCheckBoxes` 프로퍼티 ② `DropDownStyle` 프로퍼티
③ `SelectionMode` 프로퍼티 ④ `PasswordChar` 프로퍼티
⑤ `FlatStyle` 프로퍼티

8.3 다음을 간략히 설명하시오.

(1) 통합 개발환경에서 컨트롤을 폼에 추가하는 2가지 방법을 설명하시오.
(2) 링크 레이블을 이용하여 처리할 수 있는 작업의 종류에는 어떤 것이 있는가?
(3) 여러 줄의 텍스트를 입력받기 위한 텍스트 상자는 어떻게 만드는가?
(4) 리스트의 목록을 작성하는 방법을 설명하시오.
(5) 리스트의 목록에서 항목을 추가, 수정, 삭제하는 방법을 설명하시오.

(6) 콤보 상자의 3가지 형태를 설명하시오.

(7) 체크리스트 상자의 CheckOnClick 프로퍼티의 역할은 무엇인가?

8.4 다음과 같은 컨트롤의 차이점을 설명하시오.

(1) 체크 상자 vs. 라디오 버튼

(2) 리스트 상자 vs. 콤보 상자

(3) 리스트 상자 vs. 체크리스트 상자

8.5 다음과 같은 프로퍼티가 속해있는 컨트롤을 밝히고 용도를 간단히 설명하시오.

(1) Text 프로퍼티
(2) Checked 프로퍼티
(3) BorderStyle 프로퍼티
(4) Multiline 프로퍼티
(5) ScrollBars 프로퍼티
(6) MultiColumn 프로퍼티
(7) Items 프로퍼티
(8) DropDownStyle 프로퍼티
(9) CheckOnClick 프로퍼티
(10) SelectionMode 프로퍼티

8.6 다음은 리스트의 목록을 편집할 수 있는 메소드들이다. 기능을 간단히 설명하시오.

(1) Add(object item)
(2) Clear()
(3) IndexOf(object item)
(4) FindString(string s, int index)
(5) Remove(object item)
(6) Insert(int index, object item)
(7) RemoveAt(int index)

8.7 다음을 C# 언어로 프로그래밍 하시오.

(1) 다음 그림과 같이 라디오버튼과 체크 상자를 이용하여 레이블의 정렬과 스타일을 변경하는 C# 프로그램을 작성하시오.

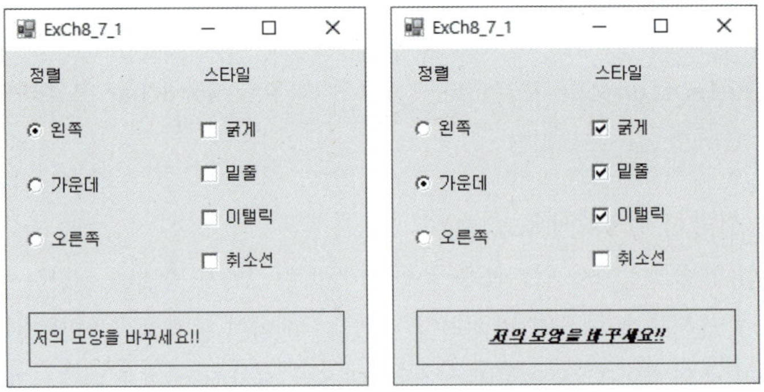

(2) 다음 그림은 첫 번째 값과 두 번째 값을 입력 받은 후 연산자에 해당하는 버튼을 클릭하여 그 결과 값을 출력하는 프로그램이다. C# 언어로 작성하시오.

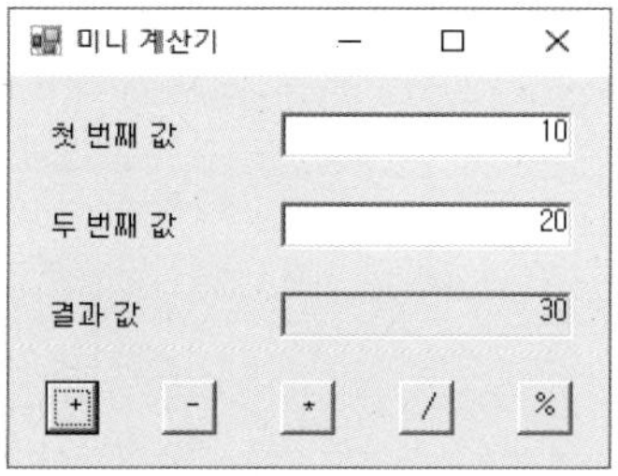

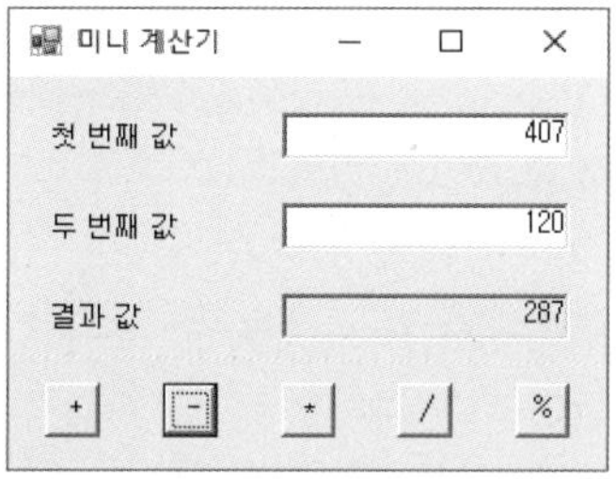

(3) 다음과 같은 화면을 설계하고 10진수를 입력한 후 변환 버튼을 클릭하면 2진수로 바꾸는 C# 프로그램을 작성하시오.

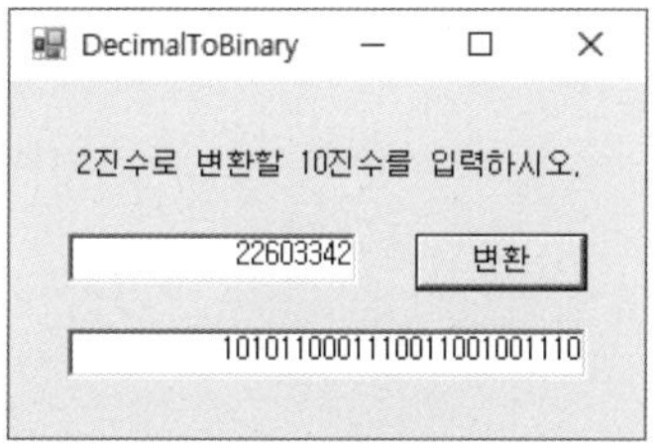

(4) 다음과 같은 실행 결과가 되도록 C# 프로그램을 작성하시오. 각 폼의 좌측에 있는 것은 라디오 버튼이고 우측에 있는 것은 리스트 상자이다.

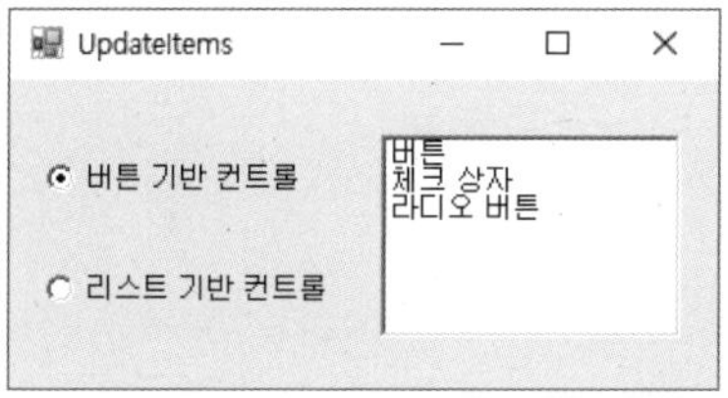

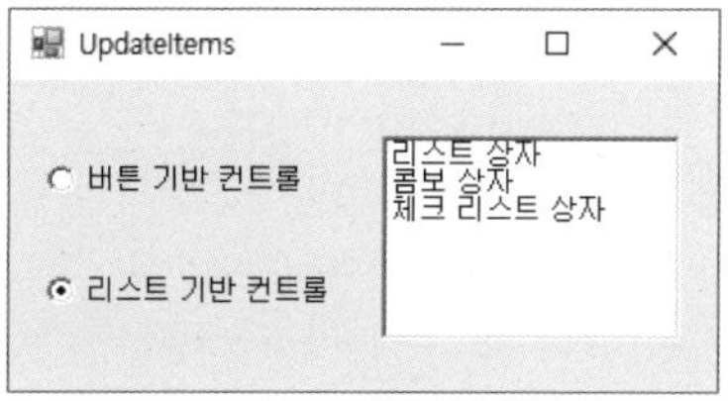

CHAPTER 09

대화상자

C# Programming

contents

09 대화상자

대화상자(dialog box)는 사용자와 애플리케이션 사이에 정보를 주고받을 수 있는 교량적인 역할을 담당한다. 사용자는 대화상자를 이용하여 애플리케이션에 어떤 값을 입력할 수 있으며, 애플리케이션 또한 처리의 결과나 주의사항 등을 사용자에게 보여줄 수 있다.

대화상자를 사용하는 방법에는 프로그래머가 폼을 이용하여 만들어서 사용하는 방법과 시스템에서 제공하는 대화상자를 사용하는 방법이 있다. 프로그래머가 작성하는 대화상자는 일반적인 폼과 그 형식이 유사하며 요구에 따라 자유로운 구성 형태로 만들어서 사용할 수 있다.

메시지 상자나 공통 대화상자 등이 시스템에서 제공하는 대화상자에 속한다. 이것은 사용 용도에 따라 고정된 형식으로 되어 있으며 아이콘화 버튼이나 최대화, 최소화 버튼이 존재하지 않는다. 또한, 이것은 주로 소량의 데이터를 입출력하기 위한 수단으로 사용된다.

9.1 대화상자

대화상자는 사용자와 프로그램 사이에 주로 소량의 데이터를 주고 받기위한 수단으로 사용된다. 때로는 입력양이 많거나 입력란이 다수 필요한 경우에도 사용할 수 있지만 이와 같은 경우에는 폼을 이용하여 직접 대화상자를 설계하고 작성해야 한다.

대화상자를 생성하는 방법에는 모달(modal) 또는 모덜리스(modeless)라는 두 가지가 있다. 그 중 모달 대화상자가 일반적이다. 모달 대화상자란 대화상자가 종료되기 전에 대화상자를 띄운 애플리케이션으로 돌아갈 수 없는 대화상자를 의미하며 모덜리스 대화상자란 대화상자가 종료되지 않더라도 대화상자를 띄운 애플리케이션으로 돌아갈 수 있는 대화상자를 의미한다.

9.1.1 모달 대화상자

모달 대화상자란 대화상자가 종료하기 전에 대화상자를 띄운 애플리케이션으로 돌아갈 수 없는 대화상자를 말한다. 즉, 대화상자의 작업이 끝나지 않고서는 사용자 상호작용이 더 이상 진행하지 못하도록 구현할 때 사용하는 방법이다.

모달 대화상자는 애플리케이션 모달 대화상자(application modal dialog box)와 시스템 모달 대화상자(system modal dialog box)로 나뉜다. 애플리케이션 모달 대화상자는 대화상자를 띄운 애플리케이션으로는 돌아갈 수 없지만 다른 애플리케이션으로는 돌아갈 수 있는 대화상자를 말한다.

그에 비해, 시스템 모달 대화상자는 대화상자가 종료하기 전에 어떠한 애플리케이션으로도 돌아갈 수 없는 대화상자를 말한다. 시스템 모달 대화상자는 윈도우 운영체제에서 사용하는 대화상자로 치명적인 문제가 발생하여 그 문제가 해결되지 않으면 더 이상 작업을 진행할 수 없는 경우에 주로 사용된다.

프로그래머가 대화상자를 작성해서 모달 대화상자로 만드는 방법은 매우 간단하다. 즉, 새로운 대화상자를 띄울 때 `Form` 클래스에 포함된 `ShowDialog()` 메소드를 사용하면 되는 것이다. 이렇게 만든 모달 대화상자는 모두 애플리케이션 모달 대화상자이며 다음은 대화상자를 만들어 모달 방법으로 띄우는 예제이다.

예제 9-1 ModalApp

▶ `Form1`

1) 디자인

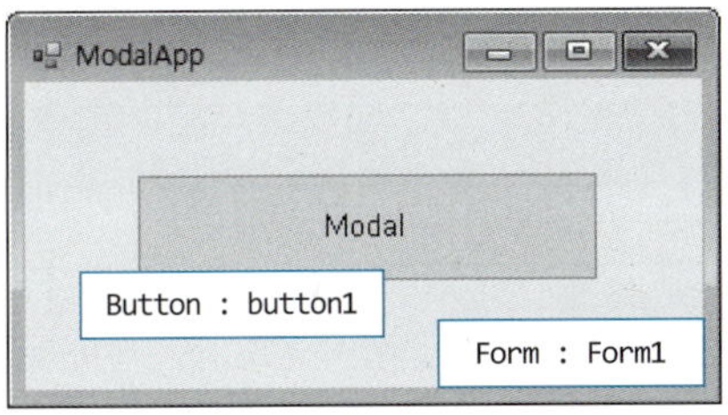

컨트롤 : (Name)	프로퍼티	값
Form : Form1	Text	ModalApp
Button : button1	Text	Modal

컨트롤 : (Name)	이벤트	메소드명
Button : button1	Click	button1_Click()

2) 코드

```
private void button1_Click(object sender, EventArgs e) {
    Form2 form2 = new Form2();
    form2.ShowDialog(); // form2를 모달 방식으로 띄운다.
}
```

▶ Form2

1) 디자인

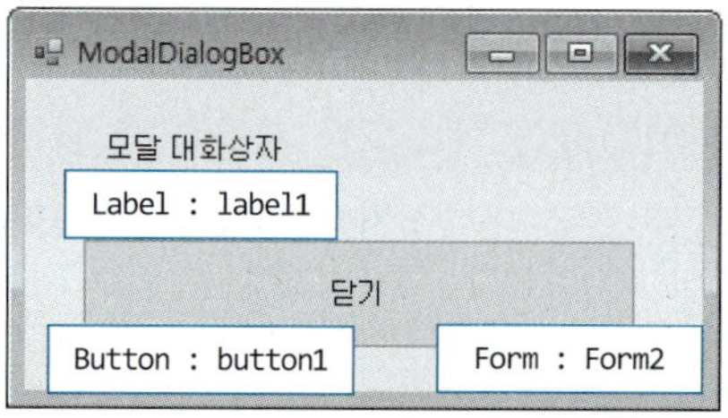

컨트롤 : (Name)	프로퍼티	값
Form : Form2	Text	ModalDialogBox
Label : label1	Text	모달 대화상자
Button : button1	Text	닫기

컨트롤 : (Name)	이벤트	메소드명
Button : button1	Click	button1_Click()

2) 코드

```
private void button1_Click(object sender, EventArgs e) {
   Close();
}
```

실행 방법

Form1에서 Modal 버튼을 클릭한다.

실행 결과

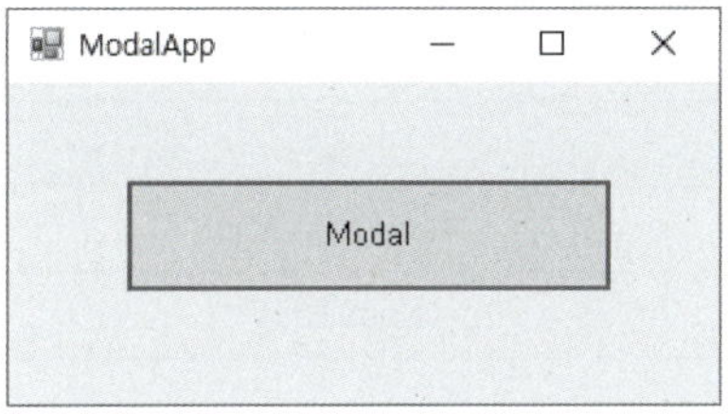

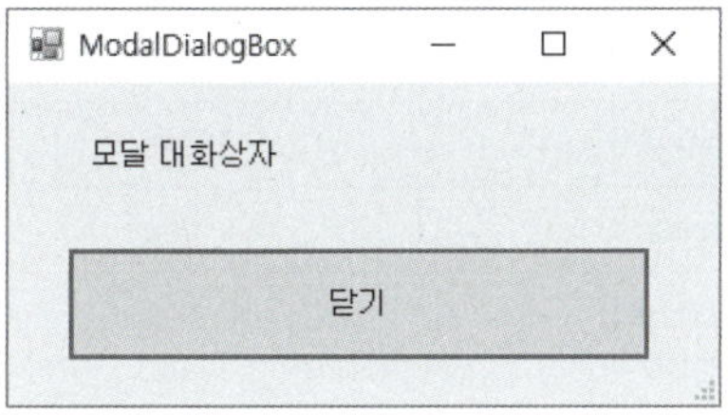

[예제 9-1]은 하나의 프로젝트에 두 개의 폼을 작성한 예제이다. ModalApp 폼의 Modal 버튼을 클릭하면 ModalDialogBox 폼이 모달 방식으로 띄워진다. 그 이유는 ShowDialog() 메소드를 사용하여 새로운 대화상자를 띄웠기 때문이다. 모달 방식으로 폼이 실행되었기 때문에 ModalDialogBox의 닫기 버튼을 클릭하기 전에는 ModalApp 폼으로 전환할 수 없다.

9.1.2 모덜리스 대화상자

모덜리스 대화상자는 현재 대화상자의 요구에 반응하지 않아도 다른 대화상자로의 전환이 가능한 대화상자를 말하며 대표적인 예로는 윈도우에서의 문자열 찾기, 검색과 같은 것을 들 수 있다. 이것은 애플리케이션과 병행으로 처리할 수 있는 장점을 갖기 때문에 도움말 시스템이나 가이드 시스템에 매우 유용하게 이용할 수 있다.

프로그래머가 대화상자를 만들어 모덜리스 대화상자로 만드는 방법은 매우 간단하다. 즉, 새로운 대화상자를 띄울 때 Form 클래스에 포함된 Show() 메소드를 사용하면 되는 것이다. 다음은 대화상자를 만들어 모덜리스 방법으로 띄우는 예제이다.

예제 9-2 ModelessApp

▶ Form1

1) 디자인

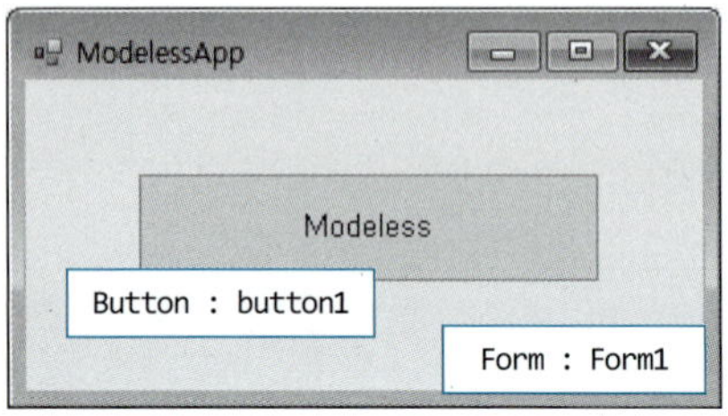

컨트롤 : (Name)	프로퍼티	값
Form : Form1	Text	ModelessApp
Button : button1	Text	Modeless

컨트롤 : (Name)	이벤트	메소드명
Button : button1	Click	button1_Click()

2) 코드

```
private void button1_Click(object sender, EventArgs e) {
    Form2 form2 = new Form2();
    form2.Show(); // form2를 모덜리스 방식으로 띄운다.
}
```

▶ Form2

1) 디자인

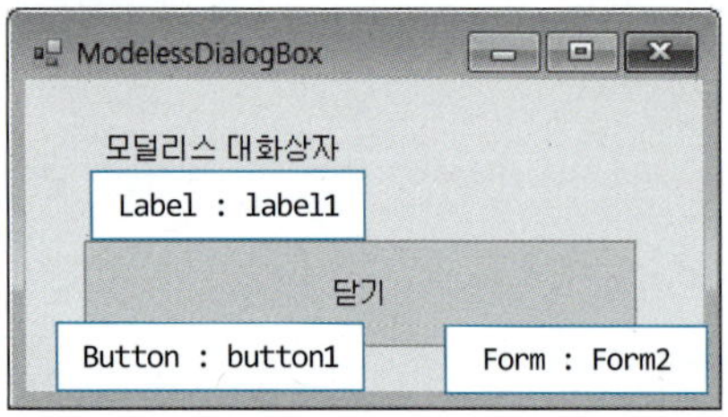

컨트롤 : (Name)	프로퍼티	값
Form : Form2	Text	ModelessDialogBox
Label : label1	Text	모덜리스 대화상자
Button : button1	Text	닫기

컨트롤 : (Name)	이벤트	메소드 명
Button : button1	Click	button1_Click()

2) 코드

```
private void button1_Click(object sender, EventArgs e) {
    Close();
}
```

실행 방법

Form1에서 Modeless 버튼을 클릭한다.

실행 결과

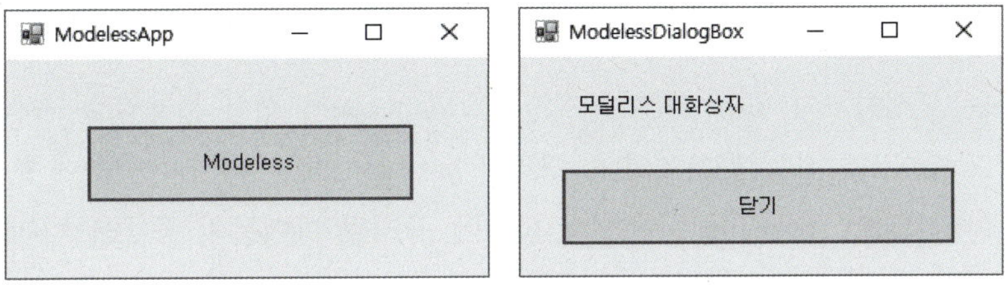

[예제 9-2]의 ModelessApp 폼에 배치된 Modeless 버튼을 클릭하면 ModelessDialogBox를 새롭게 띄운다. [예제 9-1]의 경우 ShowDialog() 메소드를 사용하여 모달 방식으로 새로운 폼을 띄웠기 때문에 ModalApp 폼으로 전환이 이루어지지 않았으나, ModelessDialogBox 폼의 경우 Show() 메소드를 사용하여 모덜리스 방식으로 새로운 대화상자를 띄웠기 때문에 ModelessApp 폼으로 전환이 가능하다. 때로는 여러 개의 ModelessDialogBox를 띄울 수 있다.

9.2 메시지 상자

메시지 상자란 간단한 텍스트 정보와 다양한 종류의 버튼 및 특정한 아이콘을 함께 구성할 수 있는 상자로서 애플리케이션의 실행 중 간단한 메시지를 프롬프트 형식으로 제공하고자 할 때 주로 사용한다. 메시지 상자는 MessageBox 클래스의 Show() 메소드를 사용하여 보여줄 수는 있으나, Form 클래스와 달리 객체를 생성할 수 없다.

9.2.1 메시지 상자 생성

간단한 메시지 표현을 위해 효과적으로 사용할 수 있는 메시지 상자는 MessageBox 클래스의 정적 메소드인 Show() 메소드를 사용하여 작성할 수 있다. 메시지 상자를 생성하는 기본적인 형식은 다음과 같다.

```
MessageBox.Show(message);
MessageBox.Show(message, caption);
MessageBox.Show(message, caption, buttonKind);
MessageBox.Show(message, caption, buttonKind, iconKind);
```

Show() 메소드의 매개변수로는 message, caption, buttonKind, iconKind 등이 될 수 있다. 여기서, message는 표시하고자 하는 기본 문자열이고 caption은 캡션 문자열로 제목 표시줄(title bar)에 표시하고자 하는 문자열이다. 그리고 buttonKind는 메시지 상자에 포함될 버튼의 종류를 나타내고 iconKind는 메시지 상자에 표시될 아이콘의 종류를 나타낸다.

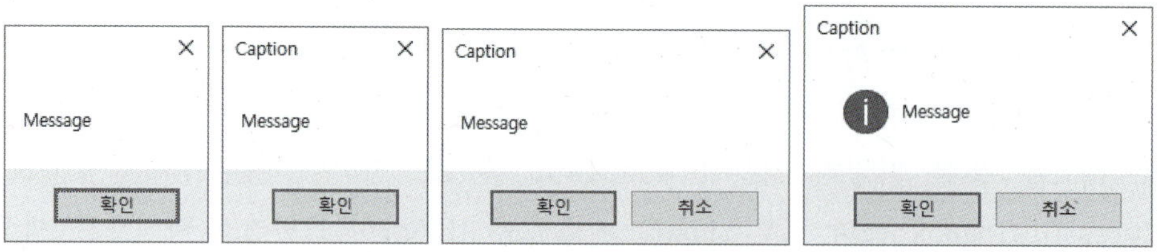

그림 9-1 다양한 형태의 메시지 상자

실질적으로, MessageBox 클래스는 모두 12개의 중복된 Show() 메소드를 갖고 있기 때문에 상황에 따라 적절한 매개변수를 사용함으로서 단순히 텍스트만을 출력하는 메시지 상자뿐만 아니라 [그림 9-1]과 같이 버튼과 아이콘의 조합으로 이루어진 다양한 형태의 메시지 상자를 구성할 수 있다.

예제 9-3 MessageBoxApp

1) 디자인

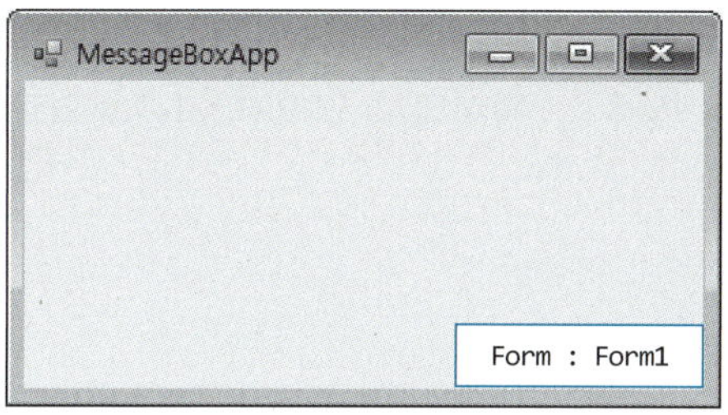

컨트롤 : (Name)	프로퍼티	값
Form : Form1	Text	MessageBoxApp

컨트롤 : (Name)	이벤트	메소드명
Form : Form1	Load	Form1_Load()

2) 코드

```
private void Form1_Load(object sender, EventArgs e) {
   MessageBox.Show("MessageBox", "Title Bar");
}
```

실행 결과

[예제 9-3]에서는 Show() 메소드에 대한 매개변수로 2개의 문자열을 지정하였다. 첫 번째 문자열인 "MessageBox"는 메시지 상자에 표시되는 내용이며 두 번째 문자열인 "Title Bar"는 메시지 상자의 제목 표시줄에 표시되는 내용이다.

9.2.2 메시지 상자의 버튼

메시지 상자는 사용자에 대한 질의와 함께 응답을 처리할 수 있는 버튼을 포함할 수 있다. 하나의 메시지 상자에 포함될 수 있는 버튼은 최대 3개이며 [표 9-1]의 기호 상수 중에 하나를 선택하여 사용할 수 있다. 만일 기호 상수를 명시하지 않으면 기본적으로 MessageBox.OK에 해당하는 확인 버튼만 표시된다.

표 9-1 MessageBoxButtons 열거형

기호 상수	순서 값	버튼
OK	0	
OKCancel	1	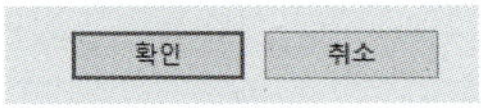
AbortRetryIgnore	2	
YesNoCancel	3	
YesNo	4	
RetryCancel	5	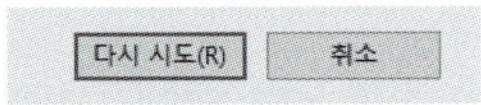

다음은 MessageBoxButtons 열거형 가운데 OKCancel 기호 상수를 적용하여 메시지 상자를 생성한 예제이다.

예제 9-4 MessageBoxButtonsApp

1) 디자인

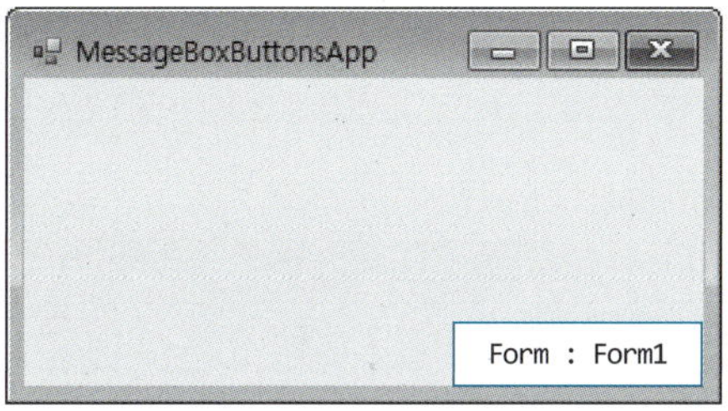

컨트롤 : (Name)	프로퍼티	값
Form : Form1	Text	MessageBoxButtonsApp

컨트롤 : (Name)	이벤트	메소드 명
Form : Form1	Click	Form1_Click()

2) 코드

```
private void Form1_Click(object sender, EventArgs e) {
    MessageBox.Show("MessageBoxButtons", "Title Bar",
                MessageBoxButtons.OKCancel);
}
```

실행 방법

폼을 클릭하여 Click 이벤트를 발생시킨다.

실행 결과

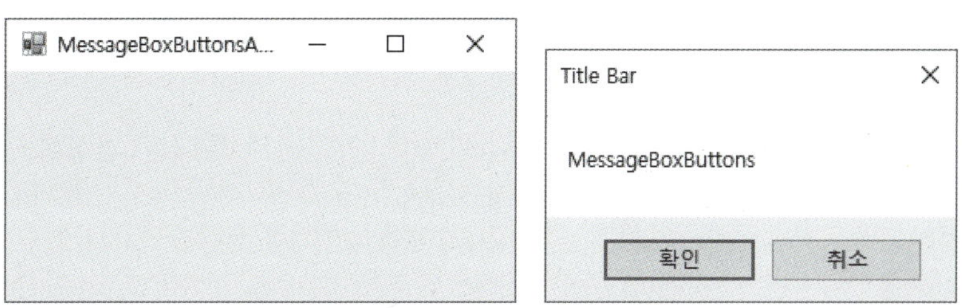

MessageBoxButtons 열거형 중 AbortRetryIgnore, RetryCancel, YesNoCancel을 적용한 메시지 상자의 형태는 [그림 9-2]와 같다.

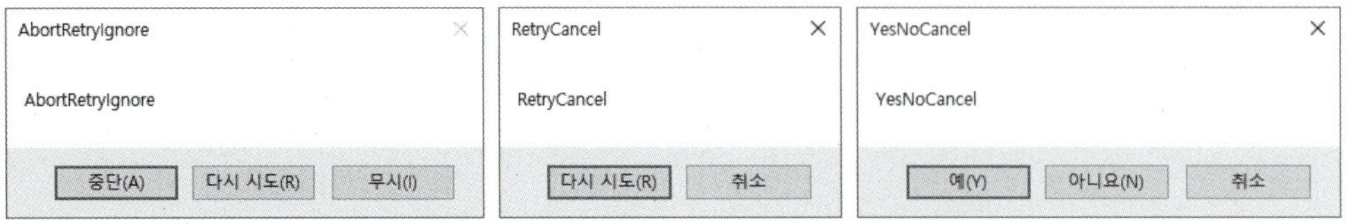

그림 9-2 다양한 버튼을 갖는 메시지 상자

9.2.3 메시지 상자의 아이콘

메시지 상자의 아이콘은 MessageBoxIcon 열거형 값 중 하나를 명시함으로써 메시지 상자에 표시할 아이콘을 지정할 수 있다. 아이콘의 종류는 모두 4가지이지만, 실제로 열거형 9개의 기호 상수를 나타낸다.

표 9-2 MessageBoxIcon 열거형

기호 상수	순서 값	아이콘	설명
None	0		기호 없음
Error	16		빨간색 배경의 원 안에 흰색 X가 포함된 기호
Hand			
Stop			
Question	32		원 안에 물음표가 포함된 기호
Exclamation	48		노란색 배경의 삼각형 안에 느낌표가 있는 기호
Warning			
Asterisk	64		원 안에 소문자 i가 포함된 기호
Information			

[예제 9-5]는 폼을 클릭하여 Click 이벤트를 발생시킬 때마다 아이콘의 형태를 변경하면서 새로운 형태의 메시지 상자를 구성하여 출력하는 예제이다.

예제 9-5 MessageBoxIconApp

1) 디자인

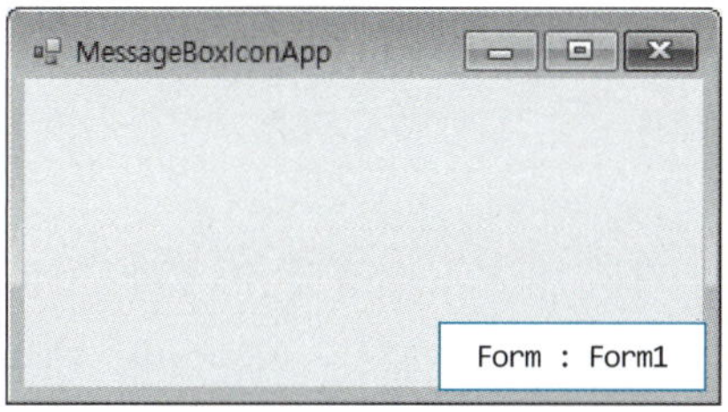

컨트롤 : (Name)	프로퍼티	값
Form : Form1	Text	MessageBoxIconApp

컨트롤 : (Name)	이벤트	메소드 명
Form : Form1	Click	Form1_Click()

2) 코드

```
private int i;
private void Form1_Click(object sender, EventArgs e) {
  i = i < 64 ? i += 16 : 0;
  this.Text = ((MessageBoxIcon)i).ToString();
  MessageBox.Show("MessageBoxIcon", "Title Bar",
          MessageBoxButtons.OKCancel, (MessageBoxIcon)i);
}
```

실행 방법

폼을 마우스로 클릭하여 Click 이벤트를 발생시킨다.

실행 결과

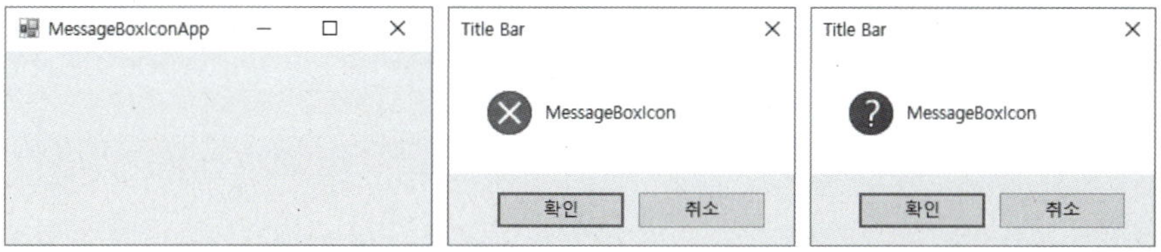

각 아이콘의 열거형 값이 수치적으로 16씩 차이가 나기 때문에 16씩 더해 가면서 새로운 형태의 아이콘을 갖는 메시지 상자를 구성하여 띄웠다. 따라서 폼이 클릭될 때마다 아이콘의 형태와 제목 표시줄이 변경되는 결과를 확인할 수 있다.

9.2.4 기본 버튼 설정

만일 메시지 박스에 2개 이상 버튼이 포함되어 있다면, 기본 버튼을 설정할 수 있다. 기본 버튼이란 초기에 입력 포커스를 갖는 버튼을 의미하며 디폴트로 선택되는 버튼이다. 기본 버튼을 지정하는 방법은 `Show()` 메소드의 5번째 매개변수에 명시하는 것이다. 다음은 두 번째 버튼을 기본 버튼으로 지정한 예이다.

```
Show(p1, p2, p3, p4, MessageBoxDefaultButton.Button2);
```

기본 버튼 지정에 사용하는 기호 상수는 [표 9-3]과 같은 `MessageBoxDefaultButton` 열거형에 정의되어 있다.

표 9-3 MessageBoxDefaultButton 열거형

기호 상수	순서 값
Button1	0x000
Button2	0x100
Button3	0x200

기본 버튼을 명시하지 않으면 첫 번째 버튼이 기본 버튼이 되며 입력 포커스를 가진다. 그러나 [예제 9-6]과 같이 `MessageBoxDefaultButton`의 열거형을 사용하면 두 번째 버튼이나 세 번째 버튼을 기본 버튼으로 지정할 수 있다.

예제 9-6 MessageBoxDefaultButtonApp

1) 디자인

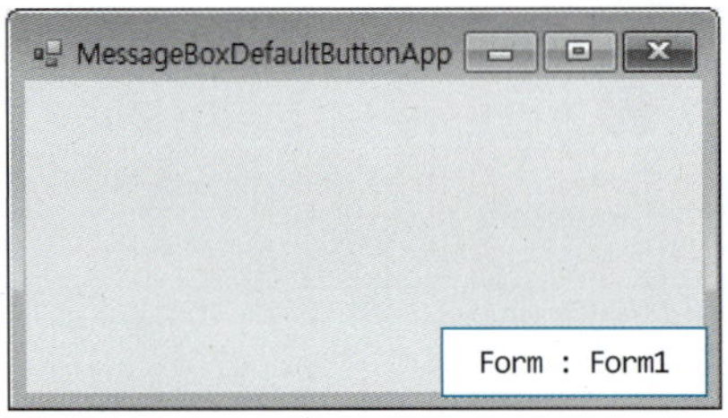

컨트롤 : (Name)	프로퍼티	값
Form : Form1	Text	MessageBoxDefaultButtonApp

컨트롤 : (Name)	이벤트	메소드 명
Form : Form1	Click	Form1_Click()

2) 코드

```
private void Form1_Click(object sender, EventArgs e) {
   MessageBox.Show("MessageBoxDefaultButton", "Title Bar",
                   MessageBoxButtons.YesNoCancel,
                   MessageBoxIcon.Question,
                   MessageBoxDefaultButton.Button2);
}
```

실행 방법

폼을 클릭하여 Click 이벤트를 발생시킨다.

실행 결과

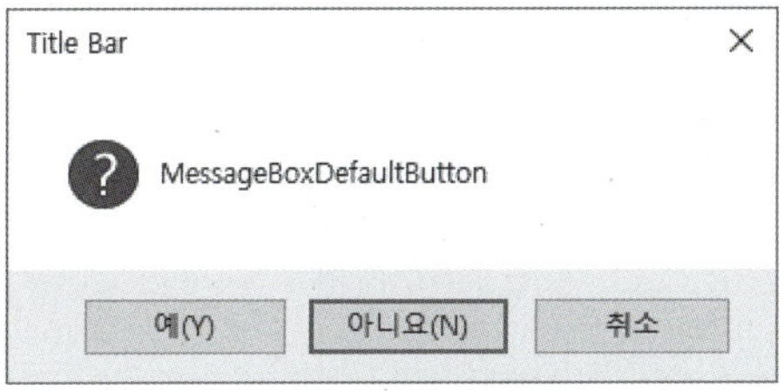

9.3 공통 대화상자

윈도우 운영체제는 애플리케이션에서 자주 사용하는 대화상자를 기본적으로 제공한다. 이러한 대화상자를 공통 대화상자(common dialog box)라 부르며 윈도우 운영체제가 내부적으로 사용하고 있을 뿐만 아니라 애플리케이션의 요청이 있을 경우 원하는 대화상자를 제공해 준다. 따라서 공통 대화상자를 사용하는 애플리케이션에서는 이러한 기능을 일일이 구현하지 않아도 편리하게 도입하여 사용할 수 있다.

윈도우 운영체제가 제공하는 공통 대화상자에는 열기, 다른 이름으로 저장, 글꼴, 색, 인쇄, 페이지 설정 등 6가지가 있다. 이러한 공통 대화상자를 지원하기 위하여, C#에서는 OpenFileDialog, SaveFileDialog, FontDialog, ColorDialog, PrintDialog, PageSetupDialog 컴포넌트를 제공하고 있다. 또한 PrintDialog, PageSetupDialog과 함께 사용할 수 있는 PrintDocument 컴포넌트를 추가로 제공한다. 프로그래머는 이들을 폼에 추가하여 공통 대화상자 기능을 사용할 수 있다.

9.3.1 열기 대화상자

열기 대화상자는 사용자가 드라이브, 폴더, 파일 확장자를 설정하여 원하는 형식의 파일을 찾을 수 있는 기능을 제공하는 대화상자이다. 열기 대화상자를 작성하기 위해서는 OpenFileDialog 컴포넌트를 폼에 추가해야 한다. 이때 OpenFileDialog 컴포넌트는 폼 디자이너의 하단에 openFileDialog1이란 이름을 갖게 되며 이를 통하여 손쉽게 열기 대화상자를 참조할 수 있다. 다음은 OpenFileDialog를 이용하여 열기 대화상자를 작성한 예제이다.

예제 9-7 OpenFileDialogApp

1) 디자인

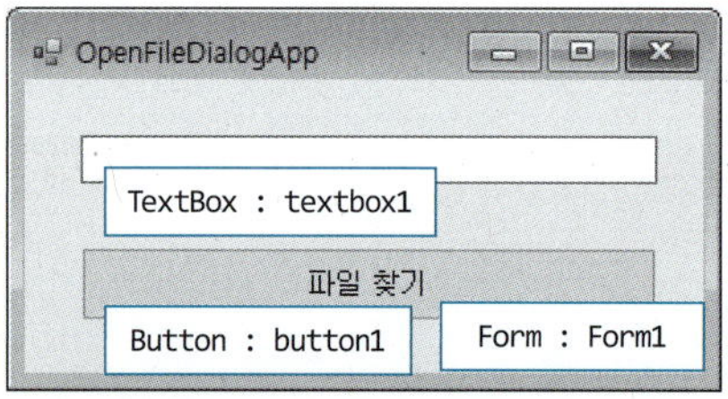

컴포넌트 : (Name)	프로퍼티	값
OpenFileDialog : openFileDialog1		

컨트롤 : (Name)	프로퍼티	값
Form : Form1	Text	OpenFileDialogApp
Button : button1	Text	파일 찾기
TextBox : textBox1	Text	

컨트롤 : (Name)	이벤트	메소드 명
Button : button1	Click	button1_Click()

2) 코드

```
private void button1_Click(object sender, EventArgs e) {
  openFileDialog1.InitialDirectory = @"C:\";
  openFileDialog1.Filter = "텍스트 파일(*.txt)|*.txt|모든 파일(*.*)|*.*";
  openFileDialog1.FilterIndex = 1; // "텍스트 파일(*.txt)|*.txt"
  openFileDialog1.RestoreDirectory = true;
  openFileDialog1.ShowDialog();
  textBox1.Text = openFileDialog1.FileName;
}
```

실행 방법

① OpenFileDialogApp 폼에서 파일 찾기 버튼을 클릭
② 열기 대화상자에서 파일 선택

실행 결과

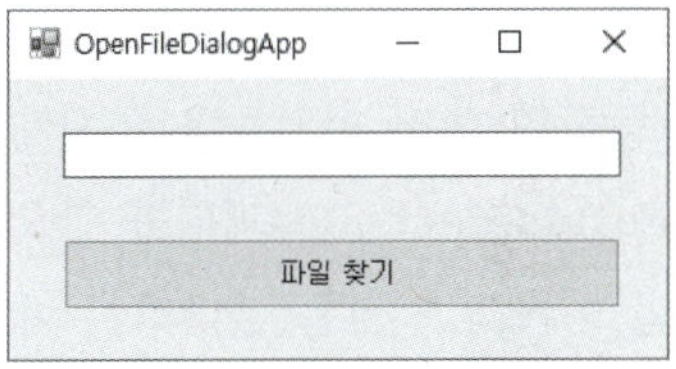

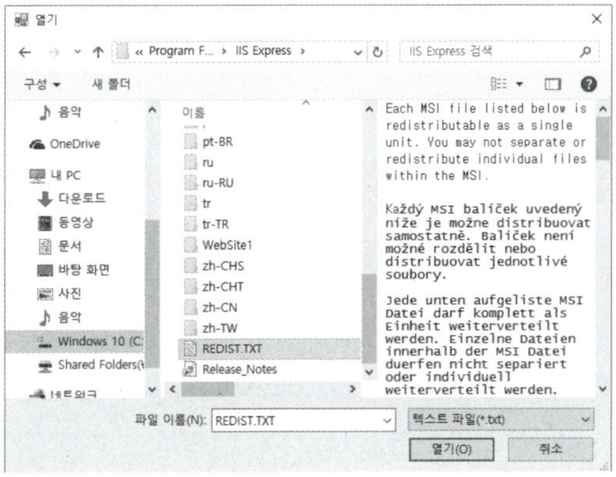

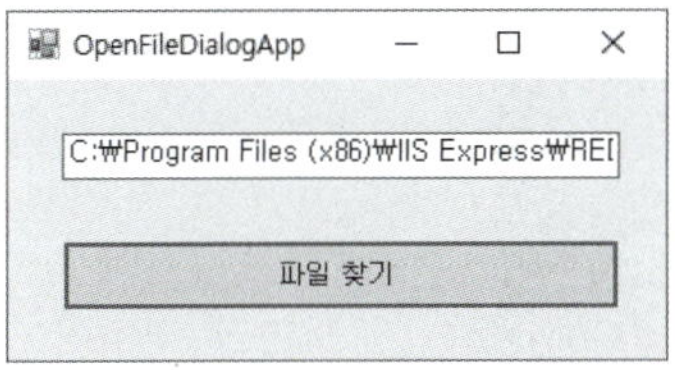

[예제 9-7]의 [파일 찾기] 버튼을 클릭하면 열기 대화상자가 화면에 나타난다. 여기서, 임의의 텍스트 파일을 선택하면 파일 경로와 파일명이 **textBox1**에 표시되는 결과를 확인할 수 있다. 이와 같은 이유는 **OpenFileDialog** 컴포넌트가 제공해 주는 다양한 프로퍼티들을 사용하여 열기 대화상자의 초기 폴더를 설정하고 대화상자의 초기 선택 옵션을 결정하였기 때문이다. **OpenFileDialog** 컴포넌트가 제공해주는 프로퍼티들과 그 내용은 [표 9-4]와 같다.

표 9-4 OpenFileDialog 컴포넌트의 프로퍼티

프로퍼티	자료형	속성	설명
FileName	string	get/set	대화상자에서 선택된 절대경로 형태로 구성된 파일명
FileNames	string[]	get	Multiselect 프로퍼티가 참으로 설정된 경우에 파일명들을 나타내는 스트링 배열
Filter	string	get/set	콤보 상자에 표시될 문자열(파일 형식)과, 해당 파일 형식을 선택할 때 사용하게 될 확장자 "파일형식1|확장자1|파일형식2|확장자2..." 형식으로 명시
FilterIndex	int	get/set	대화상자에서 현재 채택한 Filter 프로퍼티의 인덱스
InitialDirectory	string	get/set	대화상자에 표시하는 초기 디렉토리
RestoreDirectory	bool	get/set	종료 전에 초기 디렉토리로 되돌아갈 지의 여부
Multiselect	bool	get/set	대화상자에서 여러 파일들을 선택할 수 있는 지의 여부

[예제 9-7]에서 **Filter = "텍스트 파일(*.txt)|*.txt|모든 파일(*.*)|*.*";**로 배정했고 **FilterIndex**가 1이기 때문에, 열기 대화상자에서 **파일 형식(T)**에 표시되는 문자열은 **"텍스트 파일(*.txt)"**이고 디렉토리 내에 표시되는 파일 형식은 **"*.txt"**이다.

Multiselect 프로퍼티를 참으로 설정하면 열기 대화상자를 통하여 여러 파일들을 동시에 선택할 수 있다. [예제 9-8]은 **OpenFileDialog** 컴포넌트의 **Multiselect** 프로퍼티를 참으로 설정하여 여러 파일들을 동시에 선택하고 선택된 파일들의 이름과 경로를 출력하는 예제이다.

예제 9-8 MultiSelectApp

1) 디자인

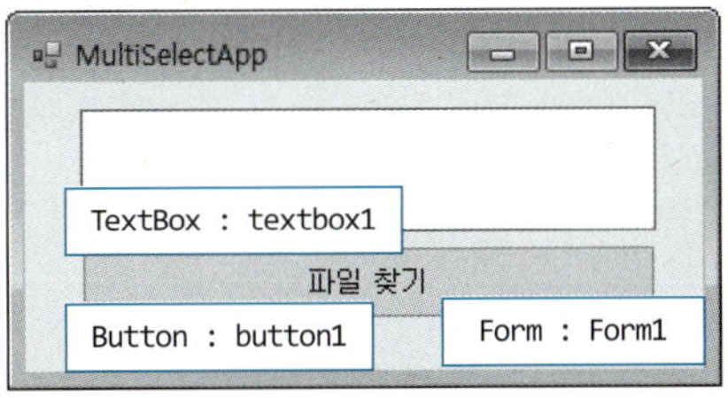

컴포넌트 : (Name)	프로퍼티	값
OpenFileDialog : openFileDialog1		

컨트롤 : (Name)	프로퍼티	값
Form : Form1	Text	MultiselectApp
Button : button1	Text	파일 찾기
TextBox : textBox1	Text	
	Multiline	True

컨트롤 : (Name)	이벤트	메소드명
Button : button1	Click	button1_Click()

2) 코드

```
private void button1_Click(object sender, EventArgs e) {
   openFileDialog1.InitialDirectory = @"C:\";
   openFileDialog1.Filter
         = "텍스트 파일(*.txt)|*.txt|모든 파일(*.*)|*.*";
   openFileDialog1.FilterIndex = 1;
   openFileDialog1.RestoreDirectory = true;
   openFileDialog1.Multiselect = true;
   openFileDialog1.ShowDialog();
   foreach(string strTmp in openFileDialog1.FileNames) {
      textBox1.Text += strTmp;
      textBox1.Text += "\r\n";
   }
}
```

실행 방법

① MultiselectApp 폼에서 파일 찾기 버튼을 클릭
② 열기 대화상자에서 파일을 다중으로 선택

실행 결과

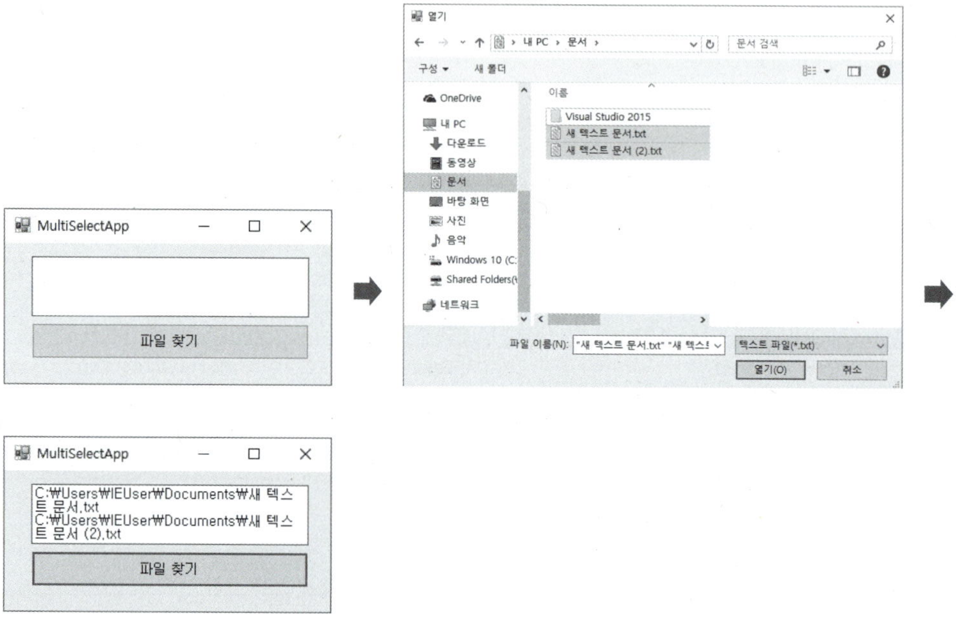

[예제 9-8]에서는 `Multiselect` 프로퍼티의 값을 참으로 설정하였다. `Multiselect` 프로퍼티가 참으로 설정되면 열기 대화상자를 통하여 여러 개의 파일을 선택하는 것이 가능해진다. 또한 선택된 파일들의 파일명과 경로들이 `FileNames`라는 프로퍼티에 스트링 배열로 저장된다.

9.3.2 글꼴 대화상자

글꼴 대화상자는 사용자가 글꼴, 글자의 크기, 글자의 색상, 형태 등을 선택할 수 있는 기능을 제공하는 대화상자이다. 글꼴 대화상자를 생성하기 위해서는 폼에 `FontDialog` 컴포넌트 추가해야 한다. `FontDialog` 컴포넌트에는 [표 9-5]와 같은 프로퍼티들이 제공된다.

표 9-5 FontDialog 컴포넌트의 프로퍼티

프로퍼티	자료형	속성	설명
Color	Color	get/set	글꼴 대화상자에서 선택된 색상
Font	Font	get/set	글꼴 대화상자에서 선택한 글꼴 및 글꼴의 크기
ShowApply	bool	get/set	글꼴 대화상자에 [적용] 버튼의 설정 여부를 제어 True : 추가, False : 삭제
ShowColor	bool	get/set	글꼴 대화상자에 색 선택을 표시할지 여부를 제어 True : 추가, False : 삭제

글꼴 대화상자에서 사용자가 선택한 글꼴과 색상은 각각 Font 프로퍼티와 Color 프로퍼티에 저장되며, 이러한 프로퍼티를 통하여 사용자가 입력한 텍스트의 글꼴을 자유롭게 변경할 수 있다. 다음은 사용자가 입력한 텍스트를 글꼴 대화상자를 통하여 설정한 글꼴과 색상으로 변경하는 예제이다.

예제 9-9 FontDialogApp

1) 디자인

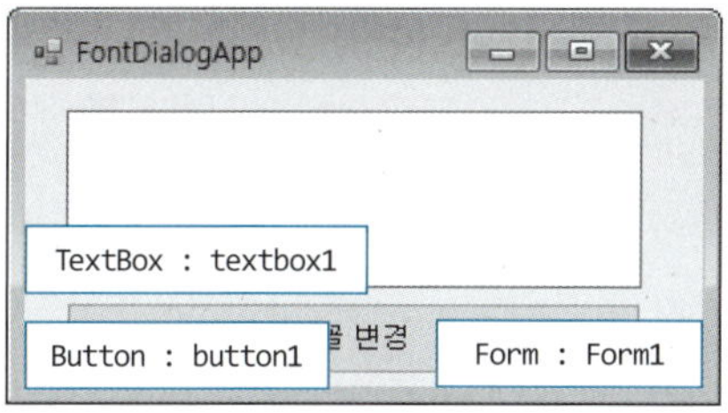

컴포넌트 : (Name)	프로퍼티	값
FontDialog : fontDialog1	ShowColor	True

컨트롤 : (Name)	프로퍼티	값
Form : Form1	Text	FontDialogApp
Button : button1	Text	글꼴 변경
TextBox : textBox1	Text	
	Multiline	True

컨트롤 : (Name)	이벤트	메소드 명
Button : button1	Click	button1_Click()

2) 코드

```
private void button1_Click(object sender, EventArgs e) {
    fontDialog1.ShowDialog();
    textBox1.Font = fontDialog1.Font;
    textBox1.ForeColor = fontDialog1.Color;
}
```

실행 방법

① 텍스트 상자에 텍스트를 입력한 후, 글꼴 변경 버튼을 클릭
② 글꼴 대화상자에서 글꼴과 색상을 변경

실행 결과

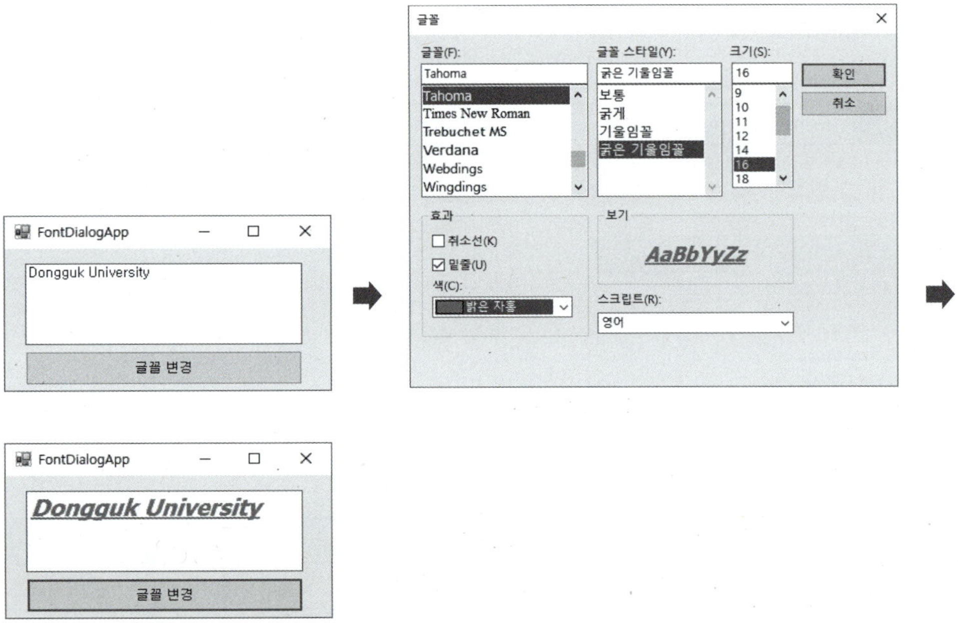

[예제 9-9]에서는 textBox1에 “Dongguk University”라는 텍스트를 입력한 후, 글꼴 대화상자를 통하여 텍스트의 글꼴과 색상을 변경하였다. 글꼴 대화상자를 통하여 설정된 글꼴과 색상은 각각 Font와 Color 프로퍼티에 저장되기 때문에 textBox1의 Font와 ForeColor 프로퍼티에 해당되는 값들을 배정함으로서 textBox1의 텍스트에 대한 글꼴과 색상을 변경할 수 있다. 참고로, [예제 9-9]에서 선택한 옵션은 [글꼴] → [궁서], [글꼴 스타일] → [굵은 기울임꼴], [크기] → [14], [색] → [빨강]이다.

9.3.3 색 대화상자

색 대화상자는 사용자가 색상표에서 색을 선택하거나 사용자 색을 생성하여 사용할 수 있는 기능을 제공하는 대화상자이다. 색 대화상자를 작성하기 위해서는 ColorDialog 컴포넌트를 폼에 추가해야 한다. 이때 **ColorDialog** 컴포넌트는 폼 디자이너의 하단에 **colorDialog1**이란 이름으로 추가되며 컨트롤의 색상이나 텍스트의 색상을 변경하는데 이용할 수 있다.

예제 9-10 ColorDialogApp.cs

1) 디자인

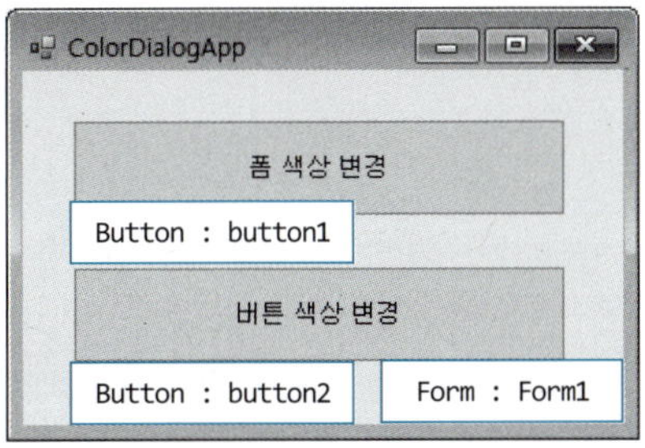

컴포넌트 : (Name)	프로퍼티	값
ColorDialog : colorDialog1		

컨트롤 : (Name)	프로퍼티	값
Form : Form1	Text	ColorDialogApp
Button : button1	Text	폼 색상 변경
Button : button2	Text	버튼 색상 변경

컨트롤 : (Name)	이벤트	메소드 명
Button : button1	Click	button1_Click()
Button : button2	Click	button2_Click()

2) 코드

```
private void button1_Click(object sender, EventArgs e) {
   colorDialog1.ShowDialog();
   this.BackColor = colorDialog1.Color;
}
private void button2_Click(object sender, EventArgs e) {
   colorDialog1.ShowDialog();
   button1.BackColor = colorDialog1.Color;
   button2.BackColor = colorDialog1.Color;
}
```

실행 방법

폼 색상 변경 버튼과 버튼 색상 변경 버튼을 각각 선택하여 색 변경

실행 결과

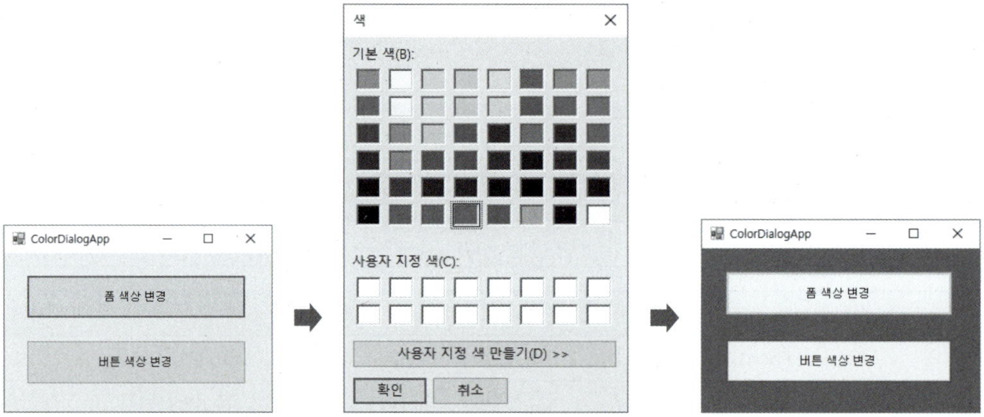

9.3.4 인쇄 대화상자

인쇄 대화상자는 사용자가 인쇄할 프린터와 인쇄 범위, 인쇄 매수 등을 선택할 수 있는 기능을 제공하는 대화상자이며 인쇄 대화상자를 작성하기 위한 과정은 다음과 같다.

첫째, `PrintDialog` 컴포넌트를 폼에 추가한다.

둘째, `PrintDialog` 컴포넌트의 프로퍼티 중 `PrinterSettings`와 `PrintDocument` 프로퍼티를 설정한다.

PrinterSettings 프로퍼티는 System.Drawing.Printing 네임스페이스에 포함된 PrinterSettings 클래스의 객체로 설정하며, PrintDocument 프로퍼티는 같은 네임스페이스에 포함된 PrintDocument 클래스의 객체로 설정한다. 이때, PrinterSettings 클래스의 객체는 윈도우 운영체제에 설치된 프린터 중 기본 프린터에 해당하는 역할을 담당하며, PrintDocument 클래스의 객체는 프린터에 출력을 보내는 역할을 담당한다. PrinterSettings 클래스와 PrintDocument 클래스를 사용하기 위해서는 System.Drawing.Printing 네임스페이스를 별도로 using해야 한다.

예제 9-11 PrintDialogApp.cs

1) 디자인

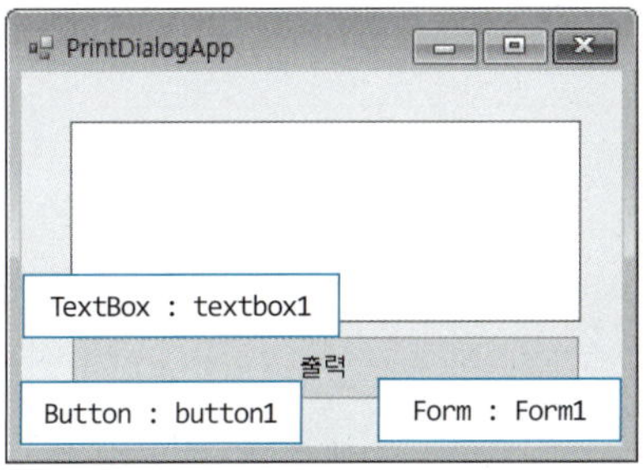

컴포넌트 : (Name)	프로퍼티	값
PrintDialog : printDialog1		

컨트롤 : (Name)	프로퍼티	값
Form : Form1	Text	PrintDialogApp
TextBox : textBox1	Text	
	Multiline	true
Button : button1	Text	출력

컨트롤 : (Name)	이벤트	메소드명
Button : button1	Click	button1_Click()

2) 코드

```
private void button1_Click(object sender, EventArgs e) {
    PrinterSettings printer = new PrinterSettings();
    PrintDocument pd = new PrintDocument();
    printDialog1.PrinterSettings = printer;
    printDialog1.Document = pd;
    printDialog1.ShowDialog();
}
```

실행 방법

출력 버튼을 클릭

실행 결과

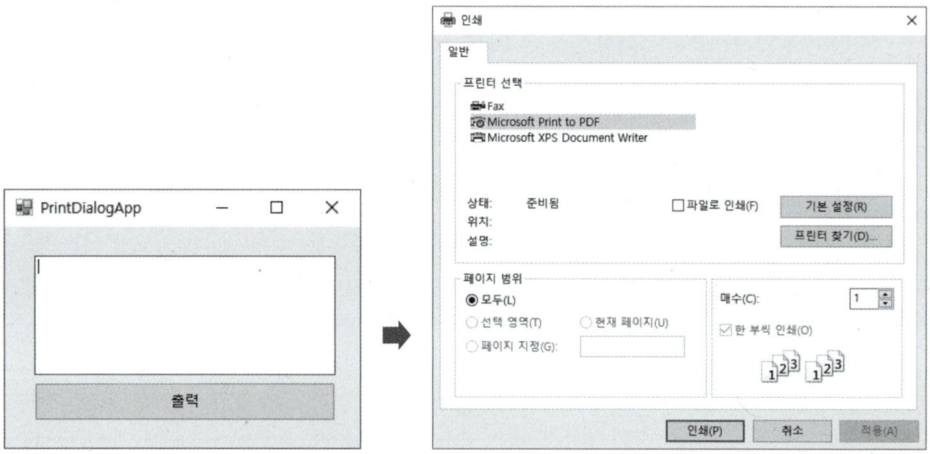

연습문제

9.1 다음 괄호 안에 적당한 용어를 쓰시오.

(1) 사용자와 애플리케이션 사이에 정보를 주고받을 수 있는 교량 역할을 수행하는 것은 (　　　)이다.

(2) 대화상자가 종료하기 전에 대화상자를 띄운 애플리케이션으로 돌아갈 수 없는 대화상자를 (　　　)라 부르며 돌아갈 수 있는 대화상자를 (　　　)라 부른다.

(3) 애플리케이션 모달 대화상자는 대화상자를 띄운 애플리케이션으로는 돌아갈 수 없지만 (　) 애플리케이션으로는 돌아갈 수 있는 대화상자를 말한다.

(4) 대화상자를 모달 형식으로 띄우기 위해서는 (　　) 메소드를 호출하고 모덜리스 형식으로 띄우기 위해서는 (　　) 메소드를 호출해야 한다.

(5) 간단한 텍스트 정보와 다양한 버튼 및 특정한 아이콘을 함께 구성할 수 있는 상자를 (　　　)라 부른다.

(6) 메시지 상자는 `MessageBox` 클래스의 (　　) 메소드를 사용하여 보여줄 수는 있으나, `Form` 클래스와 달리 객체를 생성할 수 없다.

(7) 만일 메시지 상자의 `Show()` 메소드에서 매개변수 `buttonKind`를 지정하지 않으면 기본적으로 (　) 버튼만 표시된다.

(8) `MessageBoxIcon` 열거형에서, 아이콘의 종류는 모두 (　)이지만, 실제로 열거형 (　) 개의 기호 상수를 나타낸다.

(9) `MessageBoxIcon` 열거형에서 각 아이콘의 순서 값이 수치적으로 (　)씩 차이가 난다.

(10) 기본 버튼이란 초기에 (　　)를 갖는 버튼을 의미하며 디폴트로 선택되는 버튼이다.

(11) 열기 대화상자는 사용자가 드라이브, 폴더, (　　　)를 지정하여 원하는 파일을 선택하는 기능을 제공하는 대화상자이다.

(12) 색 대화상자는 사용자가 (　　　)에서 색을 선택하거나 사용자 색을 만들어 사용할 수 있는 기능을 제공하는 대화상자이다.

9.2 다음 객관식 문제를 푸시오.

(1) 모달 대화상자와 모덜리스 대화상자에 관한 내용 중 틀린 것은?

① 대화상자를 `ShowDialog()` 메소드로 띄우면 모달 대화상자가 된다.

② 대화상자를 `ShowMessage()` 메소드로 띄우면 모덜리스 대화상자가 된다.

③ 모달 대화상자란 대화상자가 종료되기 전에 자기를 띄운 애플리케이션으로 돌아갈 수 없는 대화상자를 의미한다.

④ 시스템 모달 대화상자는 윈도우 운영체제에서 사용하는 대화상자로 치명적인 문제가 발생하여 그 문제가 해결되지 않으면 더 이상 작업을 진행할 수 없는 경우에 사용된다.

⑤ 모덜리스 대화상자란 현재 대화상자의 요구에 반응하지 않더라도 다른 대화상자로의 전환이 가능한 대화상자를 말한다.

(2) 메시지 상자에서 설정할 수 없는 항목은 무엇인가?

① 기본 버튼의 위치
② 제목 표시줄에 표시되는 문자열
③ 버튼의 종류
④ 아이콘의 종류
⑤ 메시지 상자의 크기

(3) `MessageBox.Show()` 메소드의 매개변수로 제목 표시줄에 나타나는 문자열은 어느 것인가?

① `message`
② `caption`
③ `messageBoxButton`
④ `messageBoxIcon`
⑤ `titleBar`

(4) 기본 버튼을 지정할 때에는 `Show()` 메소드의 몇 번째 매개변수를 사용하는가?

① 1번째
② 2번째
③ 3번째
④ 4번째
⑤ 5번째

(5) 하나의 메시지 상자에 포함될 수 있는 버튼은 최대 몇 개인가?

① 1개
② 2개
③ 3개
④ 4개
⑤ 5개

(6) 메시지 상자에서 기호 상수와 그에 따른 아이콘의 형태가 일치하는 것은?

① `Asterisk` --- 

② `Error` --- 

③ `Hand` --- 

④ `Stop` --- 

⑤ `Warning` --- 

(7) 윈도우 운영체제가 제공하는 공통 대화상자가 아닌 것은?

① 열기 대화상자　　② 색 대화상자

③ 글꼴 대화상자　　④ 그리기 대화상자

⑤ 인쇄 대화상자

(8) `OpenFileDialog` 컴포넌트가 제공해주는 프로퍼티 중에서 콤보상자에 표시될 문자열(파일 형식)과 해당 파일 형식을 선택할 때 사용하는 것은?

① `Filter`　　② `FilterExtension`

③ `FilterName`　　④ `FilterIndex`

⑤ `FilterFormat`

(9) 글꼴 대화상자에서 선택할 수 있는 옵션이 아닌 것은?

① 글꼴　　② 글자의 크기

③ 글자의 색상　　④ 정렬 방식

⑤ 글자의 형태

(10) 인쇄 대화상자에서 사용자가 선택할 수 있는 옵션이 아닌 것은?

① 프린터의 종류　　② 인쇄 위치

③ 인쇄 매수　　④ 인쇄 속성

⑤ 인쇄 범위

9.3 다음을 간략히 설명하시오.

(1) 모달 대화상자와 모델리스 대화상자의 차이점을 설명하시오.

(2) `Show()` 메소드의 매개변수 중에 `caption`은 무엇인가?

(3) 메시지 상자에서 버튼의 종류에 대해 설명하시오.

(4) 메시지 상자에서 아이콘의 종류에 대해 설명하시오.

(5) 다음과 같은 형태의 메시지 박스가 되도록 C# 코드를 쓰시오.

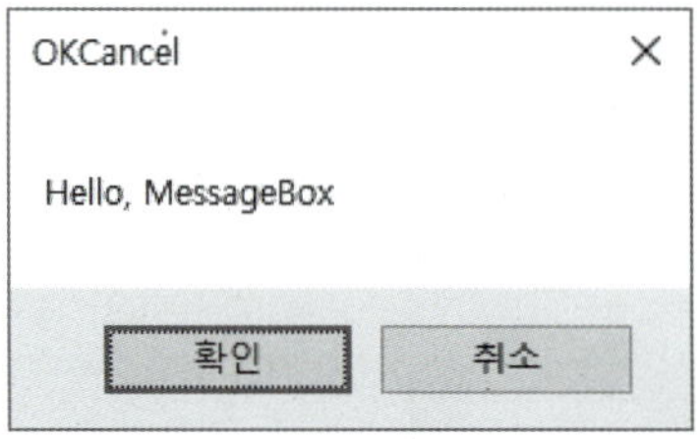

(6) [그림 9-1]의 4번째 형태가 되도록 MessageBox.Show() 메소드를 작성하시오.

(7) 공통 대화상자란 무엇인가?

9.4 다음은 OpenFileDialog 컴포넌트가 제공해주는 프로퍼티들이다. 용도를 간단히 설명하시오.

(1) FileName
(2) FileNames
(3) Filter
(4) FilterIndex
(5) InitialDirectory
(6) RestoreDirectory
(7) Multiselect

9.5 다음은 FontDialog 컴포넌트에 있는 프로퍼티들이다. 용도를 간단히 설명하시오.

(1) Color
(2) Font
(3) ShowApply
(4) ShowColor

9.6 다음을 C# 언어로 프로그래밍 하시오.

(1) [예제 9-4]를 수정하여 폼을 클릭하면 순서적으로 버튼의 종류가 변경되도록 하는 C# 프로그램을 작성하시오.

(2) [예제 9-6]을 수정하여 폼을 클릭할 때마다 기본 버튼이 돌아가면서 지정될 수 있도록 작성하시오.

(3) 다음 그림과 같이 모달과 모덜리스 방식 중 라디오 버튼에 체크된 방식으로 새로운 대화상자를 띄우는 프로그램을 작성하시오.

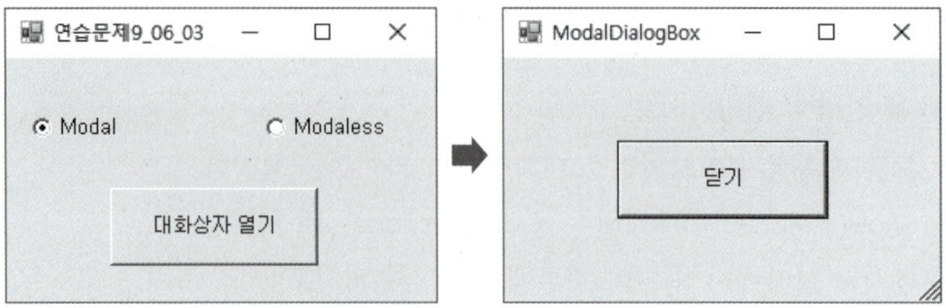

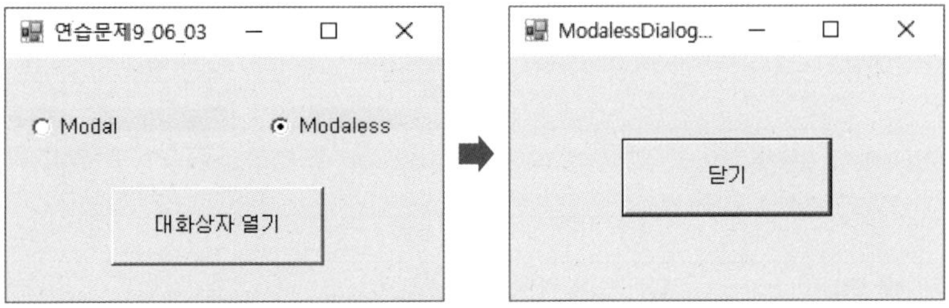

(4) 다음 그림과 같이 열기 대화상자를 이용하여 파일을 선택한 후, 해당 파일의 내용을 텍스트상자에 출력하도록 C# 프로그램을 작성하시오. 이때, `FileStream`과 `StreamReader` 클래스를 활용하시오.

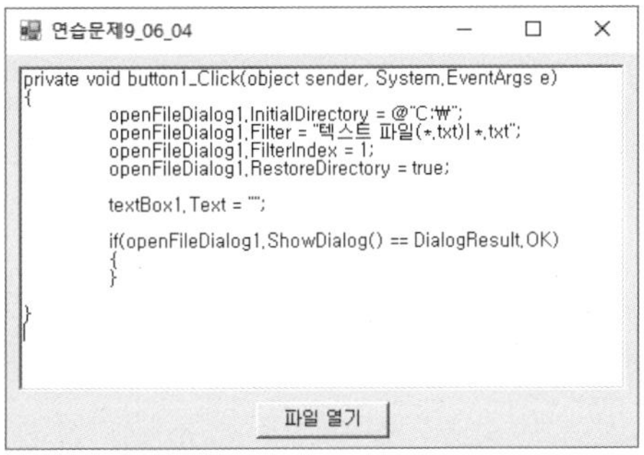

(5) 다음 그림과 같이 글꼴 대화상자를 띄우는 프로그램을 작성하시오. 단, [적용] 버튼과 색 선택의 표시 여부는 체크박스의 상태에 따라 제어할 수 있도록 작성하시오.

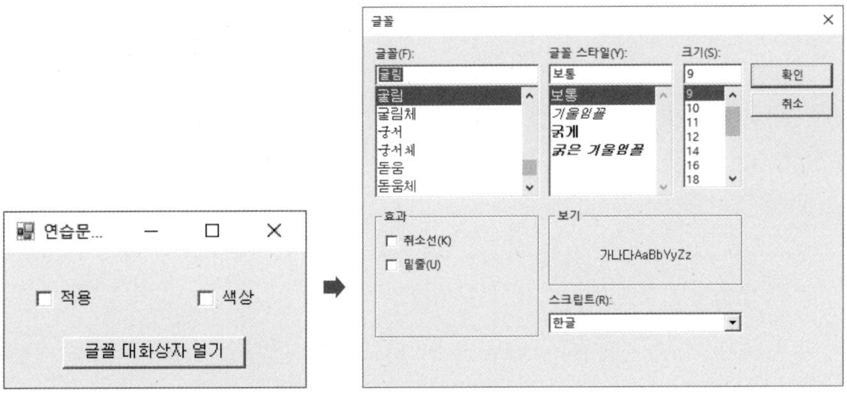

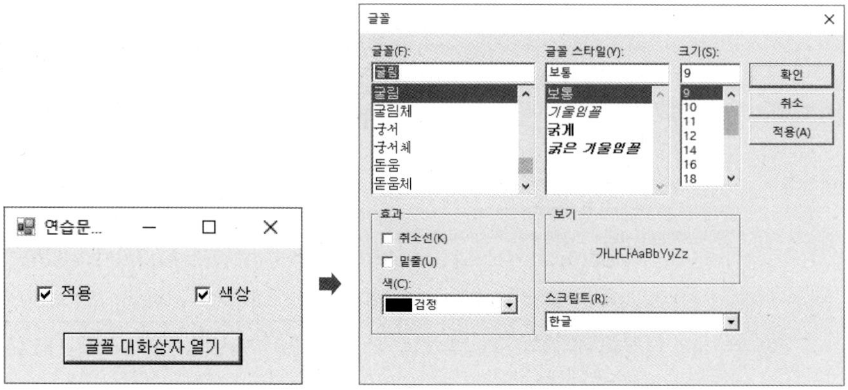
연습문...
적용
색상
글꼴 대화상자 열기
글꼴
글꼴(F):
굴림
굴림체
궁서
궁서체
돋움
돋움체
글꼴 스타일(Y):
보통
기울임꼴
굵게
굵은 기울임꼴
크기(S):
9
10
11
12
14
16
18
확인
취소
적용(A)
효과
취소선(K)
밑줄(U)
색(C):
검정
보기
가나다AaBbYyZz
스크립트(R):
한글

CHAPTER 10

고급 폼

C# Programming

contents

10 고급 폼

메뉴(menu)란 윈폼 애플리케이션에서 가장 일반적인 사용자 인터페이스이며, 애플리케이션에서 수행할 수 있는 작업을 폼에 표시한다. 이런 메뉴는 크게 폼에 항상 보이는 메인 메뉴와 상황에 따라 표시되는 상황 메뉴가 있다.

마우스와 키보드는 윈폼 애플리케이션에서 사용자가 폼에 상호작용하기 위해서 사용하는 입력장치로서 윈폼 애플리케이션에 따라 다양하게 이용할 수 있다.

10.1 메뉴 다루기

메뉴(menu)란 윈폼 애플리케이션에서 가장 일반적인 사용자 인터페이스이다. 간단한 대화상자 기반의 애플리케이션을 제외한 모든 애플리케이션은 메뉴를 통하여 사용자와 상호작용을 수행한다. 메뉴의 형태는 [그림 10-1]과 같이 메인 메뉴(main menu: 주 메뉴)와 컨텍스트 메뉴(context menu)로 구분된다. 참고로, 컨텍스트 메뉴를 상황 메뉴라 번역하였다.

메인 메뉴란 폼의 상단에 배치되는 주요 메뉴이며 상황 메뉴란 마우스의 오른쪽 버튼을 클릭하였을 때 나타나는 팝업 메뉴이다. 메인 메뉴와 상황 메뉴는 메뉴 항목(menu item)을 소유하고 있다. 일반적으로 메뉴 항목은 '파일', '저장', '잘라내기' 등과 같이 함축적인 이름으로 명명되어 있다.

메뉴는 윈폼 애플리케이션이 제공하는 기능을 사용자가 쉽게 이해하고 사용할 수 있도록 도와주는 기능을 갖는다. 사용자가 메뉴 중 특정한 메뉴 항목을 선택했다면 애플리케이션은 사용자가 선택한 메뉴 항목에 대한 이벤트를 처리하기 위한 작업을 수행하게 된다.

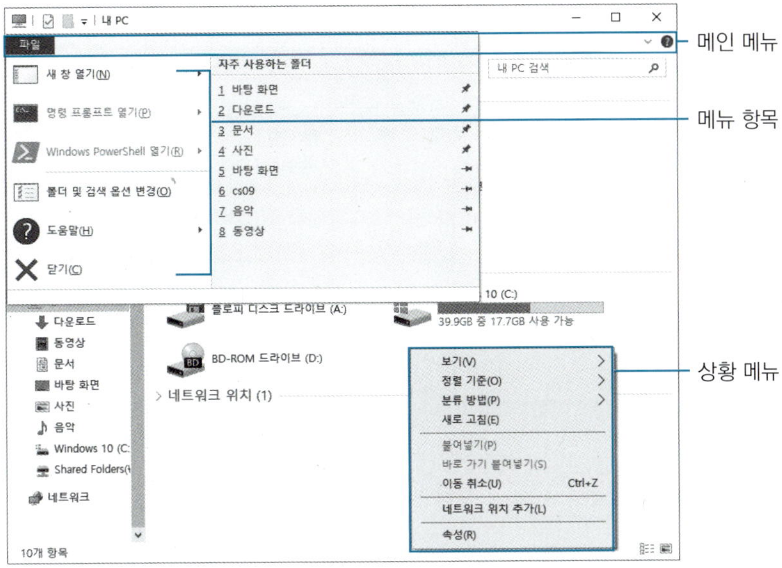

그림 10-1 메뉴의 구성

10.1.1 메인 메뉴

메인 메뉴란 폼의 상단에 배치되는 메뉴로서 마우스 클릭뿐만 아니라 단축키를 통해서도 접근할 수 있는 가장 기본적인 사용자 인터페이스이다. 메인 메뉴를 작성하기 위해서는 폼에 `MenuStrip` 컴포넌트를 추가해야 한다. 통합 개발환경은 메인 메뉴를 손쉽게 편집하기 위한 기능을 제공하고 있다([부록 A] 통합 개발환경 참고).

메뉴 이름을 입력하는 과정에서 **"파일(&F)"**의 F 앞에 &를 붙인 이유는 메뉴에 단축키를 부여하기 위한 방법이기 때문이다. 메뉴 항목에 대한 단축키를 작성하면 `<Alt>`키와 단축문자를 눌러서 메뉴의 선택이 가능해 진다. 이러한 단축키는 메뉴 표시줄(menu bar)에 나타나는 메인 메뉴 사이에서는 반드시 유일(unique)해야 하기 때문에 중복으로 줄 수 없다. 하지만, 메인 메뉴의 서로 다른 메뉴 항목에 대해서는 중복하여 사용할 수 있다.

예를 들어, [그림 10-2]와 같이 **[파일]** 메뉴의 메뉴 항목에 위치한 **[닫기(C)]**와 **[편집]** 메뉴의 메뉴 항목에 위치한 **[복사(C)]**는 서로 동일한 단축문자를 사용한다. 그러나 서로 다른 메인 메뉴에 포함되어 있기 때문에 이름 충돌(name conflict)이 발생하지 않는다. 이와 같은 이유는 **[닫기(C)]** 메뉴를 실행하기 위해서는 반드시 **[파일]** 메뉴를 통해 실행해야 하며 **[복사(C)]** 메뉴를 실행하기 위해서는 반드시 **[편집]** 메뉴를 통해 실행해야 하기 때문이다. 따라서 서로 다른 메뉴 항목에 대해서는 단축문자를 중복하여 사용할 수 있다. 그러나 동일한 메인 메뉴에 속한 메뉴 항목에 대해서는 반드시 유일한 단축문자를 주어야만 한다.

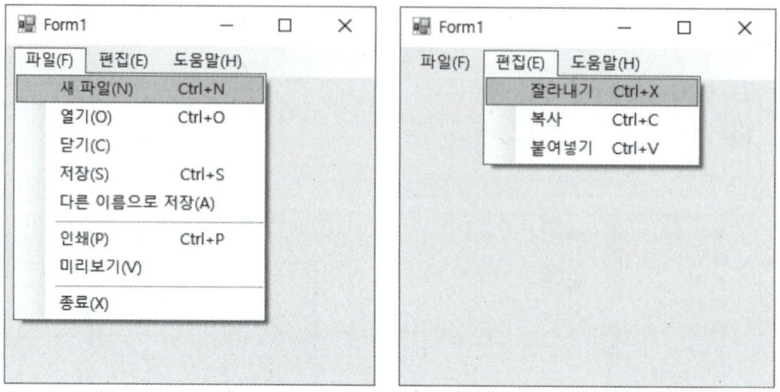

그림 10-2 메뉴의 단축문자

메뉴에는 메뉴 항목을 그룹화하기 위하여 구분선이라고 하는 수평선을 포함시킬 수 있다. 메뉴에 구분선을 추가하기 위해서는 메뉴 항목의 Text 프로퍼티에 '-'를 입력하거나 마우스 오른쪽 버튼을 클릭하여 **[구분선 삽입]** 메뉴를 선택한다. 또한, 구분선은 마우스로 끌어서 원하는 위치로 이동시킬 수 있다.

하나의 메인 메뉴는 여러 개의 메뉴 항목으로 구성된다. .NET 프레임워크의 모든 컴포넌트와 마찬가지로 각 메뉴 항목의 프로퍼티는 속성 브라우저를 사용하여 접근할 수 있으며, 일반적인 메뉴 항목은 ToolStripMenuItem 클래스로 나타내며, ToolStripMenuItem의 프로퍼티는 [표 10-1]과 같다.

표 10-1 ToolStripMenuItem의 프로퍼티

프로퍼티	자료형	속성	설명
Checked	bool	get/set	메뉴 항목의 문자 옆에 확인 표시가 나타나는지 여부를 나타내는 값을 가져오거나 설정
Enabled	bool	get/set	메뉴 항목이 활성화되는지 여부를 나타내는 값을 가져오거나 설정
ShortcutKeys	Keys	get/set	메뉴 항목과 연결된 '바로 가기'키를 나타내는 값을 가져오거나 설정
Text	string	get/set	메뉴 항목의 캡션을 나타내는 값을 가져오거나 설정
Visible	bool	get/set	메뉴 항목이 표시되는지 여부를 나타내는 값을 가져오거나 설정

프로퍼티 중 `Name`은 메뉴 항목에 대한 이름을 나타내며, 항목 이름은 소스코드 상에서 그 메뉴를 지칭할 때 사용되어진다. `Name`은 하나의 메뉴 항목을 지칭하는 것이기 때문에 중복을 피해야 한다.

예제 10-1 MainMenuApp

1) 디자인

컴포넌트 : (Name)	프로퍼티	값
MenuStrip : menuStrip1		

컨트롤 : (Name)	프로퍼티	값
Form : Form1	Text	MainMenuApp

Text 프로퍼티		Shortcut 프로퍼티
파일(&F)		
	새 파일(&N)	CtrlN(Control N)
	열기(&O)...	CtrlO(Control O)
	닫기(&C)	
	저장(&S)	CtrlS(Control S)
	다른 이름으로 저장(&A)...	
	-	
	인쇄(&P)...	CtrlP(Control P)
	미리 보기(&V)	

	-	
	종료(&X)	
편집(&E)		
	잘라내기(&T)	CtrlX(Control X)
	복사(&C)	CtrlC(Control C)
	붙여넣기(&P)	CtrlV(Control V)
도움말(&H)		
	프로그램 정보(&A)...	

실행 결과

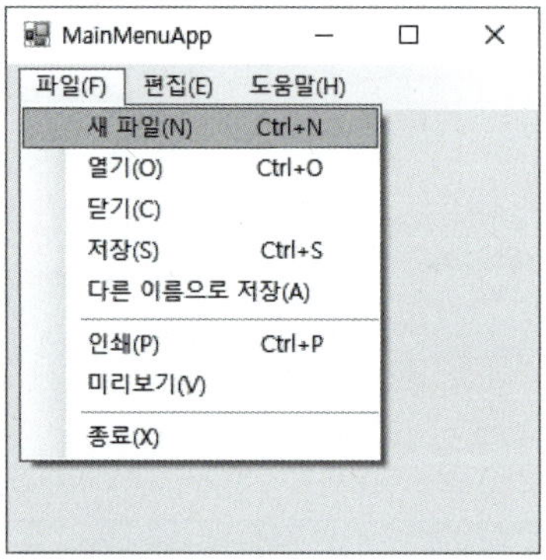

[예제 10-1]에서는 메인 메뉴 작성에 필요한 메뉴 항목의 프로퍼티들을 이용하여 메인 메뉴를 작성하였다. 예제를 통해서 확인할 수 있듯이 통합 개발환경을 사용하여 메인 메뉴를 작성하면 소스코드의 추가 없이도 메뉴의 작성이 가능하다.

메뉴 항목의 ShortcutKeys 프로퍼티는 메뉴 항목을 위한 단축키를 부여할 때 사용하는 프로퍼티이다. 이렇게 설정된 단축키는 해당되는 메뉴 항목을 어느 곳에서나 직접 선택할 수 있다. 따라서 ShortcutKeys 프로퍼티는 하나의 애플리케이션에 포함된 모든 메뉴 항목에 대하여 유일하도록 설정해야 한다. 만일 중복하여 설정할 경우, 두 번째 이후로 설정된 메뉴 항목의 단축키는 반영되지 않는다.

MenuStrip 컴포넌트를 사용하여 메뉴 설계가 완성되면, 사용자가 메뉴 항목을 선택할 때 발생하는 이벤트에 대한 이벤트 처리기를 작성해야 한다. 일반적으로 메뉴 항목을 클릭하면 다음과 같은 3개의 이벤트가 발생한다.

표 10-2 ToolStripMenuItem 클래스의 이벤트

이벤트	설명
Click	메뉴 항목을 클릭하였을 때 발생한다. 메뉴와 관련된 이벤트 중에서 가장 많이 사용하는 이벤트이다.

메뉴 항목 이벤트를 이용하면 각각의 항목이 언제 선택되고 클릭되는지 알 수 있지만 메뉴가 사라지는 순간을 알려주는 이벤트는 존재하지 않는다. 따라서 Form 객체는 처음으로 메뉴가 보이고 사라질 때에 다음과 같은 두 개의 이벤트를 발생시킨다.

표 10-3 메뉴 관련 Form 클래스의 이벤트

이벤트	설명
MenuStart	메뉴가 처음으로 입력 포커스를 얻을 때 발생하는 이벤트
MenuComplete	메뉴가 입력 포커스를 잃을 때 발생하는 이벤트

MenuStart 이벤트는 전형적으로 폼의 사용자 인터페이스를 관리하기 위해서 사용되며, 현재 선택된 메뉴 항목에 대한 정보를 풍선 도움말 컨트롤로 표기하기 위해서 사용할 수 있다. MenuComplete 이벤트는 MenuStart 이벤트와 반대되는 작업을 수행하며 사용자가 메뉴 사용을 끝내거나 다른 객체를 선택하여 메뉴가 없어질 때 발생한다.

예제 10-2 MenuClickApp

1) 디자인([예제 10-1]의 폼을 사용)

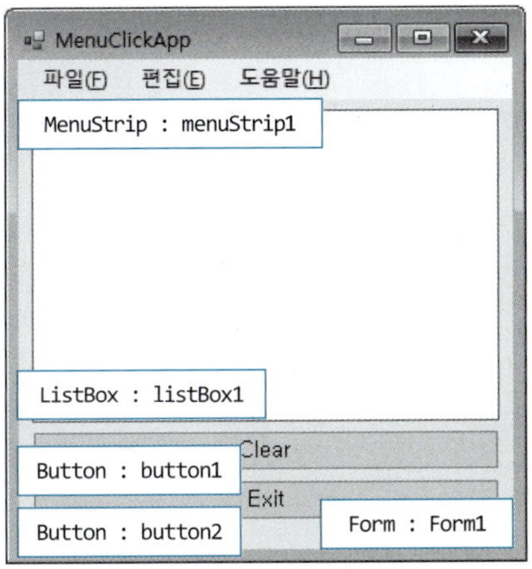

컴포넌트 : (Name)	프로퍼티	값
MenuStrip : menuStrip1		

컨트롤 : (Name)	프로퍼티	값
Form : Form1	Text	MenuClickApp
ListBox : listBox1		
Button : button1	Text	Clear
Button : button2	Text	Exit

컨트롤 : (Name)	이벤트	메소드 명
Button : button1	Click	button1_Click()
Button : button2	Click	button2_Click()
MenuItem : mnuFileNew	Click	mnuFileOpen_Click()
MenuItem : mnuFileOpen	Click	mnuFileClose_Click()
...		

2) 코드

```
private void button1_Click(object sender, EventArgs e) {
   listBox1.Items.Clear();
}
private void button2_Click(object sender, EventArgs e) {
   Application.Exit();
}
private void mnuFileNew_Click(object sender, EventArgs e) {
   listBox1.Items.Add(((ToolStripMenuItem)sender).Text);
}
private void mnuFileOpen_Click(object sender, EventArgs e) {
   listBox1.Items.Add(((ToolStripMenuItem)sender).Text);
}
// 나머지 메뉴 항목도 동일하게 작성
```

실행 방법

각 메뉴 항목을 클릭하여 Click 이벤트를 발생시킨다.

실행 결과

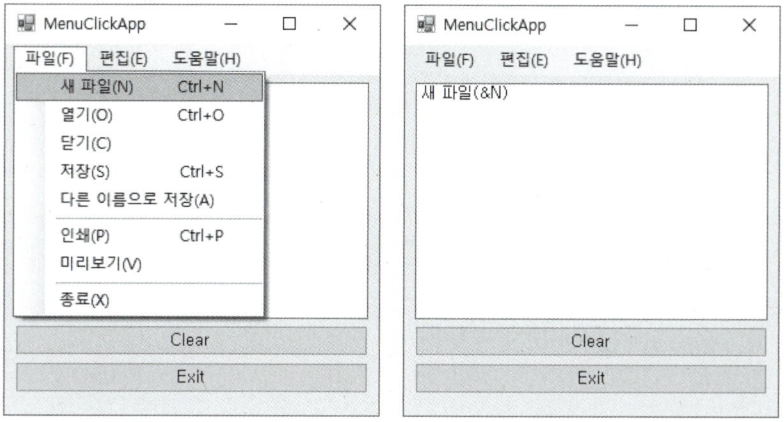

10.1.2 상황 메뉴

상황 메뉴란 컨트롤 위에서 마우스의 오른쪽 버튼을 클릭하였을 때 표시되는 팝업 메뉴로서 현재 애플리케이션의 상태가 반영되기 때문에 상황에 따라 독자적인 메뉴 항목을 가지는 메뉴를 말한다.

상황 메뉴를 작성하기 위해서는 통합 개발환경의 도구 상자에 있는 `ContextMenuStrip` 컴포넌트를 사용해야 한다. `ContextMenuStrip` 컴포넌트는 상황 메뉴를 표시한다는 점을 제외하고는 `MenuStrip` 컴포넌트와 매우 유사하다.

상황 메뉴에서도 역시 메인 메뉴와 마찬가지로 단축문자와 그룹핑을 위한 구분자를 사용할 수 있으며, 메뉴 항목에 대한 프로퍼티 정의도 모두 동일하다. 상황 메뉴는 메인 메뉴와 다르게 메뉴를 화면에 나타내게 하기 위하여 상황 메뉴가 표시될 폼 또는 컨트롤의 `ContextMenuStrip` 프로퍼티에 나타날 상황 메뉴를 등록해야 한다. 윈도우 폼에 상황 메뉴를 등록하고 폼 위에서 마우스의 오른쪽 버튼을 클릭하면 [그림 10-3]과 같은 상황 메뉴가 나타나는 것을 확인할 수 있다.

상황 메뉴에 속한 메뉴 항목은 메인 메뉴에 속한 메뉴 항목과 동일한 프로퍼티 및 이벤트를 갖는다. 따라서 메뉴 항목의 이벤트 처리기의 작성은 메인 메뉴와 상황 메뉴가 동일하다.

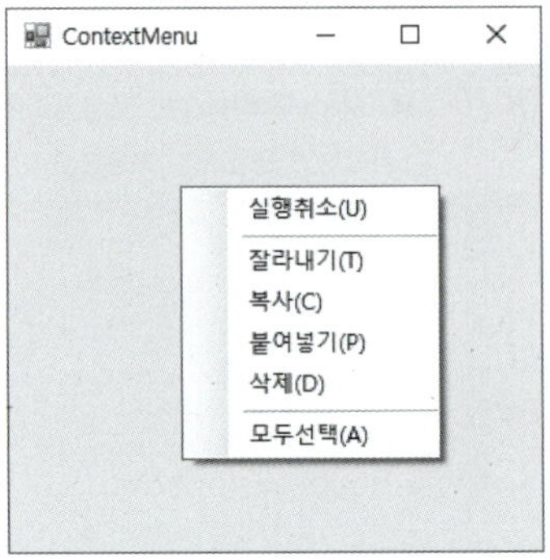

그림 10-3 상황 메뉴

10.2 마우스 다루기

마우스는 윈도우 사용자에게 가장 편리하면서도 친숙한 입력 장치로써 대부분의 윈폼 애플리케이션에서 사용자 상호작용은 마우스를 통해 이루어진다. 사용자가 마우스를 이동하거나 클릭하면 해당하는 이벤트가 발생하고, 그 이벤트를 처리함으로서 사용자와 상호작용이 이루어진다. 마우스에 관련된 이벤트는 크게 이동 이벤트와 선택 이벤트로 나눌 수 있다.

10.2.1 이동 이벤트 처리하기

사용자가 마우스의 위치를 이동하면 [표 10-4]와 같은 다양한 이벤트가 발생한다. C#에서는 이와 같은 이벤트를 처리함으로서 마우스에 대한 제어가 가능하다. 마우스 포인터가 폼이나 컨트롤 위로 움직이면 마우스의 위치를 추적할 수 있는 이벤트가 발생하며 일반적으로 마우스 포인터 밑에 위치한 단일 폼이나 컨트롤에서 이벤트가 발생한다.

표 10-4 마우스 이동 이벤트

이벤트	설명
MouseEnter	마우스 포인터가 컨트롤이나 폼 영역에 들어올 때 발생한다.
MouseHover	마우스 포인터가 컨트롤이나 폼에서 이동하는 것을 멈출 때 발생하지만 멈출 때마다 매번 발생하지 않고 처음 멈췄을 때만 발생한다.
MouseLeave	마우스 포인터가 컨트롤이나 폼 영역을 벗어날 때 발생한다.

MouseMove	마우스 포인터가 새로운 영역으로 이동할 때 발생한다.
MouseWheel	컨트롤이나 폼이 입력 포커스를 가지고 있을 때 사용자가 마우스 휠 버튼을 이동시킬 때 발생한다.

마우스 이벤트 중에 MouseEnter, MouseHover, MouseLeave는 6장에서 설명한 EventHandler 델리게이트형의 이벤트 처리기를 사용하기 때문에 일반적인 이벤트 처리기와 그 형식이 동일하다. 하지만, MouseMove와 MouseWheel 이벤트는 MouseEventHandler 델리게이트형의 이벤트 처리기를 사용한다.

EventHandler 델리게이트와 MouseEventHandler 델리게이트의 형태는 각각 다음과 같으며 모두 System 네임스페이스에 포함되어 있다.

```
public delegate void EventHandler(object sender, EventArgs e);
public delegate void MouseEventHandler(object sender, MouseEventArgs e);
```

첫 번째 매개변수는 공통적으로 이벤트를 발생시킨 객체이지만 두 번째 매개변수는 각각 EventArgs 클래스의 객체와 MouseEventArgs 클래스의 객체를 매개변수로 가진다. MouseEventArgs 클래스는 [표 10-5]와 같은 프로퍼티를 추가적으로 제공한다.

표 10-5 MouseEventArgs 클래스의 프로퍼티

프로퍼티	설명
Button	마우스의 상태를 나타내는 MouseButtons 열거형 값이다.
Clicks	마우스 버튼을 클릭한 횟수이다.
Delta	마우스 휠의 회전수(휠을 한번 돌리는 것)를 나타내는 값이다.
X	클라이언트 좌표 내에서, 마우스 위치의 X 좌표이다.
Y	클라이언트 좌표 내에서, 마우스 위치의 Y 좌표이다.

그러므로 MouseMove나 MouseWheel 이벤트를 처리하기 위한 처리기는 마우스의 위치와 상태에 대한 추가적인 정보를 사용할 수 있다. 하지만, MouseEnter, MouseHover, MouseLeave 이벤트는 일반적인 EventHandler 델리게이트형의 이벤트 처리기를 사용하기 때문에 마우스의 좌표와 같은 추가 정보를 직접 얻을 수 없다.

마우스 버튼의 현재 상태를 나타내기 위해서 사용하는 기호 상수는 [표 10-6]과 같다. 또한, 마우스의 정확한 상태를 나타내기 위해 필요에 따라서 조합될 수 있다.

표 10-6 MouseButtons 열거형

기호 상수	설명
`Left`	마우스 왼쪽 버튼을 클릭한 상태를 나타낸다.
`Middle`	마우스 중앙 버튼을 클릭한 상태를 나타낸다.
`None`	마우스를 누르지 않은 상태를 나타낸다.
`Right`	마우스 오른쪽 버튼을 클릭한 상태를 나타낸다.
`XButton1`	첫 번째 XButton 클릭한 상태를 나타낸다.
`XButton2`	두 번째 XButton 클릭한 상태를 나타낸다.

여기서, `XButton1`과 `XButton2`는 `IntelliMouse(Intelligent Mouse) Explore` 마우스에서 제공하는 추가 버튼이다. 이런 종류의 마우스는 기존의 마우스 버튼에 추가적으로 두 개의 `XButton`을 갖고 있다.

[예제 10-3]은 폼 위에서 `MouseWheel` 이벤트가 발생할 경우, `Delta` 프로퍼티를 사용하여 휠의 이동 방향에 따라 `num` 필드의 값을 증가시키거나 감소시킨 후 그 결과 값을 `TextBox`에 출력하는 예제이다.

예제 10-3 MouseWheelApp

1) 디자인

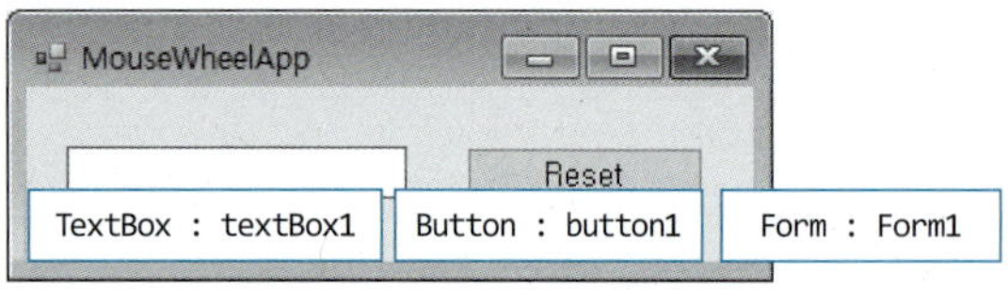

컨트롤 : (Name)	프로퍼티	값
`Form : Form1`	`Text`	`MouseWheelApp`
`TextBox : textBox1`	`Text`	`0`
`Button : button1`	`Text`	`Reset`

컨트롤 : (Name)	이벤트	메소드 명
Form : Form1	Load	Form1_Load()
	MouseWheel	Form1_MouseWheel()
Button : button1	Click	button1_Click()

2) 코드

```
private int num;
private void Form1_Load((object sender, EventArgs e) {
    this.MouseWheel += new MouseEventHandler(this.Form1_MouseWheel);
}
private void Form1_MouseWheel(object sender, MouseEventArgs e) {
    textBox1.Text = (e.Delta > 0 ? num++ : num--).ToString();
}
private void button1_Click(object sender, EventArgs e) {
    num=0;
    textBox1.Text = num.ToString();
}
```

실행 방법

폼 위에서 마우스의 휠을 사용하여 MouseWheel 이벤트 발생

실행 결과

MouseWheel 이벤트는 통합 개발환경의 속성 브라우저에 나타나지 않는다. 따라서 폼의 Load 이벤트 처리기 등에서 MouseWheel 이벤트가 발생하기 전에 처리기를 다음과 같이 소스코드에 직접 작성해야 한다.

```
private void Form1_Load(object sender, EventArgs e) {
   this.MouseWheel += new MouseEventHandler(this.Form1_MouseWheel);
}
private void Form1_MouseWheel(object sender, MouseEventArgs e) {
   textBox1.Text = (e.Delta > 0 ? num++ : num--).ToString();
}
```

MouseWheel 이벤트에 대한 이벤트 처리기로 Form1_MouseWheel() 메소드를 등록하고 MouseEventHandler 델리게이트의 형태와 일치하는 메소드 형태로 작성하였다. 따라서 Form1_MouseWheel() 메소드의 두 번째 매개변수는 MouseEventArgs 클래스의 객체로서 Delta라는 프로퍼티를 가지고 있다. Delta 프로퍼티는 MouseWheel 이벤트가 발생하면 부호 있는 정수형 값을 갖게 되며 이 값을 조회하여 마우스의 휠이 어느 방향으로 회전했는지 알아낼 수 있다.

마우스 위치 정보에 대해서는 모든 경우에 System.Windows.Forms 네임스페이스에 포함된 Control 클래스가 가지는 MousePosition 프로퍼티를 사용하여 클라이언트 좌표 내의 마우스에 대한 위치를 얻어낼 수 있다. 다음은 이와 같은 방법을 보여주는 예제이다.

예제 10-4 MousePositionApp

1) 디자인

컨트롤 : (Name)	프로퍼티	값
Form : Form1	Text	MousePositionApp

컨트롤 : (Name)	이벤트	메소드명
Form : Form1	MouseEnter	Form1_MouseEnter()

2) 코드

```
private void Form1_MouseEnter(object sender, EventArgs e) {
  Point mousePoint = PointToClient(MousePosition);
  string msg = "Mouse Position : " + mousePoint.X + ", "
                                   + mousePoint.Y;
  MessageBox.Show(msg);
}
```

실행 방법

폼 위로 마우스를 이동하여 MouseEnter 이벤트를 발생시킨다.

실행 결과

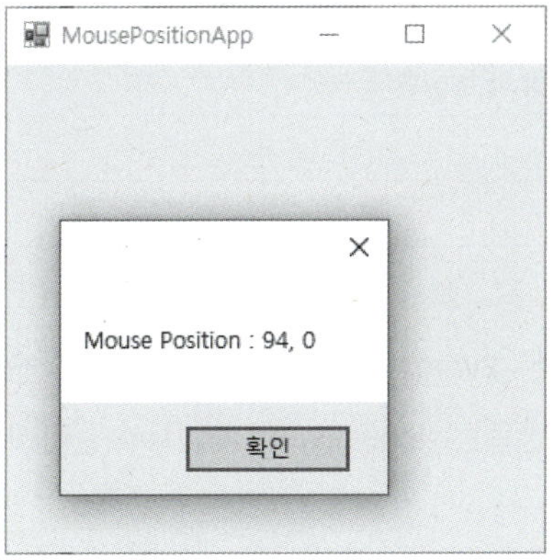

MousePosition 프로퍼티는 폼이나 컨트롤 위에 위치한 마우스의 좌표를 전체 화면에 대한 상대 좌표로 Point 구조체 형식으로 반환하는 프로퍼티이다. Point는 2차원 평면상의 한 점을 정의하는 구조체로서 x 좌표와 y 좌표의 정렬된 쌍으로 구성된다.

PointToClient(Point p) 메소드는 전체 화면에 대한 상대 좌표를 클라이언트 좌표로 변환하는 기능을 한다.

따라서 [예제 10-4]는 MousePosition 프로퍼티를 통하여 현재 마우스의 위치를 전체 화면에 대한 상대 좌표로 얻어낸 후, 클라이언트(폼) 영역을 기준으로 좌표 값을 변환하여 mousePoint라는 Point 구조체에 배정하고 그 결과를 메시지 박스로 출력하는 예제이다. 마우스가 폼에 닿는 순간 MouseEnter 이벤트가 발생하면, 이벤트 처리기에서 마우스 위치를 구하여 메시지 박스에 출력한다.

10.2.2 선택 이벤트 처리하기

마우스를 사용하는 일반적인 목적은 항목을 선택하기 위해서이다. 마우스를 이용하여 폼이나 컨트롤을 선택할 경우 기본적으로 Click 이벤트가 발생하지만 이 외에도 다양한 이벤트들이 발생할 수 있다. [표 10-7]은 폼이나 기타 컨트롤을 마우스로 선택하였을 때 발생할 수 있는 이벤트들이다.

표 10-7 마우스 선택 이벤트

이벤트	설명
MouseDown	폼이나 컨트롤에서 마우스 버튼을 누를 때 발생한다.
MouseUp	폼이나 컨트롤에서 마우스 버튼을 누른 후 해제할 때 발생한다.
Click	폼이나 컨트롤을 클릭할 때 발생한다.
DoubleClick	폼이나 컨트롤을 더블 클릭할 때 발생한다.

마우스 선택 이벤트 중에 Click과 DoubleClick 이벤트는 EventHandler 델리게이트 형태의 이벤트 처리기를 사용하고 MouseDown과 MouseUp 이벤트는 MouseEventHandler 델리게이트 형태의 이벤트 처리기를 사용한다.

마우스의 이벤트가 비동기적으로 불특정 시간에 발생하더라도, 마우스 이벤트의 상대적인 순서는 보장된다. MouseEnter와 MouseLeave 이벤트 사이에는 MouseHover, MouseMove를 비롯한 다른 마우스 이벤트가 발생한다. Click 이벤트는 MouseDown과 MouseUp 이벤트 다음에 발생하며 DoubleClick 이벤트는 Click 이벤트 이후에만 발생한다.

다음은 마우스를 이동함에 따라 발생하는 마우스 이벤트 정보를 추적하는 예제 프로그램이다. Form1에는 이벤트 정보를 표시하기 위하여 ListBox 컨트롤과 Label 컨트롤을 포함시켰다. 또한 MouseWheel, MouseMove, MouseEnter 이벤트가 발생하면 각각 이벤트 처리기에서 UpdateEventLabels() 메소드를 호출하여 발생된 이벤트 정보를 표시하였다.

예제 10-5 MouseEventApp

1) 디자인

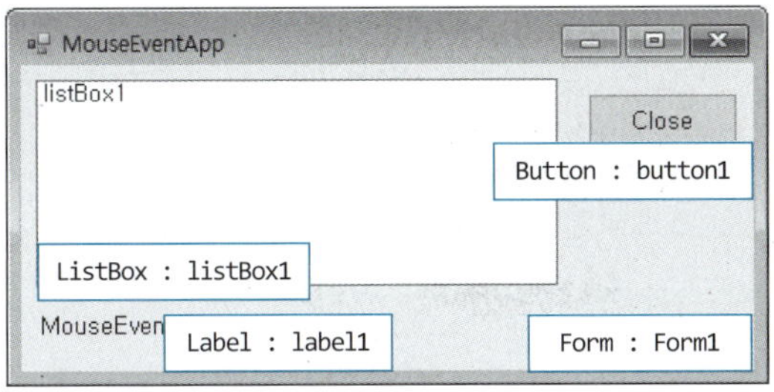

컨트롤 : (Name)	프로퍼티	값
Form : Form1	Text	MouseEventApp
ListBox : listBox1	Items	
Button : button1	Text	Close
Label : label1	Text	MouseEventArgsLabel

컨트롤 : (Name)	이벤트	메소드명
ListBox : listBox1	MouseDown	listBox1_MouseDown()
	DoubleClick	listBox1_Double()
Button : button1	Click	button1_Click()

2) 코드

```
private void UpdateEventLabels(string msg, int x, int y,
                                         MouseEventArgs e) {
   string message = string.Format("{0} X:{1}, Y:{2}", msg, x, y);
   string eventMsg = DateTime.Now.ToShortTimeString();
   eventMsg += " " + message;
   listBox1.Items.Insert(0, eventMsg);
   listBox1.TopIndex = 0;
```

```
  string mouseInfo;
  if (e != null) {
    mouseInfo = string.Format("Clicks: {0}, Delta: {1}, " +
                     "Buttons: {2}", e.Clicks, e.Delta,
                     e.Button.ToString());
  } else {
    mouseInfo = string.Format("Clicks: {0}", msg);
  }
  label1.Text = mouseInfo;
}
private void listBox1_MouseDown(object sender, MouseEventArgs e) {
  UpdateEventLabels("(ListBox)MouseDown", e.X, e.Y, e);
}
private void listBox1_DoubleClick(object sender, EventArgs e) {
  Point mousePoint = PointToClient(MousePosition);
  UpdateEventLabels("(ListBox)DoubleClick",
              mousePoint.X, mousePoint.Y, null);
}
private void button1_Click(object sender, EventArgs e) {
  Application.Exit();
}
```

실행 방법

ListBox 상에서 MouseDown, DoubleClick 이벤트 발생시킨다.

실행 결과

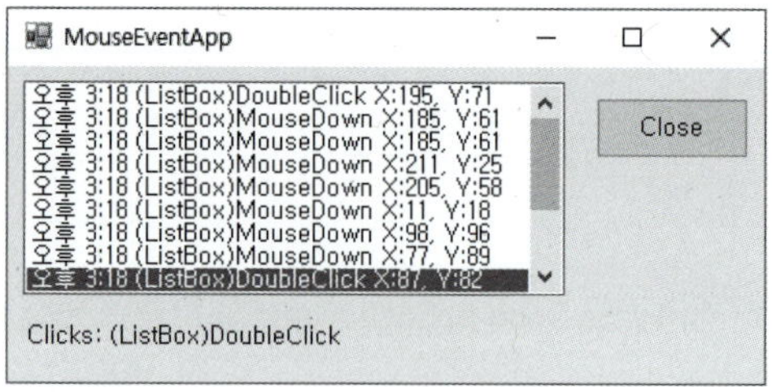

만일 MouseEventArgs 객체 대신에 EventArgs 객체가 넘어오면 MousePosition 프로퍼티를 사용하여 마우스의 현재 위치를 가져온다. 그리고 UpdateEventLabels() 메소드는 이

벤트를 설명하는 문자열인 msg와 마우스 포인터의 x 좌표를 나타내는 x, 마우스 포인터의 y 좌표를 나타내는 y, MouseEventArgs 객체에 대한 참조를 나타내는 e를 매개변수로 가진다.

UpdateEventLabels() 메소드는 먼저, 발생된 이벤트에 대한 정보를 리스트 박스에 추가하고 MouseEventArgs 객체가 매개변수로 넘겨지면, 레이블 컨트롤에 추가 정보도 표시한다.

마우스와 관련된 이벤트는 MouseEventArgs 클래스의 객체를 매개변수로 가지기 때문에 마우스에 대한 추가 정보를 쉽게 얻을 수 있다. 그러나 실제 프로그램을 작성하다보면 마우스에 대한 추가 정보보다는 클릭된 위치에 존재하는 다른 컨트롤에 대한 정보를 원하는 경우가 많다. 즉, 마우스가 위치한 좌표 점에 어떠한 컨트롤이나 그래픽 객체가 있는지 알아내는 것을 요구하는 경우가 더욱 많다. 이러한 처리를 히트 테스팅(hit-testing)이라고 하며, [예제 10-6]을 통해 알아보도록 하자.

예제 10-6 HitTestingApp

1) 디자인

컨트롤 : (Name)	프로퍼티	값
Form : Form1	Text	HitTestingApp

컨트롤 : (Name)	이벤트	메소드명
Form : Form1	Load	Form1_Load()
	Resize	Form1_Resize()
	MouseUp	Form1_MouseUp()
	Paint	Form1_Paint()

2) 코드

```
protected const int xNum = 5;       // 가로 박스 수
protected const int yNum = 4;       // 세로 박스 수
protected bool[,] abChecked = new bool[yNum, xNum];
protected int cxBlock, cyBlock;
private void Form1_Load(object sender, EventArgs e) {
   OnResize(EventArgs.Empty);
}
private void Form1_Resize(object sender, EventArgs e) {
   cxBlock = ClientSize.Width / xNum;
   cyBlock = ClientSize.Height / yNum;
   Invalidate();
}
private void Form1_MouseUp(object sender, MouseEventArgs e) {
   int x = e.X / cxBlock;
   int y = e.Y / cyBlock;
   if (x < xNum && y < yNum) {
      abChecked[y, x] ^= true;
      Invalidate(new Rectangle(x * cxBlock, y * cyBlock,
                               cxBlock, cyBlock));
   }
}
private void Form1_Paint(object sender, PaintEventArgs e) {
   Graphics g = e.Graphics;
   Pen pen = new Pen(ForeColor);
   for (int y = 0; y < yNum; y++)
      for (int x = 0; x < xNum; x++) {
         g.DrawRectangle(pen, x * cxBlock, y * cyBlock,
                         cxBlock, cyBlock);
         if (abChecked[y, x]) {
            g.DrawLine(pen, x * cxBlock,  y * cyBlock,
                       (x + 1) * cxBlock, (y + 1) * cyBlock);
            g.DrawLine(pen, x * cxBlock, (y + 1) * cyBlock,
                       (x + 1) * cxBlock, y * cyBlock);
         }
      }
}
```

실행 방법

사각형을 클릭하여 MouseUp 이벤트를 발생시킨다.

실행 결과

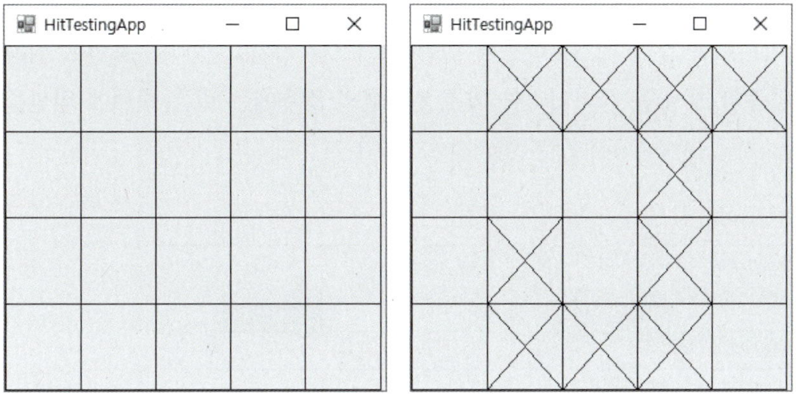

[예제 10-6]은 사각형 박스의 배열로 폼을 그리는 예제이다. `InitializeComponent()` 메소드 내부에 기술된 `OnResize()` 메소드는 임의로 `Resize` 이벤트를 발생시키는 메소드로서 폼이 실행되었을 때 사각형 박스의 배열을 그리기 위해 사용된다. 여기서 폼의 크기를 변경하면 `Resize` 이벤트가 발생된다. `Resize` 이벤트 처리기에 등록된 `Form1_Resize()` 메소드에 의하여 폼에 알맞은 사각형의 폭과 넓이를 나타내는 `cxBlock`과 `cyBlock` 값을 새롭게 계산하며 `Form1_Paint()` 메소드를 통하여 사각형 박스의 배열을 새롭게 그린다. 폼 위에서 마우스를 클릭하면 사각형 배열의 내부는 X로 채워지고 다시 클릭하면 X 표시가 사라진다.

10.3 키보드 다루기

대부분의 윈폼 애플리케이션은 사용자로부터 직접 키보드 입력을 받지 않으며 텍스트박스와 같은 컨트롤을 통하여 키보드 입력을 받는다. 그러나 C#은 컨트롤을 이용한 키보드 입력 이외에도 사용자 입력을 직접 처리할 수 있는 기능을 제공한다. 이 절에서는 윈폼 애플리케이션에서 키보드 입력을 다루는 방법에 대하여 살펴보도록 하자.

10.3.1 입력 포커스 얻기

키보드를 이용한 사용자의 입력은 여러 개의 컨트롤에서 동시에 사용할 수 없다. 입력 포커스를 가진 컨트롤만이 사용자로부터 키보드 입력을 받을 수 있으며 입력 포커스를 가진 컨트롤은 자신이 입력 포커스를 가지고 있다는 것을 사용자에게 알리기 위해서 자신의 형태를 바꾼다. [그림 10-4]와 같이 텍스트박스가 입력 포커스를 가지고 있다면 포인트 위치에 캐럿(caret: |, 일종의 커서)을 깜박거리며 버튼 컨트롤의 경우에는 버튼 주위에 점선을 그린다.

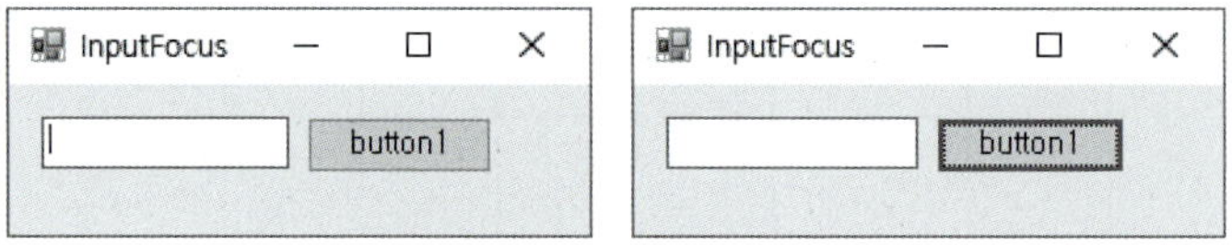

그림 10-4 입력 포커스를 가지는 컨트롤의 형태

다른 컨트롤들도 이와 유사한 방법을 사용하여 자신이 입력 포커스를 가지고 있음을 사용자에게 알려준다.

특정 컨트롤로 입력 포커스를 이동시키기 위해서는 `Control` 클래스의 `Focus()` 메소드를 이용해야 한다. `Focus()` 메소드는 `Control` 클래스로부터 파생된 대부분의 컨트롤들이 가지는 메소드로서 특정 컨트롤에 대한 입력 포커스가 변경되면 참을 반환하고 입력 포커스가 변경되지 못하면 거짓을 반환한다. [예제 10-7]은 입력 포커스를 이동시키기 위하여 `Focus()` 메소드가 적용된 예제이다.

예제 10-7 FocusApp

1) 디자인

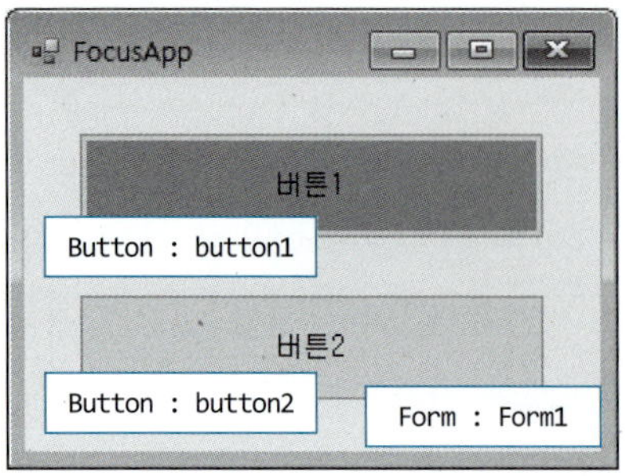

컨트롤 : (Name)	프로퍼티	값
Form : Form1	Text	FocusApp
Button : button1	Text	버튼 1
	BackColor	ControlDark
Button : button2	Text	버튼 2

컨트롤 : (Name)	이벤트	메소드명
Button : button1	Click	button1_Click()
Button : button2	Click	button2_Click()

2) 코드

```
private void button1_Click(object sender, EventArgs e) {
   this.button1.BackColor = SystemColors.Control;
   this.button2.Focus();
   if (this.button2.Focused)
      this.button2.BackColor = SystemColors.ControlDark;
}
private void button2_Click(object sender, EventArgs e) {
   this.button2.BackColor = SystemColors.Control;
   this.button1.Focus();
   if (this.button1.Focused)
      this.button1.BackColor = SystemColors.ControlDark;
}
```

실행 방법

버튼 1과 버튼 2를 차례대로 선택하여 Click 이벤트 발생시킨다.

실행 결과

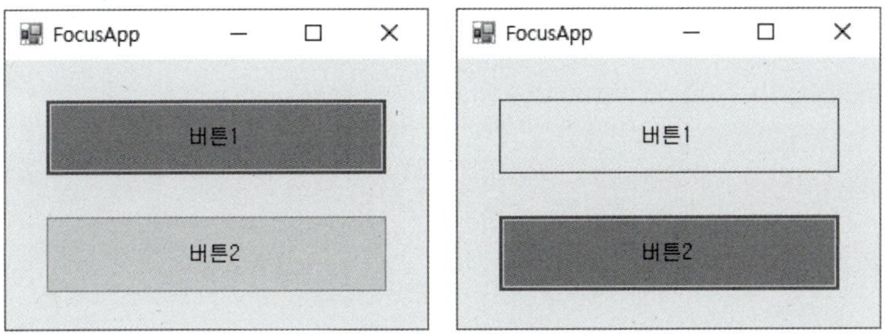

[예제 10-7]은 button1을 클릭할 경우 button2가 입력 포커스를 가지며 입력 포커스를 가진 버튼의 색상이 변경되는 예제이다. 버튼 컨트롤의 Focused 프로퍼티를 확인함으로서 컨트롤이 입력 포커스를 가졌는지 확인할 수 있으며, 입력 포커스를 가졌을 때 BackColor 프로퍼티를 변경함으로서 버튼의 색상을 변경할 수 있다. 입력 포커스와 관련된 프로퍼티는 대부분의 컨트롤에서 공통적으로 제공되고 있으며 그 내용은 다음과 같다.

표 10-8 입력 포커스 관련 프로퍼티

프로퍼티	설명
CanFocus	컨트롤이 포커스를 받을 수 있는지 여부를 나타내는 값을 가져온다.
ContainsFocus	컨트롤이나 해당 컨트롤의 자식 컨트롤이 현재 입력 포커스를 가지고 있는지 여부를 나타내는 값을 가져온다.
Focused	컨트롤에 입력 포커스가 있는지 여부를 나타내는 값을 가져온다.

위에서 설명한 프로퍼티 이외에도 이벤트를 통하여 컨트롤의 입력 포커스를 확인할 수 있다. 컨트롤이 입력 포커스를 가지거나 잃을 때에 발생하는 이벤트를 처리함으로서 컨트롤에 대한 입력 포커스 처리가 가능하다. 다음은 컨트롤이 입력 포커스를 가지거나 잃을 때 발생되는 이벤트이다.

표 10-9 입력 포커스 관련 이벤트

이벤트	설명
Enter	자신 또는 자식 컨트롤이 입력 포커스를 받을 때 발생한다.
Leave	자신 또는 자식 컨트롤이 입력 포커스를 잃을 때 발생한다.

Enter나 Leave 이벤트를 이용하여 특정 컨트롤이 입력 포커스를 받았음을 알릴 수 있도록 사용자 인터페이스를 변경할 수 있다. [예제 10-8]과 같이 컨트롤이 입력 포커스를 받았을 때 메시지 박스를 출력하도록 구성할 수 있다.

예제 10-8 FocusEventApp

1) 디자인

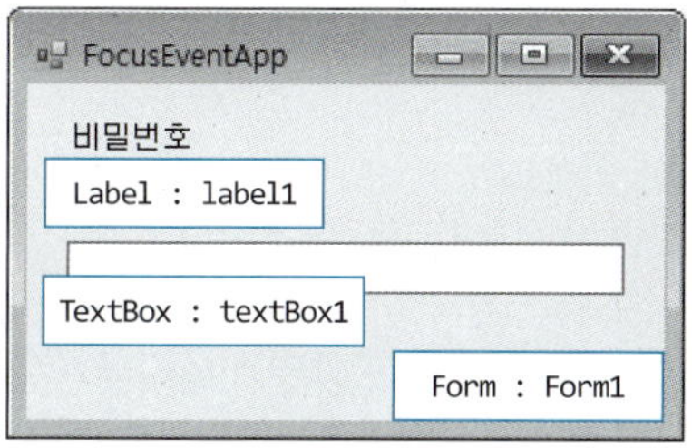

컨트롤 : (Name)	프로퍼티	값
Form : Form1	Text	FocusEventApp
Label : label1	Text	비밀번호
TextBox : textBox1	Text	
	PasswordChar	*

컨트롤 : (Name)	이벤트	메소드명
TextBox : textBox1	Enter	textBox1_Enter()

2) 코드

```
private void textBox1_Enter(object sender, EventArgs e) {
    MessageBox.Show("비밀번호를 입력하세요");
}
```

실행 방법

키보드나 마우스를 이용하여 textBox1에 Enter 이벤트를 발생

실행 결과

[예제 10-8]을 실행하면 시작과 동시에 메시지 상자가 출력된다. 그 이유는 `textBox1` 컨트롤이 애플리케이션의 실행과 동시에 입력 포커스를 가지기 때문이다. 또한, `textBox1`의 `PasswordChar` 프로퍼티를 `'*'`로 설정하였기 때문에 `textBox1`에서 입력받는 텍스트는 모두 `'*'`로 표시된다.

10.3.2 Keys 열거형 사용하기

키보드로 입력되는 모든 값은 `System.Windows.Forms` 네임스페이스에 포함된 Keys 열거형에 정의되어 있다. 키보드에 대한 열거형 뿐만 아니라 마우스 버튼에 대한 열거형도 정의되어 있다. [표 10-10]은 `Keys` 열거형에 있는 몇 가지 기호 상수에 대한 설명이다.

표 10-10 Keys 열거형

기호 상수	설명
A	문자 A
F5	기능키 F5
LShiftKey	왼쪽 시프트 키
RControlKey	오른쪽 컨트롤 키
Left	왼쪽 화살표 키
Divide	나누기 키(/)
D3	숫자 3
NumPad3	숫자 패드 3
PageUp	페이지업 키
Delete	델 키
Up	위쪽 화살표 키
LButton	마우스 왼쪽 버튼

`Keys` 열거형은 [표 10-10]과 같이 문자와 관련된 열거형에 대해서는 해당 문자를 그대로 사용하고 있으며 대문자와 소문자를 구별하지 않는다. 그러나 키보드의 숫자 키와 키패드의 숫자 키는 별도로 구분하고 있으며, 다양한 기능키에 대해서도 모두 정의하고 있다.

10.3.3 키보드 이벤트 처리하기

사용자가 키보드를 누르면 KeyDown, KeyPress, KeyUp과 같은 세 가지 이벤트가 차례로 발생한다. 키를 처음 누를 때 KeyDown 이벤트가 발생되며, 완전히 눌린 상태에서 KeyPress 이벤트가 발생되고 키를 떼었을 때 KeyUp 이벤트가 발생된다.

KeyPress 이벤트는 보조키(<Ctrl>, <Shift>, <Alt> 키) 상태와 관계없이 간단한 텍스트를 입력하고자 할 때 유용하며, KeyDown과 KeyUp 이벤트는 탐색 기능이나 기능키를 처리하는 데 적합하다. 따라서 C#에서는 하나의 키 입력에 대해서도 다양한 이벤트를 두어 처리하고 있다.

표 10-11 키보드 관련 이벤트

이벤트	설명
KeyDown	사용자가 키를 누를 때 발생하며 키 상태와 보조키를 위한 Keys 열거형 정보를 사용할 수 있다.
KeyPress	키가 완전히 눌러진 상태에서 발생하며 키 문자에 대한 정보를 사용할 수 있다.
KeyUp	키를 떼었을 때 발생하며 키 상태와 보조키에 대한 Keys 열거형 정보를 사용할 수 있다.

KeyDown과 KeyUp 이벤트 처리기는 EventArgs 클래스의 파생 클래스인 KeyEventArgs 클래스의 객체를 매개변수로 가진다. KeyEventArgs 클래스는 다음과 같이 키보드 입력을 직접 처리하기 위한 프로퍼티를 제공하기 때문에 키의 상태와 보조키에 대한 정보를 손쉽게 얻을 수 있다.

표 10-12 KeyEventArgs 클래스의 주요 프로퍼티

프로퍼티	설명
Alt	<Alt> 키를 눌렀는지 여부를 나타내는 값을 가져온다.
Control	<Ctrl> 키를 눌렀는지 여부를 나타내는 값을 가져온다.
Handled	이벤트가 처리되었는지 여부를 나타내는 값을 가져오거나 설정한다.
KeyCode	Keydown 또는 KeyUp 이벤트에 대한 키보드 코드를 가져온다.
KeyData	Keydown 또는 KeyUp 이벤트에 대한 키 데이터를 가져온다.
KeyValue	Keydown 또는 KeyUp 이벤트에 대한 키보드 값을 가져온다.
Modifiers	KeyDown 또는 KeyUp 이벤트에 대한 보조 플래그를 가져온다. 이는 누른 보조키(<Ctrl>, <Shift> 및 <Alt>)의 조합을 나타낸다.
Shift	<Shift> 키가 눌렸는지 여부를 나타내는 값을 가져온다.

Alt, Control, Shift 프로퍼티는 해당키가 눌리면 참을 반환하는 프로퍼티로서 이러한 키들은 사용자가 입력한 키의 의미를 바꾸는데 사용되기 때문에 특별한 관리가 필요하다. KeyCode 프로퍼티는 Keys 열거형([표 10-10] 참조)을 반환하는 프로퍼티이다. 따라서 KeyUp과 KeyDown 이벤트가 발생될 때, KeyCode 프로퍼티의 값을 확인하면 어떠한 키보드가 눌렸는지 쉽게 확인할 수 있다.

KeyPress 이벤트는 KeyDown과 KeyUp 이벤트 사이에서 발생하며 KeyDown과 KeyUp 이벤트 처리기와 달리 KeyPressEventArgs 클래스의 객체를 매개변수로 가진다. KeyPressEventArgs 클래스는 키 코드와 보조키에 대한 정보를 제공하지 않는 대신에 다음과 같은 프로퍼티를 가진다.

표 10-13 KeyPressEventArgs 클래스의 주요 프로퍼티

프로퍼티	설명
Handled	이벤트가 처리되었는지를 명시하는 불린 값
KeyChar	눌려진 문자 값

KeyChar 프로퍼티는 사용자가 누른 키의 실제 문자 값을 반환하는 프로퍼티로서 a 키가 눌리면 'a'를 반환하며 <Shift>+a가 눌리면 'A'를 반환한다.

예제 10-9 KeyEventApp

1) 디자인

컨트롤 : (Name)	프로퍼티	값
Form : Form1	Text	KeyEventApp
Button : button1	Text	Button

컨트롤 : (Name)	이벤트	메소드명
Button : button1	KeyUp	button1_KeyUp()

2) 코드

```
public int xPt, yPt;
public static readonly int MOVE = 10;
void button1_KeyUp(object sender, KeyEventArgs e) {
   this.xPt = this.button1.Location.X;
   this.yPt = this.button1.Location.Y;
   switch (e.KeyCode) {
      case Keys.Left :
         xPt -= MOVE;      break;
      case Keys.Right :
         xPt += MOVE;      break;
      case Keys.Up :
         yPt -= MOVE;      break;
      case Keys.Down :
         yPt += MOVE;      break;
   }
   this.button1.Text = e.KeyCode.ToString();
   this.button1.Location = new Point(xPt, yPt);
}
```

실행 방법

키보드를 눌러서 KeyUp 이벤트 발생시킨다.

실행 결과

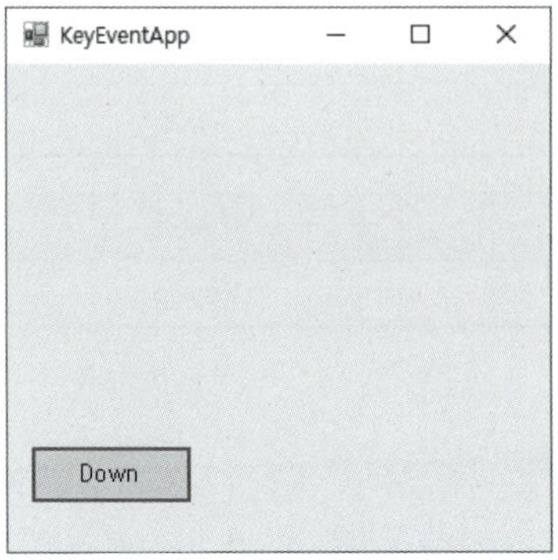

[예제 10-9]는 폼 상에 하나의 버튼 컨트롤을 배치한 예제이다. 다른 컨트롤이 없기 때문에 button1만이 입력 포커스를 가지며 키가 눌리면 button1 컨트롤에 대한 KeyDown, KeyPress, KeyUp 이벤트가 발생한다. 여러 이벤트 가운데 KeyUp 이벤트를 처리하기 위하여 button1_KeyUp() 메소드를 작성하였다. 실행 결과에서 확인할 수 있듯이 키가 눌리면 눌린 키에 대한 Keys 열거형이 button1의 Text 프로퍼티에 배정되어 출력될 뿐만 아니라 방향키에 대해서는 button1의 Location 프로퍼티를 수정함으로서 button1이 폼 위에서 이동하는 실행 결과를 확인할 수 있다.

연습문제

10.1 다음 괄호 안에 적당한 용어를 쓰시오.

(1) 메뉴란 윈도우 애플리케이션에서 가장 일반적인 사용자 인터페이스로서 제공되는 메뉴의 형태에 따라 (　　　)와 (　　　)로 구분된다.

(2) 메인 메뉴란 폼의 상단에 위치한 메뉴로서 마우스뿐만 아니라 (　　)를 통해서도 접근할 수 있는 가장 기본적인 사용자 인터페이스이다.

(3) 메인 메뉴 항목을 입력할 때, 오른쪽은 다음 메인 메뉴를 입력하는 곳이고 아래쪽은 (　　) 항목을 입력하는 곳이다.

(4) 메뉴는 사용자의 행위에 따라서 Popup, (　　), Click과 같은 3개의 이벤트를 발생시킨다.

(5) 애플리케이션의 현재 상태가 반영되기 때문에 상태에 따라 다른 메뉴 항목을 가지는 메뉴를 (　　　　)라 한다.

(6) 상황 메뉴란 컨트롤 위에서 마우스의 (　) 버튼을 클릭하였을 때 나타나는 메뉴이다.

(7) 윈도우 폼 애플리케이션에서 대부분의 사용자 상호작용은 (　　)를 통해 이루어진다.

(8) 사용자가 마우스의 위치를 이동하면 MouseEnter, (　　), MouseLeave, MouseMove, MouseWheel과 같은 이벤트가 발생한다.

(9) MouseMove와 MouseWheel 이벤트는 (　　　　　) 델리게이트형의 이벤트 처리기를 사용한다.

(10) Control 클래스 내에 포함된 (　　　) 프로퍼티를 사용하면 클라이언트 내의 마우스 좌표를 얻을 수 있다.

(11) Control 클래스 내에 포함된 (　　　) 메소드는 특정 컨트롤에게 입력 포커스를 부여할 때 사용하는 메소드이다.

(12) 사용자가 키보드를 누르면 KeyDown, (　　　), KeyUp과 같은 이벤트가 차례로 발생한다.

10.2 다음 객관식 문제를 푸시오.

(1) 메뉴 항목에 단축문자를 부여하면 어느 키와 단축문자를 눌러서 선택할 수 있는가?

① <Alt> 키(알트 키)　② <Shift> 키(시프트 키)
③ <Ctrl> 키(컨트롤 키)　④ <Tab> 키(탭 키)
⑤ <Fn> 키(펑션 키)

(2) 메뉴 항목의 프로퍼티 중 메뉴 항목의 캡션을 가져오거나 설정하는 것은?

① Enabled ② Shortcut

③ Text ④ Visible

⑤ Checked

(3) 메뉴 항목을 그룹화하기 위하여 구분선을 추가하기 위해서는 메뉴 항목의 Text 프로퍼티에 입력하는 특수 문자는 무엇인가?

① & ② $

③ @ ④ -

⑤ %

(4) 마우스 관련 이벤트 중에 MouseEventHandler 델리게이트 형태의 이벤트 처리기를 사용하는 것은?

① MouseEnter ② MouseMove

③ MouseLeave ④ Click

⑤ DoubleClick

(5) 마우스 버튼의 현재 상태를 나타내기 위해서 사용하는 MouseButtons의 열거형 상수가 아닌 것은?

① Left ② Middle

③ None ④ Right

⑤ MouseUp

(6) MouseEventArgs 클래스에서 추가적으로 제공하는 프로퍼티가 아닌 것은?

① Button ② Clicks

③ Delta ④ X, Y

⑤ MousePosition

(7) MouseDown과 MouseUp 이벤트 다음에 발생하는 이벤트는 무엇인가?

① MouseWheel 이벤트 ② MouseMove 이벤트

③ MousePress 이벤트 ④ Click 이벤트

⑤ DoubleClick 이벤트

(8) Keys 열거형에 정의되어 있는 기호 상수는 몇 개인가?

① 127개 ② 128개

③ 183개 ④ 255개

⑤ 256개

(9) 사용자가 키보드를 눌렀을 때 차례로 발생되는 이벤트의 순서는 어느 것인가?

① KeyDown => KeyUp => KeyPress

② KeyDown => KeyPress => KeyUp

③ KeyPress => KeyDown => KeyUp

④ KeyPress => KeyUp => KeyDown

⑤ KeyUp => KeyDown => KeyPress

(10) 사용자가 누른 키의 실제 문자 값을 반환하는 프로퍼티는 무엇인가?

① KeyCode ② KeyData

③ KeyValue ④ KeysEnum

⑤ KeyChar

10.3 다음을 간략히 설명하시오.

(1) 메인 메뉴와 상황 메뉴의 차이점에 대해 논하시오.

(2) Click 이벤트와 MouseDown 이벤트의 차이점에 대해 설명하시오.

(3) MouseButtons 열거형에 대해 설명하시오.

(4) Keys 열거형에 대해 설명하시오.

(5) System.KeyEventArgs에 대해 설명하시오.

10.4 다음은 MouseEventArgs 클래스에 있는 프로퍼티들이다. 용도를 간단히 설명하시오.

(1) Button (2) Clicks

(3) Delta (4) X, Y

10.5 다음은 KeyEventArgs 클래스에 있는 프로퍼티들이다. 용도를 간단히 설명하시오.

(1) Alt (2) Control

(3) Handled (4) KeyCode

(5) KeyData (6) KeyValue

(7) Modifiers (8) Shift

10.6 다음을 C# 언어로 프로그래밍 하시오.

(1) 메인 메뉴와 메뉴 항목이 [예제 10-1]과 같이 되도록 폼을 설계하고 각 메뉴 항목을 클릭했을 때 메뉴 항목 이름을 메시지 상자에 출력하는 C# 프로그램을 작성하시오.

(2) 마우스가 움직일 때마다 마우스의 위치를 타이틀 바에 표시해 주는 C# 프로그램을 작성하시오.

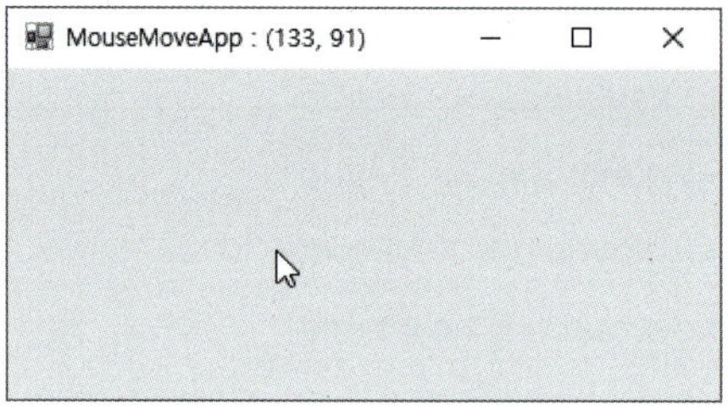

(3) 한 지점에서 마우스 왼쪽 버튼을 누르고 드래그한 후, 마우스 버튼을 떼면 마우스를 누른 지점부터 뗀 위치까지 사각형을 그리는 C# 프로그램을 작성하시오.

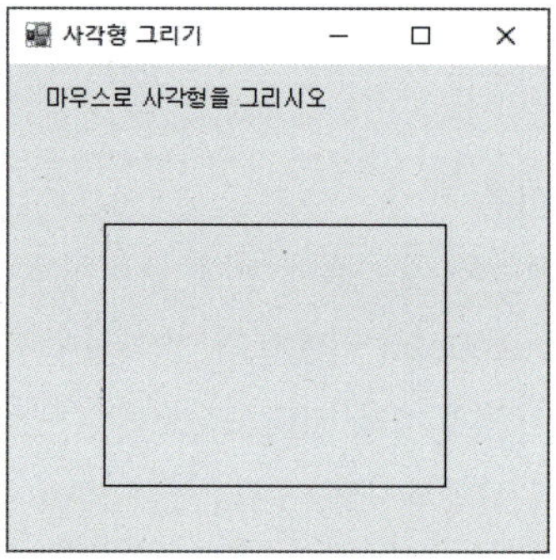

(4) 다음 실행 결과와 같이 선택한 색상으로 마우스의 좌표점을 입력으로 받아 그림을 그리는 C# 프로그램을 작성하시오.

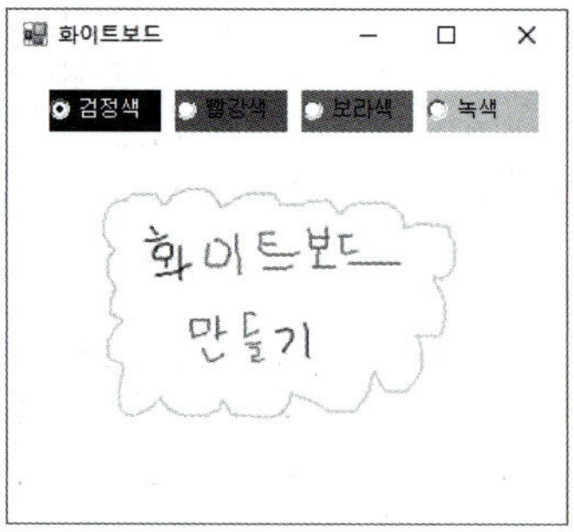

(5) [예제 10-6]을 수정하여 마우스로 클릭하였을 때 다음과 같이 사각형 안에 원을 그리도록 작성하시오.

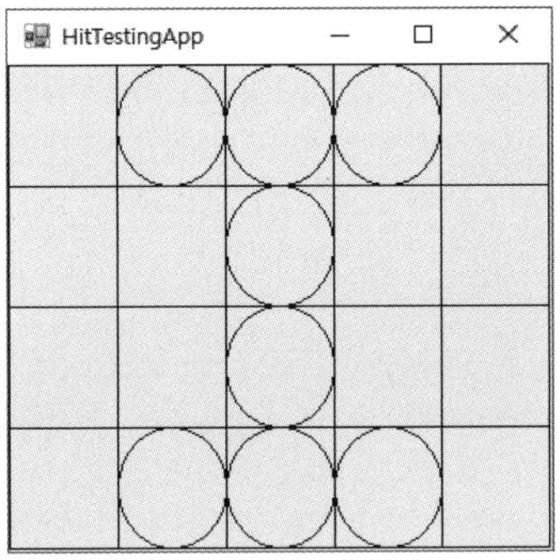

(6) KeyDown 이벤트를 사용하여 키보드로부터 입력받은 문자를 메시지 박스에 출력하는 프로그램을 작성하시오. 예를 들어, 사용자가 <F1>키를 눌렀다면 KeyCode 프로퍼티에는 Keys.F1 값이 저장되게 된다. 즉, e.KeyCode의 값이 Keys.F1가 된다.
또한, <Ctrl>, <Shift>, <Alt> 중의 한 키를 <F1>과 같이 누르면 키에 대한 각각의 정보가 KeyEventArgs 클래스의 Shift, Alt, Control 프로퍼티에 저장된다. 예상 실행 결과 화면은 다음과 같다.

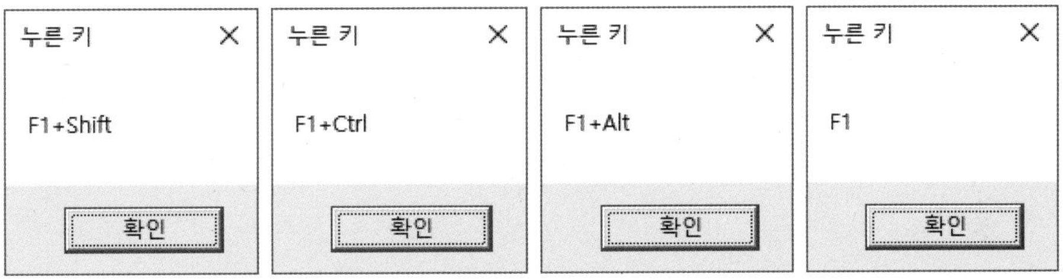

(7) KeyPress 이벤트 처리기의 두 번째 인수에는 System.Windows.Forms.KeyPressEventArgs 클래스 타입의 정보가 전달된다. KeyPressEventArgs 클래스의 KeyChar 프로퍼티에는 사용자의 누른 키의 문자 값이 저장된다. KeyPress 이벤트의 프로퍼티를 적절히 이용하여, 전화번호 입력 시 숫자와 '–' 문자만을 입력받도록 제한하는 프로그램을 작성하시오.

CHAPTER 11

고급 컨트롤

C# Programming

contents

11 고급 컨트롤

통합 개발환경의 도구 상자는 프로그래머가 사용할 수 있는 다양한 컨트롤과 컴포넌트를 제공하고 있다. 버튼, 레이블, 텍스트 상자, 리스트 등과 같은 기본적인 컨트롤은 8장에서 이미 학습하였지만 고급스러운 GUI 프로그램을 작성하기에는 부족한 면이 있다. 따라서 이 장에서는 통합 개발환경의 도구 상자에서 제공하는 컨트롤 가운데 유용하게 사용할 수 있는 리스트 뷰, 트리 뷰, 업다운 컨트롤, 트랙 바, 프로그레스 바와 같은 고급 컨트롤과 이미지 리스트, 타이머와 같은 컴포넌트에 관해서 학습하고자 한다.

고급 컨트롤과 컴포넌트를 사용하면 윈도우 운영체제에서 자주 접하는 탐색기와 같은 형태의 프로그램을 쉽게 작성할 수 있으며, 다양한 형태의 애니메이션도 구현할 수 있다.

11.1 리스트 뷰

리스트 뷰(list view)는 리스트 상자(8.4.1절 참조)와 유사한 기능을 갖고 있지만 목록을 구조적으로 장식할 수 있는 컨트롤이다. 즉, 사용자가 항목을 쉽게 선택할 수 있도록 리스트 상자에 추가적인 정보를 준 것이 리스트 뷰이다. 추가적인 정보에는 [그림 11-1]에서 볼 수 있듯이 항목의 특징을 나타내는 아이콘과 항목의 내용을 기술하는 설명 등이 있다.

통합 개발환경에서, 리스트 뷰를 작성하기 위해서는 먼저 리스트 뷰에서 사용할 아이콘을 `ImageList` 컴포넌트에 등록해야 한다. 이것은 여러 개의 이미지 파일을 관리하기 위해 사용하는 컴포넌트로서 리스트 뷰나 트리 뷰와 같은 컨트롤에서 주로 이용된다([부록 A] 참조).

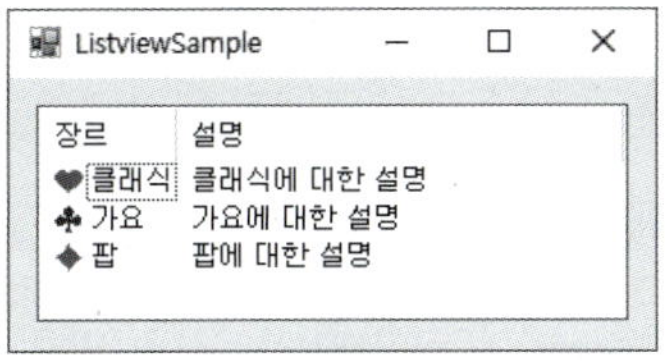

그림 11-1 리스트 뷰

리스트 뷰는 [그림 11-2]와 같이 다양한 형태를 가질 수 있으나, 리스트 뷰의 `View` 프로퍼티가 `LargeIcon` 기호 상수를 기본값이기 때문에 (1)과 같은 형태의 리스트 뷰가 기본으로 생성된다.

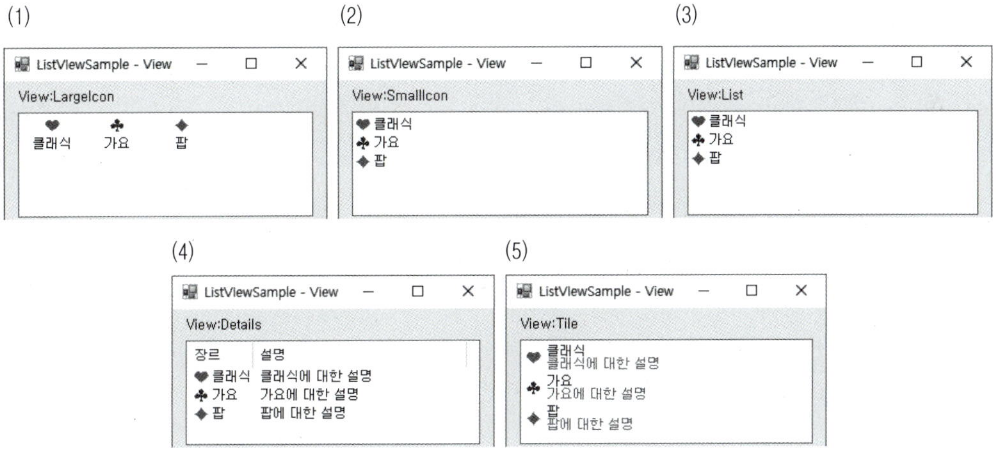

그림 11-2 리스트 뷰의 다양한 형태

리스트 뷰의 형태는 View 프로퍼티의 값에 따라 [그림 11-2]와 같은 5가지 형태를 가질 수 있다. `View` 프로퍼티는 `System.Windows.Forms` 네임스페이스에 포함된 `View` 열거형을 값으로 가지며 `View` 열거형의 내용은 [표 11-1]과 같다.

표 11-1 View 열거형

기호 상수	설명
`LargeIcon`	큰 아이콘의 형태([그림 11-2]의 (1))
`SmallIcon`	작은 아이콘의 형태([그림 11-2]의 (2))
`List`	간단한 리스트 형태([그림 11-2]의 (3))
`Detail`	자세한 리스트 형태([그림 11-2]의 (4))
`Tile`	큰 아이콘이 표시되는 자세한 리스트 형태([그림 11-2]의 (5))

리스트 뷰는 선택된 항목을 SelectedItems 프로퍼티에 배정한다. 이 때 반환되는 자료형은 ListViewItem 클래스형이다. 또한, 리스트 뷰의 MultiSelect 프로퍼티가 참으로 설정되어 있다면 ListViewItem의 배열형으로 저장된다.

다음은 리스트 뷰의 SelectedItems 프로퍼티의 사용 방법을 보여주는 예제로 선택된 항목의 부항목(국가, 국가 번호)을 제일 하단에 있는 레이블 컨트롤에 출력하는 프로그램이다.

예제 11-1 ListViewApp

1) 디자인

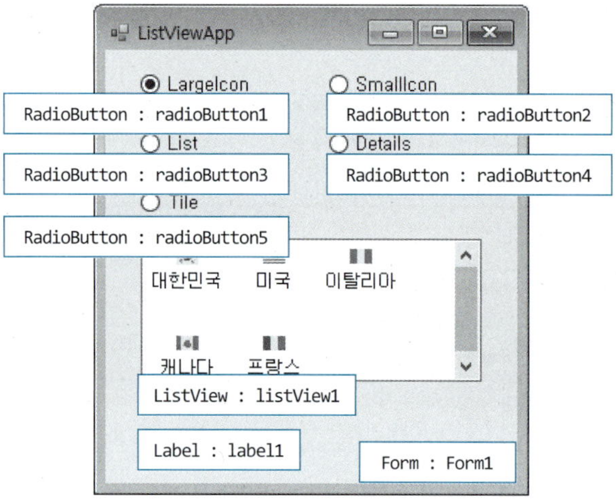

컴포넌트 : (Name)	프로퍼티	인덱스	값
ImageList : imageList1	Images	0	South Korea.png
		1	USA.png
		2	Italy.png
		3	Canada.png
		4	France.png

• 이미지 경로 : https://icons8.com/web-app/category/all/Flags

컨트롤 : (Name)	프로퍼티	값
Form : Form1	Text	ListViewApp
RadioButton : radioButton1	Text	LargeIcon
	Checked	True
RadioButton : radioButton2	Text	SmallIcon
RadioButton : radioButton3	Text	List
RadioButton : radioButton4	Text	Details
RadioButton : radioButton5	Text	Tile
Label : label1	Text	
ListView : listView1	LargeImageList	imageList1
	SmallImageList	imageList1

- listView1의 Columns 프로퍼티

Columns	프로퍼티	값
ColumnHeader : columnHeader1	Text	국가
ColumnHeader : columnHeader2	Text	국가 번호

- listView1의 Items 프로퍼티

Items	프로퍼티	값	프로퍼티	값
ListViewItem0	ImageIndex	0		
	Text	대한민국		
	SubItems	ListViewSubItem0	Text	82
ListViewItem1	ImageIndex	1		
	Text	미국		
	SubItems	ListViewSubItem0	Text	1
ListViewItem2	ImageIndex	2		
	Text	이탈리아		
	SubItems	ListViewSubItem0	Text	39
ListViewItem3	ImageIndex	3		
	Text	캐나다		
	SubItems	ListViewSubItem0	Text	1
ListViewItem4	ImageIndex	4		
	Text	프랑스		
	SubItems	ListViewSubItem0	Text	33

컨트롤 : (Name)	이벤트	메소드명
RadioButton : radioButton1	CheckedChanged	radioButton1_CheckedChanged()
RadioButton : radioButton2	CheckedChanged	radioButton2_CheckedChanged()
RadioButton : radioButton3	CheckedChanged	radioButton3_CheckedChanged()
RadioButton : radioButton4	CheckedChanged	radioButton4_CheckedChanged()
RadioButton : radioButton5	CheckedChanged	radioButton5_CheckedChanged()
ListView : listView1	Click	listView1_Click()

2) 코드

```
private void listView1_Click(object sender, EventArgs e) {
  foreach (ListViewItem item in listView1.SelectedItems) {
    ListViewItem.ListViewSubItemCollection subItem = item.SubItems;
    // 각 항목에 대한 부항목을 얻기 위해 SubItems 프로퍼티를 사용
    label1.Text = subItem[0].Text + "의 국가번호는 " +
              subItem[1].Text + "입니다.";
  }
}
private void radioButton1_CheckedChanged(object sender, EventArgs e) {
  if (radioButton1.Checked)
    // 리스트 뷰의 항목을 큰 아이콘 형태로 보여준다.
    listView1.View = View.LargeIcon;
}
private void radioButton2_CheckedChanged(object sender, EventArgs e) {
  if (radioButton2.Checked)
    // 리스트 뷰의 항목을 작은 아이콘 형태로 보여준다.
    listView1.View = View.SmallIcon;
}
private void radioButton3_CheckedChanged(object sender, EventArgs e) {
  if (radioButton3.Checked)
    // 리스트 뷰의 항목을 간단한 리스트 형태로 보여준다.
    listView1.View = View.List;
}
private void radioButton4_CheckedChanged(object sender, EventArgs e) {
  if (radioButton4.Checked)
    // 리스트 뷰의 항목을 자세한 리스트 형태로 보여준다.
    listView1.View = View.Details;
```

```
}
private void radioButton5_CheckedChanged(object sender, EventArgs e) {
  if (radioButton5.Checked)
    // 리스트 뷰의 항목을 타일 형태로 보여준다.
    listView1.View = View.Tile;
}
```

실행 방법

① 라디오버튼 중 하나를 선택한다.
② 리스트 뷰의 항목을 선택한다.

실행 결과

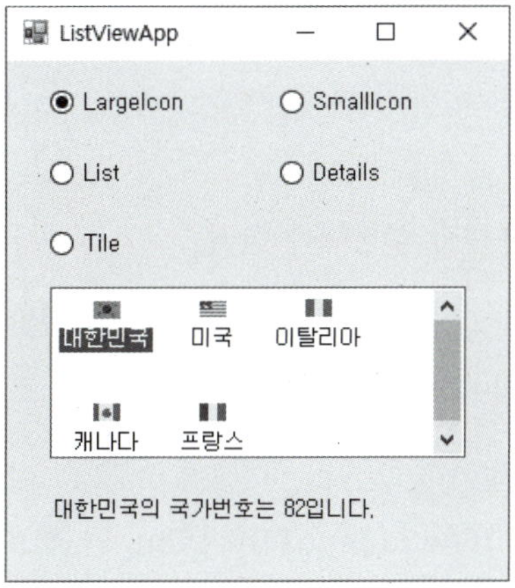

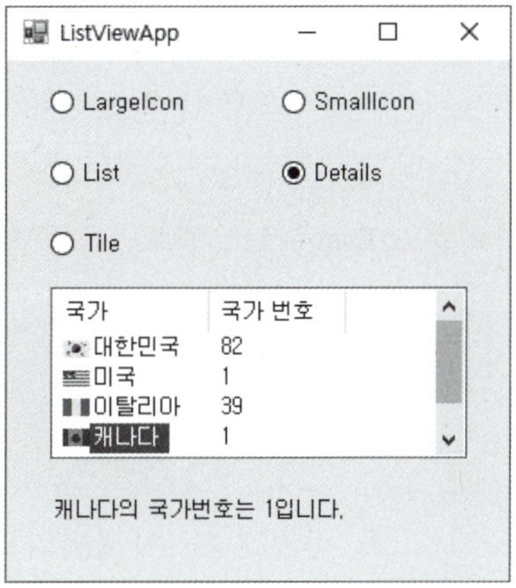

[예제 11-1]은 리스트 뷰에 2개의 열(국가, 국가번호)을 설정하였다. 모두 5개의 항목을 추가한 후 각 항목에 대하여 아이콘을 지정하였으며 1개의 부항목을 추가하였다.

라디오버튼을 선택할 경우 리스트 뷰의 `View` 프로퍼티의 값을 변경하여 리스트 뷰의 형태가 변경되도록 설정하였으며, 리스트 뷰의 항목을 선택할 경우 해당 항목의 부항목에 대한 `Text` 프로퍼티를 레이블에 출력하도록 작성하였다. 이 때 각각의 리스트 뷰 항목에 대한 부 항목은 리스트 뷰 항목이 가지는 프로퍼티 중 `SubItems` 프로퍼티를 통해 얻을 수 있으며 그 참조 형식은 예제에서 보는 바와 같이 `ListViewItem.ListViewSubItemCollection`이다.

11.2 트리 뷰

트리 뷰(tree view)는 목록을 계층적으로 보여주기 위한 컨트롤로서 트리 뷰에 포함된 각 항목을 노드(node)라 부른다. 트리 뷰는 [그림 11-3]과 같이 노드를 계층적으로 표시할 수 있으며 각 노드에 대하여 이미지 아이콘을 추가할 수 있다.

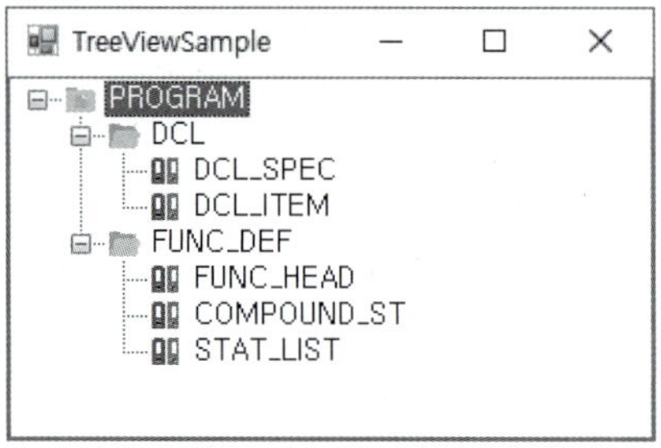

그림 11-3 트리 뷰

노드를 위한 이미지 아이콘도 `ImageList` 컴포넌트를 사용해서 설정해야 한다.

이상과 같은 방법으로 생성되는 노드들은 모두 `TreeNode` 클래스(`System.Windows.Forms.TreeNode`)의 객체로서 트리 뷰 컨트롤의 `Nodes` 프로퍼티에 `TreeNodeCollection` 형으로 저장된다.

트리 뷰의 노드는 트리 노드 편집기가 아니더라도 `TreeNodeCollection` 클래스의 메소드([표 11-2] 참조)를 사용하여 편집할 수 있다. 트리 뷰의 `Nodes` 프로퍼티는 `TreeNodeCollection` 형이기 때문에 [표 11-2]에서 설명하고 있는 메소드를 사용하여 노드의 추가 및 삭제가 가능하다.

표 11-2 TreeNodeCollection 클래스의 메소드

메소드	설명
`Add(TreeNode node)`	트리 뷰에 새로운 노드를 추가한다.
`Clear()`	트리 뷰의 모든 노드를 삭제한다.
`Insert(int index, TreeNode node)`	트리 뷰의 지정된 인덱스에 노드를 삽입한다.
`Remove(TreeNode node)`	트리 뷰의 노드 중 매개 변수에 해당하는 노드를 삭제한다.

[표 11-2]에서 설명한 메소드는 트리 뷰의 노드를 다루기 위해 제공되는 메소드이다. 이러한 메소드는 대부분 TreeNode 형의 매개변수를 사용하기 때문에 트리 뷰에 노드를 추가하거나 삭제하기 위해서는 TreeNode 클래스의 객체를 생성한 후 사용해야 한다.

TreeNode 클래스의 객체를 생성하기 위한 생성자의 기본적인 형식은 다음과 같다. 아이콘이 없는 노드를 생성할 경우는 첫 번째 형태를 사용하고, 아이콘이 있는 노드를 생성할 경우는 두 번째 형태를 사용한다.

```
public TreeNode(string label);
public TreeNode(string label, int idx1, int idx2);
```

여기서, label은 노드 이름에 해당하는 문자열이다. 그리고 idx1과 idx2는 노드에 아이콘으로 추가하려는 이미지의 인덱스이다. idx1은 노드가 선택되지 않았을 때의 이미지 인덱스이고 idx2는 노드가 선택되었을 때의 이미지 인덱스이다.

[예제 11-2]는 TreeNodeCollection 클래스의 메소드를 이용하여 트리 뷰의 노드를 추가하고 삭제하는 예제이다.

예제 11-2 TreeViewApp

1) 디자인

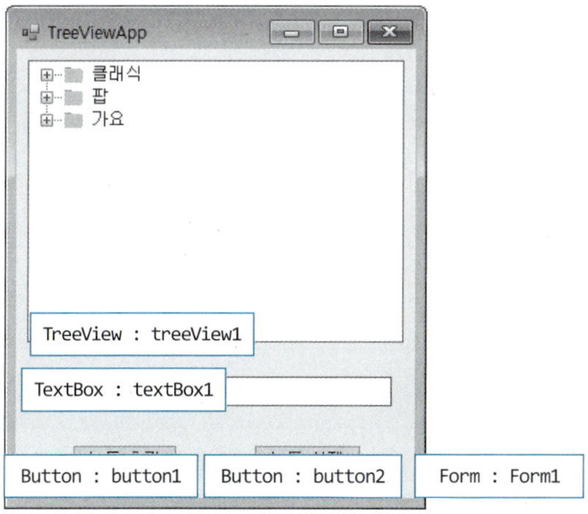

컴포넌트 : (Name)	프로퍼티	인덱스	값
ImageList : imageList1	Images	0	Folder.png
		1	CD.png

• 이미지 경로 : https://icons8.com/

컨트롤 : (Name)	프로퍼티	값
Form : Form1	Text	TreeViewApp
TextBox : textBox1	Text	
Button : button1	Text	노드 추가
Button : button2	Text	노드 삭제
TreeView : treeView1	ImageList	imageList1

• treeView1의 Nodes

Node의 레이블		이미지(인덱스)	선택한 이미지(인덱스)
클래식		0(Folder)	0(Folder)
	베토벤	1(CD)	1(CD)
	슈베르트	1(CD)	1(CD)
	모짜르트	1(CD)	1(CD)
팝		0(Folder)	0(Folder)
	Britney Spears	1(CD)	1(CD)
	Mariah Carey	1(CD)	1(CD)
	Carpenters	1(CD)	1(CD)
가요		0(Folder)	0(Folder)
	이승환	1(CD)	1(CD)
	전인권	1(CD)	1(CD)
	이효리	1(CD)	1(CD)

컨트롤 : (Name)	이벤트	메소드명
Form : Form1	Load	Form1_Load()
Button : button1	Click	button1_Click()
Button : button2	Click	button2_Click()

2) 코드

```
private void Form1_Load(object sender, EventArgs e) {
   treeView1.ExpandAll(); // 트리 뷰의 모든 노드를 펼침.
}
private void button1_Click(object sender, EventArgs e) {
   if (textBox1.Text != "" && treeView1.SelectedNode != null) {
      // 선택된 노드가 있으면, 그 노드의 자식 노드로 추가한다.
      treeView1.SelectedNode.Nodes.Add(new TreeNode(textBox1.Text, 1, 1));
      textBox1.Text = "";
      textBox1.Focus();
   }
}
private void button2_Click(object sender, EventArgs e) {
   treeView1.Nodes.Remove(treeView1.SelectedNode);
}
```

실행 방법

① 자식 노드를 추가할 노드를 선택한다.
② 텍스트상자에 텍스트를 입력한다.
③ 노드 추가 버튼을 클릭한다.

실행 결과

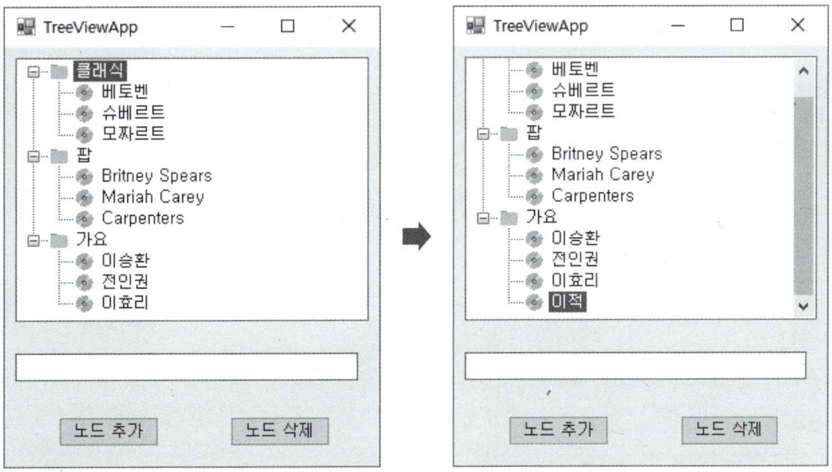

[예제 11-2]에서, 트리 뷰의 노드를 선택할 경우에 선택된 노드는 트리 뷰의 SelectedNode 프로퍼티에 저장되며 이를 통하여 사용자가 원하는 위치에 노드를 추가하거나 삭제할 수 있다. 이 때 SelectedNode 프로퍼티가 반환하는 노드의 자료형은 앞서 설명한 바와 같이 TreeNode 클래스형이다. 따라서 [표 11-3]과 같은 TreeNode 클래스의 프로퍼티를 이용하면 선택된 노드를 기준으로 부모 노드, 이전 형제 노드, 다음 형제 노드, 자식 노드 등을 참조할 수 있다.

표 11-3 TreeNode 클래스의 프로퍼티

프로퍼티	설명
Parent	현재 트리 노드의 부모 노드
PrevNode	현재 트리 노드의 이전 형제 노드
NextNode	현재 트리 노드의 다음 형제 노드
Nodes	현재 트리 노드의 자식 노드들

다음은 사용자가 선택한 노드를 기준으로 부모 노드, 이전 형제 노드, 다음 형제 노드, 자식 노드를 텍스트 상자와 리스트 상자에 출력하는 예제로 TreeNode 클래스의 프로퍼티를 사용하는 방법을 보여준다.

예제 11-3 TreeNodeApp

1) 디자인

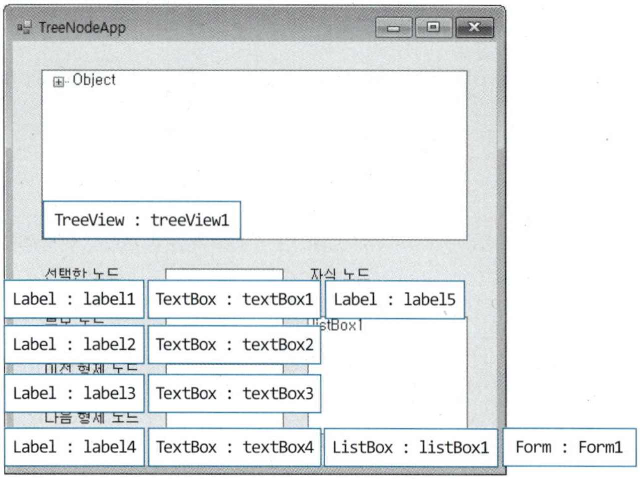

컨트롤 : (Name)	프로퍼티	값
Form : Form1	Text	TreeNodeApp
Label : label1	Text	선택한 노드
Label : label2	Text	부모 노드
Label : label3	Text	이전 형제 노드
Label : label4	Text	다음 형제 노드
Label : label5	Text	자식 노드
TextBox : textBox1	Text	
TextBox : textBox2	Text	
TextBox : textBox3	Text	
TextBox : textBox4	Text	
TextBox : textBox5	Text	
ListBox : listBox1	Items	

• treeView1.Nodes 프로퍼티

<table>
<tr><th colspan="3">노드의 레이블(계층적 구조)</th></tr>
<tr><td rowspan="10">Object</td><td>Console</td><td></td></tr>
<tr><td>Delegate</td><td>MulticastDelegate</td></tr>
<tr><td rowspan="2">Exception</td><td>ApplicationException</td></tr>
<tr><td>SystemException</td></tr>
<tr><td>Math</td><td></td></tr>
<tr><td rowspan="4">MarshalByRefObject</td><td>TextReader</td></tr>
<tr><td>TextWriter</td></tr>
<tr><td>Timer</td></tr>
<tr><td>TreeNode</td></tr>
<tr><td>String</td><td></td></tr>
</table>

컨트롤 : (Name)	이벤트	메소드명
Form : Form1	Load	Form1_Load()
TreeView : treeView1	AfterSelect	treeView1_AfterSelect()

2) 코드

```
private void Form1_Load(object sender, EventArgs e) {
   treeView1.ExpandAll(); // 트리 뷰의 모든 노드를 펼침.
}
private void treeView1_AfterSelect(object sender, TreeViewEventArgs e) {
  if (treeView1.SelectedNode != null) {
    textBox1.Text = treeView1.SelectedNode.Text;
    textBox2.Text = (treeView1.SelectedNode.Parent == null) ?
                "" : treeView1.SelectedNode.Parent.Text;
    textBox3.Text = (treeView1.SelectedNode.PrevNode == null) ?
                "" : treeView1.SelectedNode.PrevNode.Text;
    textBox4.Text = (treeView1.SelectedNode.NextNode == null) ?
                "" : treeView1.SelectedNode.NextNode.Text;
    if (treeView1.SelectedNode.Nodes != null) {
      listBox1.Items.Clear();
      foreach (TreeNode node in treeView1.SelectedNode.Nodes)
         listBox1.Items.Add(node.Text);
    }
  }
}
```

실행 방법

트리 뷰의 노드를 선택한다.

실행 결과

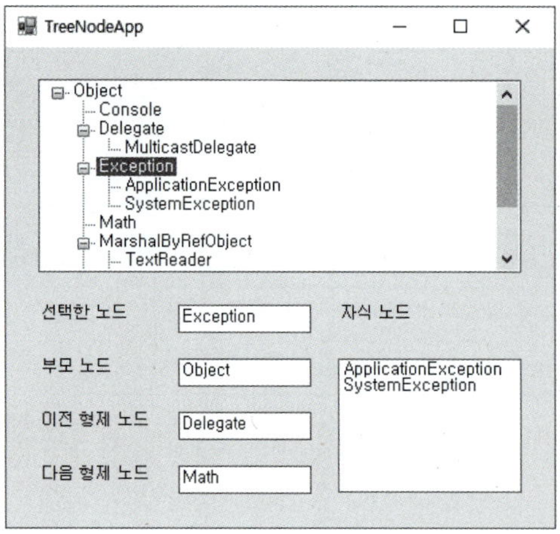

11.3 업다운 컨트롤

업다운 컨트롤(updown control)은 콤보 상자(8.4.2절 참조)와 유사한 형태와 기능을 갖고 있어 주어진 목록에서 항목을 선택할 수 있는 컨트롤이다. 일반적으로 오른쪽에 있는 업다운 버튼을 이용하여 필요한 값을 찾기 때문에 스핀(spin) 컨트롤이라고 알려져 있다.

업다운 컨트롤은 콤보 상자와 기본 형태가 유사하지만 [그림 11-4]과 같이 한 번에 오직 하나의 항목만을 표시할 수 있는 차이점이 있다. 따라서 필요한 항목을 찾기 위해서는 컨트롤의 오른쪽에 있는 업다운 버튼을 클릭하거나 또는 키보드의 방향키나 마우스의 휠을 이용하여 표시되는 항목을 변경해야 한다.

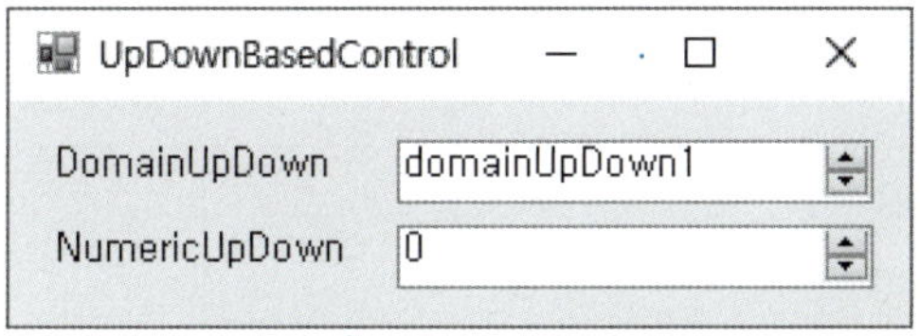

그림 11-4 업다운 컨트롤

업다운 기반 컨트롤의 종류에는 영역 업다운(domain updown) 컨트롤과 수치적 업다운(numeric updown) 컨트롤이 있다. 전자는 문자열로 이루어진 목록에서 특정한 항목을 선택할 수 있는 컨트롤이며, 후자는 지정한 범위 내에서 수치적 값을 선택할 수 있는 컨트롤이다.

11.3.1 영역 업다운 컨트롤

영역 업다운 컨트롤(Domain UpDown Control)은 여러 항목 가운데 하나의 항목을 선택할 수 있는 컨트롤로서 콤보 상자와 유사한 형태와 기능을 갖고 있다.

영역 업다운 컨트롤의 기본적인 프로퍼티들은 리스트 상자와 동일하며 `Wrap`이라는 별도의 프로퍼티가 제공된다. 이것을 참으로 설정하면 목록에서 마지막 항목을 표시한 후 다시 처음 항목으로 되돌아가 표시할 수 있다. 즉, 순환적으로 항목들이 표시된다.

예제 11-4 DomainUpDownApp

1) 디자인

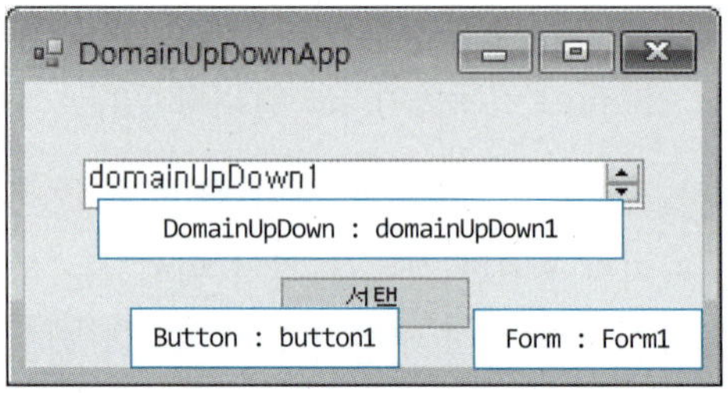

컨트롤 : (Name)	프로퍼티	값
Form : Form1	Text	DomainUpDownApp
Button : button1	Text	선택
DomainUpDown : domainUpDown1	Items	프로그래밍언어 컴파일러 컴퓨터구성 알고리즘 운영체제 데이터베이스
	Wrap	True

컨트롤 : (Name)	이벤트	메소드명
Button : button1	Click	button1_Click()

2) 코드

```
private void button1_Click(object sender, EventArgs e) {
  MessageBox.Show(domainUpDown1.SelectedItem.ToString());
}
```

실행 방법

① 도메인 업다운 컨트롤에서 항목을 선택한다.
② 선택 버튼을 클릭한다.

실행 결과

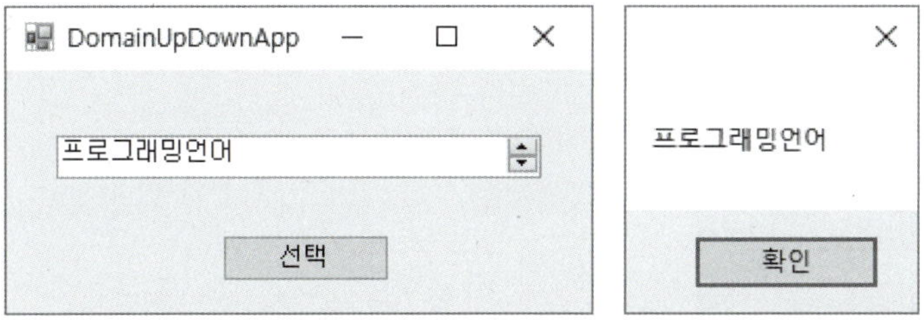

11.3.2 수치적 업다운 컨트롤

수치적 업다운 컨트롤(Numberic UpDown Control)은 특정한 범위의 숫자를 항목으로 갖는 컨트롤로서 지정된 범위의 값을 선택하는데 매우 유용하다.

수치적 업다운 컨트롤에서 제공하는 프로퍼티([표 11-4] 참조)를 이용하여 항목의 범위나 증가/감소량 등을 설정할 수 있다. 선택할 수 있는 값의 범위는 `Minimum`과 `Maximum` 프로퍼티를 통해 설정할 수 있으며, 업다운 버튼이 눌릴 때마다 변경되는 양은 `Increment` 프로퍼티를 통해 설정할 수 있다.

표 11-4 수치적 업다운 컨트롤의 프로퍼티

프로퍼티	설명
`Minimum`	수치적 업다운 컨트롤의 최소값
`Maximum`	수치적 업다운 컨트롤의 최대값
`Increment`	수치적 업다운 컨트롤의 증가/감소 양
`Value`	수치적 업다운 컨트롤의 현재 값
`DecimalPlaces`	수치적 업다운 컨트롤에 표시할 소수 자릿수
`ThousandsSeparator`	10진수 3자리마다 구분 기호를 삽입 여부
`Hexadecimal`	수치적 업다운 컨트롤의 값을 16진수로 표시

사용자가 선택한 값은 `Value` 프로퍼티에 저장되며 이 값이 변경되면 `ValueChanged` 이벤트가 발생된다. 이와 같은 프로퍼티와 이벤트를 이용하여, [예제 11-5]는 수치적 업다운 컨트롤에서 선택된 값에 대한 로그값, 제곱값, 제곱근을 구하는 프로그램이다.

예제 11-5 NumericUpDownApp

1) 디자인

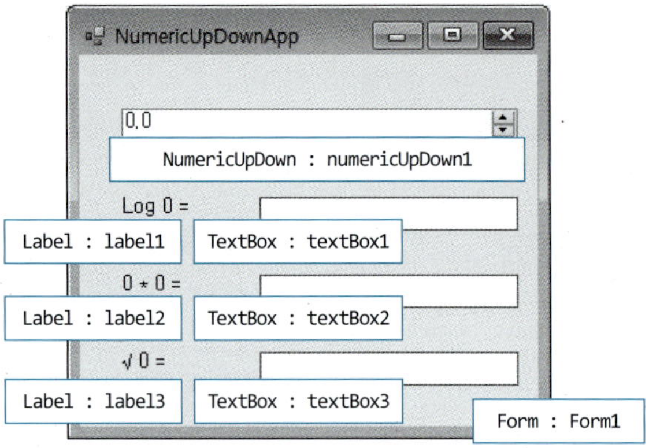

컨트롤 : (Name)	프로퍼티	값
Form : Form1	Text	NumericUpDownApp
Label : label1	Text	Log 0 =
Label : label2	Text	0 * 0 =
Label : label3	Text	√ 0 =
TextBox : textBox1	Text	
TextBox : textBox2	Text	
TextBox : textBox3	Text	
NumericUpDown : numericUpDown1	Minimum	0
	Maximum	1000
	Increment	0.5
	DecimalPlaces	1

컨트롤 : (Name)	이벤트	메소드명
NumericUpDown : numericUpDown1	ValueChanged	numericUpDown1_ ValueChanged()

2) 코드

```
private void numericUpDown1_ValueChanged(object sender, EventArgs e) {
  decimal d = numericUpDown1.Value;
  label1.Text = "Log " + d + " = ";
  textBox1.Text = System.Math.Log10((double)d).ToString();
  label2.Text = d + "*" + d + " = ";
  textBox2.Text = System.Math.Pow((double)d, 2).ToString();
  label3.Text = "√" + d + " = ";
  textBox3.Text = System.Math.Sqrt((double)d).ToString();
}
```

실행 방법

수치적 업다운 컨트롤의 값을 변경한다.

실행 결과

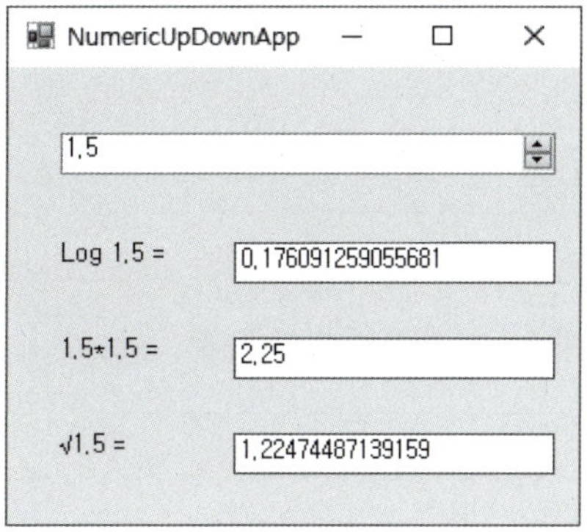

수치적 업다운 컨트롤의 값을 변경하면, 그 값에 대한 로그값, 제곱값, 제곱근값을 계산하여 해당하는 텍스트 상자에 출력한다.

11.4 트랙 바

트랙 바(track bar)는 [그림 11-5]와 같이 슬라이더와 눈금으로 구성된 컨트롤로서 수치적 업다운 컨트롤과 유사하게 일정한 값의 범위 안에서 값을 선택할 수 있는 컨트롤이다.

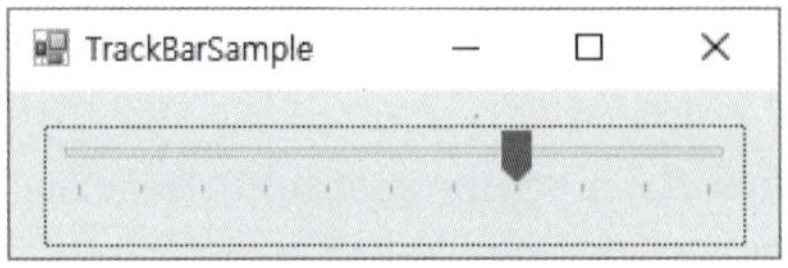

그림 11-5 트랙 바

트랙 바의 슬라이더는 마우스로 드래그하거나 슬라이더 좌우 공간을 클릭하여 이동할 수 있으며 마우스 휠을 사용해도 이동할 수 있다. 또한, 키보드의 좌/우 방향키, 페이지 업다운키로도 이동할 수 있다.

트랙 바에서 제공하는 프로퍼티([표 11-5] 참조)를 이용하여 값의 범위나 이동량 등을 설정할 수 있다. 선택할 수 있는 값의 범위는 `Minimum`과 `Maximum` 프로퍼티를 통해 지정할 수 있으며, 이동량은 `LargeChange`와 `SmallChange` 프로퍼티에 설정한다.

표 11-5 트랙 바의 프로퍼티

프로퍼티	설명
Minimum	트랙 바의 최소값
Maximum	트랙 바의 최대값
Value	트랙 바의 현재 값
LargeChange	마우스 클릭이나 PageUp/PageDown 키에 대한 이동량
SmallChange	마우스 휠의 회전이나 키보드의 방향키에 대한 이동량
TickFrequency	눈금이 표시되는 값의 범위
TickStyle	트랙 바에 눈금이 표시되는 위치
Orientation	트랙 바의 방향(Horizontal | Vertical)

`LargeChange` 프로퍼티는 페이지 업다운키를 누르거나 슬라이더 좌우 공간을 마우스로 클릭할 때 슬라이더가 움직이는 이동량을 지정하는 프로퍼티이며, `SmallChange` 프로퍼티는 키보드의 좌/우 방향키를 누르거나 마우스의 휠을 회전했을 때 슬라이더가 움직이는 이동량을 지정하는 프로퍼티이다.

`TickStyle` 프로퍼티는 슬라이더의 형태와 트랙 바의 눈금이 표시되는 위치를 결정하는 프

로퍼티로서 [표 11-6]과 같은 `TickStyle` 열거형(`System.Windows.Forms` 네임스페이스에 포함)을 사용하여 설정할 수 있다.

표 11-6 TickStyle 열거형

기호 상수	슬라이더	설명
`None`		눈금을 표시하지 않음
`TopLeft`		트랙 바의 Orientation 프로퍼티가 Horizontal로 설정된 경우 슬라이더의 상단에 눈금 표시 트랙 바의 Orientation 프로퍼티가 Vertical로 설정된 경우 슬라이더의 좌측에 눈금 표시
`BottomRight`		트랙 바의 Orientation 프로퍼티가 Horizontal로 설정된 경우 슬라이더의 하단에 눈금 표시 트랙 바의 Orientation 프로퍼티가 Vertical 로 설정된 경우 슬라이더의 우측에 눈금 표시
`Both`		슬라이더의 양쪽에 눈금 표시

트랙 바는 수치적 업다운 컨트롤과 마찬가지로 `Value` 프로퍼티를 통하여 트랙 바의 현재 값을 알 수 있으며 트릭 바의 슬라이더가 이동하면 `Scroll` 이벤트가 발생된다. `Scroll` 이벤트와 `Value` 프로퍼티를 이용하면 다음과 같은 예제를 작성할 수 있다.

예제 11-6 TrackBarApp

1) 디자인

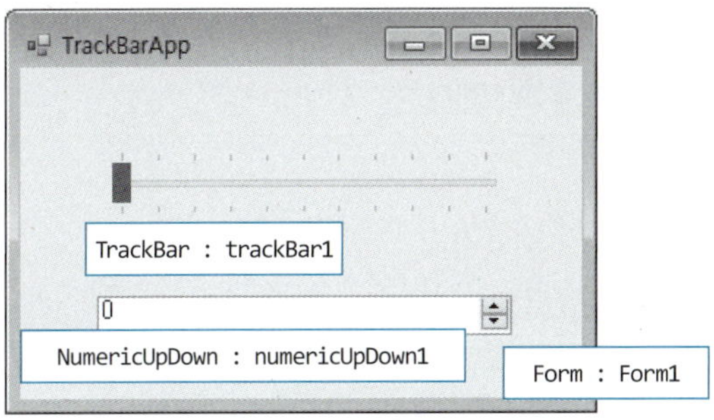

컨트롤 : (Name)	프로퍼티	값
Form : Form1	Text	TrackBarApp
TrackBar : trackBar1	Minimum	0
	Maximum	100
	LargeChange	5
	SmallChange	1
	TickFrequency	10
	TickStyle	Both
	Orientation	Horizontal
NumericUpDown : numericUpDown1	Minimum	0
	Maximum	100

컨트롤 : (Name)	이벤트	메소드명
TrackBar : trackBar1	Scroll	trackBar1_Scroll()
NumericUpDown : numericUpDown1	ValueChanged	numericUpDown1_ValueChanged()

2) 코드

```
private void trackBar1_Scroll(object sender, EventArgs e) {
    numericUpDown1.Value = trackBar1.Value;
}
private void numericUpDown1_ValueChanged(object sender, EventArgs e) {
    trackBar1.Value = (int)numericUpDown1.Value;
}
```

실행 방법

트랙 바의 슬라이더를 이동하거나 수치적 업다운 컨트롤의 값을 변경한다.

실행 결과

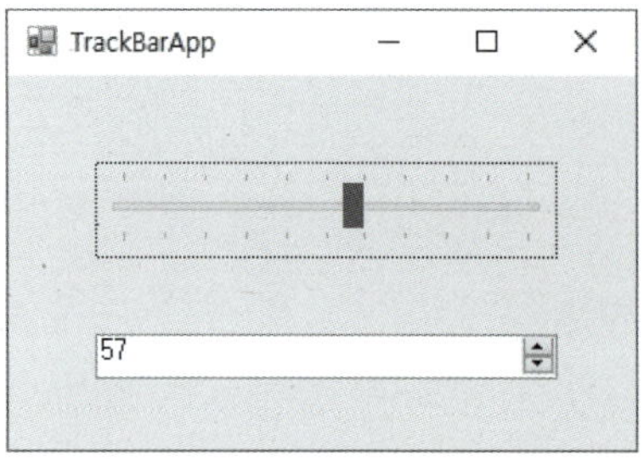

[예제 11-6]은 트랙 바와 수치적 업다운 컨트롤에 대한 값의 범위를 동일하게 설정하였으며 트랙 바의 슬라이더가 이동하거나 수치적 업다운 컨트롤의 값이 변경되는 경우 두 개의 컨트롤이 동일한 값을 유지하도록 작성하였다. 따라서 트랙 바의 슬라이더를 이동하면 수치적 업다운 컨트롤의 값이 함께 변경되며, 반대로 수치적 업다운 컨트롤의 값을 변경하면 트랙 바의 슬라이더가 이동하는 결과를 확인할 수 있다.

수치적 업다운 컨트롤의 `Value` 프로퍼티에 대한 값을 트랙 바의 `Value` 프로퍼티에 배정하기 위해서는 [예제 11-6]과 같이 형 변환을 거쳐야 한다. 이와 같은 이유는 수치적 업다운 컨트롤의 `Value` 프로퍼티는 `decimal` 형을 그 값으로 갖지만 트랙 바의 `Value` 프로퍼티는 정수형을 값으로 가지기 때문이다.

11.5 프로그레스 바

프로그레스 바(progress bar)는 [그림 11-6]과 같이 좌측에서 우측으로 사각형의 조각을 채우면서 작업의 진행 상황을 보여주는 컨트롤로서 애플리케이션의 설치 과정이나 파일 복사 과정에서 자주 사용하는 컨트롤이다.

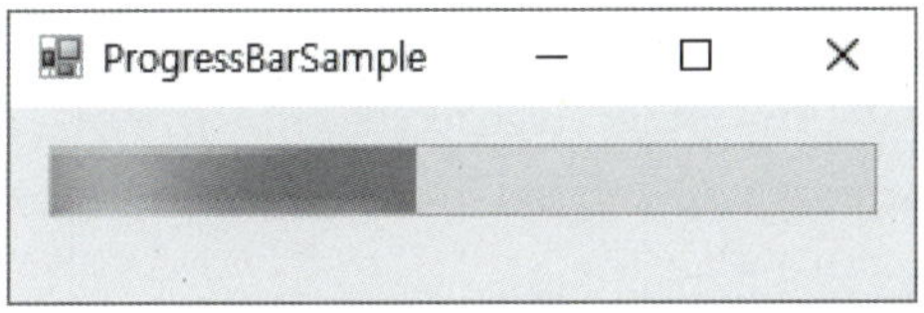

그림 11-6 프로그레스 바

프로그레스 바는 트랙 바와 마찬가지로 `Minimum` 프로퍼티와 `Maximum` 프로퍼티를 통해 값의 범위가 결정되며 `Value` 프로퍼티를 통해 현재의 값을 확인할 수 있다. 그러나 프로그레스 바를 이용하여 값을 확인하는 용도보다는 현재 진행 중인 작업의 진행상황을 표시하기 위한 용도로 활용하는 것이 바람직하다. [예제 11-7]은 프로그레스 바를 이용하여 반복문의 진행상황을 표시하는 예제이다.

예제 11-7 ProgressBarApp

1) 디자인

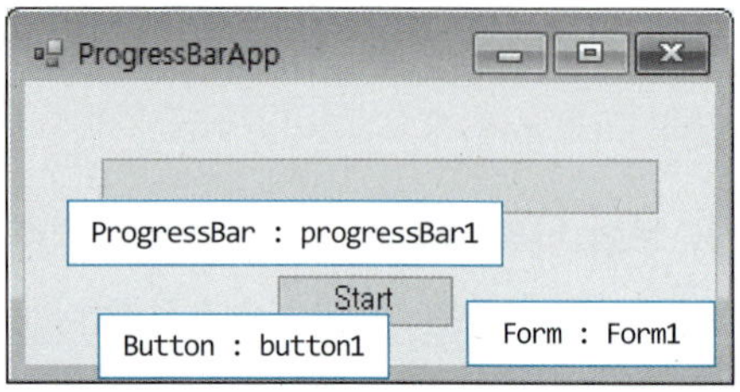

컨트롤 : (Name)	프로퍼티	값
Form : Form1	Text	ProgressBarApp
Button : button1	Text	Start
ProgressBar : progressBar1	Minimum	0
	Maximum	100000

컨트롤 : (Name)	이벤트	메소드명
Button : button1	Click	button1_Click()

2) 코드

```
private void button1_Click(object sender, EventArgs e) {
   for (int i = progressBar1.Minimum; i < progressBar1.Maximum; i++)
      progressBar1.Value = i;
}
```

실행 방법

Start 버튼을 클릭한다.

실행 결과

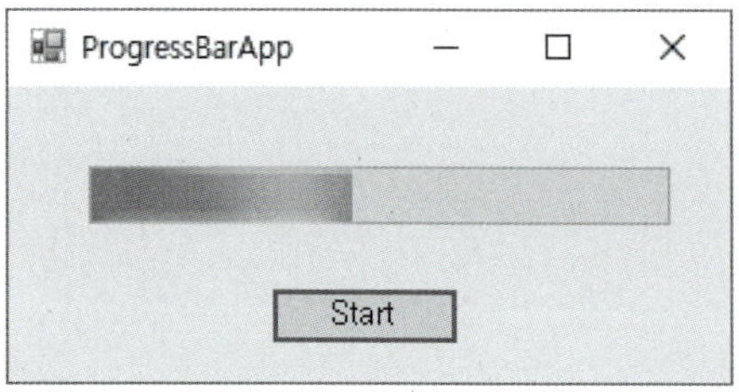

11.6 타이머

타이머(timer)는 주기적인 간격으로 이벤트를 발생시켜 배경 작업을 처리할 때 사용하는 컴포넌트이다. 타이머를 폼에 추가하더라도 컨트롤과 달리 화면상에 나타나지는 않는다.

타이머는 일정한 간격에 따라 `Tick` 이벤트를 발생시킨다. `Interval` 프로퍼티는 `Tick` 이벤트가 발생하는 간격을 설정하는 프로퍼티로서 단위는 밀리 초(millisecond, 1/1000초)를 사용한다. 따라서 1초 간격으로 `Tick` 이벤트를 발생시키고자 한다면 `Interval` 프로퍼티를 1000으로 설정해야 한다.

타이머를 통하여 `Tick` 이벤트를 주기적으로 발생시키기 위해서는 `Enable` 프로퍼티가 참으로 설정되어야 한다. 타이머의 `Enable` 프로퍼티가 거짓으로 설정되어 있다면 단 한번만 `Tick` 이벤트를 발생시키게 된다.

타이머를 통하여 `Tick` 이벤트를 발생시킬 경우, 반드시 `Interval` 프로퍼티에 설정된 값에 따라 정확히 `Tick` 이벤트가 발생하는 것은 아니다. 이와 같은 이유는 타이머가 발생시키는 `Tick` 이벤트는 다른 이벤트보다 우선순위가 낮은 이벤트이기 때문이다. 따라서 애플리케이션의 실행 과정에서 `Tick` 이벤트뿐만 아니라 처리해야 하는 다른 이벤트가 발생한다면 해당 이벤트가 먼저 처리된다.

타이머를 사용하면 [예제 11-8]과 같은 애니메이션을 손쉽게 작성할 수 있다.

예제 11-8 TimerApp

1) 디자인

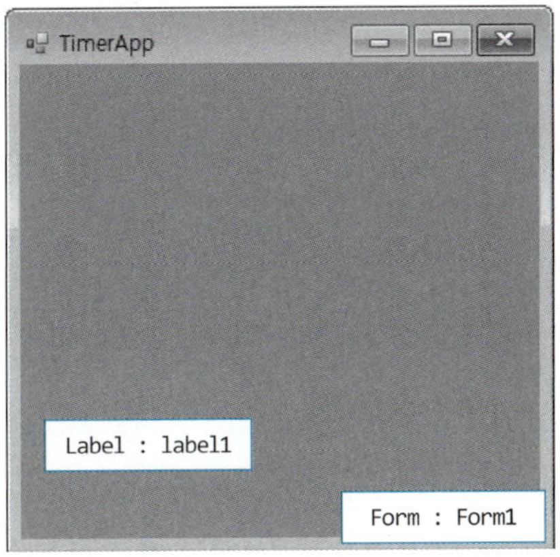

컴포넌트 : (Name)	프로퍼티	값
Timer : timer1	Enable	True
	Interval	100
ImageList : imageList1	Images	frame-1.png frame-2.png frame-3.png frame-4.png frame-5.png frame-6.png frame-7.png frame-8.png

• 이미지 경로: http://opengameart.org/content/game-character-blue-flappy-bird-sprite-sheets

컨트롤 : (Name)	프로퍼티	값
Form : Form1	Text	TimerApp
Label : label1	Text	
	Dock	Fill
	BackColor	ButtonShadow

컴포넌트 : (Name)	이벤트	메소드명
Timer : timer1	Tick	timer1_Tick()

2) 코드

```
private int index = 0;
private void timer1_Tick(object sender, EventArgs e) {
   index %= imageList1.Images.Count;
   label1.Image = imageList1.Images[index++];
}
```

실행 결과

| 연습문제 |

11.1 다음 괄호 안에 적당한 용어를 쓰시오.

(1) 프로그래밍 언어론적인 측면에서 컨트롤은 객체이다. 리스트 뷰를 위한 클래스는 (　　　)이고 리스트 뷰의 각 항목에 대한 클래스는 (　　　)이다.

(2) 리스트 뷰란 (　　　)와 유사한 기능을 갖고 있지만 목록을 구조적으로 장식할 수 있는 컨트롤이다.

(3) (　　　) 편집기를 사용하여 아이콘을 등록할 수 있다.

(4) 리스트 뷰는 선택된 항목을 (　　　) 프로퍼티에 배정한다.

(5) 트리 뷰는 목록을 계층적으로 보여주기 위한 컨트롤로서 트리 뷰에 포함된 각 항목을 (　　)라 부른다.

(6) 영역 업다운 컨트롤은 (　　　)와 유사한 형태와 기능을 갖고 있어 주어진 목록에서 항목을 선택할 수 있는 컨트롤이다.

(7) 수치적 업다운 컨트롤에서, 사용자가 선택한 값은 (　　) 프로퍼티에 저장되며 이 값이 변경되면 (　　　) 이벤트가 발생된다.

(8) 트랙 바의 슬라이더가 이동하면 (　　) 이벤트가 발생된다.

(9) 작업의 진행상황을 표시하기 위한 용도로 사용하는 컨트롤은 (　　　)이다.

(10) 타이머 컴포넌트는 주기적으로 (　　) 이벤트를 발생시킨다.

11.2 다음 객관식 문제를 푸시오.

(1) 다음 중 컴포넌트는 어느 것인가?

① 리스트 뷰　　② 트리 뷰
③ 트랙 바　　④ 프로그레스 바
⑤ 타이머

(2) `View` 열거형의 기호 상수가 아닌 것은?

① `LargeIcon`　　② `SmallIcon`
③ `List`　　④ `Summary`
⑤ `Detail`

(3) 선택된 트리 노드로부터 알 수 없는 노드는 무엇인가?

① 루트 노드 ② 부모 노드
③ 자식 노드 ④ 이전 형제 노드
⑤ 다음 형제 노드

(4) 영역 업다운 컨트롤과 유사한 형태를 갖고 있는 컨트롤은 무엇인가?

① 리스트 뷰 ② 트리 뷰
③ 콤보 상자 ④ 트랙 바
⑤ 프로그레스 바

(5) 글자 크기를 결정하는데 가장 바람직한 컨트롤은 무엇인가?

① 영역 업다운 컨트롤 ② 수치적 업다운 컨트롤
③ 콤보 상자 ④ 트랙 바
⑤ 프로그레스 바

(6) 수치적 업다운 컨트롤에서 Value 프로퍼티의 자료형은 무엇인가?

① decimal 형 ② ushort 형
③ int 형 ④ float 형
⑤ double 형

(7) 트랙 바의 슬라이더를 이동할 수 있는 방법이 아닌 것은?

① 마우스로 드래그하는 방법
② 마우스 휠을 회전하는 방법
③ 숫자키로 직접 입력하는 방법
④ 키보드의 좌/우 방향키를 누르는 방법
⑤ 키보드의 페이지 업다운키를 누르는 방법

(8) 자료형이 bool 형인 프로퍼티는 누구인가?

① Value 프로퍼티 ② View 프로퍼티
③ TickFrequency 프로퍼티 ④ Wrap 프로퍼티
⑤ SelectedNode 프로퍼티

(9) 작업의 진행 상황을 보여주는 컨트롤로 가장 적당한 것은?

① 리스트 컨트롤 ② 콤보 상자

③ 업다운 컨트롤 ④ 트랙 바

⑤ 프로그레스 바

(10) 타이머는 몇초 단위로 `Tick` 이벤트를 발생시키는가?

① 1/10초 ② 1/100초

③ 1/1000초 ④ 1/10000초

⑤ 1/1000000초

11.3 다음을 간략히 설명하시오.

(1) 컨트롤과 컴포넌트를 비교 설명하시오.

(2) 아이콘 이미지를 `ImageList` 컴포넌트에 등록하는 과정을 설명하시오([부록 A] 참조).

(3) 리스트 뷰의 열을 설정하는 방법을 설명하시오.

(4) 리스트 뷰에 항목을 추가하는 방법을 설명하시오.

(5) 트리 노드 편집기에 있는 버튼들의 기능을 설명하시오.

(6) 트랙 바의 슬라이더를 이동하는 방법을 설명하시오.

(7) 프로그레스 바에서 값의 범위를 지정하는 방법을 설명하시오.

11.4 다음을 비교 설명하시오.

(1) `LargeImageList` 프로퍼티 vs. `SmallImageList` 프로퍼티

(2) `LargeIcon` 기호 상수 vs. `SmallIcon` 기호 상수

(3) `Minimum` 프로퍼티 vs. `Maximum` 프로퍼티

(4) `LargeChange` 프로퍼티 vs. `SmallChange` 프로퍼티

(5) `TopLeft` 기호 상수 vs. `BottomRight` 기호 상수

11.5 다음과 같은 프로퍼티가 속해있는 컨트롤/컴포넌트를 밝히고 용도를 설명하시오.

(1) `Value` 프로퍼티 (2) `Orientation` 프로퍼티

(3) `SubItems` 프로퍼티 (4) `Interval` 프로퍼티

(5) `Wrap` 프로퍼티 (6) `Increment` 프로퍼티

(7) `View` 프로퍼티 (8) `TickStyle` 프로퍼티

(9) `Enable` 프로퍼티 (10) `SelectedNode` 프로퍼티

11.6 다음과 같은 메소드(TreeNodeCollection 클래스)의 기능을 설명하시오.

(1) Add() 메소드　　(2) Clear() 메소드

(3) Insert() 메소드　　(4) Remove() 메소드

11.7 다음과 같은 이벤트는 어느 경우에 발생하는가?

(1) AfterSelect 이벤트　　(2) ValueChanged 이벤트

(3) Scroll 이벤트　　(4) Tick 이벤트

11.8 다음을 C# 언어로 프로그래밍 하시오.

(1) 다음 그림과 같이 리스트 뷰의 항목을 더블클릭하여 항목에 해당하는 애플리케이션이 실행되도록 C# 프로그램을 작성하시오.

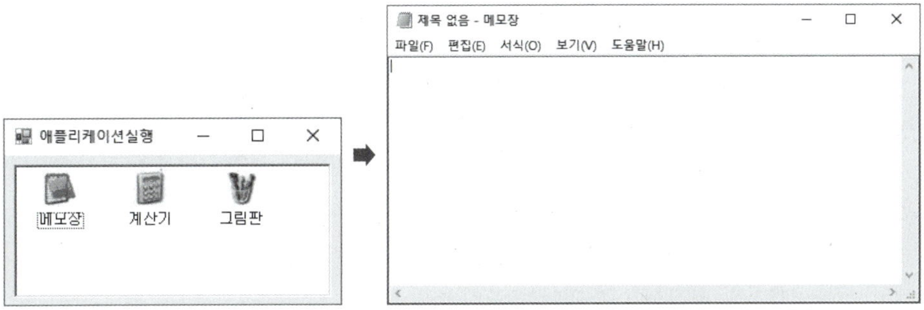

(2) 다음 그림은 트리 뷰와 리스트 뷰를 이용하여 작성한 간단한 탐색기이다. 트리 뷰의 노드를 선택했을 경우, 선택된 노드의 자식 노드를 리스트 뷰에 표시하도록 C# 프로그램을 작성하시오.

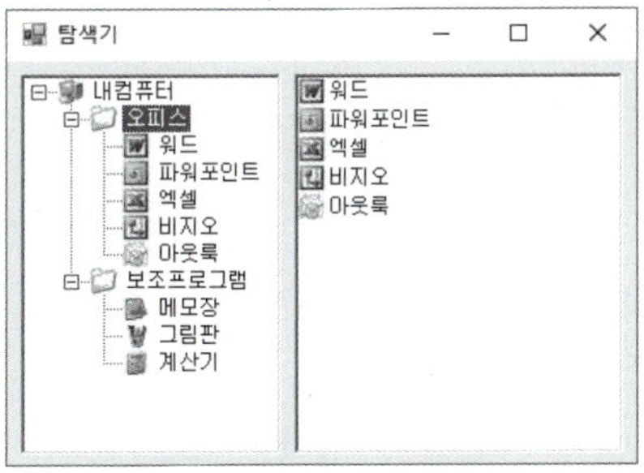

(3) 다음과 같은 화면을 설계하고 트랙 바의 슬라이더를 이동할 때마다 레이블의 배경색이 변경되도록 C# 프로그램을 작성하시오.

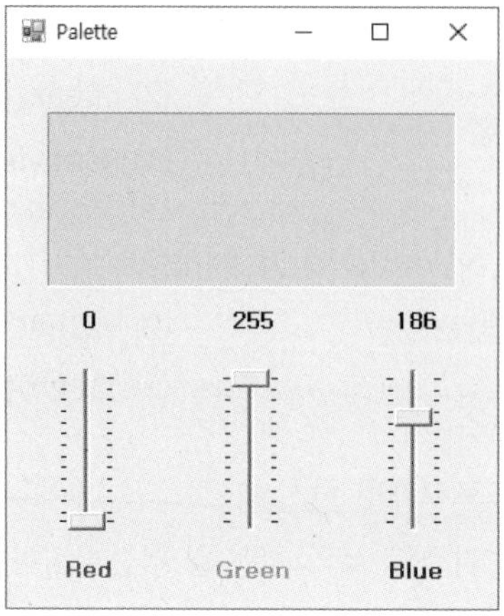

(4) 다음과 같이 수치적 업다운 컨트롤, 프로그레스 바와 타이머 컴포넌트로 화면이 구성된 스네이크 게임을 C# 프로그램으로 작성하시오. 스네이크 게임은 다음과 같은 규칙을 따른다.

- 수치적 업다운 컨트롤의 값으로 레벨을 설정한 후, [OK] 버튼을 누르면 시작한다.
- 방향키(좌/우)로 스네이크를 조정한다.
- 스네이크의 머리가 테두리나 스네이크의 몸과 충돌하면 게임이 종료된다.
- 빨간색 사각형으로 먹이를 표시하고 스네이크가 먹이를 먹게 되면, 새로운 위치에 먹이가 나타나고 스네이크의 길이가 길어진다.
- 각 레벨마다 먹은 먹이의 수는 프로그레스바를 통해서 표시한다.
- 각 레벨마다 먹은 먹이의 수가 일정 값에 도달하면 레벨이 증가한다.
- 레벨이 증가할수록 스네이크의 이동 속도가 빨라지며, 먹어야 할 먹이의 양이 증가한다.

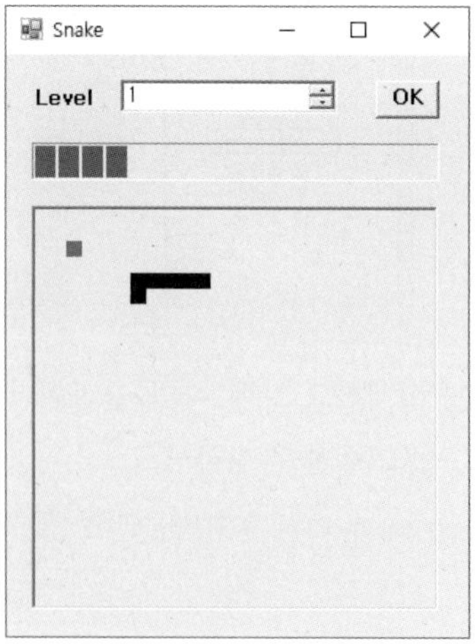

CHAPTER 12

그래픽

C# Programming

contents

12 그래픽

이제까지 살펴본 윈폼 애플리케이션은 .NET 프레임워크에서 미리 정의된 컴포넌트를 사용하여 폼 화면을 만들었다. 그러나 미리 정의된 컴포넌트는 프로그래머가 원하는 모든 화면을 구성할 수 있는 유연성을 가지고 있지 않다. 따라서 시스템에서 제공한 컴포넌트만으로 화면을 만들 수 없으면, 프로그래머는 그리기(drawing) 기능을 이용하여 직접 화면을 제작해야 한다.

이 장에서는 .NET 프레임워크에서 그리기를 하는데 필요한 기본 개념과 자료형을 먼저 설명하고 이를 이용하여 도형과 문자열, 그리고 이미지 그리기를 학습한다.

12.1 그래픽 개요

C#은 대부분의 그래픽 기능을 위해 `System.Drawing` 네임스페이스에 포함되어 있는 `Graphics`(`System.Drawing.Graphics`) 클래스를 제공한다. 이 클래스에는 선, 사각형, 타원 등과 같은 도형을 그리는데 필요한 기본적인 메소드들이 존재한다. 따라서 도형을 그리기 위해서는 반드시 `Graphics` 클래스의 객체가 필요하며 이것을 그래픽 객체라 부른다.

그래픽 객체란 그리기판이 되는 대상으로 C# 프로그래밍에서 이것을 얻거나 생성하는 방법은 다음과 같이 세 가지가 있다.

(1) `Paint` 이벤트 처리기의 매개변수

(2) `CreateGraphics()` 메소드

(3) `Graphics.FromImage()` 메소드

여기서, CreateGraphics() 메소드는 Control 클래스에 속해 있다.

12.1.1 Paint 이벤트의 매개변수

폼에 그림을 그릴 수 있는 그래픽 객체를 얻는 첫 번째 방법은 Paint 이벤트 처리기의 매개변수를 통하는 것이다. Paint 이벤트란 폼을 다시 그려야 할 때 발생하는 이벤트로 처리기의 두 번째 매개변수에 그래픽 객체가 들어 있으며 여기에 그리기 작업을 하면 폼에 그려지는 것이다.

Paint 이벤트 처리기를 위한 메소드 형식은 다음과 같다.

```
private void Form1_Paint(object sender, System.Windows.Forms.PaintEventArgs e) {
   Graphics g = e.Graphics;

   // 그래픽 객체를 이용한 그리기 작업
   // ...
}
```

이미 7장(7.3.4절 참조)에서 설명한 바와 같이 PaintEventArgs 클래스에는 Graphics 프로퍼티와 ClipRectangle 프로퍼티가 있다. Graphics 프로퍼티는 그리기에 필요한 Graphics 클래스의 객체이며, ClipRectangle 프로퍼티는 새로 그려야 하는 영역이다. 폼을 새로 그릴 때는 새로 그려야할 영역인 ClipRectangle 범위 밖은 그리지 않는 것이 불필요한 성능의 낭비를 막을 수 있다.

[예제 12-1]은 폼을 새로 그려야 할 때 발생하는 Paint 이벤트 처리기의 매개변수를 통하여 그래픽 객체를 얻고, 이를 사용하여 새로 그려야 할 영역을 임의의 색상으로 칠하는 프로그램이다. Color 구조체와 FillRectangle() 메소드에 대한 자세한 내용은 12.2절과 12.3절을 참조하기 바란다.

예제 12-1 PaintEventApp

1) 디자인

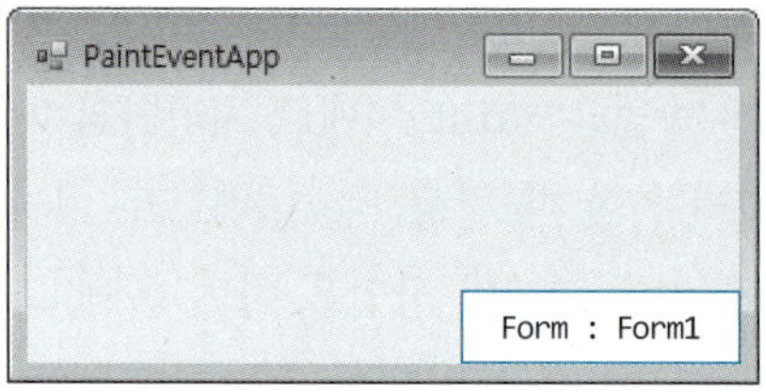

컨트롤 : (Name)	프로퍼티	값
Form : Form1	Text	PaintEventApp

컨트롤 : (Name)	이벤트	메소드명
Form : Form1	Paint	Form1_Paint()

2) 코드

```
private void Form1_Paint(object sender, PaintEventArgs e) {
    Graphics g = e.Graphics;
    Random r = new Random();
    Color c = Color.FromArgb(r.Next(0, 255), r.Next(0, 255), r.Next(0, 255));
    g.FillRectangle(new SolidBrush(c), e.ClipRectangle);
}
```

실행 방법

애플리케이션을 실행한 후, 폼을 다시 그리게 만든다. 즉, 폼의 크기를 변경하거나 다른 프로그램에 의해 가려진후 다시 보이게 한다.

실행 결과

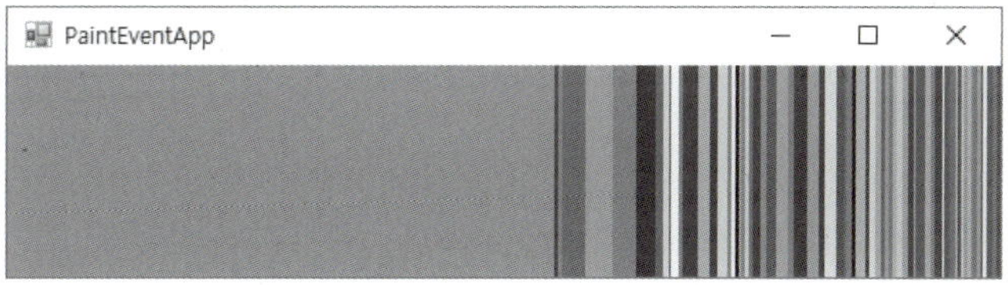

실행 결과에서 첫 번째 그림은 실행 초기의 모습이고, 두 번째 그림은 폼의 크기를 변경했을 때의 모습을 나타낸다. 두 번째 그림에서 보는 것처럼 여러 색으로 나타나는 이유는 폼의 크기가 변할 때마다 새로 그려야 할 영역을 조금씩 Paint 이벤트 처리기에 전달되기 때문이다.

12.1.2 CreateGraphics() 메소드

Paint 이벤트 처리기에서는 매개변수를 통하여 그래픽 객체를 얻었지만 다른 이벤트 처리기나 메소드 내에서 그리기를 하고자 할 때에는 새로운 그래픽 객체를 생성해야만 한다. 이런 경우에 Control 클래스의 CreateGraphics() 메소드를 사용하여 그래픽 객체를 생성할 수 있다.

CreateGraphics() 메소드는 Control 클래스에 속해있기 때문에 여기에서 파생된 모든 클래스에서 직접 호출하여 그래픽 객체를 만들 수 있다. 이 메소드를 사용하여 그리기 작업을 처리하는 전형적인 순서는 다음과 같다.

```
private void DrawPrivateObject() {
    // 단계 1: 그래픽 객체를 생성한다.
    Graphics g = CreateGraphics();
    // ...
    // 단계 2: 그래픽 객체를 이용하여 그리기를 한다.
    // ...
}
```

먼저 CreateGraphics() 메소드를 통해서 그래픽 객체를 생성한다. 그리고 그래픽 객체의 메소드를 호출하여 원하는 그리기 작업을 하면 그 내용이 직접 폼에 그려지게 된다.

다음은 CreateGraphics() 메소드를 통해서 그래픽 객체를 만들어 사용하는 방법을 보여주는 예제로 폼을 마우스로 클릭할 때마다 폼의 배경 영역을 임의의 색으로 칠하는 프로그램이다.

예제 12-2 CreateGraphicsApp

1) 디자인

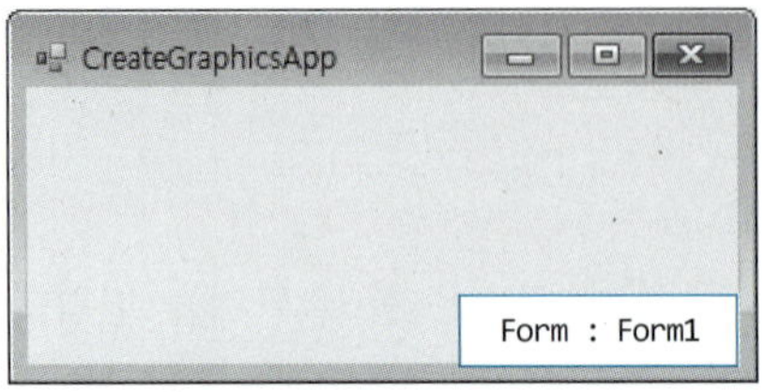

컨트롤 : (Name)	프로퍼티	값
Form : Form1	Text	CreateGraphicsApp

컨트롤 : (Name)	이벤트	메소드명
Form : Form1	Click	Form1_Click()

2) 코드

```
private void Form1_Click(object sender, EventArgs e) {
    Graphics g = CreateGraphics();
    Random r = new Random();
    Color c = Color.FromArgb(r.Next(0, 255), r.Next(0, 255), r.Next(0, 255));
    g.FillRectangle(new SolidBrush(c), ClientRectangle);
}
```

실행 방법

애플리케이션을 실행한 후, 폼의 바탕을 마우스로 클릭한다.

실행 결과

[예제 12-2]에서는 [예제 12-1]과 다르게 폼의 일부를 다시 그려야 하는 경우가 발생하여도 다시 그리지 않는다. 새로 그려지는 경우는 오직 폼의 바탕을 마우스로 클릭한 때이다.

Paint 이벤트 처리기의 매개변수를 통해 그리기를 하는 경우와 Control.CreateGraphics() 메소드를 통해 그리기를 하는 경우는 그리기를 하는 원인이 다르다. 그러므로 프로그래머는 두 가지 방법을 잘 익혀두어야 한다.

12.1.3 Graphics.FromImage() 메소드

그래픽 객체를 얻는 세 번째 방법은 Graphics.FromImage() 메소드를 사용하여 그래픽 객체를 생성하는 것이다. 이렇게 만들어진 그래픽 객체는 이미지에서 만들어졌기 때문에 그리기 작업의 결과가 화면에 곧바로 나타나지 않는다. 왜냐하면 이미지 객체에 직접 그리기 작업을 했기 때문이다. 따라서 결과를 화면에 표시하려면 이미지 객체를 화면에 출력해야 한다. 이 경우에 반드시 화면에 표시할 수 있는 다른 그래픽 객체를 이용해야지만 이미지 객체를 화면에 출력할 수 있다.

일반적으로 화면에 직접 그리기 작업을 하면 그려지는 과정을 사용자가 느낄 수 있다. 이런 과정은 게임과 같은 프로그램에서는 부자연스럽게 느껴지기 때문에 이를 제거하는 것이 바람직하다. 이와 같은 경우에 세 번째 방법을 많이 사용한다. 이 방법은 그리기 작업이 완료된 최종 이미지를 화면에 한 번에 표시하기 때문에 그리기 과정의 중간 단계를 사용자가 감지하지 못하게 된다.

Graphics.FromImage() 메소드를 사용하여 그리기 작업을 처리하는 전형적인 순서는 다음과 같다. 먼저, 이미지 객체를 생성하고 이것으로부터 그래픽 객체를 생성하여 그리기 작업을 한다. 그리기 작업이 끝나면, 이미지를 표시하기 위한 그래픽 객체를 만들어서 작업 결과 이미지를 화면에 출력한다.

```
private void DrawOffScreenImage() {
    // 단계 1: 이미지 객체로부터 그래픽 객체를 생성한다.
    Image img = new Bitmap(w, h);
    Graphics bg = Graphics.FromImage(img);
    // ...
    // 단계 2: bg에 그리기 작업을 한다.
    // ...
    // 단계 3: 결과 이미지를 표시하기 위한 그래픽 객체를 생성한다.
    Graphics fg = CreateGraphics();
```

```
    // ...
    // 단계 4: 이미지를 화면에 출력한다.
    fg.DrawImage(img, 0, 0);
}
```

다음은 Graphics 클래스의 FromImage() 메소드를 통해서 그래픽 객체를 만들어 사용하는 방법을 보여주는 예제로 실행 결과는 [예제 12-1]과 같다. 그러나 내부적으로는 이미지 객체에 그리기를 먼저 한 후, 그리기 결과를 반영하고 있는 이미지 객체를 화면에 표시하는 방식으로 실행 결과를 낸다.

예제 12-3 FromImageApp

1) 디자인

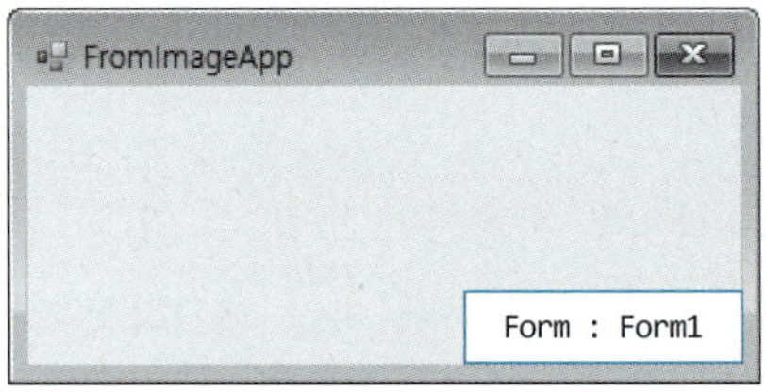

컨트롤 : (Name)	프로퍼티	값
Form : Form1	Text	FromImageApp

컨트롤 : (Name)	이벤트	메소드명
Form : Form1	Paint	Form1_Paint()

2) 코드

```
private void Form1_Paint(object sender, PaintEventArgs e) {
    Size s = ClientRectangle.Size;
    Image img = new Bitmap(s.Width, s.Height);
    Graphics bg = Graphics.FromImage(img);
    Random r = new Random();
    Color c = Color.FromArgb(r.Next(0, 255), r.Next(0, 255), r.Next(0, 255));
    bg.FillRectangle(new SolidBrush(c), ClientRectangle);
```

```
    Graphics fg = e.Graphics;
    fg.DrawImage(img, 0, 0);
}
```

실행 방법

애플리케이션을 실행한 후, 폼을 다시 그리게 만든다. 즉, 폼의 크기를 변경하거나 다른 프로그램에 의해 가려진후 다시 보이게 한다.

실행 결과

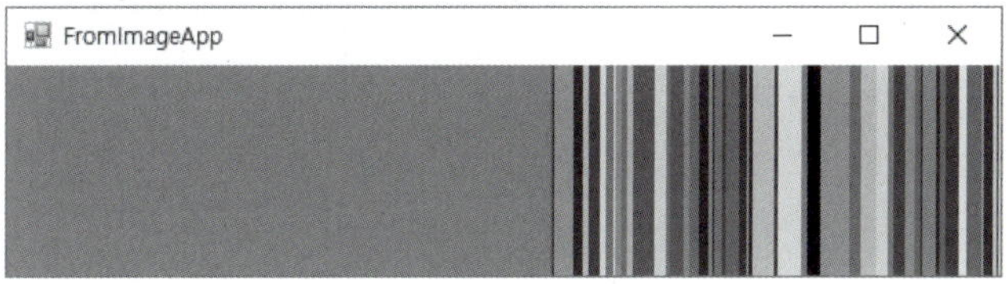

[예제 12-3]은 먼저 이미지 객체를 만들고, 그로부터 그래픽 객체를 만든다. 생성된 그래픽 객체에 그리기 작업을 한 후, 결과를 가지고 있는 이미지 객체를 화면에 표시하는 과정을 통해 전체 작업을 완료한다.

12.2 그리기 관련 자료형

그리기 작업을 하기 위해서는 `Graphics` 클래스의 메소드뿐만 아니라 부수적인 정보와 자료형이 필요하다. 이런 자료형에는 좌표와 관련있는 `Point` 구조체와 `Size` 구조체, `Rectangle` 구조체가 있으며 색상을 나타내는 `Color` 구조체가 있다. 그리고 도형을 그리거나 채우는데 사용되는 `Pen` 클래스와 `Brush` 클래스가 있고, 문자열의 글꼴을 나타내는

Font 클래스, 이미지를 나타내는 Image 클래스 등이 있다.

12.2.1 Point 구조체

평면상의 한 점을 표시하기 위한 자료형이 Point 구조체이며 x 좌표와 y 좌표의 형식으로 위치를 표시한다. 이것은 그리기뿐만 아니라 폼이나 컨트롤에서 위치를 지정하는데도 사용된다.

다음과 같은 형식의 생성자를 사용하여 Point 객체를 만들 수 있다. 좌표값을 이용하여 객체를 생성하며 좌표값이 없는 경우는 모두 0이다.

```
Point pt = new Point();           // (0, 0)을 나타냄.
Point pt = new Point(x, y);       // (x, y) 좌표를 나타냄.
```

Point 구조체에는 점의 좌표값을 나타내는 X와 Y 프로퍼티와 빈 구조체인지를 알려주는 IsEmpty 프로퍼티([표 12-1] 참조)가 있다. IsEmpty 프로퍼티는 X와 Y의 값이 모두 0이면 참값을 갖고, 0이 아니면 거짓값을 갖는다.

표 12-1 Point 구조체의 프로퍼티

프로퍼티	설명
X	X 좌표 또는 수평 위치
Y	Y 좌표 또는 수직 위치
IsEmpty	빈 구조체 여부

Point 구조체와 비슷한 의미를 가지는 구조체로 PointF 구조체가 있다. Point 구조체는 정수로 X와 Y의 값을 표현하지만, PointF 구조체는 실수를 사용하여 표현한다. 그러므로 PointF 구조체는 Point 구조체에 비해 정밀하게 위치를 나타낼 수 있다.

Point 구조체에는 PointF 구조체의 값을 Point 구조체의 값으로 변환하기 위한 세 가지 정적 메소드를 제공한다. 좌표값의 실수를 정수로 변환하는 방법에 따라 구분된다.

```
public static Point Ceiling(PointF value);
public static Point Round(PointF value);
public static Point Truncate(PointF value);
```

여기서, `Ceiling()`은 `PointF` 구조체의 값을 올림하여 `Point` 구조체의 값으로 변환하는 메소드이다. 마찬가지로, `Round()`는 반올림하여 `Point` 구조체의 값으로 변환하는 메소드이고 `Truncate()`는 내림하여 변환하는 메소드이다.

12.2.2 Size 구조체

Size 구조체는 사각형 모양을 갖는 영역의 크기를 나타내기 위해서 사용되는 구조체이다. 영역의 크기는 폭(width)과 높이(height)로 나타내며, 이것은 그리기뿐만 아니라 폼이나 컨트롤에서 사각형 모양으로 표시되는 영역의 크기를 나타낼 때도 사용된다.

다음과 같은 형식의 생성자를 사용하여 하나의 `Size` 객체를 만들 수 있다. 매개변수가 없는 경우는 폭과 높이가 모두 0인 영역을 나타내며 매개변수가 존재하는 경우는 첫 번째 매개변수는 폭이고 두 번째 매개변수는 높이인 사각형을 의미한다.

```
Size area = new Size();
Size area = new Size(Width, Height);
```

`Size` 구조체에는 [표 12-2]에서 알 수 있듯이 영역의 크기를 나타내는 2개의 프로퍼티와 빈 구조체인지를 나타내는 `IsEmpty` 프로퍼티를 가지고 있다. `IsEmpty` 프로퍼티는 `Width`와 `Height`의 값이 모두 0이면 참값을 갖고, 0이 아니면 거짓값을 갖는다.

표 12-2 Size 구조체의 프로퍼티

프로퍼티	설명
Width	가로 폭
Height	세로 높이
IsEmpty	빈 구조체 여부

`Size` 구조체와 비슷한 의미를 가지는 구조체로 `SizeF` 구조체가 있다. `Size` 구조체는 영역

을 정수로 표현하지만, SizeF 구조체는 실수를 사용하여 표현한다. 그러므로 SizeF 구조체는 Size 구조체에 비해 정밀하게 영역을 표현할 수 있다.

Size 구조체에는 SizeF 구조체의 값을 Size 구조체의 값으로 변환하기 위한 세 가지 정적 메소드를 제공한다. 좌표값의 실수를 정수로 변환하는 방법에 따라 구분된다.

```
public static Size Ceiling(SizeF value);
public static Size Round(SizeF value);
public static Size Truncate(SizeF value);
```

여기서, Ceiling()은 SizeF 구조체의 값을 올림하여 Size 구조체의 값으로 변환하는 메소드이다. 마찬가지로, Round()는 반올림하여 Size 구조체의 값으로 변환하는 메소드이고 Truncate()는 내림하여 변환하는 메소드이다.

12.2.3 Rectangle 구조체

Rectangle 구조체는 사각형 모양을 갖는 영역의 위치와 크기를 나타내기 위해서 사용된다. 이것은 Point 구조체와 Size 구조체의 개념을 모두 가지고 있는 구조체이다. 일반적으로 Rectangle 구조체는 사각형이나 또는 폼과 컨트롤의 위치와 크기를 동시에 나타내기 위해서 사용된다.

다음과 같은 형식의 생성자를 사용하여 하나의 Rectangle 객체를 만들 수 있다.

```
Rectangle r = new Rectangle();
Rectangle r = new Rectangle(Point, Size);
Rectangle r = new Rectangle(X, Y, Width, Height);
```

Rectangle 구조체는 [표 12-3]에서 알 수 있듯이 Point 구조체와 Size 구조체의 프로퍼티를 함께 가지고 있다. 더불어 영역의 시작 위치를 나타내는 Location 프로퍼티와 영역의 크기를 나타내는 Size 프로퍼티도 가지고 있다. 또한, 영역의 왼쪽, 오른쪽, 위, 아래 좌표를 나타내는 프로퍼티도 가지고 있다.

표 12-3 Rectangle 구조체의 프로퍼티

프로퍼티	설명
X	사각 영역의 왼쪽 상단의 x 좌표
Y	사각 영역의 왼쪽 상단의 y 좌표
Width	사각 영역의 폭
Height	사각 영역의 높이
IsEmpty	빈 구조체 여부
Left	사각 영역의 왼쪽 상단의 x 좌표
Right	사각 영역의 오른쪽 하단의 x 좌표
Top	사각 영역의 왼쪽 상단의 y 좌표
Bottom	사각 영역의 오른쪽 하단의 y 좌표
Location	사각 영역의 시작 위치(Point(X, Y))
Size	사각 영역의 크기(Size(Width, Height))

Rectangle 구조체와 비슷한 의미를 가지는 구조체로 RectangleF 구조체가 있다. Rectangle 구조체는 사각 영역의 위치와 크기를 정수로 표현하지만, RectangleF 구조체는 실수를 사용하여 표현한다. 그러므로 RectangleF 구조체는 Rectangle 구조체에 비해 정밀하게 사각 영역의 위치와 크기를 표현할 수 있다.

Rectangle 구조체는 RectangleF 구조체의 값으로 Rectangle 구조체의 값으로 변환하기 위해 다음과 같은 세 가지 정적 메소드를 제공한다.

```
public static Rectangle Ceiling(RectangleF value);
public static Rectangle Round(RectangleF value);
public static Rectangle Truncate(RectangleF value);
```

Ceiling() 메소드는 RectangleF 구조체의 값을 올림하여 Rectangle 구조체의 값으로 변환하는 메소드이다. Round() 메소드는 RectangleF 구조체의 값을 반올림하여 Rectangle 구조체의 값으로 변환하는 메소드이고 Truncate() 메소드는 내림하여 값을 변환하는 메소드이다.

이 외에 Rectangle 구조체는 영역에 관련된 다양한 기능을 제공하는 메소드([표 12-4] 참조)가 있다.

표 12-4 Rectangle 구조체의 메소드

메소드	기능
Contains()	점이나 영역의 포함 여부를 알려준다.
Inflate()	지정된 크기만큼 영역을 확장한다.
Intersect()	두 영역의 교차 영역을 구한다.
IntersectsWith()	두 영역의 교차 여부를 알려준다.
Offset()	영역을 지정된 크기만큼 이동한다.
Union()	두 영역을 포함한 최소 영역을 구한다.

Contains() 메소드는 어떤 점이나 영역이 현재 영역 안에 포함되는지 여부를 알려주는 메소드이다.

```
public bool Contains(Point pt);
public bool Contains(int x, int y);
public bool Contains(Rectangle rect);
```

[예제 12-4]는 Rectangle 구조체의 Contains() 메소드를 이용하여 특정 좌표가 사각 영역에 들어 있는지를 검사하는 예제이다.

예제 12-4 RectContainsApp

```
using System;
using System.Drawing;
class RectContainsApp {
  public static void Main() {
    Rectangle rect = new Rectangle(10, 20, 80, 40);
    Point pt1 = new Point(30, 40);
    Point pt2 = new Point(90, 60);
    Console.WriteLine("포함되는가?: {0}", rect.Contains(pt1));
    Console.WriteLine("포함되는가?: {0}", rect.Contains(pt2));
  }
}
```

실행 결과

```
포함되는가?: True
포함되는가?: False
```

Inflate() 메소드는 Rectangle 구조체를 지정한 크기만큼 확장된 구조체 값을 반환한다.

```
public void Inflate(Size s);
public void Inflate(int width, int height);
public static Rectangle Inflate(Rectangle rect, int width, int height);
```

Intersect() 메소드는 두 영역에서 서로 교차된 영역만을 가지는 Rectangle 구조체 값을 반환하는 메소드이다.

```
public void Intersect(Rectangle rect);
public static Rectangle Intersect(Rectangle rectA, Rectangle rectB);
```

IntersectsWith() 메소드는 두 영역이 서로 겹치는지 여부를 알려주는 메소드이다.

```
public bool IntersectsWith(Rectangle rect);
```

Offset() 메소드는 사각 영역의 위치를 이동하는 메소드이다.

```
public void Offset(Point pt);
public void Offset(int x, int y);
```

Union() 메소드는 두 사각 영역을 전부 포함하는 가장 작은 영역을 반환하는 메소드이다.

```
public static Rectangle Union(Rectangle rectA, Rectangle rectB);
```

다음은 Rectangle 구조체에서 제공하는 다양한 메소드들의 사용법을 보여주는 예제이다.

예제 12-5 RectangleMethodApp

```
using System;
using System.Drawing;
class RectangleMethodApp {
  public static void Main() {
    Rectangle rect1 = new Rectangle(10, 20, 60, 30);
    Rectangle rect2 = new Rectangle(60, 30, 50, 60);
    Rectangle rect3 = Rectangle.Intersect(rect1, rect2);
    Console.WriteLine("교차 영역: {0}", rect3.ToString());
    rect3 = Rectangle.Union(rect1, rect2);
    Console.WriteLine("  합 영역: {0}", rect3.ToString());
    rect3.Offset(10, 20);
    Console.WriteLine("이동 영역: {0}", rect3.ToString());
    rect3.Inflate(20, 20);
    Console.WriteLine("확장 영역: {0}", rect3.ToString());
  }
}
```

실행 결과

```
교차 영역: {X=60,Y=30,Width=10,Height=20}
합 영역: {X=10,Y=20,Width=100,Height=70}
이동 영역: {X=20,Y=40,Width=100,Height=70}
확장 영역: {X=0,Y=20,Width=140,Height=110}
```

12.2.4 Color 구조체

Color 구조체는 하나의 색을 RGB(Red, Green, Blue) 형식으로 나타내는 구조체이다. 하나의 Color 객체는 빛의 삼원색인 레드, 그린, 블루의 값을 가지며 각각 0부터 255 사이의 값으로 표현된다. 예를 들어, 흰색은 모두 255 값을 가지며 검은색은 모두 0 값을 갖는다.

프로그래밍 시에 다음과 같은 정적 메소드를 사용하여 하나의 Color 객체를 만들 수 있다. 첫 번째 형태는 RGB 값을 매개변수로 전달하여 만드는 메소드이고, 두 번째는 투명도를 나타내는 A 값도 추가적으로 전달하여 객체를 만드는 메소드이다.

```
Color c = Color.FromArgb(R, G, B);
Color c = Color.FromArgb(A, R, G, B);
Color c = Color.FromKnownColor(KnownColor.Member);
Color c = Color.FromName("ColorName");
```

세 번째 형태는 미리 정의된 색상을 사용하여 `Color` 객체를 만드는 메소드이고 마지막 메소드는 미리 정의된 색상의 이름을 문자열로 전달하여 `Color` 객체를 생성한다.

`KnownColor` 열거형은 이미 알려진 색상의 목록을 나타내며 시스템 색상인지 아닌지에 따라 두 가지로 분류된다. 시스템 색상은 윈도우 환경에 따라 색상 값이 바뀔 수 있으나, 시스템 색상이 아닌 경우는 색상 값이 고정되어 있다.

시스템 색상은 윈도우 운영체제에서 특별한 용도로 사용하기 위해 용도에 따라 색상을 미리 정의해 놓은 것으로 기호 상수와 해당하는 색상은 [그림 12-1]에 알파벳순으로 정리되어 있다.

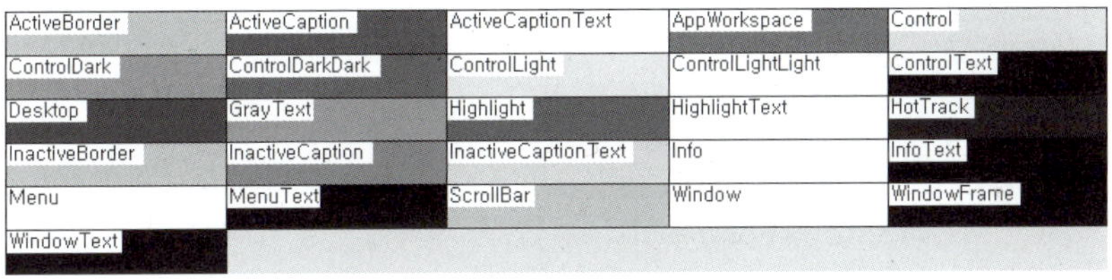

그림 12-1 KnownColor 열거형 중 시스템 색상

`KnownColor` 열거형 중 시스템 색상이 아닌 부류는 각기 고유의 색상을 나타내며 그에 해당하는 기호 상수와 색상은 [그림 12-2]에 수록되어 있다.

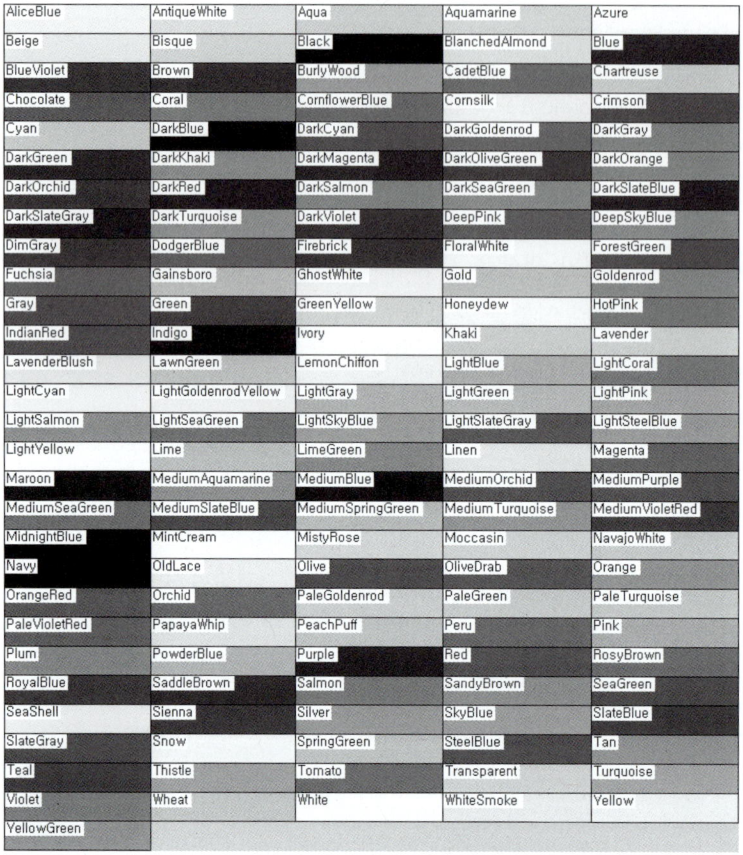

그림 12-2 KnownColor 열거형 중 시스템 색상 외 색상

Color 구조체에는 KnownColor 열거형 상수(시스템 색상 제외)와 같은 이름을 가지는 프로퍼티가 있다. 이 프로퍼티를 이용하여 새로운 객체를 만들 수 있다. 그러므로 다음과 같은 방법으로 생성된 구조체의 값은 모두 동일하다.

```
// ① 프로퍼티를 이용하여 객체 생성.
Color c = Color.White;
// ② 미리 정의된 열거형 상수를 이용하여 객체 생성.
Color c = Color.FromKnownColor(KnownColor.White);
// ③ 미리 정의된 색상 이름을 이용하여 객체 생성.
Color c = Color.FromName("White");
// ④ RGB 값을 이용하여 객체 생성.
Color c = Color.FromArgb(255, 255, 255);
```

Color 구조체에는 색상 값이 알려진 색상인지, 이름을 가진 색상인지, 시스템 색상인지를 알려주는 다음과 같은 프로퍼티를 가지고 있다.

```
public bool IsKnownColor {get;}
public bool IsNamedColor {get;}
public bool IsSystemColor {get;}
```

Color 구조체는 [표 12-5]와 같이 RGB 형식으로 색상을 나타내기 위한 R 프로퍼티, G 프로퍼티, B 프로퍼티와 투명도를 나타내는 A 프로퍼티, 구조체가 비었는지를 알려주는 IsEmpty 프로퍼티를 가지고 있다.

표 12-5 Color 구조체의 프로퍼티

프로퍼티	설명
R	빨간색(red)의 값 (0~255)
G	녹색(green)의 값 (0~255)
B	파란색(blue)의 값 (0~255)
A	투명도(Alpha)의 값 (0~255)
IsEmpty	빈 구조체 여부

그 외에 Color 구조체는 색상의 명도, 색도, 채도를 알려주는 다음과 같은 메소드를 가지고 있다. 각 메소드는 0부터 1.0 사이의 값을 반환한다.

```
public float GetBrightness();
public float GetHue();
public float GetSaturation();
```

12.2.5 Pen 클래스

직선이나 도형을 그릴 때 색상이나 굵기 등 선에 관한 정보를 갖고 있는 객체가 펜이며 펜을 위한 클래스가 Pen 클래스이다. 펜은 파일과 같이 운영체제에서 제공하는 자원이므로 사용이 끝난 후에는 Dispose() 메소드를 호출하여 자원을 반환해야 한다.

Pen 클래스에서 제공하는 생성자는 다음과 같다. 첫 번째 매개변수는 색상에 관련된 정보를 갖고 있으며 두 번째 매개변수는 선의 굵기에 대한 정보를 갖고 있다. 만약, 굵기 정보가 생략되면 기본 값은 1.0이다. 따라서 프로그래머는 적절한 매개변수를 갖는 생성자를 선택하여 하나의 펜 객체를 만들 수 있다.

```
Pen p = new Pen(Brush b);
Pen p = new Pen(Color c);
Pen p = new Pen(Brush b, float width);
Pen p = new Pen(Color c, float width);
```

또한, 미리 정의된 펜을 사용하여 펜 객체를 생성할 수 있다. 이를 위해 Pens 클래스를 제공하고 있으며 여기에는 색상과 관련된 프로퍼티가 정의되어 있다. 프로퍼티의 이름은 KnownColor 열거형 상수(시스템 색상 이름을 제외)의 이름과 동일하며 펜의 두께는 1.0이다. 다음은 미리 정의된 펜 객체를 이용하여 새로이 펜 객체를 선언하는 예문이다.

```
Pen p = Pens.Black;  // Pen p = new Pen(Color.Black, 1.0f);
```

Pen 클래스는 [표 12-6]과 같은 프로퍼티를 가지고 있다.

표 12-6 Pen 클래스의 주요 프로퍼티

프로퍼티	설명
Width	펜의 굵기
DashStyle	펜 모양
StartCap	펜이 시작되는 곳의 모양
EndCap	펜이 끝나는 곳의 모양

(1) Width 프로퍼티

Width는 펜의 굵기를 설정하거나 반환하는 프로퍼티이며 다음과 같이 정의되어 있다.

```
public float Width { get; set; }
```

여기서 말하는 펜의 굵기는 일반적으로 지칭되는 펜의 굵기와 동일한 의미를 지닌다. 펜의 굵기가 크면 굵은 선이, 작으면 가는 선이 그려진다.

다음 예제 코드는 굵기가 1 픽셀인 검정 펜으로 사각형을 그리는 예제 코드이다.

```
Pen p = new Pen(Color.Black);
g.DrawRectangle(p, 30, 30, 70, 70);
p.Dispose();
```

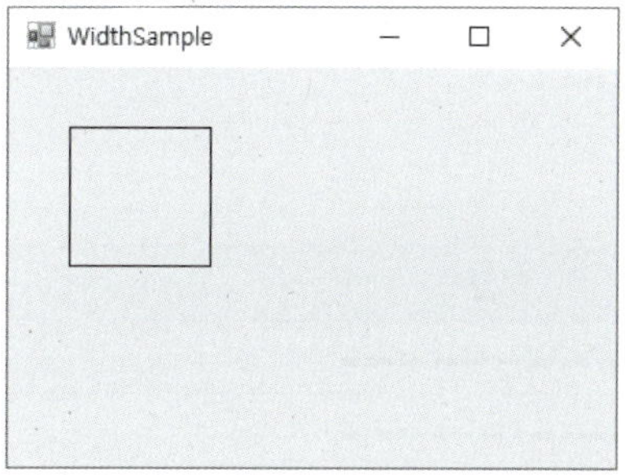

다음 예제 코드는 같은 크기의 사각형을 굵기가 10인 펜으로 그리는 예제이다.

```
Pen p = new Pen(Color.Black);
p.Width = 10;
g.DrawRectangle(p, 30, 30, 70, 70);
p.Dispose();
```

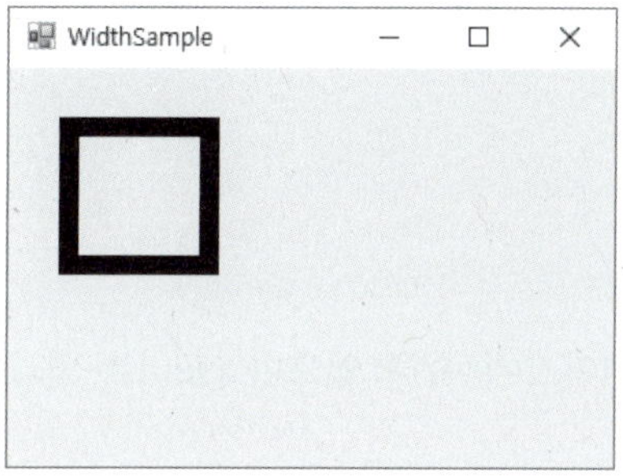

펜의 굵기는 Width 프로퍼티뿐만 아니라 생성자에서도 값을 지정할 수 있다. 따라서 다음 코드의 의미는 위의 코드와 동등한 의미를 가진다.

```
Pen p = new Pen(Color.Black, 20);
g.DrawRectangle(p, 20, 20, 150, 150);
p.Dispose();
```

(2) DashStyle 프로퍼티

DashStyle 프로퍼티는 점선이나 파선처럼 선의 모양을 나타내는 프로퍼티이며 다음과 같이 DashStyle 열거형으로 정의되어 있다.

```
public DashStyle DashStyle {get; set;}
```

DashStyle 열거형은 System.Drawing.Drawing2D 네임스페이스에 속해 있으며 [표 12-7]과 같은 상수가 정의되어 있다.

표 12-7 DashStyle 열거형 상수

기호 상수	모양
Dash	
DashDot	
DashDotDot	
Dot	
Solid	
Custom	사용자 정의

(3) StartCap/EndCap 프로퍼티

StartCap 프로퍼티와 EndCap 프로퍼티는 선 시작과 끝의 모양을 나타내는 프로퍼티이며 다음과 같이 LineCap 열거형으로 정의되어 있다.

```
public LineCap StartCap {get; set;}
public LineCap EndCap {get; set;}
```

LineCap 열거형은 System.Drawing.Drawing2D 네임스페이스에 속해 있으며 [표 12-8]과 같은 상수가 정의되어 있다.

표 12-8 LineCap 열거형 상수

기호 상수	모양
ArrowAnchor	
DiamondAnchor	
Flat	
Round	
RoundAnchor	
Square	

SquareAnchor	
Triangle	
Custom	사용자정의

12.2.6 Brush 클래스

도형과 같이 일정한 면적을 차지하는 부분을 색이나 모양 패턴, 혹은 그림으로 채울 때 사용하는 객체가 브러시이며 이를 위한 클래스가 Brush 클래스이다. 브러시도 펜과 마찬가지로 운영체제에서 제공하는 자원이므로 사용이 끝난 후에는 `Dispose()` 메소드를 호출하여 자원을 반환해야 한다.

브러시는 모양과 색상에 따라 다양한 종류가 존재하고 각기 일치하는 클래스가 존재한다. 브러시를 위한 각 클래스는 [표 12-9]에 정리되어 있으며 모두 Brush 클래스에서 파생된 클래스들이다.

표 12-9 Brush 클래스의 파생 클래스

클래스	설명
SolidBrush	단색으로 된 브러시
TextureBrush	이미지(BMP, JPEG 등)로 된 브러시
HatchBrush	모양 패턴을 사용하는 브러시
LinearGradientBrush	선형 색전환(gradient)을 사용하는 브러시
PathGradientBrush	지정된 경로에 따른 색전환을 사용하는 브러시

이들 클래스로부터 만든 객체가 브러시이다. 또한 브러시 객체로 미리 정의되어 있는 것을 사용할 수 있는데 Brushes 클래스의 프로퍼티로 제공된다. 이 프로퍼티 이름은 앞에서 설명한 KnownColor 열거형 상수([그림 12-2] 참조)의 이름과 같으며 시스템 색상의 이름은 제외된다. 다음은 미리 정의된 브러시를 사용하여 객체를 생성하는 예문이다.

```
Brush b = Brushes.White;  // Brush b = new SolidBrush(Color.White);
```

미리 정의된 브러시는 SolidBrush 클래스로부터 만든 객체와 동일하다.

(1) SolidBrush 클래스

SolidBrush 클래스란 단색으로 된 브러시 객체를 위한 클래스로 다음과 같은 생성자를 갖는다. 색상을 매개변수로 받아 단색으로 된 브러시 객체를 생성한다.

```
SolidBrush b = new SolidBrush(Color c);
```

다음은 SolidBrush 클래스를 사용하여 사용자 영역을 주어진 색으로 채우는 예제와 실행 결과이다.

```
SolidBrush b = new SolidBrush(Color.Lime);
g.FillRectangle(b, ClientRectangle);
b.Dispose();
```

(2) TextureBrush 클래스

TextureBrush 클래스는 이미지로 된 브러시 객체를 위한 클래스로 다음과 같은 형태의 생성자를 갖는다. 이미지를 매개변수로 받아 그 이미지로 된 브러시 객체를 생성한다.

```
TextureBrush b = new TextureBrush(Image img);
```

다음은 TextureBrush 클래스를 사용하는 예제 코드와 결과이다. 사용자 영역을 주어진 이미지로 채우는 기능을 한다.

```
Image img = new Bitmap("vs.png");          // 이미지 객체 생성
TextureBrush b = new TextureBrush(img);    // 이미지로 된 브러시 객체 생성
g.FillRectangle(b, ClientRectangle);       // 사용자 영역을 이미지로 채움
img.Dispose();                             // 이미지 객체를 해제
b.Dispose();                               // 브러시 객체를 해제
```

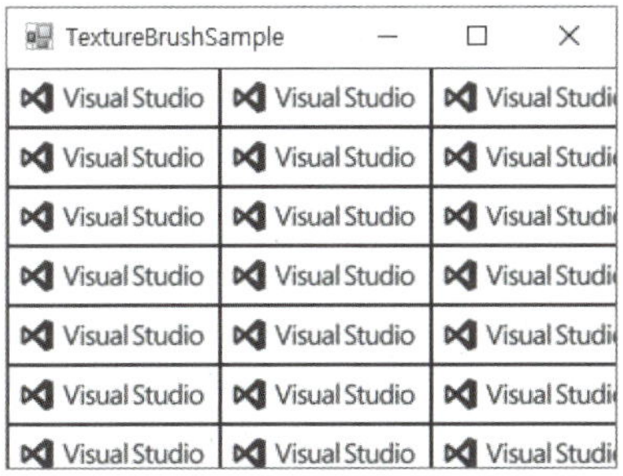

(3) HatchBrush 클래스

HatchBrush 클래스는 모양 패턴으로 된 브러시 객체를 위한 클래스로 System.Drawing.Drawing2D 네임스페이스에 포함되어 있다. 여기에는 다음과 같은 형태의 생성자가 정의되어 있으며 스타일과 색상을 매개변수로 받아 모양 패턴으로 된 브러시 객체를 생성한다.

```
HatchBrush b = new HatchBrush(HatchStyle hs, Color c);
```

모양 패턴은 HatchStyle 열거형을 사용하여 나타내며 [그림 12-3]은 기호 상수와 그에 따른 모양 패턴을 보여주는 그림이다.

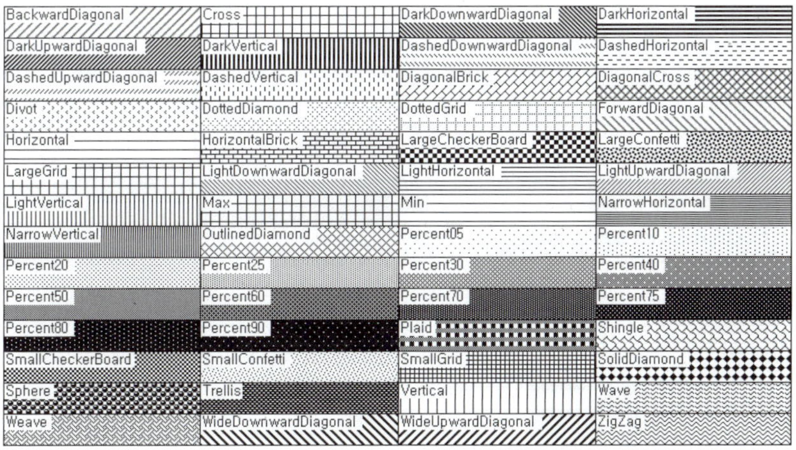

그림 12-3 HatchStyle 열거형 상수

다음은 HatchBrush 클래스를 사용하여 사용자 영역을 주어진 모양 패턴과 색으로 채우는 예제와 실행 결과이다.

```
HatchBrush b = new HatchBrush(HatchStyle.WideDownwardDiagonal,
                              Color.Green);
g.FillRectangle(b, ClientRectangle);
b.Dispose();
```

(4) LinearGradientBrush 클래스

LinearGradientBrush 클래스는 선형 색 전환으로 면을 칠할 때 사용하는 브러시를 나타내는 클래스이며 System.Drawing.Drawing2D 네임스페이스에 포함되어 있다. 선형이라는 말은 색 전환이 직선 경로를 따라 일어나기 때문에 붙은 것이다. 선형 색 전환 브러시를 만들기 위한 LinearGradientBrush 클래스의 객체를 만드는 생성자는 다음과 같다.

```
LinearGradientBrush b = new LinearGradientBrush(Point, Point, Color, Color);
```

다음 예제 코드는 LinearGradientBrush 클래스를 사용하여 브러시 객체를 만드는 예와 실행 결과이다.

```
LinearGradientBrush b = new LinearGradientBrush(new Point(0, 0), new Point(40, 30),
                                                Color.Blue, Color.Red);
g.FillRectangle(b, ClientRectangle);
b.Dispose();
```

(5) PathGradientBrush 클래스

PathGradientBrush 클래스는 색 전환에서 사용되는 기준점을 여러 개 사용하여 복잡한 형태의 색 전환 브러시를 나타내는 클래스이며 System.Drawing.Drawing2D 네임스페이스에 포함되어 있다. 경로 색 전환 브러시를 만들기 위한 PathGradientBrush 클래스의 객체를 만드는 생성자는 다음과 같다.

```
PathGradientBrush b = new PathGradientBrush(Point[] pts);
```

다음 예제 코드는 PathGradientBrush 클래스를 사용하여 브러시 객체를 만드는 예와 실행 결과이다.

```
Point[] pts = {
   new Point(ClientRectangle.Width/2, 0),
   new Point(0, ClientRectangle.Height),
   new Point(ClientRectangle.Width, ClientRectangle.Height)
};
PathGradientBrush b = new PathGradientBrush(pts);
g.FillRectangle(b, ClientRectangle);
b.Dispose();
```

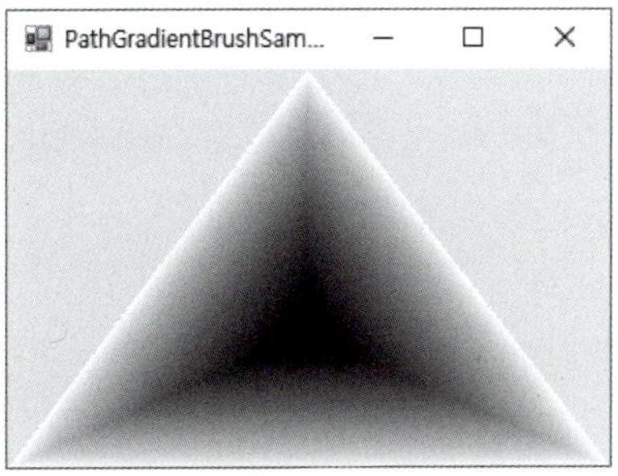

12.2.7 Font 클래스

Font 클래스는 문자열을 그릴 때 사용하는 글꼴의 모양과 크기를 나타내는 클래스이다. 폰트도 브러시나 펜처럼 운영체제가 제공하는 자원이므로, 사용이 끝나면 Dispose() 메소드를 호출하여 자원을 반환해야 한다.

하나의 폰트는 Font 클래스의 객체이며 다음과 같은 생성자를 사용하여 만든다. 첫 번째 매개변수는 서체 이름이고 두 번째 매개변수는 글자 크기이다. 그리고 세 번째 매개변수는 글꼴 모양을 나타낸다.

```
public Font(string name, float size);
public Font(string name, float size, FontStyle fs);
```

글꼴 모양은 FontStyle 열거형 상수([표 12-10] 참조)로 나타낸다. 또한 |(or) 연산자를 사용하여 둘 이상의 혼합된 글꼴 모양을 나타낼 수 있다.

표 12-10 FontStyle 열거형 상수

기호 상수	설명
Bold	굵은(또는 진한) 텍스트
Italic	기울임꼴 텍스트
Regular	일반 텍스트
Strikeout	중간에 줄이 그어진 텍스트
Underline	밑줄이 있는 텍스트

다음은 다양한 모양을 가진 글꼴 객체를 생성하고 생성된 글꼴 객체의 모양을 확인하는 예제이다.

```
// 다양한 모양을 가진 글꼴 객체 생성
Font f   = new Font("Times New Roman", 12, FontStyle.Regular);
Font bf  = new Font("Times New Roman", 12, FontStyle.Bold);
Font itf = new Font("Times New Roman", 12, FontStyle.Italic);
Font bif = new Font("Times New Roman", 12, FontStyle.Bold | FontStyle.Italic);
                                                            // 진하게와 기울기
Font sf  = new Font("Times New Roman", 12, FontStyle.Strikeout);
Font uf  = new Font("Times New Roman", 12, FontStyle.Underline);
Font bsf = new Font("Times New Roman", 12, FontStyle.Bold | FontStyle.Strikeout);
                                                            // 진하게와 중간줄

int h = f.Height;
g.DrawString("Regular",        f,   Brushes.Black, 0, 0);
g.DrawString("Bold",           bf,  Brushes.Black, 0, h);
g.DrawString("Italic",         itf, Brushes.Black, 0, h*2);
g.DrawString("Bold-Italic",    bif, Brushes.Black, 0, h*3);
```

```
g.DrawString("Strikeout",          sf,  Brushes.Black, 0, h*4);
g.DrawString("Underline",          uf,  Brushes.Black, 0, h*5);
g.DrawString("Bold & Strikeout",   bsf, Brushes.Black, 0, h*6);

// 모든 Font 객체들을 해제한다.
f.Dispose();  bf.Dispose();  itf.Dispose();
bif.Dispose(); sf.Dispose();  uf.Dispose();
bsf.Dispose();
```

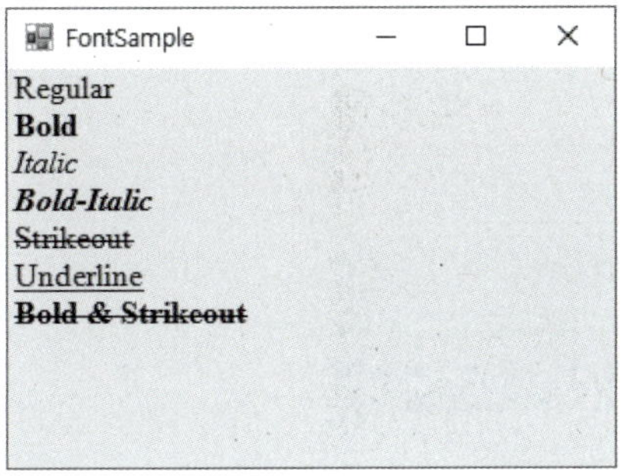

Font 클래스에는 [표 12-11]과 같은 프로퍼티가 정의되어 있으며 모두 읽기 전용 프로퍼티이다.

표 12-11 Font 클래스의 주요 프로퍼티

프로퍼티	설명
Name	글꼴의 이름
Size	글꼴의 크기
Height	글꼴의 높이
Bold	글꼴 모양이 굵은지 여부
Italic	글꼴 모양이 기울임꼴인지 여부
Strikeout	글꼴 모양이 중간에 줄이 있는지 여부
Underline	글꼴 모양이 밑줄이 있는지 여부

12.2.8 Image 클래스

이미지를 표현하는 방법은 특성에 따라 래스터 기반 이미지와 벡터 기반 이미지로 구분할 수 있다. 전자는 이미지를 색상을 가진 점(pixel) 단위로 표현하기 때문에 사진과 같이 복잡하고 일정한 형태를 가지지 않은 이미지를 표현하기에 적합하다. 그에 비해 후자는 이미지를 점, 선, 도형과 같은 그래픽 단위로 표현하기 때문에 일정한 형태로 구성된 이미지를 표현하기에 적합하며 이미지의 변환 작업을 쉽게 할 수 있는 장점을 갖고 있다.

C# 프로그래밍에서 이미지를 다루기 위해 `Image` 클래스를 제공한다. 또한 여기서 파생된 **Bitmap** 클래스와 **Metafile** 클래스를 제공한다. 전자는 래스터 기반 이미지를 다루기 위한 클래스이고 후자는 벡터 기반 이미지를 다루기 위한 클래스이다. [그림 12-4]는 **Image** 클래스와 **Bitmap** 클래스/**Metafile** 클래스의 관계를 보여주고 있다.

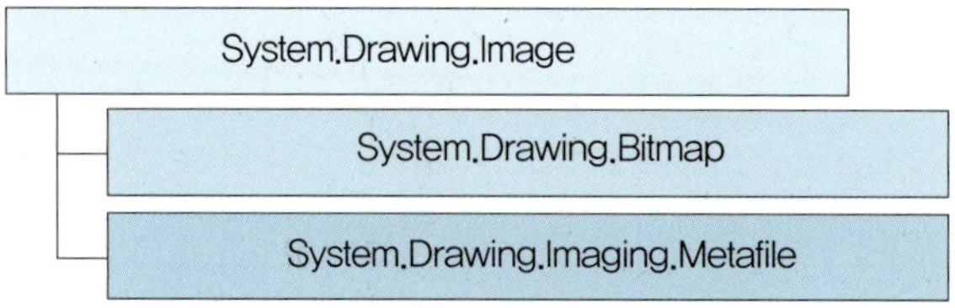

그림 12-4 이미지 관련 클래스의 계층도

Image 클래스는 **Bitmap** 클래스와 **Metafile** 클래스의 공통적인 속성을 갖고 있으며 특히 크기와 관련된 프로퍼티([표 12-12] 참조)를 가지고 있다.

표 12-12 Image 클래스의 주요 프로퍼티

프로퍼티	설명
Size	이미지 크기
Width	이미지의 폭
Height	이미지의 높이

(1) Bitmap 클래스

`Bitmap` 클래스는 **Image** 클래스에서 파생된 클래스로 래스터 기반 이미지를 나타내는 클래스이다. 이것은 래스터 이미지 파일뿐만 아니라, 메모리에서만 존재하는 가상의 이미지를 나타낼 때도 사용할 수 있다.

Bitmap 클래스에는 다음과 같은 생성자가 있다.

```
public Bitmap(string fileName);          // 이미지 파일 객체
public Bitmap(int w, int h);             // 가상 이미지 객체
```

첫 번째 형태의 생성자는 이미지 파일의 이름(경로 포함)을 매개변수로 받아 파일을 읽어 이미지 객체를 만들어준다. 이 경우에 사용할 수 있는 파일의 형식은 표 12-13과 같다.

표 12-13 Bitmap 클래스에서 지원하는 파일 형식

형식	설명
BMP	Bit-mapped grahics format의 의미 윈도우 운영체제의 표준 이미지 형식이다.
EXIF	EXchangeable Image File의 약자 JPEG에서 변형된 형식으로 주로 디지털 카메라에 쓰이며 찍은 날짜, 셔터 등의 정보를 추가로 담고 있다.
GIF	Graphics Interchange Format의 약자 웹페이지에서 흔히 쓰이는 형식이다.
JPEG	Joint Photographic Experts Group의 약자 웹이미지나 사진과 같이 많은 색상과 복잡한 모양을 가진 이미지에 적합한 형식이다.
PNG	Portable Network Graphics의 약자 GIF와 비슷하나 보다 많은 색을 지원하며, 애니메이션 이미지를 지원할 수 있는 형식이다.
TIFF	Tag Image File Format의 약자 일찍이 사용된 형식으로 출판, 팩스전송, 3D 응용 프로그램, 의료 영상에 주로 쓰이는 형식이다.

두 번째 생성자는 이미지의 폭과 높이를 매개변수로 받아 메모리에 가상의 이미지를 만들어 주는 생성자이다. 이 생성자는 주로 Graphics.FromImage() 메소드의 매개변수로 쓰이는 이미지 객체를 생성할 때 쓰인다.

```
Image img = new Bitmap(w, h);                // 이미지 객체 생성
Graphics bg = Graphics.FromImage(img);       // 그래픽 객체 생성
```

(2) Metafile 클래스

Metafile 클래스는 Image 클래스에서 파생된 클래스로 벡터 기반 이미지를 나타내는 클래스이다. 이것은 System.Drawing.Imaging 네임스페이스에 포함되어 있다.

Metafile 클래스의 객체를 가상의 이미지로 삼아 Graphics.FromImage() 메소드를 통하여 그래픽 객체를 만들고 그리기 연산들을 수행하면 생성된 그래픽 객체에 그러한 연산이 기록된다. 부연설명하면, 그려진 결과가 저장되는 것이 아니라 그려지는 과정이 기록되는 것이다. 그리기 작업을 완료한 후에 Metafile 객체를 출력하면, 객체에 기록된 그리기 연산을 하나씩 실행하여 그리기 결과가 폼에 표시된다.

12.3 도형 그리기

System.Drawing.Graphics 클래스의 메소드를 통하여 다양한 도형을 그릴 수 있는 방법을 지원하고 있으며 그리기 메소드의 종류는 크게 DrawXxx() 메소드 계열과 FillXxx() 메소드로 계열로 나눌 수 있다. 전자는 선을 그리기 위한 펜을 첫 번째 매개변수로 받아 외곽선을 그리는 메소드이다. 반면에 후자는 영역을 칠하기 위한 브러시를 첫 번째 매개변수로 받아 도형의 내부 영역만을 칠하는 메소드이다.

12.3.1 선 그리기

선을 그리기 위해서 사용하는 메소드는 DrawLine() 메소드와 DrawLines() 메소드이며 다음과 같은 형식으로 정의되어 있다. 첫 번째 매개변수는 선에 대한 정보를 갖고 있는 펜이다.

```
public void DrawLine(Pen p, Point pt1, Point pt2);
public void DrawLines(Pen p, Point[] pts);
```

DrawLine() 메소드는 시작점과 끝점을 매개변수로 받아 선을 그리는 메소드이며, DrawLines() 메소드는 점의 배열을 매개변수로 받아 점을 연결하는 선을 그리는 메소드이다. 점의 배열에서 배열의 첫 원소는 시작점이고 마지막 원소는 끝점이다.

다음은 DrawLine() 메소드를 이용하여 두 점 사이의 직선을 그리는 예제 코드이다.

```
Pen p = new Pen(Color.Black);
Point startPoint = new Point(45, 45);
Point endPoint = new Point(180, 150);
g.DrawLine(p, startPoint, endPoint);
g.DrawLine(p, new Point(190, 60), new Point(65, 170));
p.Dispose();
```

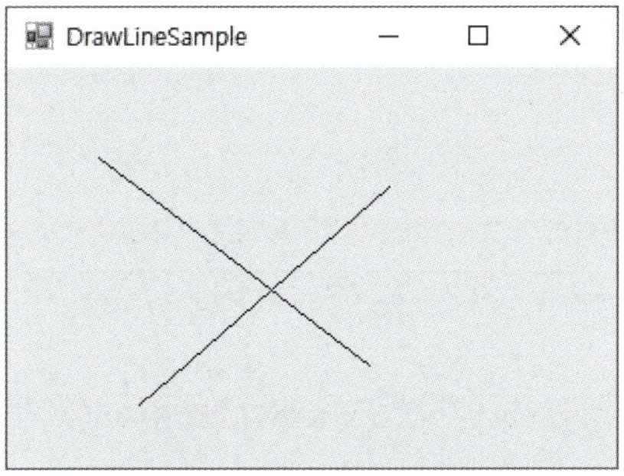

다음은 DrawLines() 메소드를 이용하여 점 배열 사이를 연결하는 선을 그리는 예제 코드이다.

```
Point[] pts = {
   new Point(40, 40),   new Point(180, 40),  new Point(180, 180),
   new Point(40, 180),  new Point(40, 60),   new Point(160, 60),
   new Point(160, 160), new Point(60, 160),  new Point(60, 80),
   new Point(140, 80),  new Point(140, 140), new Point(80, 140),
   new Point(80, 100),  new Point(120, 100), new Point(120, 120),
   new Point(100, 120)
};
g.DrawLines(new Pen(Color.BlueViolet), pts);
```

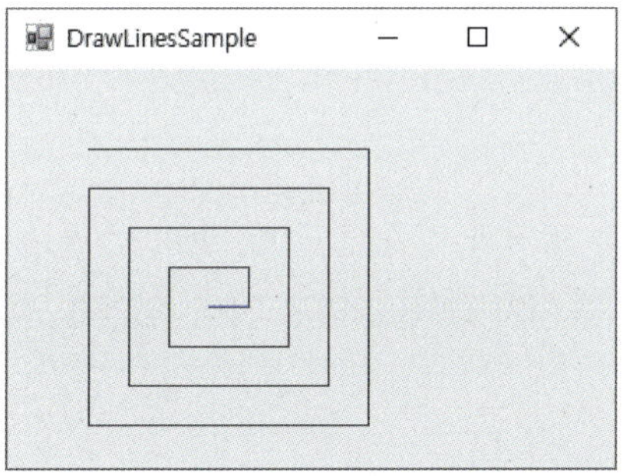

12.3.2 사각형 그리기

사각형을 그리기 위해서 사용하는 메소드는 DrawRectangle() 메소드와 DrawRectangles() 메소드이며 FillRectangle() 메소드와 FillRectangles() 메소드는 사각 영역을 칠하기 위해서 사용하는 메소드이다. 각 메소드의 형태는 다음과 같다.

```
public void DrawRectangle(Pen p, Rectangle r);
public void DrawRectangles(Pen p, Rectangle[] rects);
public void FillRectangle(Brush b, Rectangle r);
public void FillRectangles(Brush b, Rectangle[] rects);
```

XxxRectangle() 메소드는 매개변수로 하나의 사각 영역만을 받지만, XxxRectangles() 메소드는 여러 개의 사각 영역을 배열로 받는 차이점이 있다.

다음은 기준점이 (50, 50)이고 폭과 높이가 150, 100인 사각 영역을 칠하고 외곽선을 그리는 예제 코드이다.

```
Rectangle r = new Rectangle(50, 50, 150, 100);
g.FillRectangle(Brushes.Lime, r);
g.DrawRectangle(new Pen(Color.Black), r);
```

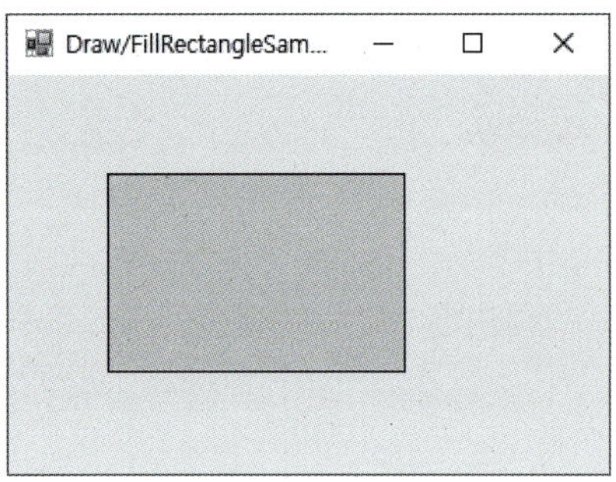

다음은 기준점 (40, 40), 폭과 높이가 (40, 100)인 사각 영역과 기준점 (100, 40), 폭과 높이가 (100, 40)인 사각 영역, 기준점 (100, 100), 폭과 높이가 (100, 40)인 사각 영역을 칠하고 외곽선을 그리는 예제 코드이다.

```
Rectangle[] rects = {
   new Rectangle(40, 40, 40, 100),
   new Rectangle(100, 40, 100, 40),
   new Rectangle(100, 100, 100, 40)
};
g.FillRectangles(Brushes.Blue, rects);
g.DrawRectangles(Pens.Red, rects);
```

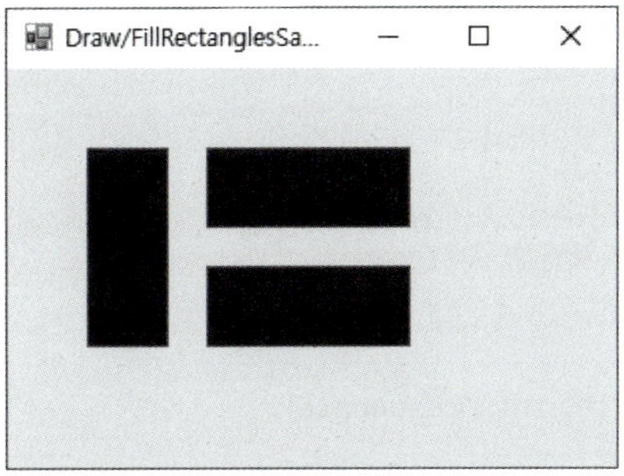

12.3.3 타원 그리기

타원을 그리는 메소드는 DrawEllipse()이고 타원의 영역을 칠하는 메소드는 FillEllipse()이다. 각 메소드의 형태는 다음과 같다.

```
public void DrawEllipse(Pen p, Rectangle r);
public void FillEllipse(Brush b, Rectangle r);
```

첫 번째 매개변수로 펜이나 브러시를 갖고 있으며 두 번째 매개변수는 사각 영역을 나타낸다. 사각 영역에 내접하는 타원을 그리게 되며 따라서 원을 그리기 위해서는 정사각형의 크기를 주고 타원을 그리기 위해서는 직사각형의 크기를 주면 된다.

다음은 기준점이 (50, 50)이고 폭과 높이가 150과 100인 타원의 영역을 칠하고 외곽선을 그리는 예제이다.

```
Rectangle r = new Rectangle(50, 50, 150, 100);
g.FillEllipse(Brushes.Cyan, r);
g.DrawEllipse(Pens.Black, r);
```

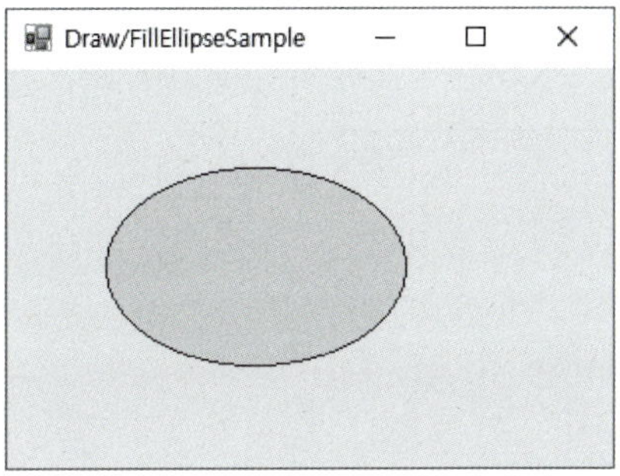

12.3.4 호 그리기

호를 그리기 위해서 사용하는 메소드는 DrawArc() 메소드이며 다음과 같은 형식으로 정의되어 있다. 호의 영역과 시작 각도, 호의 각도를 매개변수로 받아 호를 그린다. 참고로 호의 각도를 줄여서 호각이라 부른다.

```
public void DrawArc(Pen p, Rectangle r, int startAngle, int sweepAngle);
```

DrawArc() 메소드의 세 번째 매개변수인 startAngle은 호를 그리기 위한 시작 각도로서 X축을 기준으로 시계 방향으로 측정된 각도를 의미하며, 네 번째 매개변수인 sweepAngle은 호의 각도로 startAngle로부터 호의 끝점까지 시계 방향으로 측정된 각도를 의미한다. DrawArc() 메소드는 시계 방향을 기준으로 호를 그리기 때문에 각도 계산에 주의해야 한다. 만일 시계 반대 방향으로 호를 그리고자 한다면 DrawArc() 메소드의 네 번째 매개변수의 값을 음수로 배정해야 한다.

기준점이 (50, 50)이고 폭과 높이가 각각 150, 100이고, 시작 각도는 X축을 기준으로 45도, 그리고 호각이 270도인 호는 다음 그림에서 보여주는 방법으로 그려지게 된다.

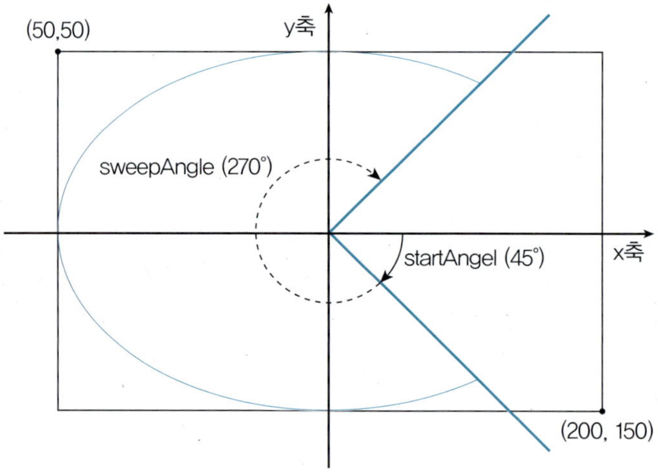

그림 12-5 호 그리기

앞과 같은 형태의 호를 그리기 위한 C# 코드는 다음과 같다.

```
Rectangle r = new Rectangle(50, 50, 150, 100);
g.DrawArc(Pens.Red, r, 45, 270);
```

12.3.5 부채꼴 그리기

부채꼴을 그리기 위해서 사용하는 메소드는 DrawPie()이고 부채꼴 영역을 칠하는데 사용하는 메소드는 FillPie()이며 다음과 같은 형식으로 각각 정의되어 있다. 부채꼴의 영역과 시작 각도, 호의 각도를 매개변수로 받아 부채꼴의 외곽선을 그리거나 부채꼴의 영역을 칠한다. 시작 각도와 호각의 의미는 DrawArc() 메소드와 동일하다.

```
public void DrawPie(Pen p, Rectangle r, int startAngle, int sweepAngle);
public void FillPie(Brush b, Rectangle r, int startAngle, int sweepAngle);
```

다음은 기준점이 (50, 50)이고 폭과 높이가 각각 150, 100이고, 시작 각도는 X축을 기준으로 45도, 그리고 호각이 270도인 부채꼴의 영역을 칠하고 외곽선을 그리는 예제 코드이다.

```
Rectangle r = new Rectangle(50, 50, 150, 100);
g.FillPie(Brushes.LightGreen, r, 45, 270);
g.DrawPie(Pens.DarkGreen, r, 45, 270);
```

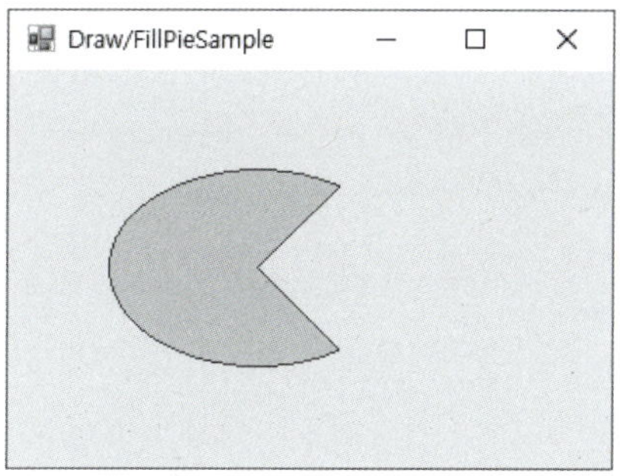

12.3.6 다각형 그리기

다각형을 그리기 위해서 사용하는 메소드는 DrawPolygon()이고 다각형 영역을 칠하는데 사용하는 메소드는 FillPolygon()이며 다음과 같은 형식으로 정의되어 있다. 다각형의 꼭지점을 이루는 점의 배열을 매개변수로 받아 다각형의 외곽선을 그리거나 다각형의 영역을 칠한다.

```
public void DrawPolygon(Pen p, Point[] pts);
public void FillPolygon(Brush b, Point[] pts);
```

다음은 FillPolygon() 메소드를 이용하여 다각형의 영역을 칠하고 DrawPolygon() 메소드를 이용하여 다각형을 그리는 예제 코드이다.

```
Point[] pts = {
   new Point(110, 40),  new Point(125, 91),  new Point(180, 91),
   new Point(135, 123), new Point(152, 172), new Point(110, 141),
   new Point(66, 172),  new Point(82, 122),  new Point(40, 91),
   new Point(95, 91)
};
g.FillPolygon(Brushes.Pink, pts);
g.DrawPolygon(Pens.Purple, pts);
```

12.3.7 곡선 그리기

곡선을 그리는데 사용하는 메소드는 DrawCurve() 메소드이며 다음과 같은 형식으로 정의되어 있다. 곡선을 이루는 점의 배열을 매개변수로 받아 곡선을 그린다.

```
public void DrawCurve(Pen p, Point[] pts);
```

다음은 DrawCurve() 메소드를 이용하여 곡선을 그리는 예제 코드이다.

```
Point[] pts = {
   new Point(40, 100),  new Point(50, 60),   new Point(60, 50),
   new Point(70, 60),   new Point(80, 100),  new Point(90, 140),
   new Point(100, 150), new Point(110, 140), new Point(120, 100),
   new Point(130, 60),  new Point(140, 50),  new Point(150, 60),
   new Point(160, 100), new Point(170, 140), new Point(180, 150),
   new Point(190, 140), new Point(200, 100)
};
g.DrawCurve(Pens.Red, pts);
```

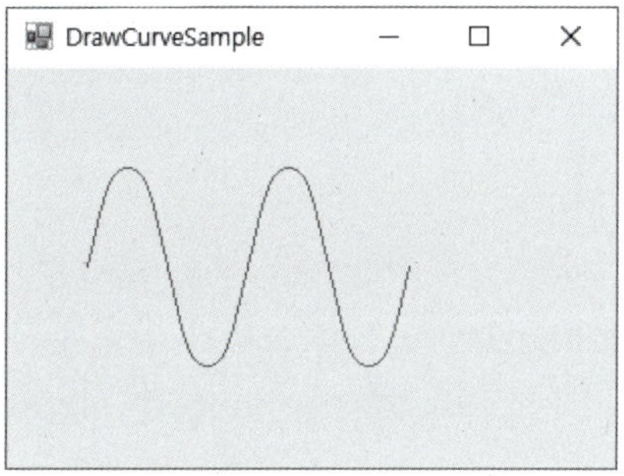

12.3.8 폐곡선 그리기

폐곡선을 그리기 위해서 사용하는 메소드는 DrawClosedCurve()이며 폐곡선의 내부 영역을 칠하기 위해서 사용하는 메소드는 FillClosedCurve()이다. 각 메소드의 형식은 다음과 같으며 점의 배열을 매개변수로 받아 폐곡선을 만든다.

```
public void DrawClosedCurve(Pen p, Point[] pts);
public void FillClosedCurve(Brush b, Point[] pts);
```

다음은 FillClosedCurve() 메소드를 이용하여 폐곡선의 영역을 칠하고 DrawClosedCurve() 메소드를 이용하여 폐곡선을 그리는 예제 코드이다.

```
Point[] pts = {
   new Point(115, 30), new Point(140, 90), new Point(200, 115),
   new Point(140, 140), new Point(115, 200), new Point(90, 140),
   new Point(30, 115), new Point(90, 90)
};
g.FillClosedCurve(Brushes.Yellow, pts);
g.DrawClosedCurve(Pens.Red, pts);
```

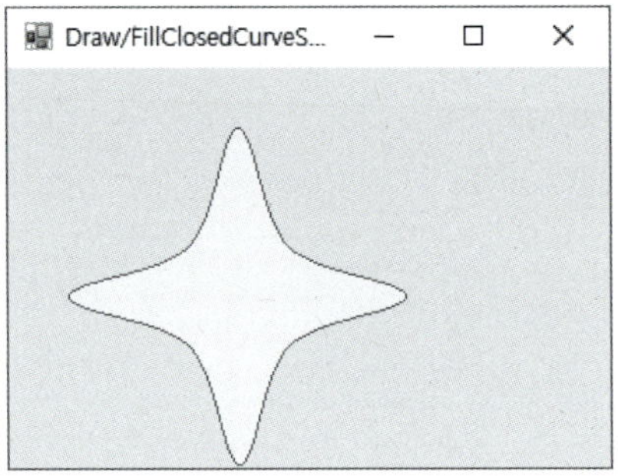

12.3.9 베지어 곡선 그리기

DrawBezier() 메소드와 DrawBeziers() 메소드는 베지어(bezier) 곡선을 그리기 위해서 사용하는 메소드이며 다음과 같은 형식으로 정의되어 있다. 베지어 곡선을 그리는데 필요한 점들을 매개변수로 받아 곡선을 그린다.

```
public void DrawBezier(Pen p, Point pt1, Point pt2, Point pt3, Point pt4);
public void DrawBeziers(Pen p, Point[] pts);
```

DrawBezier() 메소드는 곡선을 구성하는 시작점, 제어점 2개, 끝점을 매개변수로 받아 곡선을 그리고, DrawBeziers() 메소드는 점의 배열을 매개변수로 받아 연속적으로 곡선을 그린다. 점의 배열은 차례대로 시작점, 제어점 2개, 끝점으로 생각하고 곡선을 그리며, 중간의 끝점은 다음 곡선의 시작점으로 간주하면서 곡선을 그린다.

다음은 시작점 (100, 50), 제어점 (0, 100), 제어점 (200, 100), 끝점 (100, 150)으로 구성된 곡선을 그리는 예제 코드이다.

```
g.DrawBezier(Pens.Magenta,
             new Point(100, 50),          // start point
             new Point(0, 100),           // control point one
             new Point(200, 100),         // control point two
             new Point(100, 150));        // end point
```

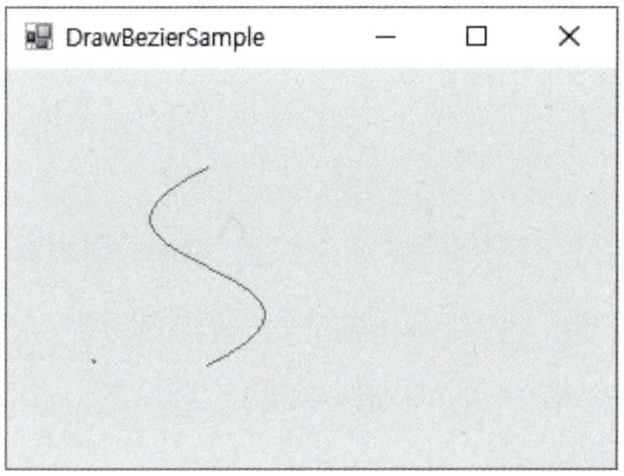

다음은 시작점 (30, 30), 제어점 (60, 30), 제어점 (30, 60), 중간 끝점 (60, 60), ..., 제어점 (150, 120), 제어점 (120, 150), 끝점 (150, 150)으로 구성된 베지어 곡선을 그리는 예제 코드이다. 중간 끝점은 다음 곡선의 시작점으로 간주되어 처리된다.

```
Point[] pts = {
   new Point(30, 30),                           // 시작점
   new Point(60, 30), new Point(30, 60),        // 제어점
   new Point(60, 60),                           // 끝점 및 시작점
   new Point(90, 60), new Point(60, 90),        // 제어점
   new Point(90, 90),                           // 끝점 및 시작점
   new Point(120, 90), new Point(90, 120),      // 제어점
   new Point(120, 120),                         // 끝점 및 시작점
   new Point(150, 120), new Point(120, 150),    // 제어점
   new Point(150, 150),                         // 끝점
};
g.DrawBeziers(Pens.DeepPink, pts);
```

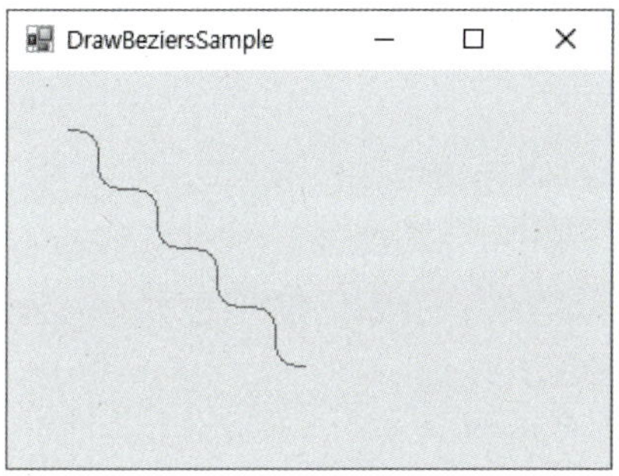

12.4 문자열 그리기

문자열을 폼에 출력하기 위해 Graphics 클래스의 DrawString() 메소드와 MeasureString() 메소드를 제공하고 있다. 전자는 문자열을 그리기 위해서 사용되는 메소드이고, 후자는 어떤 문자열을 그리는데 필요한 영역의 크기를 계산해 주는 메소드이다.

12.4.1 DrawString() 메소드

DrawString() 메소드는 폼에 문자열을 출력하기 위해서 사용하는 메소드로 출력 위치를 지정하는 방법에 따라 다음과 같은 3가지 형태가 있다. 첫 번째 매개변수는 출력하고자 하는 문자열이고 두 번째는 폰트에 관한 정보이다. 그리고 세 번째 매개변수로는 문자열 그리기에 사용할 브러시가 오며 그 다음은 출력할 위치에 대한 정보가 나온다.

```
public void DrawString(string s, Font f, Brush b, int x, int y);
public void DrawString(string s, Font f, Brush b, Rectangle r);
public void DrawString(string s, Font f, Brush b, Rectangle r, StringFormat sf);
```

첫 번째 형태는 출력할 위치를 x와 y의 좌표값으로 받아 문자열을 지정한 위치에 출력하는 메소드이다. 다음은 "Hello World!"라는 문자열을 폼에서 사용하는 글꼴과 검은색 브러시로 위치 (10, 10)에 그리는 예제이다.

```
Font f = new Font("Tahoma", 15);
g.DrawString("Hello World!", f, Brushes.Black, 10, 10);
f.Dispose();
```

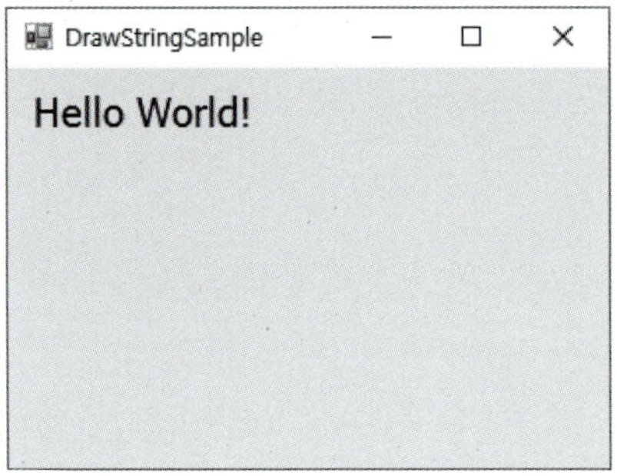

두 번째 형태는 출력할 위치 대신에 그려질 영역을 매개변수로 갖는 메소드이다. 따라서 사각형 내에 문자열이 출력된다. 만약 문자열의 길이가 영역의 폭보다 큰 경우에는 자동으로 줄을 바꿔서 문자열을 출력해 준다. 다음은 문자열의 길이가 영역의 폭보다 큰 경우 문자열이 그려지는 모습을 보여주는 예제이다.

```
string s = "This string is long enough to wrap.";
s += " With a 250px-width rectangle, ";
s += "it requires six lines to display the string in its entirety.";
Font f = new Font("Tahoma", 15);
Rectangle r = new Rectangle(10, 10, 250, 150);
g.DrawRectangle(Pens.Black, r);
g.DrawString(s, f, Brushes.Black, r);
f.Dispose();
```

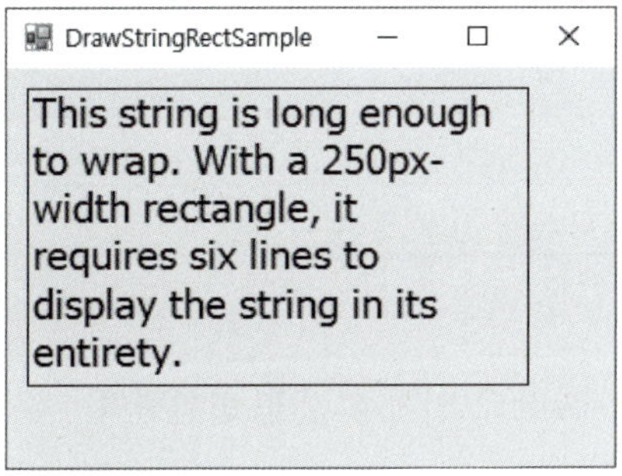

세 번째 형태는 출력되는 문자열을 정렬하는 방법을 제어할 수 있는 메소드이다. 이 메소드를 사용하면 영역의 가운데나 왼쪽/오른쪽에 정렬할 수 있다. 다음은 폼의 수평과 수직 정렬을 모두 가운데로 맞춘 예제이다.

```
string s = "This is a long string that will wrap. ";
s += "It will be centered both vertically and horizontally.";
Font f = new Font("Tahoma", 15);
StringFormat sf = new StringFormat();
sf.Alignment = StringAlignment.Center;              // 수평 정렬
sf.LineAlignment = StringAlignment.Center;          // 수직 정렬
g.DrawString(s, f, Brushes.Black, ClientRectangle, sf);
f.Dispose();
```

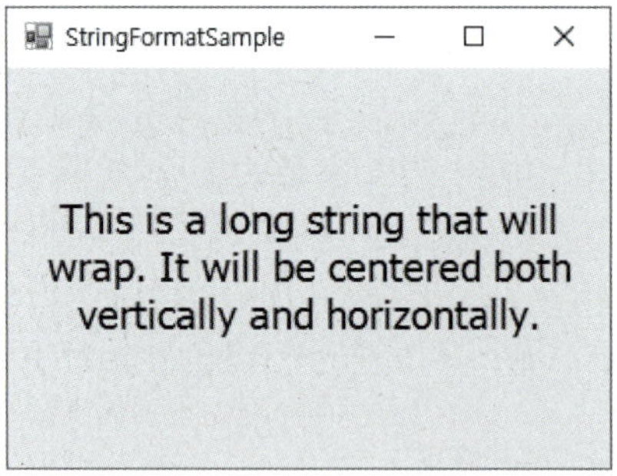

위 예제에서 사용한 StringFormat 클래스에는 [표 12-14]와 같은 프로퍼티가 정의되어 있으며, 이 프로퍼티를 사용하여 문자열 그리기를 제어할 수 있다.

표 12-14 StringFormat 클래스의 주요 프로퍼티

프로퍼티	설명
Alignment	수평 정렬
LineAlignment	수직 정렬

각 프로퍼티의 정의 형식은 다음과 같으며 StringAlignment의 열거형 값을 반환한다.

```
public StringAlignment Alignment {get; set;}
public StringAlignment LineAlignment {get; set;}
```

StringAlignment 열거형에는 [표 12-15]과 같은 기호 상수가 정의되어 있다.

표 12-15 StringAlignment 열거형 상수

기호 상수	설명
Center	가운데 정렬
Near	수평정렬인 경우에 왼쪽 정렬 수직정렬인 경우에 위쪽 정렬
Far	수평정렬인 경우에 오른쪽 정렬 수직정렬인 경우에 아래쪽 정렬

12.4.2 MeasureString() 메소드

MeasureString() 메소드는 출력하는 문자열을 수용하는데 필요한 영역의 크기를 측정하기 위해서 사용하는 메소드이며 다음과 같은 형식으로 정의되어 있다. 문자열과 글꼴 객체를 매개변수로 받아 문자열을 출력하는데 필요한 영역의 크기를 반환해 준다.

```
public SizeF MeasureString(string s, Font f);
public SizeF MeasureString(string s, Font f, int width);
```

다음은 "Hello World!"라는 문자열을 그리는데 필요한 영역의 크기를 먼저 계산하고 문자열을 출력한 후, 문자열의 외곽선을 그리는 예제이다.

```
string s = "Hello World!";
Font f = new Font("Tahoma", 15);
SizeF sf = g.MeasureString(s, f);
g.DrawString(s, f, Brushes.Black, 50, 50);
g.DrawRectangle(Pens.Black, 50, 50, sf.Width, sf.Height);
f.Dispose();
```

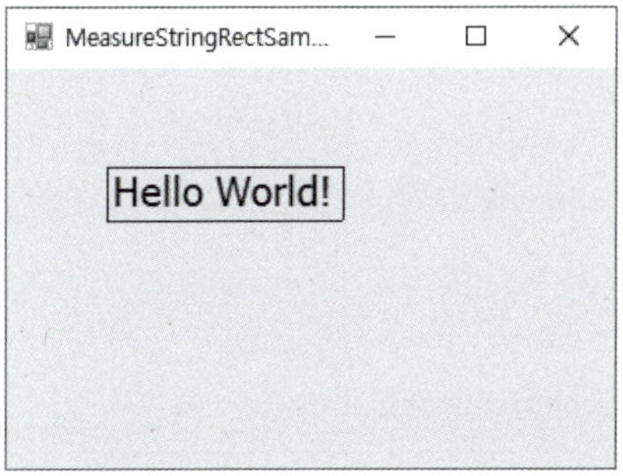

두 번째 형태의 메소드는 가로 폭이 결정되어 있는 경우에 세로 높이를 구하기 위해서 사용하는 메소드이다. 다음은 문자열을 그릴 폭이 250일 때, 문자열과 문자열 주위에 사각형을 그리는 예제이다.

```
string s = "This string is long enough to wrap. ";     // 출력할 문자열
s += "We'll use a 15pt font, and assume ";
s += "the text string must fit into a width of 250 pixels. ";
Font f = new Font("Tahoma", 15);                        // 서체는 타호마, 글자 크기는 15.
SizeF sf = g.MeasureString(s, f, 250);                  // 영역의 크기를 측정한다.
```

```
RectangleF rf = new RectangleF(20, 20, sf.Width, sf.Height);
Rectangle r = Rectangle.Ceiling(rf);          // 올림으로 변환
g.DrawString(s, f, Brushes.Black, r);         // 문자열을 출력한다.
g.DrawRectangle(Pens.Black, r);               // 외곽선을 그린다.
f.Dispose();
```

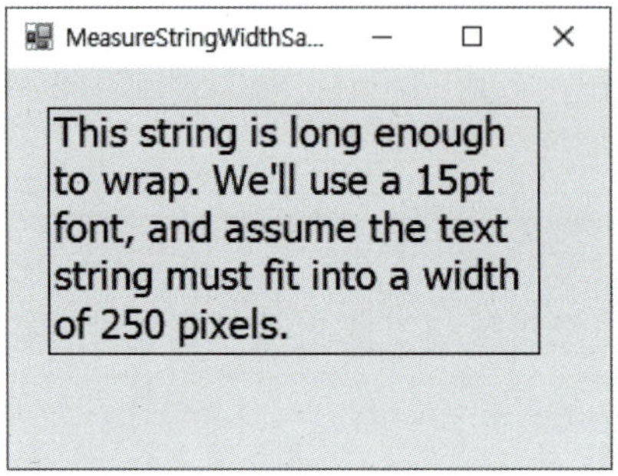

12.5 이미지 그리기

이미지를 폼에 그리는 메소드는 DrawImage()이며 다음과 같은 형식으로 정의되어 있다. 첫 번째 매개변수는 그려질 이미지 객체이고 그 다음은 그릴 위치를 지정하는 매개변수이다.

```
public void DrawImage(Image, int, int);                            // --- ①
public void DrawImage(Image, Point);                               // --- ②
public void DrawImage(Image, int, int, int, int);                  // --- ③
public void DrawImage(Image, Rectangle);                           // --- ④
public void DrawImage(Image, Point[]);                             // --- ⑤
public void DrawImage(Image, Rectangle, Rectangle, GraphicsUnit);  // --- ⑥
```

①번과 ②번 형태의 메소드는 이미지를 특정 위치에 그리는데 사용하는 메소드이다. 그려질 위치를 ①번 메소드는 x와 y의 좌표 형식으로 받고 ②번 메소드는 Point 구조체를 통해서 받는다.

다음은 이미지를 (0, 0)의 위치에 그리는 예제 코드와 실행 결과이다.

```
Image img = new Bitmap("vs.png");
g.DrawImage(img, 0, 0);  // g.DrawImage(img, new Point(0, 0));
```

③번과 ④번 형태의 메소드는 이미지를 특정 영역에 그리는데 사용하는 메소드이다. 그려질 영역을 ③번 메소드는 시작 위치, 폭, 높이 형식으로 받고, ④번 메소드는 Rectangle 구조체를 통해서 받는다. 만약 그려질 영역의 크기가 이미지의 크기와 다르면 이미지는 자동으로 축소되거나 확대되어 그려진다.

다음은 이미지를 폼의 전체 영역에 그리는 예제 코드와 실행 결과이다.

```
Image img = new Bitmap("vs.png");
g.DrawImage(img, ClientRectangle);
```

⑤번 형태는 DrawImage(Image, Point[])로 세 개의 점으로 구성된 배열을 매개변수로 받아 이미지를 변형하여 그리는 메소드이다. 배열로 받은 세 개의 점은 기준점이 되며 첫 번째 기준점은 원본 이미지의 왼쪽 상단 모서리가 나타날 위치를 지정하며 두 번째 점은 원본 이미지의 오른쪽 상단 모서리가 나타날 위치를 지정한다. 그리고 세 번째 점은 원본 이미지의 왼쪽 하단 모서리가 나타날 위치를 지정한다.

기준점을 적절히 선택하면 이미지를 수직 또는 수평으로 비례시키거나, 기울이거나, 뒤집을 수 있으며 회전시킬 수도 있다. 또한 필요하다면 비례, 기울이기, 뒤집기, 회전을 임의로 결합하여 동시에 적용할 수 있다.

다음은 세 점을 설정하여 이미지를 한 쪽으로 기울여 그리는 예제 코드와 실행 결과이다.

```
Image img = new Bitmap("vs.png");
Point[] pts = {
   new Point(0, 0),          // 원본의 왼쪽 상단 모서리의 대상 위치
   new Point(200, 0),        // 원본의 오른쪽 상단 모서리의 대상 위치
   new Point(50, 100)        // 원본의 왼쪽 하단 모서리의 대상 위치
};
g.DrawImage(img, pts);
```

다음은 수평으로 거울에 비춰진 것처럼 이미지를 뒤집는 예제 코드로 원본의 왼쪽 상단 모서리와 오른쪽 상단의 위치를 하단의 위치와 반대로 하여 설정을 하였다.

```
Image img = new Bitmap("vs.png");
Point[] pts = {
   new Point(0, 100),        // 원본의 왼쪽 상단 모서리의 대상 위치
   new Point(200, 100),      // 원본의 오른쪽 상단 모서리의 대상 위치
   new Point(0, 0)           // 원본의 왼쪽 하단 모서리의 대상 위치
};
g.DrawImage(img, pts);
```

다음은 이미지를 오른쪽으로 90도 회전하여 그리는 예제 코드이다. 이미지를 회전시키기 위하여 원본의 왼쪽 상단 모서리를 대상의 오른쪽 상단 모서리에 맞추고, 원본의 하단 모서리를 대상의 왼쪽 상단 모서리에 맞추었다.

```
Image img = new Bitmap("vs.png");
Point[] pts = {
   new Point(100, 0),         // 원본의 왼쪽 상단 모서리의 대상 위치
   new Point(100, 200),       // 원본의 오른쪽 상단 모서리의 대상 위치
   new Point(0, 0)            // 원본의 왼쪽 하단 모서리의 대상 위치
};
g.DrawImage(img, pts);
```

⑥번 형태의 메소드는 원본 이미지의 일부분만을 그리기 위해서 사용하는 메소드이다. 그려질 원본 이미지의 영역은 세 번째 매개변수를 통해서 지정하며, 이때 사용할 단위는 네 번째 매개변수로 전달한다. 사용할 수 있는 단위는 `GraphicsUnit` 열거형으로 정의되어 있지만, 일반적으로 픽셀을 나타내는 `GraphicsUnit.Pixel`을 주로 사용한다.

다음은 원본 이미지의 일부분인 (0, 0)-(80, 30) 영역만을 그리는 예제 코드와 실행 결과이다.

```
Image img = new Bitmap("vs.png");
Rectangle sr = new Rectangle(0, 0, 80, 30);        // 원본의 부분적인 크기
Rectangle dr = new Rectangle(0, 0, 200, 100);      // 그려질 영역 크기
g.DrawImage(img, dr, sr, GraphicsUnit.Pixel);
```

그릴 이미지의 부분적인 크기보다 그려질 영역의 크기가 크기 때문에 이미지가 확대되어 표시되었다.

| 연습문제 |

12.1 다음 괄호 안에 적당한 용어를 쓰시오.

(1) Graphics 클래스의 객체를 (   ) 객체라 부르며 그리기 대상이 되는 객체이다.

(2) System.Windows.Forms 네임스페이스에 포함된 PaintEventArgs 클래스는 (   ) 프로퍼티와 (   )를 가지고 있다.

(3) 일반적으로 폼과 컨트롤은 (   ) 이벤트에 따라서 업데이트된다.

(4) CreateGraphics() 메소드는 (   ) 클래스에 속해있기 때문에 여기서 파생된 모든 클래스에서 직접 호출하여 그래픽 객체를 만들 수 있다.

(5) 본문에서 설명한 그리기 관련 자료형에는 구조체가 ( )개이며 클래스가 ( )개이다.

(6) 평면상의 한 점을 표시하기 위한 자료형이 Point 구조체이며 (   ) 형식으로 위치를 표시한다.

(7) 사각형 모양을 갖는 영역의 크기를 나타내기 위해서 사용되는 구조체는 ( ) 이다.

(8) Rectangle 구조체는 (   ) 구조체와 Size 구조체를 통합한 것이다.

(9) Color 구조체는 하나의 색을 (   ) 형식으로 나타내는 구조체이다.

(10) .NET 프레임워크에서 그리기 자원을 명시적으로 반환하기 위해서는 (   ) 메소드를 사용한다.

(11) 선, 곡선, 그리고 도형의 외곽선을 그릴 때 사용하는 도구는 (   )이고 도형을 색이나 모양 패턴으로 채울 때 사용하는 도구는 (   )이다.

(12) 미리 정의된 펜 객체를 제공하는 클래스는 (   )이다.

(13) 미리 정의된 브러시 객체를 제공하는 클래스는 (   )이다.

(14) 점선이나 파선처럼 선의 모양을 나타내는 프로퍼티는 (   )이다.

(15) 모양 패턴은 (   ) 열거형을 사용하여 나타내며 종류의 수는 ( )개이다.

(16) 그리기 메소드의 종류는 크게 (   ) 메소드 계열과 (   ) 메소드로 계열로 나눌 수 있다. 전자는 선을 그리기 위한 ( )을 첫 번째 매개변수로 받아 외곽선을 그리는 메소드이며 후자는 영역을 칠하기 위한 (   )를 첫 번째 매개변수로 받아 도형의 내부 영역만을 칠하는 메소드이다.

(17) 타원을 그리는 메소드는 (   )이고 타원의 영역을 칠하는 메소드는 (   )이다.

(18) 호를 그리기 위해서 사용하는 메소드는 (   )이며 매개변수의 개수는 ( )개이다.

(19) 잘 디자인된 (　　)를 적절히 사용하면 윈도우 폼의 모습과 느낌을 상당히 개선시킬 수 있다.

(20) `DrawBezier()` 메소드는 곡선을 구성하는 시작점, 제어점 (　)개, 끝점을 매개변수로 받아 곡선을 그린다.

12.2 다음 객관식 문제를 푸시오.

(1) `Graphics` 클래스가 포함된 네임스페이스는 무엇인가?

① `System`　② `System.Windows.Forms`
③ `System.Drawing`　④ `System.Drawing.Drawing2D`
⑤ `System.Drawing.Drawing3D`

(2) 다음과 같은 자료형 중에 클래스는 어느 것인가?

① `Point`　② `Rectangle`
③ `Size`　④ `Color`
⑤ `Brush`

(3) `Size` 구조체가 나타내는 모양은 무엇인가?

① 삼각형　② 사각형
③ 다각형　④ 타원
⑤ 부채꼴

(4) `Rectangle` 객체를 위한 생성자의 형태로 바른 것은?

① `Rectangle(Size s)`
② `Rectangle(int width, int height)`
③ `Rectangle(Point p, int width, int height)`
④ `Rectangle(Point p, Size s)`
⑤ `Rectangle(int x,int y, Size s)`

(5) `Rectangle` 구조체를 지정한 크기만큼 확장하는 메소드는 어느 것인가?

① `Inflate()`　② `Intersect()`
③ `IntersectsWith()`　④ `Offset()`
⑤ `Union()`

(6) 윈도우 환경에 따라 색상 값이 바뀔 수 있는 기호 상수는 어느 것인가?

① ControlDark　　② DarkGray

③ DeepPink　　④ DimGray

⑤ Transparent

(7) 다음 중 Color 구조체와 관련 없는 것은 무엇인가?

① A 프로퍼티　　② IsEmpty 프로퍼티

③ GetBrightness() 메소드　　④ GetRGB() 메소드

⑤ GetHue() 메소드

(8) Pen 객체를 생성하기 위한 방법으로 바르지 못한 것은?

① Pen p = new Pen(Brush b);

② Pen p = new Pen(Color c);

③ Pen p = new Pen(Brush b, Color c);

④ Pen p = new Pen(Color c, float width);

⑤ Pen p = Pens.Black;

(9) Pen 클래스에 정의되어 있는 프로퍼티가 아닌 것은?

① DashStyle 프로퍼티　　② EndCap 프로퍼티

③ StartCap 프로퍼티　　④ Height 프로퍼티

⑤ Width 프로퍼티

(10) 클래스 계층이 다른 것은 무엇인가?

① Brush 클래스　　② SolidBrush 클래스

③ TextureBrush 클래스　　④ HatchBrush 클래스

⑤ PathGradientBrush 클래스

(11) 사용이 끝난 후에 반환해야 하는 자원이 아닌 것은?

① 파일　　② 펜

③ 브러시　　④ 폰트

⑤ 사각형

(12) DashStyle 열거형이 Dash일 때 선의 모양은?

① 
② 
③ 
④ 
⑤

(13) 윈도우 운영체제의 표준 이미지 형식은 무엇인가?

① GIF image format
② JPEG image format
③ BMP image format
④ PNG image format
⑤ TIFF image format

(14) 한번에 복수개를 그릴 수 있는 메소드를 갖는 것은?

① DrawPie()
② DrawPolygon()
③ DrawEllipse()
④ DrawBezier()
⑤ DrawCurve()

(15) FillXxx() 계통의 메소드가 존재하지 않는 것은?

① DrawRectangle()
② DrawEllipse()
③ DrawPie()
④ DrawPolygon()
⑤ DrawCurve()

(16) 그리는 좌표값을 주는 방법이 다른 것은?

① 정사각형
② 직사각형
③ 다각형
④ 원
⑤ 타원

(17) DrawPie() 메소드와 매개변수의 의미가 같은 메소드는?

① DrawPolygon() 메소드
② DrawClosedCurve() 메소드
③ DrawCurve() 메소드
④ DrawEllipse() 메소드
⑤ DrawArc() 메소드

(18) 하나의 베지어 곡선는 몇 개의 점으로 구성되어 있는가?

① 2개
② 3개
③ 4개
④ 5개
⑤ 6개

(19) 왼쪽 정렬을 나타내는 `StringAlignment` 열거형의 기호 상수는 무엇인가?

① `Near`
② `Far`
③ `Left`
④ `LeftAlignment`
⑤ `LeftAdjustment`

(20) 이미지를 변형하여 그리는 메소드의 형태는?

① `public void DrawImage(Image, Rectangle, Rectangle, GraphicsUnit);`
② `public void DrawImage(Image, Point[]);`
③ `public void DrawImage(Image, Rectangle);`
④ `public void DrawImage(Image, int, int);`
⑤ `public void DrawImage(Image, int, int, int, int);`

12.3 다음을 간략히 설명하시오.

(1) GDI+의 원어는 무엇인가?

(2) `Graphics` 객체를 얻는 세 가지 방법을 설명하시오.

(3) 시스템 색상(system color)에 대해서 설명하시오.

(4) 다음 문장과 동일한 의미를 갖는 생성자를 쓰시오.

```
Pen p = Pens.Black;
```

(5) 다음 코드와 동일한 의미를 갖는 생성자를 쓰시오.

```
Pen p = new Pen(Color.Black);
p.Width = 20;
```

(6) 다음 코드와 동일한 의미를 갖는 생성자를 쓰시오.

```
Brush b = Brushes.White;
```

(7) 원을 그리는 방법에 대해서 설명하시오.

(8) 이미지를 오른쪽으로 90도 회전하여 그리는 방법을 설명하시오.

(9) [부록 A]에서, 윈폼 애플리케이션을 위한 프로젝트 생성과정을 설명하시오

(10) [부록 A]의 디버깅 과정에서, 변수나 객체의 값을 확인하는 2가지 방법을 설명하시오.

12.4 다음을 비교 설명하시오.

(1) `Control.CreateGraphics()` 메소드 vs. `Graphics.FromImage()` 메소드

(2) `ClipRectangle` 프로퍼티 vs. `ClientRectangle` 프로퍼티

(3) `Bitmap` 클래스 vs. `Metafile` 클래스

(4) `DrawString()` 메소드 vs. `MeasureString()` 메소드

(5) `Alignment` 프로퍼티 vs. `LineAlignment` 프로퍼티

12.5 다음과 같은 윈폼 애플리케이션을 작성하시오.

(1) 다음 그림과 같이 마우스 왼쪽 버튼을 누를 때마다 이전에 눌렀던 좌표와 새로 눌러진 좌표 간에 선을 그리는 프로그램을 작성하시오. 단, 폼의 상단에 배치된 라디오 버튼을 선택할 경우 선의 형태가 변경되며 마우스 오른쪽 버튼을 클릭할 경우 선이 삭제되도록 작성하시오.

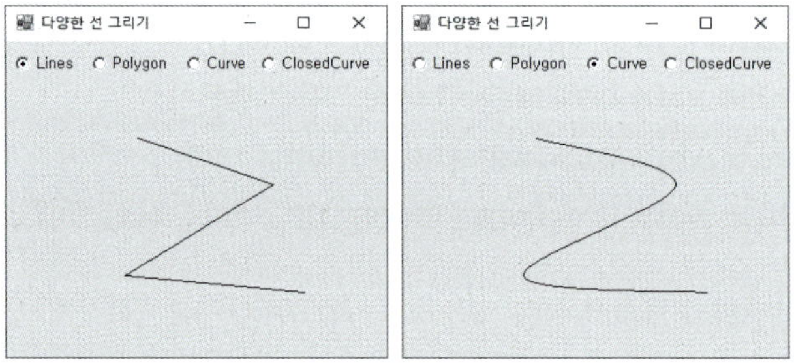

(2) 다음 그림과 같이 베지어 곡선을 그리는 프로그램을 작성하시오. 마우스 왼쪽 버튼이 처음 눌린 좌표가 시작점, 두 번째 눌린 좌표가 끝점이 되도록 선을 완성한 후, 세 번째 왼쪽 버튼을 누르고 드래그한 후 마우스 버튼을 뗀 좌표가 첫 번째 제어점, 네 번째 왼쪽 버튼을 누르고 드래그한 후 마우스 버튼을 뗀 좌표가 두 번째 제어점이 되도록 작성하시오. 단, 제어점을 선택하기 위해 마우스를 드래그하는 과정에서 기본선이 제어점에 영향을 받아 변경되도록 작성하시오.

(3) 다음 그림과 같이 마우스 왼쪽 버튼을 누르고 드래그한 후, 마우스 버튼을 떼면 마우스를 누른 지점부터 뗀 위치까지의 이미지 영역을 확대하는 프로그램을 작성하시오. 단, 마우스 오른쪽 버튼을 클릭할 경우 다시 본래의 그림이 그려지도록 작성하시오.

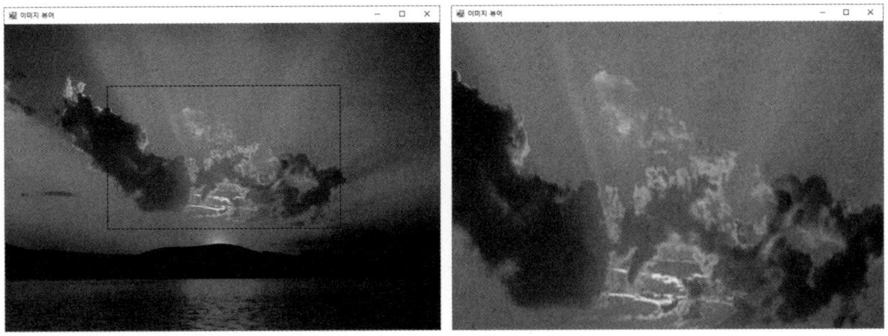

(4) 다음 그림과 같이 화면을 설계하고 수치적 업다운 컨트롤과 콤보 상자를 이용하여 년도와 월을 지정했을 때 달력을 출력하는 프로그램을 작성하시오.

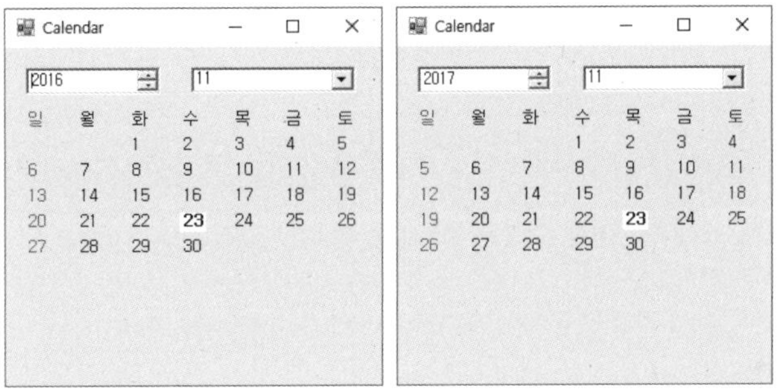

(5) 문자열을 입력한 후 글꼴과 크기를 설정하면, 입력된 문자열을 선택된 글꼴과 크기로 그리는 프로그램을 작성하시오.

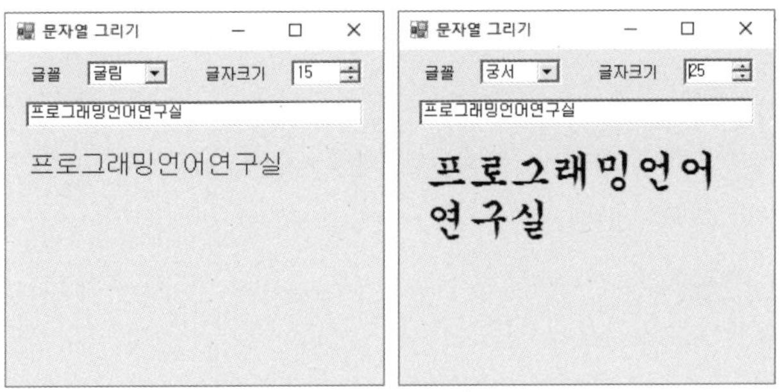

(6) 다음 그림과 같이 팩맨(Pac−Man)의 입과 먹이가 움직일 수 있도록 프로그램을 작성하시오. (힌트: `Timer` 컴포넌트와 `DrawPie()` 메소드를 사용하시오.)

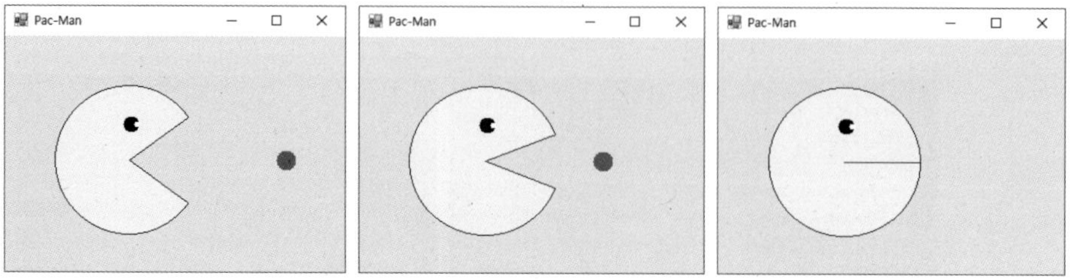

(7) 본문에 있는 그림과 표의 형태를 출력하는 C# 프로그램을 작성하시오.

① [그림 12−2]와 같이 실행 결과가 되도록 프로그램을 작성하시오.

② [그림 12−3]과 같이 실행 결과가 되도록 프로그램을 작성하시오.

③ [표 12−8]의 내용을 만드는 프로그램을 작성하시오.

④ [표 12−9]의 내용을 만드는 프로그램을 작성하시오.

APPENDIX

부록

C# Programming

contents

부록 A. 통합 개발환경

A.1 설치하기

C#으로 프로그램을 작성하기 위해서는 일반적으로 마이크로소프트(Microsoft)사의 비주얼 스튜디오(Visual Studio)와 같은 통합 개발환경을 이용한다. 비주얼 스튜디오에 관한 최신 정보는 비주얼 스튜디오 홈페이지(http://www.visualstudio.com)에서 확인할 수 있다.

그림 A-1 비주얼 스튜디오의 홈페이지

비주얼 스튜디오에는 [그림 A-2]와 같이 커뮤니티, 프로페셔널, 엔터프라이즈와 같은 3가지 종류가 있다. 이 책에서는 개인 개발자와 학생이 무료로 사용할 수 있는 비주얼 스튜디오 커뮤니티(이후 비주얼 스튜디오로 사용)를 대상으로 설명한다.

그림 A-2 비주얼 스튜디오의 종류

A.1.1 시스템 요구사항

비주얼 스튜디오를 설치하는데 필요한 시스템 요구사항은 사용할 구성 요소에 따라 다르며 요구사항은 다음과 같다.

- CPU: 1.6GHz 이상
- RAM: 1GB
- 하드디스크: 4GB
- 설치 가능한 운영체제

  Windows 10

  Windows 8.1

  Windows 8

  Windows 7 Service Pack 1

  Windows Server 2012 R2

  Windows Server 2012

  Windows Server 2008 R2 Service Pack 1

A.1.2 설치

비주얼 스튜디오는 다양한 프로그래밍 언어를 지원하고 효율적으로 프로그램을 작성할 수 있는 통합 개발환경이며 설치과정은 다음과 같다.

1) 비주얼 스튜디오 홈페이지에서 [그림 A-3]과 같은 과정을 통해 설치파일을 받는다.

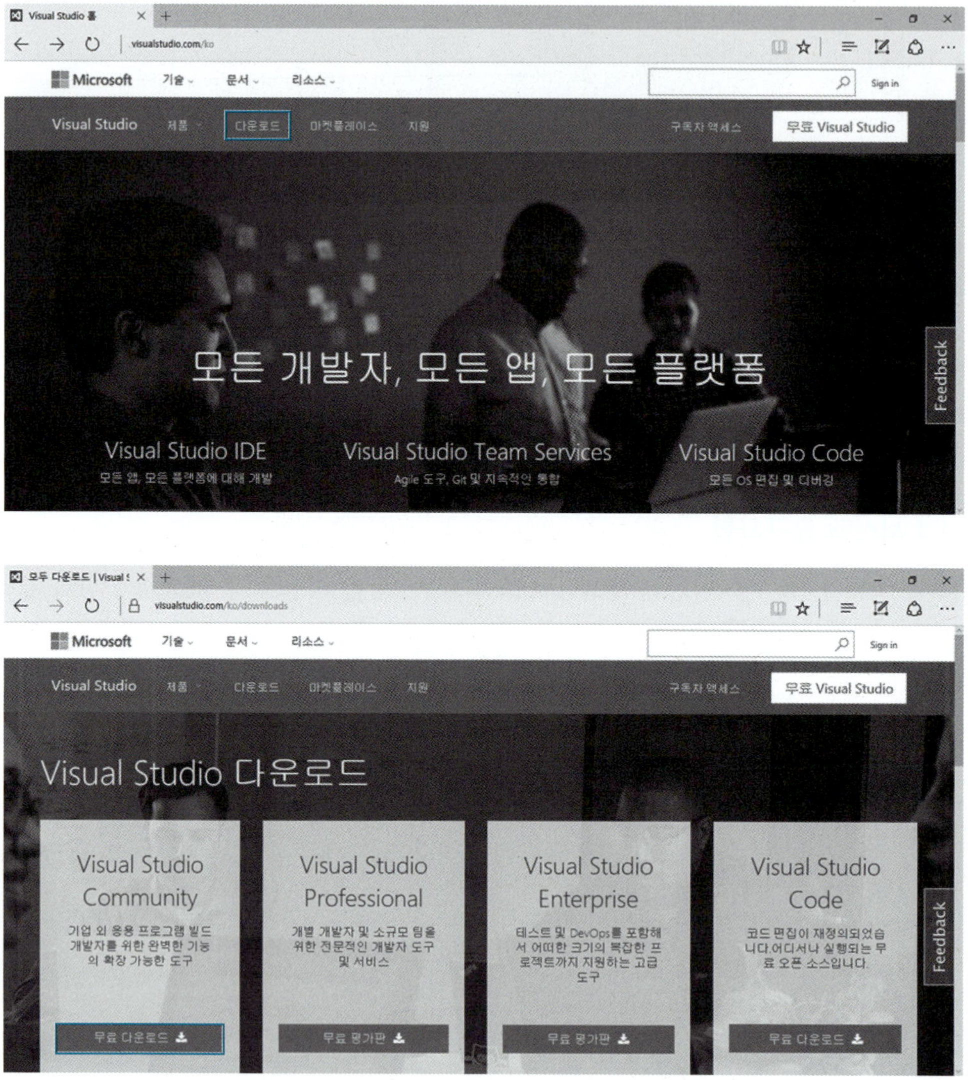

그림 A-3 비주얼 스튜디오 설치파일 다운로드

2) 비주얼 스튜디오 홈페이지에서 받은 설치파일을 실행한다. 실행파일을 실행하면 [그림 A-4]와 같은 설치화면이 나타나며 순서에 따라 비주얼 스튜디오를 설치할 수 있다.

그림 A-4 비주얼 스튜디오 설치화면

A.2 시작하기

A.2.1 통합 개발환경 실행하기

통합 개발환경을 설치한 후 비주얼 스튜디오를 시작하기 위해서는 [그림 A-5]와 같이 [시작] → [모든 프로그램] → [Microsoft Visual Studio .NET] → [Microsoft Visual Studio .NET]를 선택하거나 바탕화면에 있는 Visual Studio .NET 아이콘을 더블 클릭해야 한다.

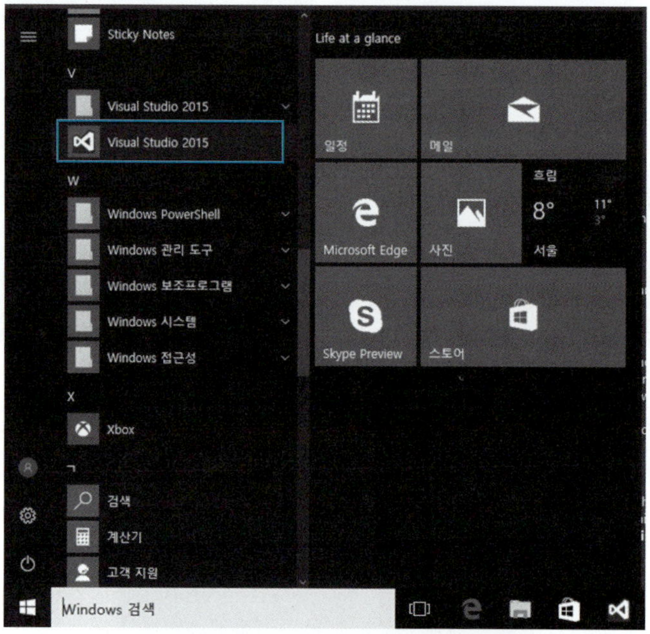

그림 A-5 비주얼 스튜디오 시작하기

비주얼 스튜디오를 실행하게 되면 [그림 A-6]과 같은 화면이 나타난다.

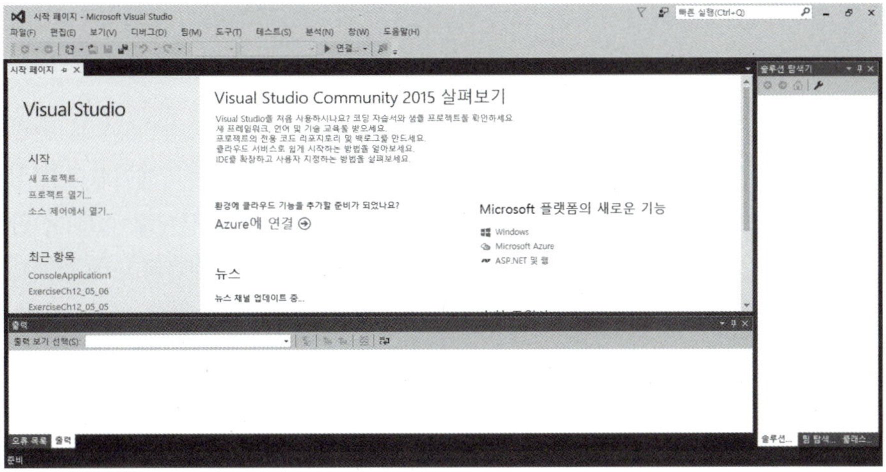

그림 A-6 비주얼 스튜디오 시작 페이지

A.2.2 새 프로젝트 시작하기

비주얼 스튜디오는 작성하려는 응용프로그램을 프로젝트 단위로 관리한다. 새 응용프로그램을 작성하기 위해서는 새 프로젝트를 생성해야 한다. 프로젝트를 생성하기 위해서는 [새 프로젝트]를 선택하거나 메뉴에서 [파일] → [새로 만들기] → [프로젝트]를 선택하면, [그림 A-7]과 같이 새 프로젝트 대화상자가 나타난다. 참고로, 이 책에서는 메뉴 항목1에 속한 메뉴 항목2를 선택하고자 하는 경우 [메뉴항목1] → [메뉴항목2]와 같이 표기한다.

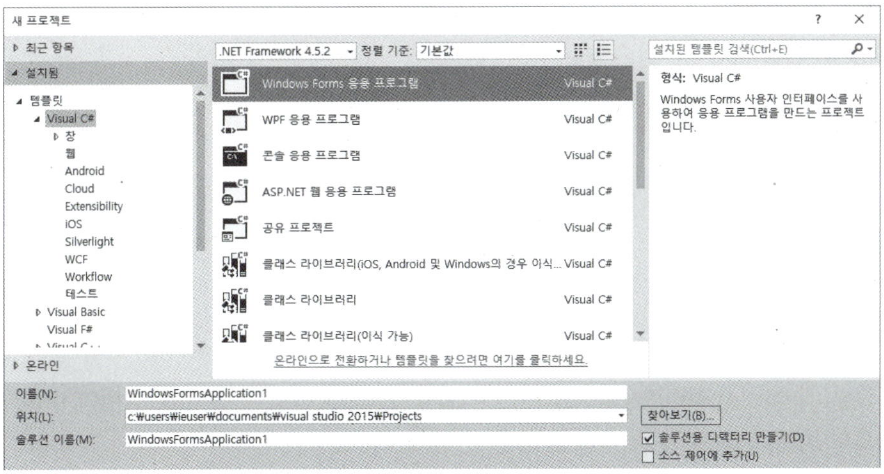

그림 A-7 새 프로젝트 대화상자

그림에서 알 수 있듯이 대화상자는 크게 [템플릿] 영역, 프로젝트의 이름과 위치, 솔루션 이름으로 구성되어 있다.

[템플릿] 영역은 생성하고자 하는 프로젝트의 종류와 형식을 지정하는 부분으로 왼편은 프로그래밍 언어를 선택하는 부분이고 오른편은 작성하고자 하는 애플리케이션의 형식을 선택하는 부분이다. C# 프로젝트를 생성하기 위하여 [Visual C#]를 선택해야 한다. 만일 다른 프로그래밍 언어를 사용하고자 한다면 해당 프로그래밍언어에 해당하는 프로젝트를 선택해야 한다. 만약 [콘솔 응용 프로그램]을 선택한다면 콘솔에서 실행되는 애플리케이션의 기본적인 형태가 생성되고, 만일 윈폼 애플리케이션의 기본적인 형태를 생성하고 싶으면 [Windows Forms 응용 프로그램]을 선택해야 한다.

프로젝트의 이름은 프로젝트 내용을 잘 나타낼 수 있는 이름으로 수정하는 것이 바람직하다. 위치는 프로젝트 관련 파일이 저장될 경로이다. 솔루션은 비주얼 스튜디오에서 여러 프로젝트를 관리하기 위한 상위 개념이다. 하나의 솔루션은 여러 프로젝트를 포함할 수 있으면, 이미 만들어진 솔루션에 새 응용프로그램을 위한 프로젝트를 추가하고 이미 있는 프로젝트를 삭제할 수 있다.

(1) 콘솔 애플리케이션

이 책의 1장부터 6장까지 수록된 예제는 콘솔에서 실행되는 콘솔 애플리케이션이다. 비주얼 스튜디오를 이용하여 콘솔 애플리케이션을 작성하기 위해서는 앞서 설명한 바와 같이 새로운 프로젝트를 생성해야 한다. 새 프로젝트 대화상자가 표시된 후의 프로젝트 생성 과정은 다음과 같다.

1) [그림 A-7]과 같은 새 프로젝트 대화상자에서 [템플릿]에서 [Visual C#]과 [콘솔 응용 프로그램]을 순차적으로 선택한다.

2) [이름] 란에 프로젝트 이름을 입력한다.

3) [위치] 란은 프로젝트를 생성할 폴더를 지정하는 영역으로서 프로젝트를 생성할 폴더를 입력하거나 [찾아보기]를 누르면 나타나는 열기 대화상자를 이용하여 프로젝트를 생성할 폴더를 선택할 수 있다.

4) 이상의 과정이 완료되면 새 프로젝트를 시작할 모든 준비가 완료된 상태이며 [확인] 버튼을 클릭하여 새 프로젝트 대화상자를 종료한다.

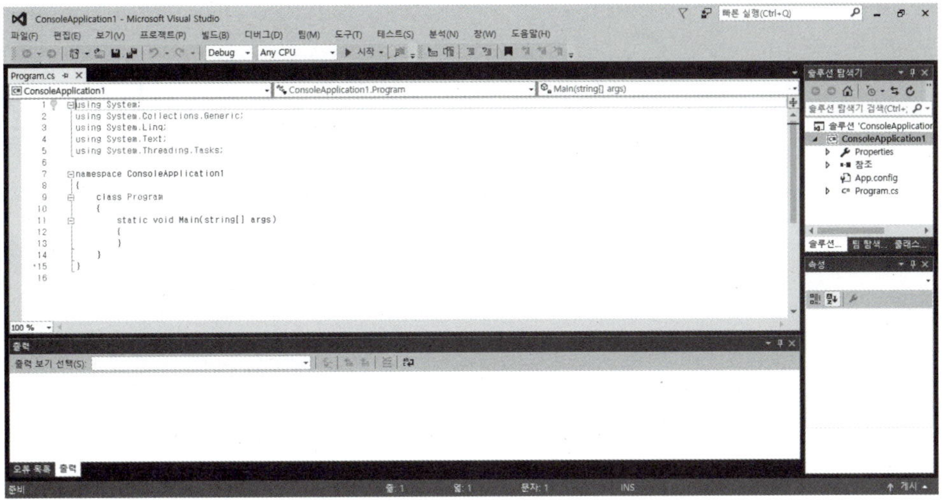

그림 A-8 콘솔 애플리케이션의 기본 형태

1)부터 4)까지의 과정이 모두 완료되면 [그림 A-8]과 같이 소스코드를 입력할 수 있는 코드 편집기가 나타난다. 코드 편집기를 살펴보면 콘솔 애플리케이션을 작성하기 위한 C# 프로그램의 기본 골격이 작성되어 있음을 확인할 수 있다.

(2) 윈폼 애플리케이션

비주얼 스튜디오를 이용하면 쉽고 간단하게 윈폼 애플리케이션을 작성할 수 있다. 먼저, 새로운 프로젝트를 생성해야 하며 새 프로젝트 대화상자가 표시된 이후의 프로젝트 생성 과정은 다음과 같다.

1) [그림 A-7]과 같은 새 프로젝트 대화상자에서 [템플릿]에서 [Visual C#]과 [Windows Forms 응용 프로그램]을 순차적으로 선택한다.

2) [이름] 란에 프로젝트 이름을 입력한다.

3) [위치] 란에 프로젝트를 생성할 폴더를 입력하거나 [찾아보기]를 이용하여 생성할 폴더를 선택한다.

4) 이상의 과정이 완료되면 새 프로젝트를 시작할 모든 준비가 완료된 상태이며 [확인] 버튼을 클릭하여 새 프로젝트 대화상자를 종료한다. [그림 A-9]와 같은 폼 디자이너가 표시된다.

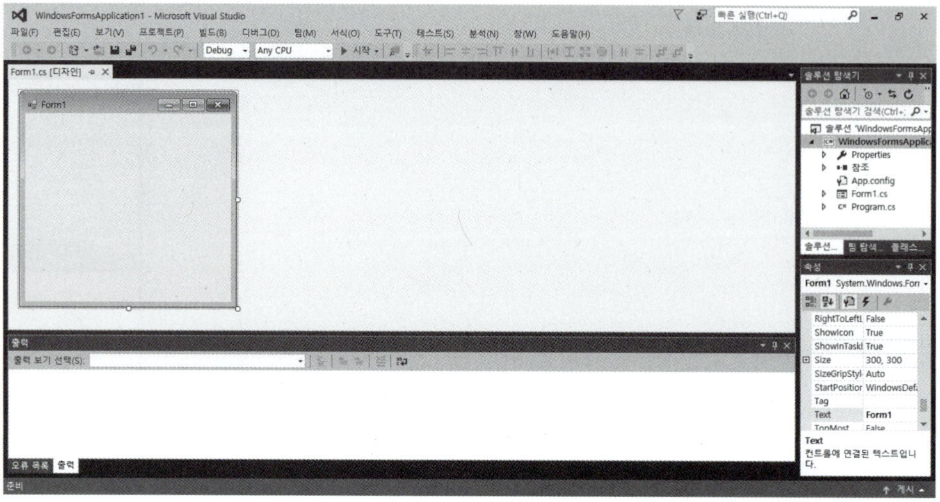

그림 A-9 윈폼 애플리케이션의 기본 형태 – 디자이너

1)부터 4)의 과정을 완료하면 [그림 A-9]와 같이 윈폼의 모양을 디자인할 수 있는 폼 디자이너가 나타난다.

폼과 관련된 C# 소스코드는 [보기] → [코드]를 선택하거나 기능키 〈F7〉을 눌러서 표시할 수 있다. 또한 폼 상에서 마우스 오른쪽 버튼을 클릭하여 [코드 보기] 상황메뉴를 선택해도 [그림 A-10]과 같은 폼과 관련된 코드 편집기를 확인할 수 있다.

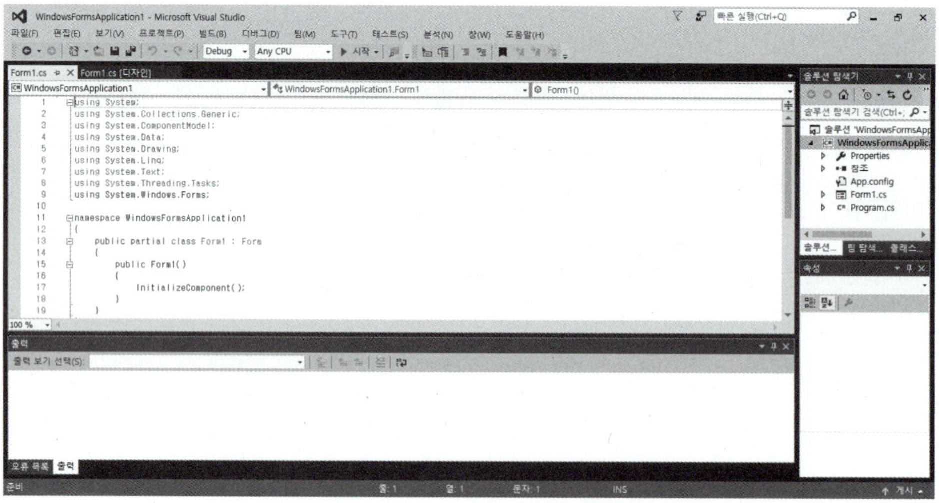

그림 A-10 윈폼 애플리케이션의 기본 형태 – 코드 편집기

A.3 실행/디버깅하기

생성된 프로젝트를 실행하기 위해서는 빌드(컴파일) 과정을 거쳐야 한다. 비주얼 스튜디오의 [빌드] → [솔루션 빌드]를 선택하여 빌드하는 방법과 〈Ctrl+Shift+B〉 단축키를 사용하여 빌드하는 방법이 있다. 빌드 과정이 완료되면 프로그램을 실행하기 위하여 [디버그] → [디버깅 시작] 또는 [디버그] → [디버깅하지 않고 실행]을 선택한다. 또한, 기능키(function key)를 사용하여 실행할 수 있다. 기능키 〈F5〉는 디버깅 모드로 바로 실행하는 방법이고 〈Ctrl〉+〈F5〉는 디버깅하지 않고 실행하는 방법이다.

프로그래머는 프로그램을 작성한 후 컴파일(빌드)과정을 통하여 구문 에러(syntax error)를 찾아낼 수 있다. 구문에 이상이 없을 경우 프로그램을 실행할 수 있지만 항상 원하는 결과를 얻을 수 있는 것은 아니다. 소스코드의 크기가 작은 프로그램의 경우에는 소스코드를 살펴봄으로써 오류를 찾아 쉽게 해결할 수 있다. 그러나 소스코드의 크기가 방대한 경우에는 문제 해결이 쉽지 않으며 이런 경우에 디버거를 사용함으로서 문제를 해결할 수 있다.

비주얼 스튜디오에서 제공되는 디버거(debugger)는 매우 강력할 뿐만 아니라 디버깅 원리가 매우 간단하기 때문에 쉽고 빠르게 문제들을 해결할 수 있다. 디버거는 통합 개발환경에서 가장 중요한 도구중의 하나이다.

이제부터 디버깅하는 방법을 [예제 4-1]을 이용하여 설명하고자 한다. 디버깅을 시작하기 위하여 [예제 4-1]을 작성한 후 [빌드] → [솔루션 빌드]를 선택하면 **"빌드: 성공 1, 실패 0, 생략 0"**이라는 메시지가 출력된다. 이와 같이 빌드 결과가 성공된 소스코드는 디버깅이 가능하지만 소스코드에 구문 오류가 포함된 경우, 즉 빌드 결과가 실패인 경우에는 디버그가 불가능하다.

비주얼 스튜디오에서 디버깅하는 도중에는 화면 구성이 [그림 A-11]처럼 변한다. ①은 디버깅 하려는 소스코드를 나타내는 영역이다. ②는 현재 실행되는 애플리케이션의 상태를 표지하는 진단도구 영역이다. ③은 실행중인 현재 위치에서의 지역변수 또는 필드, 조사식의 값을 표시하는 영역이다. ④는 메소드의 호출 스택, 중단점 등을 표시하는 영역이다.

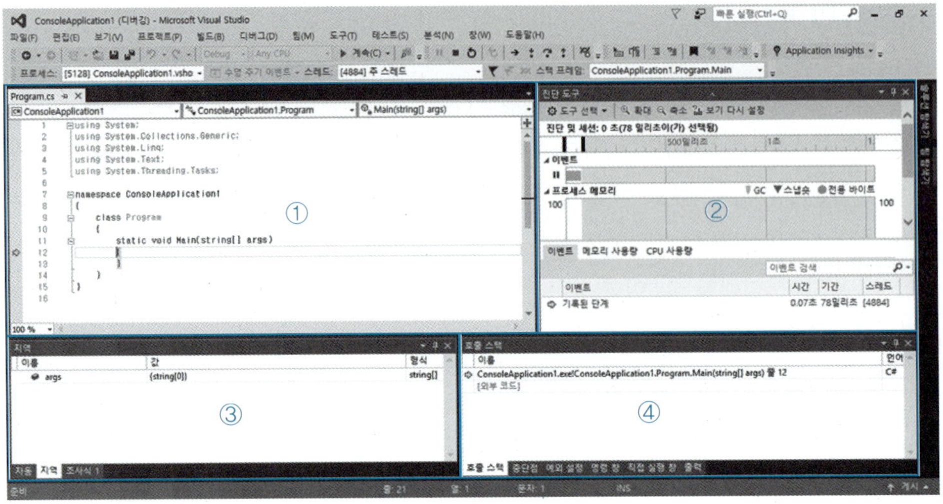

그림 A-11 디버깅 모드 화면

이 절에서는 디버깅 기술을 세 부분으로 나누어 설명한다. 디버깅 과정에서는 기능키가 중요한 역할을 하기 때문에 디버거에서 각 기능키의 역할을 잘 기억하면 편리하게 디버깅할 수 있다.

A.3.1 한 단계씩 코드 실행과 프로시저 단위 실행

소스코드를 차례로 실행하면서 디버그를 하는 방법은 코드 단위로 실행하는 방법과 프로시저 단위로 실행하는 방법이 있다. 전자는 기능키 〈F11〉을 누름으로서 시작하여 한 줄씩 실행되고, 후자는 기능키 〈F10〉을 누름으로서 시작하여 프로시저 단위로 실행되는 방법이다.

(1) 한 단계씩 코드 실행

한 단계씩 코드 실행(step into)이란 프로그램을 한 줄씩 차례로 실행하는 것을 의미한다. 이와 같은 기법은 변수 또는 객체의 값을 살펴볼 때 유용한 기법으로서 소스코드를 단계별로 진행하며 변수 또는 객체의 값이 바뀌는 것을 확인할 수 있다.

빌드가 성공적으로 이루어졌다면 한 단계씩 코드 실행을 해보자. [디버그] → [한 단계씩 코드 실행] 메뉴를 선택하거나 기능키 〈F11〉을 누르면 [그림 A-12]가 나타난다.

```
    {
        int numerator;                                  // 분자 필드
        int denominator;                                // 분모 필드
        public Fraction(int num, int denom) {           // 생성자
            numerator = num;
            denominator = denom;
        }
        public void PrintFraction() {                   // 출력 메소드
            Console.WriteLine(numerator + "/" + denominator);
        }
    }
    class Program {
        static void Main(string[] args) {
            Fraction f = new Fraction(1, 2); 경과 시간 1ms 이하
            f.PrintFraction();
        }
    }
```

그림 A-12 한 단계씩 코드 실행

프로그램의 시작점인 `Main()` 메소드로부터 한 단계씩 코드 실행 방식으로 디버깅이 시작되며, 반복하여 〈F11〉를 누르면 다음 줄로 이동하게 된다. 두 번째 〈F11〉를 누르면 [그림 A-13]과 같이 `Fraction` 클래스의 생성자로 이동하는 것을 볼 수 있다.

```
    {
        int numerator;                                  // 분자 필드
        int denominator;                                // 분모 필드
        public Fraction(int num, int denom) {           // 생성자 경과 시간 2ms 이하
            numerator = num;
            denominator = denom;
        }
        public void PrintFraction() {                   // 출력 메소드
            Console.WriteLine(numerator + "/" + denominator);
        }
    }
    class Program {
        static void Main(string[] args) {
            Fraction f = new Fraction(1, 2);
            f.PrintFraction();
        }
    }
```

그림 A-13 Fraction 클래스의 생성자로 이동

이와 같은 과정을 반복하면 소스코드의 세부적인 추적(trace)이 가능해지며 프로그램의 모든 추적이 완료되면 한 단계씩 코드 실행의 디버깅이 종료된다.

(2) 프로시저 단위 실행

프로시저 단위 실행(step over)은 말 그대로 프로시저 단위로 실행하는 것이다. 클래스의 객체 생성, 메소드 호출 등을 단위로 실행한다. 다시 말해서 메소드 호출 후 변수 또는 객체의 값을 확인하거나 객체에 관한 연산 후 값을 살펴 볼 때 사용하면 유용한 기술이다.

빌드가 성공적으로 이루어졌다면 프로시저 단위로 실행해 보자. [디버그] → [프로시저 단위 실행] 메뉴를 선택하여 실행하거나 기능키 〈F10〉을 누르면 [그림 A-12]와 같은 화면이 표시된다.

프로그램의 시작점인 `Main()` 메소드로부터 프로시저 단위 실행 방식으로 디버깅이 시작되며, 첫 번째 실행 모습은 한 단계씩 코드 실행과 동일하나 프로시저 단위로 이동하는 점이 다르다. 두 번째 〈F10〉을 누르면 [그림 A-14]와 같이 `PrintFraction()` 메소드를 호출하는 라인으로 이동하게 된다.

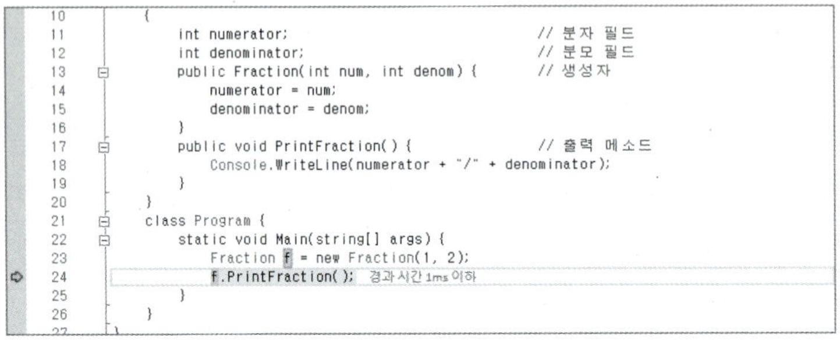

그림 A-14 PrintFraction() 메소드 라인으로 이동

[그림 A-14]에서 기능키 〈F10〉을 눌러서 한 단계씩 코드 실행 방식으로 디버깅할 수도 있다. 역으로 한 단계씩 코드 실행을 선택한 상태에서 프로시저 단위 실행 방식으로 디버깅할 수도 있다.

A.3.2 중단점 사용하기

소스코드의 크기가 방대한 애플리케이션의 경우에는 라인이나 프로시저 단위로 추적하기가 어렵다. 이러한 경우에는 원하는 소스코드까지 추적할 수 있도록 중단점(Break Point)을 이용하는 것이 편리하다. 중단점을 설정하는 방법으로는 원하는 소스코드 라인에 커서를 놓고 기능키 〈F9〉를 누르는 방법과 여백 지시 막대([그림 A-15]의 좌측 회색 영역)를 마우스로 클릭하는 방법이 있으며, 중단점 해제는 같은 방법으로 설정된 중단점을 다시 클릭하거나 〈F9〉를 다시 누르면 된다.

```
    {
        int numerator;                              // 분자 필드
        int denominator;                            // 분모 필드
        public Fraction(int num, int denom) {       // 생성자
            numerator = num;
            denominator = denom;
        }
        public void PrintFraction() {               // 출력 메소드
            Console.WriteLine(numerator + "/" + denominator);
        }
    }
    class Program {
        static void Main(string[] args) {
            Fraction f = new Fraction(1, 2);
            f.PrintFraction();
        }
    }
}
```

그림 A-15 중단점을 설정하여 디버그 시작

Fraction 클래스의 생성자에 중단점을 설정한 후 [디버그] → [디버그 시작] 메뉴를 선택하거나 기능키 〈F5〉를 눌러 보자. [그림 A-15]와 같이 중단점이 설정된 소스코드 라인에서 디버그가 중단된 것을 확인할 수 있다.

[그림 A-15]와 같은 상황에서 디버그를 계속 진행하고자 한다면 프로시저 단위 실행 방식이나 한 단계씩 코드 실행 방식을 사용하면 된다. 또한, 디버그를 중단하고자 한다면 [디버그] → [디버그 중지]를 선택하거나 〈Shift+F5〉키를 누르면 가능하다.

A.3.3 변수 값 확인하기

앞 절에서 소개한 디버깅 기법은 프로그램의 소스코드를 추적하는 방법에 대한 설명이었다. 그러나 디버깅 과정에서 변수의 값이나 객체의 값을 확인하지 않는다면 단순히 프로그램을 실행하는 것과 다를 바가 없다. 따라서 디버그에서 변수의 값을 확인하는 과정은 필수적인 작업이며, 마우스로 해당 변수나 객체를 선택하여 확인하는 방법과 지역 창을 통하여 확인하는 방법이 있다.

변수의 값을 확인하기 위한 첫 번째 방법은 다음과 같다. 먼저, 소스코드를 추적하는 방법에 따라 확인하고자 하는 변수나 객체가 위치한 소스코드 라인까지 실행을 계속 진행한다. 그 다음에 변수나 객체를 마우스로 클릭하면 풍선 도움말이 나타난다. 여기서 해당 변수나 객체의 명칭과 값을 확인할 수 있다.

예를 들어, Fraction 클래스의 생성자 안에 위치한 변수 numerator의 값을 확인하고자 한다면, numerator가 위치한 소스코드 라인까지 디버그를 진행한 후에 마우스로 numerator를 선택한다. 그러면, [그림 A-16]과 같이 numerator의 값이 표시되는 것을 확인할 수 있다.

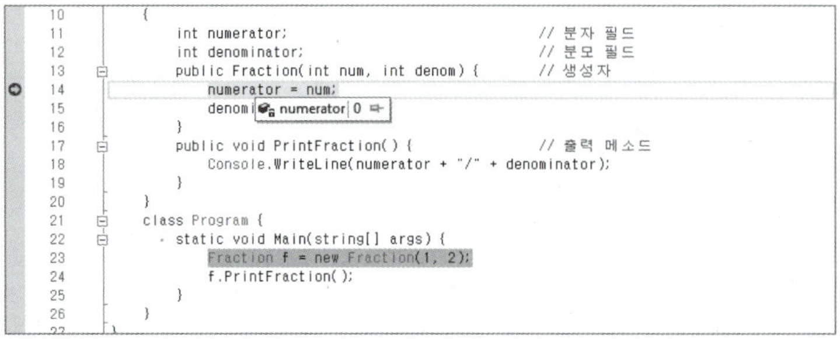

그림 A-16 마우스를 이용하여 변수 값 알아보기

변수의 값을 확인하는 또 다른 방법으로, 비주얼 스튜디오의 좌측 하단에 있는 [그림 A-17]과 같은 지역 창([그림 A-11]의 ③)을 통해 변수의 값을 확인하는 방법이다. 여기서 [자동] 탭을 선택하면, 애플리케이션에서 사용되는 모든 변수와 객체의 값을 편리하게 확인할 수 있다.

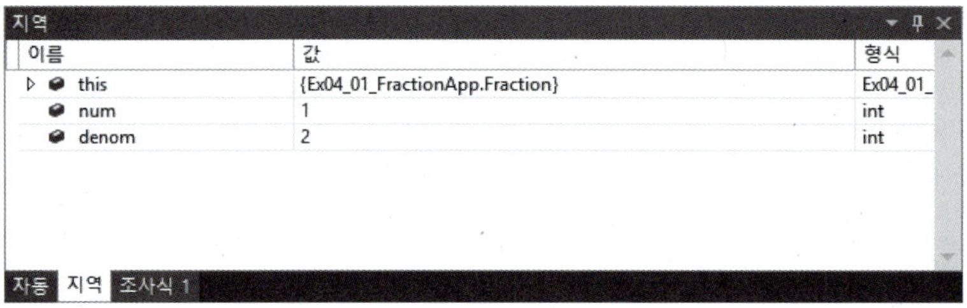

그림 A-17 지역 창을 통한 변수 값 알아보기

또한 비주얼 스튜디오의 우측 하단에 위치한 [그림 A-18] 호출 스택 창([그림 A-11]의 ④)을 통하여 애플리케이션의 호출 순서를 확인할 수 있다. 즉, 수많은 클래스와 메소드가 존재하는 프로그램에서 현재 위치(파일, 클래스, 메소드)를 추적할 수 있다.

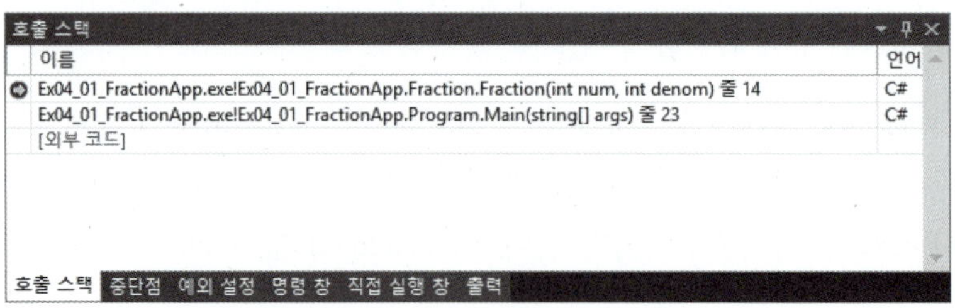

그림 A-18 호출 스택 창을 통한 호출 순서 확인하기

지금까지 프로그램의 소스코드를 단계별로 디버그하는 방법과 변수 값을 확인하는 방법에 대하여 학습하였다. 이와 같은 기능들은 비주얼 스튜디오에서 제공하는 디버그 메뉴에 모두 포함되어 있기 때문에 쉽고 편리하게 이용할 수 있으며 단축키를 사용해도 가능하다.

A.4 윈도우 폼 디자이너 다루기

A.4.1 화면 구성

윈폼 애플리케이션 프로젝트를 생성하면, 아무 것도 없는 빈 폼과 관련 소스코드가 포함된 솔루션이 만들어진다. 이때의 통합 개발환경은 [그림 A-19]와 같은 형태가 되며, ① 솔루션 탐색기(solution explorer), ② 윈도우 폼 디자이너(windows forms designer), ③ 도구 상자(tool box), ④ 속성 브라우저(property browser)이다. 4가지 부분을 적절히 조합하여 원하는 윈폼 애플리케이션을 설계하고 제작할 수 있다. 만일, 도구 상자가 나타나지 않는 경우에는 [보기] → [도구 상자]를 선택하여 표시하거나 단축키 〈Ctrl+Alt+X〉를 눌러서 표시할 수 있다. 도구 상자 위치가 좌우가 바뀌어 나오는 경우도 있으나 이것은 설정에 따라 다르기 때문에 프로그래머가 취향에 따라 설정하면 된다.

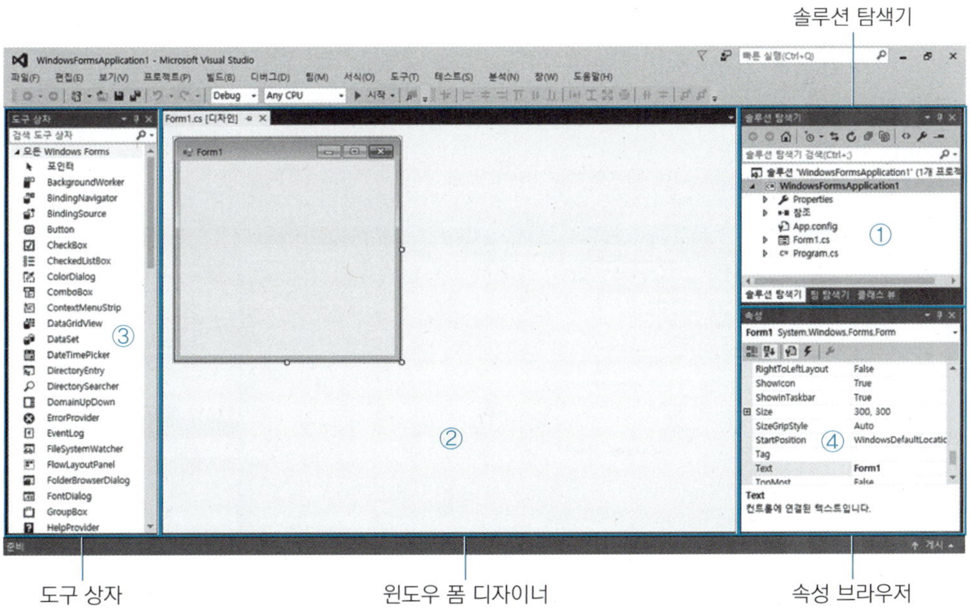

그림 A-19 윈폼 애플리케이션 프로젝트 생성 후의 통합 개발환경 모습

솔루션 탐색기는 응용 프로그램을 구성하고 있는 파일과 관련 항목을 보여주는 곳이며 현재 응용 프로그램에 새 폼이나 파일을 추가하거나 또는 존재하는 파일이나 항목을 삭제할 때 사용한다. 윈도우 폼 디자이너(이후 디자이너라고 함)는 폼의 크기를 조정하고 폼에 컨트롤을 배치하고 배치된 컨트롤의 위치와 크기를 수정할 수 있는 영역이다. 도구 상자는 폼에 배치할 수 있는 컨트롤과 컴포넌트의 목록을 보여주는 곳이다. 여기에서는 윈도우 폼에 관련된 컴포넌트뿐만 아니라 다른 클래스 라이브러리에서 제공하는 컴포넌트의 목록도 보여준다. 속성 브라우저는 폼 디자이너에서 선택한 폼이나 컴포넌트의 프로퍼티와 이벤트 목록을 보여주는 곳이다. 여기서 프로퍼티의 설정된 값을 확인하고 변경할 수 있으며 이벤트에 이벤트 처리기를 등록할 수 있다.

폼은 통합 개발환경에서 두 가지 형태로 보여진다. 하나는 폼 디자이너에서 화면에 그림 형태로 표시되는 모습이며, 다른 하나는 폼에 대한 소스코드이다.

만약 폼에 대한 소스코드를 보고 수정하려면, 먼저 솔루션 탐색기에서 폼 파일을 선택한다. 이와 같은 상태에서, 소스코드를 확인할 수 있는 방법은 3가지가 있다. 첫째, 메인 메뉴를 통하여 [보기] → [코드]를 선택하는 것이다. 둘째, 기능키 〈F7〉을 누르는 방법이다. 셋째, 상황 메뉴에서 [코드 보기]를 선택하는 방법이다.

세 가지 방법 중 하나를 사용하면, [그림 A-20]과 같은 화면 구성을 가진 소스코드 편집기가 나타난다. 여기서 프로그래머는 C# 언어로 이벤트 처리기를 작성하거나 클래스에 새로운 멤버를 추가할 수 있다.

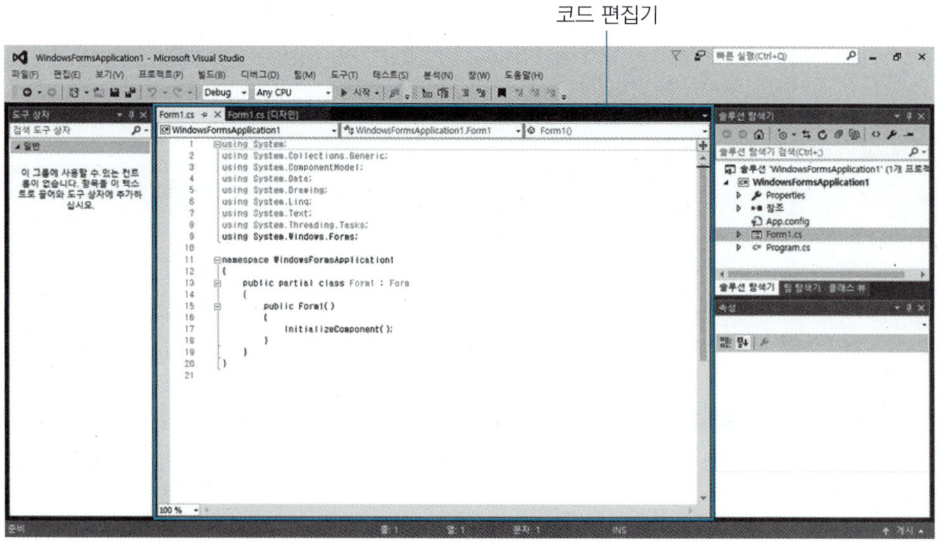

그림 A-20 코드 편집기

A.4.2 폼 디자인하기

(1) 컨트롤 배치하기

폼에 컨트롤을 추가하기 위해서는 도구 상자에서 폼에 위치시킬 컨트롤을 선택한 후 드래그-앤-드롭(drag&drop)으로 폼의 원하는 위치에 배치하면 된다. 또는 추가하려는 컨트롤을 더블 클릭하면 폼의 좌측 상단에 컨트롤이 생성된다. 이 경우에 원하는 위치로 이동하여 배치하면 된다.

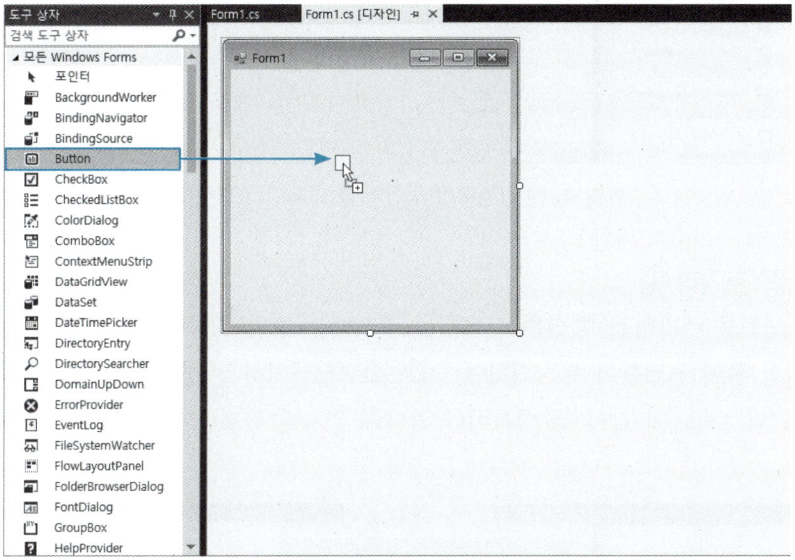

그림 A-21 컨트롤 배치 방법

폼에 컨트롤을 배치하면 [그림 A-22]와 같이 폼에 컨트롤이 나타난다. 다른 종류의 컨트롤이나 컴포넌트도 역시 같은 방법으로 폼에 추가할 수 있다.

폼이나 컨트롤의 크기를 변경하기 위해서는 먼저 크기를 조정하기 위한 폼이나 컨트롤을 클릭한다. 그러면, 선택된 폼이나 컨트롤은 주위에 [그림 A-22]와 같이 크기 조절을 위한 작은 네모 박스가 나타난다. 이 네모 박스를 드래그-앤-드롭을 통해 이동시키면 폼이나 컨트롤의 크기를 변경할 수 있다.

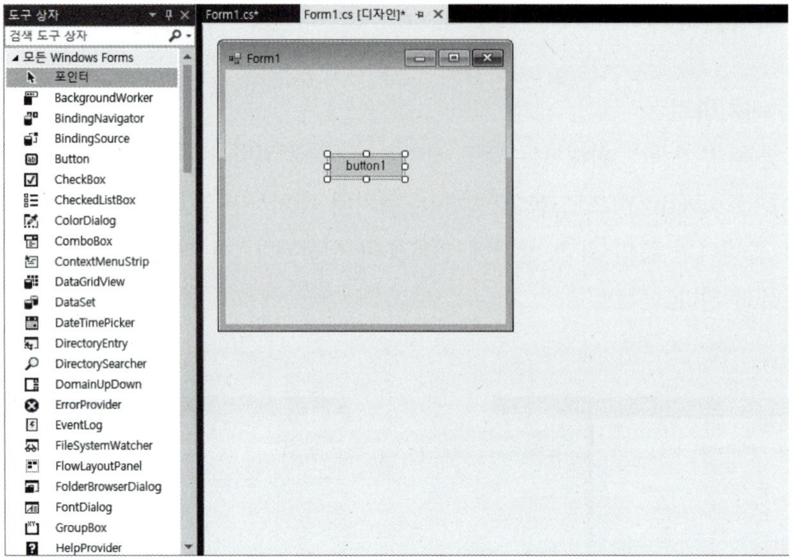

그림 A-22 컨트롤이 추가된 폼 디자이너의 형태

(2) 컴포넌트 추가하기

폼에 컴포넌트를 추가하는 방법은 컨트롤을 추가하는 방법과 동일하다. 다만 컨트롤을 폼에 배치하면 폼에 컨트롤이 표시되지만, 컴포넌트를 배치하는 경우에는 폼에 직접 표시되지 않고 [그림 A-23]과 같이 폼 디자이너 하단에 추가된 컴포넌트 목록이 나타난다.

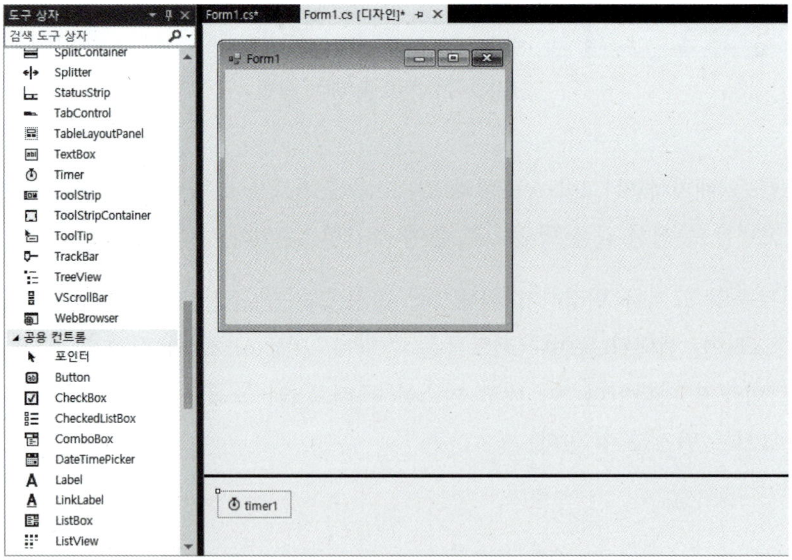

그림 A-23 컴포넌트가 추가된 폼 디자이너의 형태

도구 상자에서는 컴포넌트와 컨트롤을 직접 구분하지 않는다. 도구 상자에 있는 항목을 폼에 배치한 후, 폼에 나타나면 컨트롤이고, 폼 아래에 이름이 나타나면 컴포넌트이다.

(3) 프로퍼티 변경하기

프로퍼티를 변경하기 위해서는 통합 개발환경이 제공하는 속성 브라우저를 사용해야 한다. 속성 브라우저는 [그림 A-24]와 같이 구성되어 있다. 브라우저의 맨 위에 있는 항목은 폼 디자이너에서 선택된 항목에 대한 이름과 자료형을 표시한다.

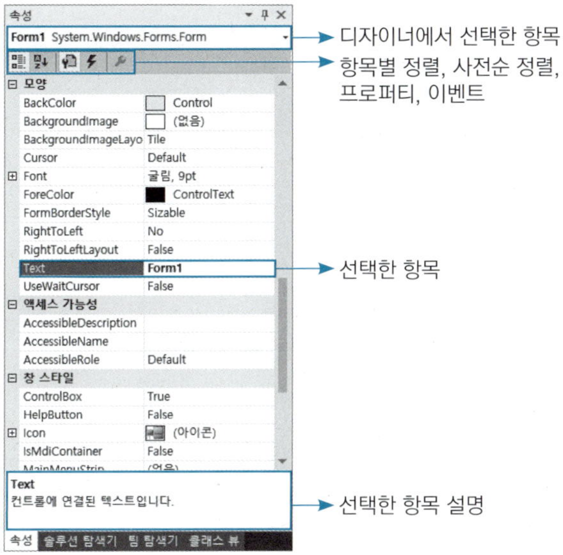

그림 A-24 속성 브라우저

[그림 A-24]에서 위로부터 두 번째 위치에는 4개의 버튼이 있다. 왼쪽부터 2개의 버튼은 프로퍼티나 이벤트를 정렬하기 위해서 사용된다. "항목별 정렬"은 프로퍼티나 이벤트를 관련된 항목끼리 모아서 보여준다. "사전순 정렬"은 모든 항목을 정렬된 순서대로 보여준다. 다음 2개의 버튼은 프로퍼티나 이벤트 중에 다루려는 것을 선택하기 위해 사용된다.

프로퍼티나 이벤트의 항목은 이름과 값이 짝으로 나타난다. 이 중 선택된 항목은 이름이 반전되며 값을 표시하는 부분은 값을 수정할 수 있도록 모양이 변환된다. 이때 모양은 프로퍼티의 종류에 따라 다양한 형태로 나타날 수 있다. 속성 브라우저의 맨 아래에는 선택된 항목을 간략히 설명해주는 영역이 있다.

실제로 통합 개발환경에서 프로퍼티의 값을 변경하기 위해서는 먼저 속성 브라우저에서 값을 변경하려는 프로퍼티를 선택한다. 선택한 프로퍼티에서 오른쪽 부분을 선택하면 값을 입력할 수 있도록 모양이 바뀌고 이 부분에 변경하고자 하는 값을 입력하면 된다.

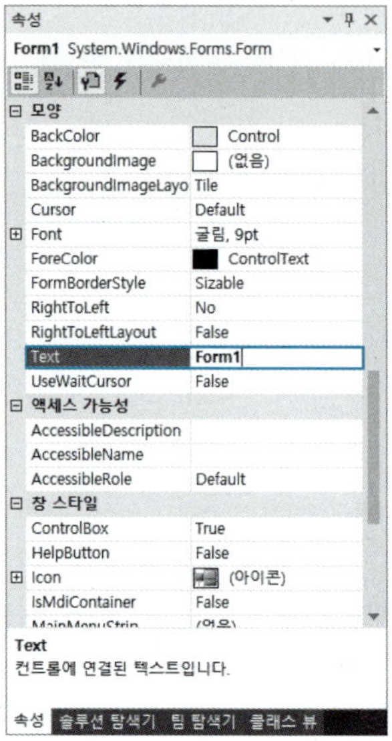

그림 A-25 프로퍼티 값 변경 방법

(4) 이벤트 처리기 등록하기

폼에 추가된 컨트롤이나 컴포넌트에 이벤트 처리기를 등록하기 위해서는 먼저 이벤트 처리기를 등록하고자 하는 폼이나 컨트롤, 컴포넌트를 선택한다. 선택한 후, 속성 브라우저에서 "이벤트" 버튼을 클릭한다. 그러면, [그림 A-26]과 같은 이벤트 목록 화면이 나타난다. 목록에서 처리기를 등록하고자 하는 이벤트를 더블 클릭한다. 그러면, 소스코드 편집 창에 아무 내용이 없는 이벤트 처리기가 나타난다. 소스코드 편집 창에서 이벤트 처리기의 내용을 직접 입력하면 이벤트 처리기가 완성된다.

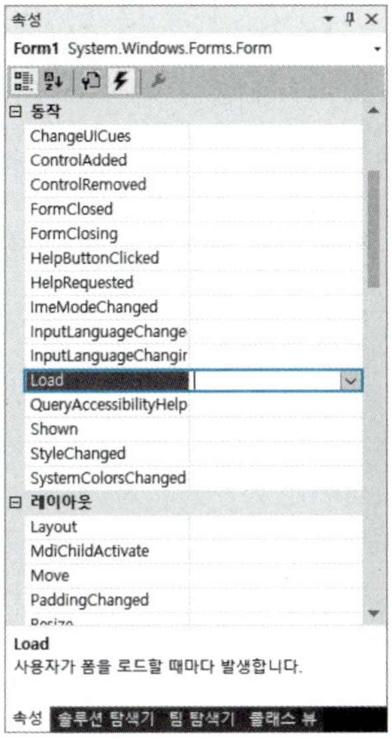

그림 A-26 이벤트 처리기 등록 방법

A.4.3 프로퍼티별 변경하기

속성 브라우저는 프로그래머가 프로퍼티의 값을 쉽게 인지하고 새로운 값을 편리하게 입력하기 위해 프로퍼티의 자료형에 따라 편리한 방법을 제공한다.

(1) Control.DockStyle

`Control.Dock` 프로퍼티는 `DockStyle` 열거형으로 선언되었으며, 속성 브라우저는 프로퍼티를 위해 [그림 A-27]과 같은 편집기를 제공한다.

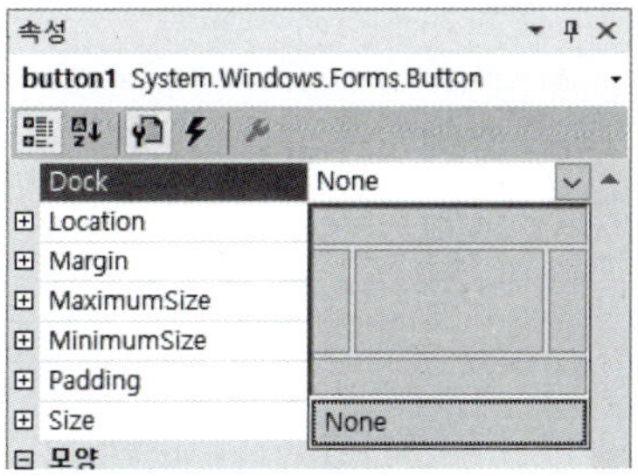

그림 A-27 Control.Dock 프로퍼티

(2) Control.Cursor

속성 브라우저에서는 `Cursor` 클래스로 선언된 프로퍼티의 설정을 위해 [그림 A-28]과 같이 커서 모양과 이름을 함께 보여주는 콤보 상자를 통해 값을 선택할 수 있는 기능을 제공하고 있다.

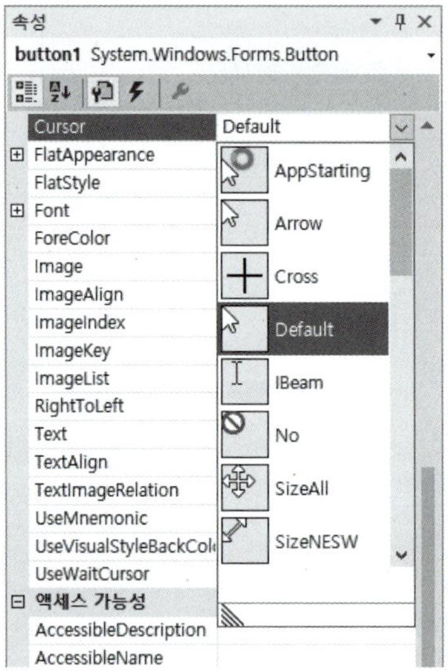

그림 A-28 Control.Cursor 프로퍼티

(3) Control.BackColor/Control.ForeColor

`Color` 구조체로 선언된 `BackColor` 프로퍼티나 `ForeColor` 프로퍼티 항목은 [그림 A-29]와 같이 속성 브라우저에 현재 설정된 색상을 표시해준다.

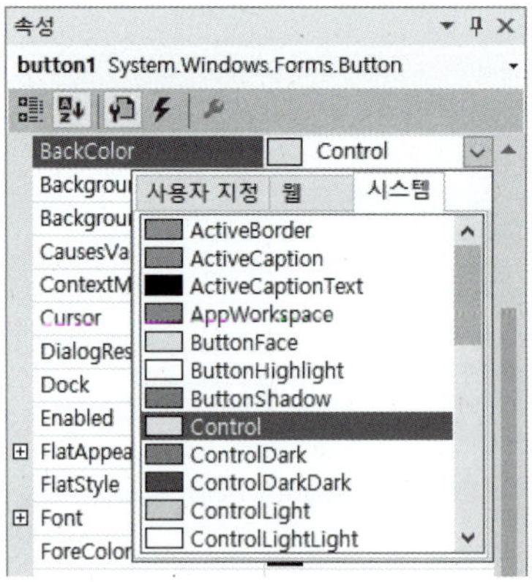

그림 A-29 Control.BackColor 프로퍼티

프로퍼티 값을 변경하는 경우에는 해당하는 프로퍼티를 선택하면 [그림 A-29]와 같이 색을 쉽게 선택할 수 있도록 도와주는 색상표가 나타난다. 이것은 3개의 탭으로 구성되어 있으며 각각 "사용자 지정", "웹", "시스템"이다. 적절한 탭을 선택한 후 원하는 색상을 화면에서 보면서 선택하여 프로퍼티 값을 손쉽게 변경할 수 있다.

(4) Control.BackgroundImage

속성 브라우저에서는 `Image` 클래스형으로 선언된 `BackgroundImage` 프로퍼티의 값을 파일 시스템에 존재하는 이미지 파일로 설정할 수 있는 기능을 제공하고 있다. 이미지 파일 설정은 [그림 A-30]과 같은 대화상자를 통해 이미지를 지정할 수 있다.

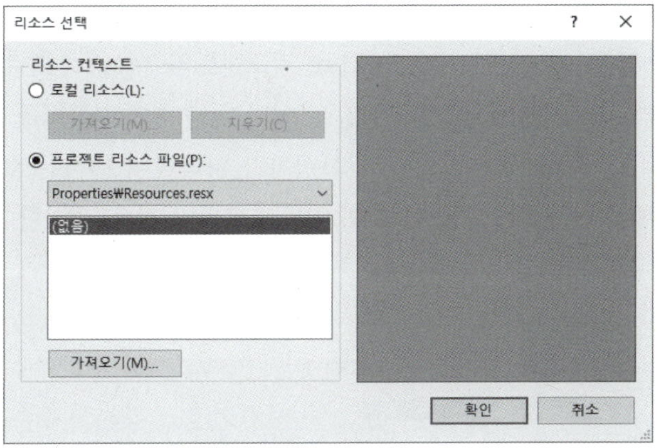

그림 A-30 이미지 선택을 위한 열기 대화상자

(5) ListBox.Items

리스트 상자, 콤보 상자, 업다운 컨트롤과 같은 컨트롤은 화면에 표시할 여러 개의 문자열을 위한 `ObjectCollection` 클래스로 선언된 `Items` 프로퍼티를 가지고 있다. 폼을 디자인할 때 쉽게 프로퍼티 값을 변경할 수 있도록 속성 브라우저는 [그림 A-31]과 같은 문자열 컬렉션 편집기가 제공한다.

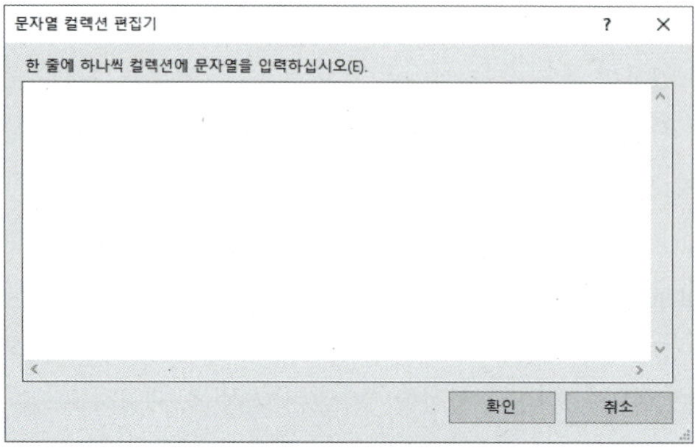

그림 A-31 문자열 컬렉션 편집기

(6) ImageList.Images

`ImageCollection` 클래스로 선언된 `ImageList` 컴포넌트의 `Images` 프로퍼티 값의 관리를 위해서는 속성 브라우저는 [그림 A-32]와 같은 이미지 컬렉션 편집기를 제공하고 있다. 편집기에서 [추가(A)] 버튼을 클릭하면 '열기' 대화상자가 나타나며 원하는 이미지 파일을 검색하여 이미지로 등록할 수 있다. 또한 각 이미지의 프로퍼티 값을 수정할 수 있다.

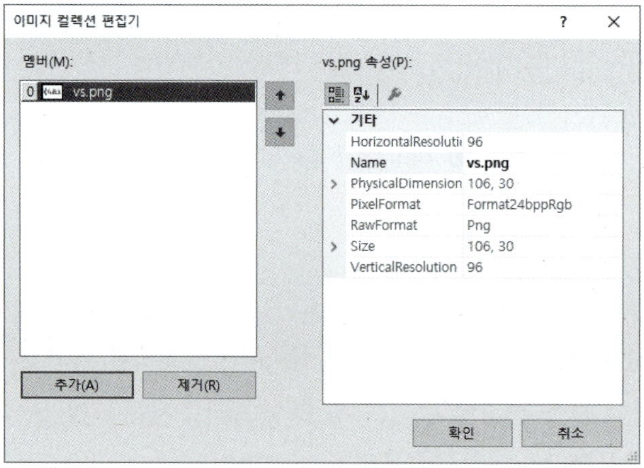

그림 A-32 이미지 컬렉션 편집기

(7) ListView.Columns

리스트뷰는 다수의 열를 관리하기 위한 `ColumnHeaderCollection` 클래스로 선언된 `Columns` 프로퍼티를 가지고 있다. 속성 브라우저는 `Columns` 프로퍼티를 위해 [그림

A-33]과 같은 ColumnHeader 컬렉션 편집기를 제공하고 있다. 편집기의 [추가(A)] 버튼을 클릭하여 리스트 뷰에 표시할 열을 추가한다. 이 때 각 열의 표제에 표시될 문자열은 ColumnHeader의 Text 프로퍼티를 통해 설정할 수 있다.

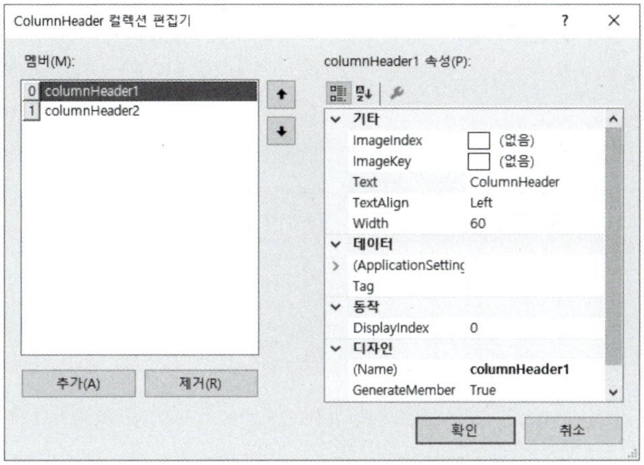

그림 A-33 ColumnHeader 컬렉션 편집기

(8) ListView.Items 프로퍼티

다양한 프로퍼티를 가진 여러 항목을 위한 ListView 컨트롤의 Items 프로퍼티를 위해 속성 브라우저는 [그림 A-34]와 같은 ListViewItem 컬렉션 편집기를 제공한다. 편집기에서, ImageIndex 프로퍼티와 Text 프로퍼티를 통하여 아이콘과 문자열을 설정할 수 있다.

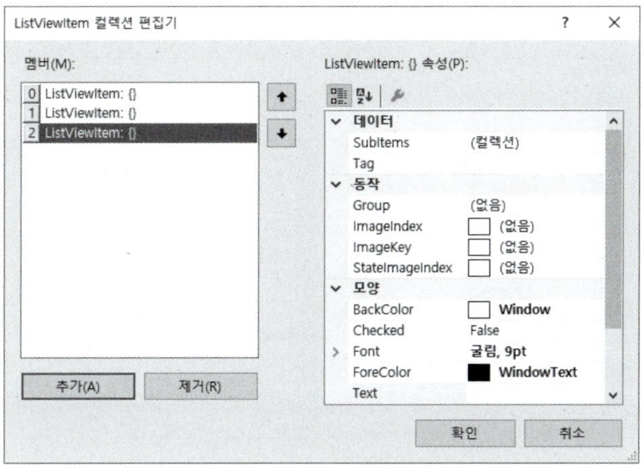

그림 A-34 ListViewItem 컬렉션 편집기

(9) ListViewItem.SubItems 프로퍼티

리스트뷰의 항목은 `SubItems` 프로퍼티를 통하여 하나의 항목에 대한 부항목을 가질 수 있다. [그림 A-34]의 `ListVIewItem` 컬렉션 편집기 화면에서 `SubItems` 프로퍼티를 선택하면, [그림 A-35]와 같은 `ListViewSubItem` 컬렉션 편집기가 나타난다. 여기서, 하나의 리스트 뷰 항목에 대한 부항목에 대한 프로퍼티를 설정할 수 있다.

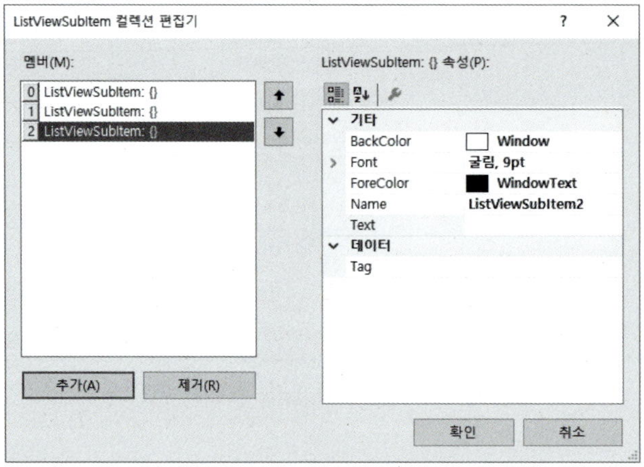

그림 A-35 ListViewSubItems 컬렉션 편집기

(10) TreeView.Nodes

`TreeView`의 노드는 `Nodes` 프로퍼티를 통해 설정할 수 있으며, 속성 브라우저는 [그림 A-36]과 같은 트리 노드 편집기를 제공한다.

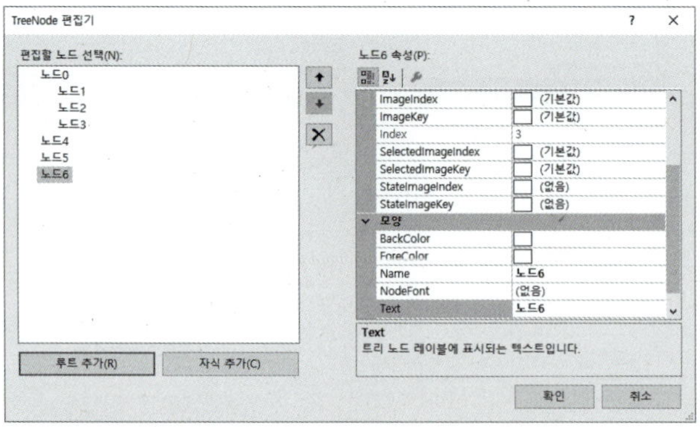

그림 A-36 트리 노드 편집기

① 편집기에서, [루트 추가(R)] 버튼을 클릭하여 트리에 추가할 루트노드(root node)를 생성한다. 이 때, 노드 이름은 "레이블(L)" 필드에 나타나며 직접 입력하여 변경할 수 있다.
② 편집기에서, [자식 추가(C)] 버튼을 클릭하여 특정 노드의 자식노드(child node)를 삽입할 수 있다. 역시 "레이블(L)" 필드에 직접 노드 이름을 입력할 수 있다.
③ 편집기에서, "X" 이미지를 가진 버튼을 클릭하여 특정 노드를 제거할 수 있다.
④ 편집기의 우측에 있는 속성을 통해 특정한 노드에 아이콘으로 표시할 이미지와 선택시 표시할 이미지를 설정할 수 있다. 전자는 노드가 선택되지 않았을 경우에 표시되는 이미지이며, 후자는 노드가 선택되었을 경우에 표시되는 이미지이다.

A.4.4 메뉴 편집하기

통합 개발환경은 메뉴 편집을 쉽게 할 수 있는 편집기를 제공하고 있다.

(1) 메인 메뉴 편집하기

`MenuStrip` 컴포넌트를 폼에 추가한 후, 디자이너에서 추가한 컴포넌트를 선택하면 [그림 A-37]과 같이 메뉴를 가진 폼이 나타난다. "여기에 입력하십시오."라는 문구가 나타나는 메뉴 항목을 선택한 후 표시된 문구 위에 초기 메뉴 이름을 입력한다. 예를 들어 메뉴 이름에 "파일(&F)"이라고 입력한다. 그러면 [그림 A-37]과 같이 두 개의 "여기에 입력하십시오."라는 문구가 표시된다. 오른쪽은 두 번째 메인 메뉴를 입력하는 곳이고 아래쪽은 "파일(&F)" 메뉴에 대한 메뉴 항목을 입력하는 곳이다. 이와 같은 작업을 반복하면 메인 메뉴를 추가하고 그에 따른 메뉴 항목을 작성하는 작업을 쉽게 할 수 있다.

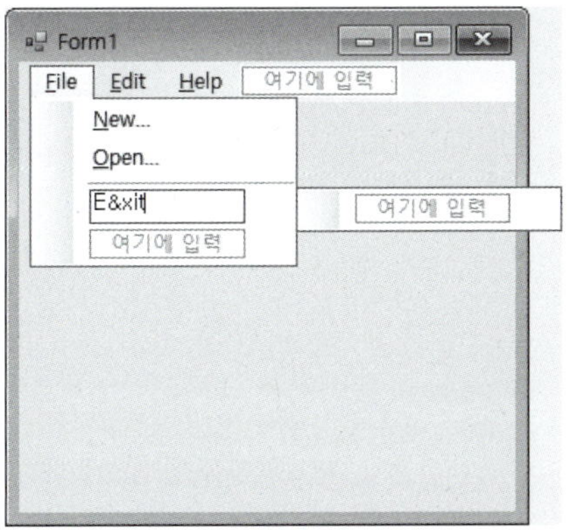

그림 A-37 메인 메뉴 항목 편집

(2) 상황 메뉴 편집하기

ContextMenuStrip 컴포넌트를 폼에 추가한 후, 디자이너에서 추가한 컴포넌트를 선택하면 [그림 A-38]과 같이 메뉴를 가진 폼이 나타난다. 상황 메뉴는 폼에 나타나는 메뉴 막대를 가진 메인 메뉴와 메뉴 막대를 위한 부분이 "상황에 맞는 메뉴"로 고정된 점이 다르다. 그 외의 메뉴 편집 부분은 메인 메뉴와 동일하다.

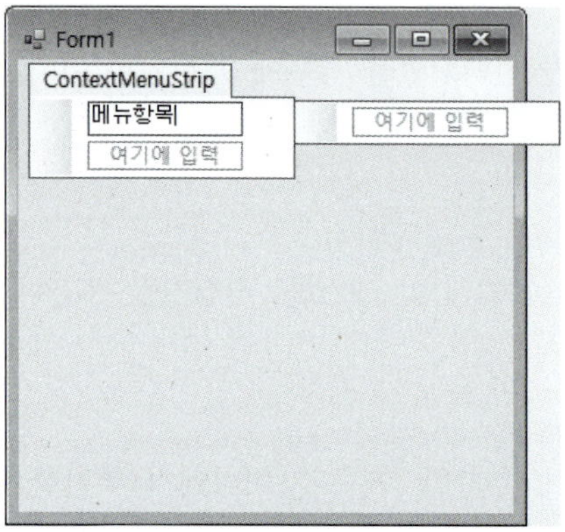

그림 A-38 상황 메뉴 항목 편집

부록 B. 연습문제 정답(괄호 넣기 및 객관식 문제)

1장 개요

1.1 괄호 넣기

(1) 앤더스 헬스버그(Anders Hejlsberg), .NET 환경

(2) C, C++, 비주얼 베이직

(3) 알골(ALGOL)

(4) Visual Studio

(5) 클래스

(6) `Main()`

(7) 값형, 참조형

(8) `is`, `as`

(9) 템플릿

(10) 컴파일러

(11) 제어

(12) 이벤트, 스레드

(13) 예외처리, 스레드

(14) MSIL(또는 .NET IL), CLR

(15) exe, dll, exe

(16) VB.NET

(17) JIT Compiler

(18) IL 디스어셈블러(역어셈블러)

(19) 가비지 수집기(garbage collector)

1.2 객관식

(1) ⑤ (2) ① (3) ③ (4) ③ (5) ③ (6) ① (7) ① (8) ⑤ (9) ④

2장 언어구조

2.1 괄호 넣기

(1) 토큰

(2) 5

(3) 구분자(delimiter)

(4) 리터럴

(5) new line, `'\u000A'`

(6) `bool` 형

(7) 슈퍼 숫자(super digit)

(8) 스택, 힙

(9) 15, `object` 형, `string` 형

(10) 8, 3

(11) 0, `Length`, `IndexOutOfRangeException`

(12) 논리식

(13) `%`

(14) 참(true), 거짓(false)

(15) 낮다

(16) 후위 연산자(postfix operator)

(17) 이항

(18) 캐스트 연산자(cast operator)

(19) 좌측 결합(left associativity), 우측 결합(right associativity)

(20) 박싱, 언박싱

2.2 객관식

(1) ③ (2) ⑤ (3) ④ (4) ④ (5) ② (6) ② (7) ② (8) ④ (9) ④ (10) ③

(11) ⑤ (12) ① (13) ④ (14) ② (15) ③ (16) ③ (17) ④ (18) ② (19) ③ (20) ③

3장 문장

3.1 괄호 넣기

(1) 알고리즘

(2) exp, b, b, a

(3) 이항

(4) 분기문

(5) s = 526;

(6) 지역 변수

(7) 수정 부분

(8) do-while

(9) break

(10) continue

(11) goto

(12) return

(13) 오버플로

(14) OverFlowException

(15) 이식성

(16) 48

(17) string

(18) −1

(19) 위치적

(20) c

3.2 객관식

(1) ④ (2) ② (3) ① (4) ③ (5) ② (6) ① (7) ④ (8) ③ (9) ② (10) ④

4장 클래스

4.1 괄호 넣기

(1) 행위

(2) new

(3) `readonly`

(4) `private`

(5) 형식 매개변수, 실 매개변수

(6) `ref`, `out`

(7) 개수

(8) `IDispose()`

(9) 메소드, 필드

(10) 셋-접근자(set-accessor), 겟-접근자(get-accessor)

(11) `value`

(12) readonly 프로퍼티

(13) 배열 연산자

(14) 재정의

(15) 24

(16) 자신의 클래스, 자신의 클래스이거나 파생클래스

(17) `true`, `false`, `==`, `!=`, `<`, `>`, `<=`, `>=`

(18) `EventHandler`

(19) 시그네처와 반환형

(20) `internal`

(21) `+`

(22) 행동

(23) 종류, 의미

(24) 미리 정의된, 사용자 정의

4.2 객관식

(1) ① (2) ④ (3) ⑤ (4) ③ (5) ① (6) ①, ② (7) ④ (8) ④ (9) ③ (10) ④
(11) ② (12) ③ (13) ① (14) ⑤ (15) ② (16) ③ (17) ④ (18) ④ (19) ① (20) ③
(21) ④ (22) ④ (23) ② (24) ② (25) ② (26) ② (27) ④ (28) ⑤ (29) ①

5장 파생클래스와 인터페이스

5.1 괄호 넣기

(1) 재사용성

(2) 베이스 클래스, 파생 클래스

(3) `base`

(4) 중복(overloading), 재정의(overriding)

(5) 인스턴스

(6) 추상메소드, 외부메소드

(7) 추상 메소드

(8) 캐스팅-업

(9) 다형성

(10) 봉인(sealed)

(11) 인터페이스

(12) 라이브러리

(13) `/target:library` 또는 `/t:library`

5.2 객관식

(1) ② (2) ① (3) ① (4) ④ (5) ④ (6) ④ (7) ③ (8) ④ (9) ② (10) ⑤ (11) ⑤
(12) ④ (13) ② (14) ④ (15) ③ (16) ① (17) ① (18) ⑤ (19) ③ (20) ②, ④, ⑤
(21) ④

6장 고급 프로그래밍 기법

6.1 괄호 넣기

(1) 인터페이스

(2) 알고리즘

(3) <, >

(4) 메소드 이름, 매개변수

(5) 애트리뷰트, 리플렉션

(6) `XxxAttribute`, `Attribute`

(7) 컴파일

(8) 예외 처리기(exception handler)

(9) 시스템 정의 예외, 프로그래머 정의 예외

(10) 시스템, 프로그래머

(11) `try-catch-finally`

(12) 디폴트 예외 처리기

(13) `catch`

(14) 전파

(15) 예외처리기

(16) 멀티스레드 시스템

(17) `Thread.CurrentThread`, `Thread.Name`

(18) Running, Suspended, Running, Suspended, Running

(19) 객체

(20) `Thread.Join()`

(21) 스케쥴링(scheduling)

(22) `ThreadPriority`

(23) 동기화 범위

6.2 객관식

(1) ④ (2) ④ (3) ⑤ (4) ⑤ (5) ③ (6) ① (7) ④ (8) ③

7장 폼

7.1 괄호 넣기

(1) 윈폼 애플리케이션

(2) 윈폼 애플리케이션, 그래픽 사용자 인터페이스(GUI: Graphic User Interface)

(3) 폼(Form), System.Windows.Forms

(4) 컨트롤(Control), 컴포넌트(Component)

(5) `EventArgs`

(6) 프로퍼티, 메소드, 이벤트

(7) `InitializeComponent()`

(8) `Application`

(9) 폼

(10) `FormClosing`, `FormClosed`

(11) 메인 폼(main form)

(12) `Load`, `FormClosed`

(13) 제목 표시줄

(14) `TabIndex`

(15) `Tag`

(16) `Visible`

(17) 8

(18) `Location`

(19) `Graphics`

(20) `Move`, `Resize`

(21) 프로퍼티

7.2 객관식

(1) ④ (2) ② (3) ② (4) ④ (5) ⑤ (6) ② (7) ② (8) ③ (9) ⑤ (10) ③

(11) ④ (12) ① (13) ② (14) ① (15) ③

8장 컨트롤

8.1 괄호 넣기

(1) `Control`

(2) 라디오 버튼

(3) `Text`

(4) `Standard`

(5) `CheckedChanged`

(6) 라디오 버튼

(7) 레이블

(8) 3, 9

(9) 하이퍼링크

(10) `Multiline`

(11) 콤보 상자

(12) 스크롤바

(13) 체크 상자

(14) 콤보 상자

(15) `ThreeDCheckBoxes`

8.2 객관식

(1) ② (2) ④ (3) ⑤ (4) ① (5) ③ (6) ④ (7) ② (8) ⑤ (9) ⑤ (10) ⑤
(11) ④ (12) ①

9장 대화상자

9.1 괄호 넣기

(1) 대화상자
(2) 모달 대화상자, 모덜리스 대화상자
(3) 다른
(4) `ShowDialog()`, `Show()`
(5) 메시지 상자
(6) `Show()`
(7) 확인
(8) 4, 9
(9) 16
(10) 입력 포커스
(11) 파일 확장자
(12) 색상표

9.2 객관식

(1) ② (2) ⑤ (3) ② (4) ⑤ (5) ③ (6) ③ (7) ④ (8) ① (9) ④ (10) ②

10장 고급 폼

10.1 괄호 넣기

(1) 메인 메뉴, 상황 메뉴(context menu)
(2) 단축키
(3) 메뉴
(4) `Select`
(5) 상황 메뉴
(6) 오른쪽

(7) 마우스

(8) MouseHover

(9) MouseEventHandler

(10) MousePosition

(11) Focus()

(12) KeyPress

10.2 객관식

(1) ① (2) ③ (3) ④ (4) ② (5) ⑤ (6) ⑤ (7) ④ (8) ③ (9) ② (10) ⑤

11장 고급 컨트롤

11.1 괄호 넣기

(1) ListView, ListViewItem

(2) 리스트 상자

(3) 이미지 컬렉션

(4) SelectedItems

(5) 노드

(6) 콤보 상자

(7) Value, ValueChanged

(8) Scroll

(9) 프로그레스 바

(10) Tick

11.2 객관식

(1) ⑤ (2) ④ (3) ① (4) ③ (5) ② (6) ① (7) ③ (8) ④ (9) ⑤ (10) ③

12장 그래픽

12.1 괄호 넣기

(1) 그래픽

(2) Graphics, ClipRectangle

(3) `Paint`

(4) `Control`

(5) 4, 4

(6) 좌표

(7) `Size`

(8) `Point`

(9) RGB

(10) `Dispose()`

(11) 펜, 브러시

(12) `Pens`

(13) `Brushes`

(14) `DashStyle`

(15) `HatchStyle`, 56

(16) `DrawXxx()`, `FillXxx()`, `Pen`, `Brush`

(17) `DrawEllipes()`, `FillEllipse()`

(18) `DrawArc()`, 4

(19) 이미지

(20) 2

12.2 객관식

(1) ③ (2) ⑤ (3) ② (4) ④ (5) ① (6) ① (7) ④ (8) ③ (9) ④ (10) ①

(11) ⑤ (12) ② (13) ③ (14) ④ (15) ⑤ (16) ③ (17) ⑤ (18) ③ (19) ① (20) ②

찾아보기

ㅋ

ㅌ

ㅍ

ㅎ

A

B

C

D